CELEBRANDO A DIARIO CON EL REY

W. GLYN EVANS

¡Mi corazón rebosa de hermosos pensamientos!
Escribiré un bello poema para el Rey (VIV)
Mi lengua es como pluma de un veloz escriba (RVA)

Salmo 45:1

Este inspirado salmo nos manifiesta la majestad de Dios,
la gloria de su Hijo, y la belleza de su Novia.
Así también son los objetivos de este libro.
Con temas tan gloriosos para poder escribir, ¡no es de extrañar
que el corazón del salmista, así como de este escritor,
"rebosen" también de "hermosos pensamientos"!

Libros Cali
EDITORIAL PORTAVOZ
Desarrollo Cristiano Internacional

Agradecemos altamente la colaboración de las siguientes casas editoriales en conceder el permiso para usar sus versiones de los textos bíblicos:

(RVR) La Biblia Reina-Valera, versión 1960, © 1960
Las Sociedades Bíblicas en América Latina.
(VP) Dios Habla Hoy, versión 1983, © 1983
Las Sociedades Bíblicas en América Latina
(VIV) La Biblia al Día (Biblia Viviente), © 1979
Living Bibles International
(JER) Biblia de Jerusalén, versión 1975, © 1975 Desclee de Brouwer
(BLA) La Biblia de las Américas, © 1986 The Lockman Foundation
(RVA) La Biblia Reina-Valera Actualizada, © 1989
Editorial Mundo Hispano.

Donde no se indica otra versión (RVR, VIV, etc.) se utiliza La Biblia Reina-Valera Actualizada (RVA), de la Editorial Mundo Hispano.

Algunas palabras de los pasajes bíblicos aparecen en bastardilla con el fin de dar énfasis. En algunos casos "Jehovah" y "Jehová" se sustituyen por "el Señor". Esto se señala en las citas bíblicas con (*).

Celebrando a diario con el Rey, Segunda edición (ampliada y corregida).

Publicado originalmente en inglés con el título *Daily With the King* © 1979 por Moody Press, 820 N. La Salle Blvd., Chicago, IL 60610-3284, EE. UU. de A.

Libros Cali agradece el trabajo de traducción de Carla Dongo de Olaechea y la valiosa colaboración del doctor José Luís Villamizar Melo, junto con otros miembros de la Iglesia El Salvador de Cúcuta, Colombia, para esta segunda edición (1998).

Carátula: Fernando Triviño

1. Devocional/lecturas diarias. 2. Inspiracional. 3. Consejería/psicología. 4. Cristianismo contemporáneo práctico. 5. Sanidad/salud. 6. Vida cristiana/ética. 7. Meditacion/adoración 8. Música

Desarrollo Cristiano Internacional
Apartado 204-2150 Moravia
Tel. (506) 285-3919, Fax 285-3920
apuntes@sol.racsa.co.cr
San José, Costa Rica, C. América

Editorial Portavoz
Kregel Publications
P.O. Box 2607
Grand Rapids, MI 49501, EE.UU.A.

ISBN 0-8254-1134-3

Impreso en Colombia

Cómo NO deber nada para poder disfrutar de todo

Señor, una vez por todas quiero ponerme de acuerdo contigo en cuanto a mis derechos y responsabilidades. Aceptar a Cristo como mi Salvador significa que renuncio a todo derecho de tratar de justificar mis pecados ante ti. Jesús ya lo hizo por mí en la cruz. Pero aceptar a Cristo como Salvador incluye mucho más; debo renunciar también a todo derecho sobre mí mismo: o sea, sobre mi tiempo, mis talentos, mi futuro, mi todo.

Y allí radica el problema - renunciar a mí mismo. Entregar los derechos personales significa renunciar a mis derechos sobre mi reputación. El me dio el ejemplo cuando "se despojó a sí mismo, tomando forma de siervo" (Filipenses 2:7). Significa también rendir mis derechos en cuanto a escoger mi lugar de servicio, por ejemplo, él "afirmó su rostro para ir a Jerusalén" (Lucas 9:51). Además incluye entregar mis derechos de adueñarme de mis posesiones: El no tuvo "dónde recostar la cabeza" (Lucas 9:58). También el derecho de hacer exigencias: él "no vino para ser servido, sino para servir" (Mateo 20:28). Hasta incluye el renunciar al derecho de sustraerme del mundo y refugiarme en la vida privada. Más bien debo echarme las cargas de los demás. El dijo, "No tienen necesidad de irse; dadles vosotros de comer" (Mateo 14:16)..

Cuando comencé a experimentar lo que es ser **hijo** de Dios, pensé dentro de mí, ***¡Qué bueno estar libre de la carga y la culpa del pecado!*** Pero cuando comencé a entender lo que significa ser **discípulo** de Cristo, él me dio otra carga; la carga de los demás. Esta segunda responsabilidad me quitó todos mis derechos y una persona sin derechos es un **esclavo:** él tomó "forma de siervo" (Filipenses 2:7).

La mayoría de las veces cuando me siento fastidiado, cuando me dejo molestar por cualquier cosa, cuando me irrito o me enojo fácilmente (salvo que se trate de una afección física que no pueda controlar), pienso que se debe a que he querido tomar de nuevo para mí aquello que pensé haber rendido a Jesucristo. Estos sentimientos son casi siempre los de alguien que se siente amenazado en cuanto a sus derechos. ¿Qué me toca hacer? Volver a colocar en el Señor todos mis derechos y posesiones lo más pronto posible. Me regocijo de que haya sido hecho totalmente de "nuevo" porque soy una "nueva criatura" en Cristo (2 Corintios 5:17).

"Calla delante del Señor(*) y espera en él. No te alteres con motivo de los que prosperan en su camino, por el hombre que hace maldades" (Salmo 37:7 RVA).

Himno: **"Con mis labios"** CSG # 421

El Señor del porvenir

Señor, yo sé muy bien que me puedes salvar de mis pecados, pero me pregunto: "¿Serás capaz de salvarme de mí mismo?" Dios me puede librar de los efectos y resultados de mi odio, pero, ¿me podrá librar de ser odioso? ¿Será que me puede cambiar de tal manera que deje de ser tacaño, demasiado malicioso, envidioso, cruel y temperamental? Si la salvación vale para algo, debe abarcar **también** la raíz del mal y no sólo los actos pecaminosos.

Señor, reconozco que eso fue lo que Jesús quiso hacer - o sea, quiere cambiar a las personas y no sólo borrar sus "prontuarios". El vino, sí, para limpiar mi "sumario" criminal como pecador; pero también vino para hacer mucho más. Vino para borrar no sólo el **hecho** sino el **hábito**. Vino no sólo para abogar por el "criminal" durante su juicio, sino para hacer posible el que no volviera a tener porqué ser acusado.

"Tú eres Simón. Tú serás llamado Cefas, que significa piedra" (Juan 1:42 RVA). Con esta afirmación Jesucristo demostró ser Señor del futuro. Así personas vacilantes se transforman en personas de firme carácter. Jesús no dijo, "Tú eres Simón el pecador". En vez de *acusación* habló de *transformación* diciendo: "Tú serás Simón el santo". Simón llegó a ser firme como una roca.

Es algo maravilloso que Jesucristo no nos ve como somos; ve lo que podemos llegar a ser. Aun más, él es capaz de transformar lo que somos hasta llevarnos a agotar nuestro potencial.

Soy una persona diseñada para el futuro. Dios me ha asignado un papel importantísimo en su "libreto" eterno. Los ojos del Escultor divino me han contemplado y él me ha escogido para moldearme. Señor, ahora veo lo que tú querías decir con las palabras "ha puesto eternidad en el corazón de ellos, de modo que el hombre no alcanza a comprender la obra que Dios ha hecho desde el principio hasta el fin" (Eclesiastés 3:11).

El nos está formando para **mañana**, para el **futuro**, y para la **Eternidad**. El limitar nuestro enfoque personal con lo que desanima, impide ver la perspectiva de lo que podríamos ser si permitiéramos que Dios hiciera su obra en nuestras vidas. Señor, tú nos estás viendo en el grandioso papel que nos has asignado para el mañana y te estás regocijando como quien descubre un gran tesoro.

"No os conforméis a este mundo; más bien, transformaos por la renovación de vuestro entendimiento, de modo que comprobéis cuál sea la voluntad de Dios, buena, agradable y perfecta" (Romanos 12:2 RVA).

Himno **"Porque él vive"** CSG # 222, HB 460

Evitemos fórmulas

Señor, necesito de tu ayuda para no caer en la trampa de ser un cristiano de "fórmula". Me encuentro rodeado por una cultura de gratificación instantánea que me ofrece café, placer y riqueza por el camino fácil. Hasta en lo espiritual encuentro libros que supuestamente me brindan "Exito espiritual en sólo seis pasos fáciles", "Cómo lograr la humildad en ocho días", y "Siete pasos para ser un gran predicador". Como si Dios se redujera a una simple fórmula. Cuántos cristianos creyendo haber descubierto nueva luz en sus peregrinajes espirituales, dañan todo al buscar convertir esa "luz" en una fórmula mágica que lanzan al "mercado de consumo religioso".

Para evitar ese error debo recordar las palabras del apóstol: "¡Oh la profundidad de las riquezas...sabiduría y...conocimiento de Dios! ¡Cuán incomprensibles son sus juicios e inescrutables sus caminos!" (Rom. 11:33)

Dios no se deja encajar dentro de una fórmula. ¡Cuántas veces he descubierto eso cuando he tratado de usar la fórmula "espiritual" de otro! Sencillamente no dio resultado. Dios sólo sabe tratarnos personalmente como individuos. Desde luego que hay principios generales, pero los principios se aplican individualmente "ad hominem" (a cada persona). Es por eso que con frecuencia el secreto espiritual de otro individuo sigue siendo un misterio para mí.

Tampoco puedo decir con Arquímedes, "¡Eureka, lo he encontrado!" El consejo oportuno que el Señor me tiene para hoy no es necesariamente la solución o el remedio para mañana. Dios me sigue diciendo que él no se deja limitar a un estatuto o reglamento. Sin embargo hay algo dentro de mí que quiere organizar y hasta mandar a Dios. ¿No será que tiendo a imaginarme un soberano que necesita propiedad, dominio y hasta su propio castillo?

Dios frustrará todos mis esfuerzos de limitarle o imponer mis caprichos, ya que él no es siervo de nadie. Aun aquellos que mejor lo conocen se sorprenden al descubrir que a veces Dios parece ser un extraño. ¿Será por eso que a veces mis oraciones más sinceras no parecen encontrar respuesta alguna y mis grandes vacíos se quedan sin llenar? Menos mal que no sucede todo el tiempo, sino lo suficiente como para recordarme que Dios debe ser Dios. Pero a pesar de todo oigo claramente las palabras: "Nunca te abandonaré ni jamás te desampararé" (Hebreos 13:5 RVA). Eso se debe a la inversión tan grande que Dios tiene en mi salvación.

"¡Oh la profundidad de las riquezas...la sabiduría y...conocimiento de Dios! ¡Cuán incomprensibles..sus juicios e inescrutables sus caminos!" (Rom. 11:33).

Himno: **"Dejo el mundo"** CSG # 424, FA 295, VC 146, LL 43, GD 24, GT 192

El culto al éxito

Trato siempre de respetarle a Dios su derecho soberano de decir: "No". Sé que Dios me ha prometido muchas cosas, pero a la vez reconozco que Dios es Dios, muy por encima de un "derecho" mío sobre sus bendiciones. Cuando leo, "lo saciaré de larga vida y le mostraré mi salvación" (Salmo 91:16 RVA), me siento consolado. Pero cuando leo de aquellos que fueron "apedreados, aserrados, puestos a prueba, angustiados, maltratados" (Hebreos 11:37 RVA), la verdad es que me siento confundido. Jesucristo mismo no disfrutó de larga vida terrenal.

El salmista me recuerda que si me deleito en el Señor y medito en su Palabra, "todo lo que (hago) prosperará" (Salmo 1:3 RVA). El "culto al éxito" toma esa clase de promesa y lo convierte en principio absoluto. Es entonces cuando las cosas se me dificultan, ya que muchas veces los que aman y temen a Dios NO son las personas más ricas, las de mejor salud ni las más bienaventuradas en la tierra. Al contrario, con cierta frecuencia son los pobres, los enfermos y los "desdichados".

Mi consuelo no se encuentra en cosas, ni siquiera en "cosas espirituales". No debo regocijarme hoy en cuanto a alguna respuesta milagrosa a mis oraciones para luego pensar que Dios siempre está obligado a seguir respondiéndome de la misma manera. Mi consuelo está en aceptar que Dios tiene el derecho de hacer conmigo lo que le plazca, y ¡aún cuando aquello que le plazca, parezca ir en contra de sus promesas!

Ya que no soy capaz de comprender a Dios, me corresponde confiar en él. Me anima creer y confiar en él no porque me promete muchas cosas, sino simplemente porque él es bueno, santo, justo y hace lo que es correcto. O sea, yo puedo confiar en su Palabra porque él mismo es confiable. Jesucristo es mi ejemplo porque él confiaba enteramente en su propio Padre. Fue por eso que él obedeció sin vacilar la voluntad de su Padre aún cuando esa voluntad incluyera una cruz. Debo recordar que mi confianza en Dios jamás será traicionada ni defraudada. El me asegura que engrandece su propia Palabra sobre todas las cosas (ver Salmo 138:2).

"El Señor (*) pasó frente a Moisés y proclamó: ¡El Señor, el Señor Dios compasivo y clemente, lento para la ira y grande en misericordia y verdad!" (Exodo 34:6).

Himno: **"Gloria a tu nombre por doquier"** CSG # 78

La eterna aventura

Con el poder y la gracia de Dios buscaré que su voluntad sea el centro y fiel de mi vida, y dejaré que él se encargue de todo lo demás.

Siempre buscaré la santidad, la cual resulta en una vida completa, y sin la cual nadie verá al Señor. La santidad no es más sino tener a Dios como el centro de mi vida. Es necesario; es lo que debo desear y buscar; y es "una cosa que debo hacer".

No le pido a Dios paz, ni poder, ni éxito, ni siquiera fruto, ya que todas estas cosas son el resultado de una relación y no la condición para esa relación. Son responsabilidad divina y no mía.

Tampoco buscaré ascensos, honores, reconocimientos ni aclamaciones, porque esas cosas son simples subproductos y no pertenecen a mi dominio. Tampoco me voy a molestar cuando Dios permite que otros reciban estas cosas en mi lugar, sino buscaré dar gracias a Dios recordando que ha sido según su voluntad.

Quiero dejar de luchar y pelear ambiciosamente por ganar posición o mérito, puesto que el propósito divino para mi vida no consiste en una posición, sino en un proceso que me hace más útil para su Gloria. Prefiero no aspirar a máxima espiritualidad, sino continuar caminando con Dios en la eterna aventura de un conocimiento cada vez mayor de mi Señor. Es el "propósito" que Dios desea para mí.

Aceptaré el hecho de que mi "propia voluntad" no sólo desagrada a Dios, sino que es su gran enemigo. Cuando el "yo" predomina estoy luchando contra Dios, lo cual sólo me lleva a la frustración, la ansiedad y la miseria. Por eso debo crucificar ese "yo", para así estar en paz con Dios.

Reconoceré que al fin y al cabo debo los triunfos de cada día a este solo hecho: "Cristo vive en mí" (Gálatas 2:20). Es por eso que puedo afirmar de todo corazón: "Gracias a Dios, quien nos da la victoria por medio de nuestro Señor Jesucristo" (1 Corintios 15:57 RVA).

"Nadie puede servir a dos señores; porque aborrecerá al uno y amará al otro, o se dedicará al uno y menospreciará al otro. No podéis servir a Dios y a las riquezas" (Mateo 6:24 RVA).

Himno: **"Mi pensamiento eres tú, Señor"** CSG # 401

La humillación de la cruz

Aprenderé a aceptar y hasta disfrutar de la humillación de parte del Señor. Debo aprender que Dios a veces me disciplina haciéndome pasar por situaciones penosas. Lo hizo con Simón Pedro, diciendo: "¡Quítate de delante de mí, Satanás!" (Mateo 16:23). Si no me siento apenado o avergonzado, reconociendo mi necesidad, Dios se encarga de hacerme el favor de poner su dedo sobre mi herida. Sentir pena o vergüenza es juzgarme a mí mismo, y Pablo dice que si no me juzgo, entonces Dios lo hará por mí (1 Corintios 11:31-32).

Sentirse apenado ante Dios es incómodo, sentir vergüenza como parte de una disciplina divina es algo aun más doloroso, pero peor es cuando el mundo encuentre en mí motivos para avergonzarme. A veces Dios me permite experimentar dolor con el fin de corregir algo en mi vida, y así evitar que el mundo me pueda criticar. Ahora entiendo lo que Pablo quiso decir en 2 Corintios 7:8-10 en cuanto a "ser entristecido hasta el arrepentimiento".

Dios permitió que Jesucristo fuera quebrantado y experimentara angustia (Isaías 53:10), pero eso fue para mi bien. La angustia y vergüenza que experimentó Jesús no fue de ningún beneficio para él sino para mí. La humillación de la cruz es algo que yo debo experimentar a diario en mi propia vida. Si lo acepto, disfruto también de lo que dijo Isaías, "El que crea no será avergonzado" (Isaías 28:16-19).

Me hace bien vestirme de vez en cuando con el "cilicio" de la humildad. Necesito sentarme alguna vez en las "cenizas". Dios no tiene "hijos consentidos", y usa la vara cuantas veces sea necesario para que aprendamos alguna lección. Si me humilla o me avergüenza es sólo porque él me ama y busca mi bien. Con ese fin él me permite pasar por el valle de la pena, para que sea mejor hijo y más a su imagen. Si él me hace sentir vergüenza es sólo con el propósito de que su eterna gloria pueda resplandecer mejor en mi vida porque, "¿Qué hijo es aquel a quien su padre no disciplina" (Hebreos 12:7 RVA)? Dios me está tratado como a hijo (vs. 6). ¡Aleluya! Gracias Señor, por tu vara!

"Permaneced bajo la disciplina; Dios os está tratando como a hijos. Porqué, ¿Qué hijo es aquel a quien su padre no disciplina" (Hebreos 12:7)?

Himno: **"Señor, tú me llamas"** CSG # 418, HB 296

¿Qué pasa cuando me molesto con Dios?

La verdad es que si no me molesto de vez en cuando con Dios, lo más probable es que mi dedicación o compromiso con él no vale más que un comino. El profeta Jeremías se frustró tanto con Dios que llegó a exclamar que Dios no era sino "como torrente engañoso, como aguas de las que no se puede confiar" (Jeremías 15:18 RVA). Hasta llegó a decir que no volvería a profetizar más para él (20:7-9). La única persona que nunca se molestó con Dios fue Jesús, porque él comprendía perfectamente a su Padre celestial. Molestarse con alguien es señal de dos cosas: "No comprendo, pero sí me importa". Dios prefiere que me sienta molesto con él a que le sea indiferente.

Desde luego que el "molestarme" con Dios nunca debe ser "por rebelde resentimiento", como en el caso de Jonás. El rebelde dice, "Dios no me quiere dejar hacer lo que YO quiero". Una "molestia sana" dice, "No logro comprender la relación que hay entre lo que Dios dice que quiere hacer y lo que parece estar haciendo". Una ilustración de "molestia sana" es la frustración de David por la muerte de Uza (2 Samuel 6:6-8). David se molestó porque le parecía que Dios se estaba contradiciendo, su justicia parecía negar su gracia. Eso también me sucede a mí. Cuando Dios se molesta conmigo es por mi pecado y mi rebeldía, pero cuando yo me molesto con él es por causa de su justicia, la cual me parece ser demasiado rígida.

Desde luego que Dios no se sorprende cuando me molesto ocasionalmente. Sí es importante confesarlo. Cuando permito que la molestia predomine en mi vida, lo que resulta es el cinismo, lo cual es abominación ante Dios. En cambio la confesión de mi "molestia" es fruto de la fe que afirma: "No comprendo, pero confío a pesar de todo". Nunca debo pensar que el sentirme molesto es falta de fe. Al contrario, es otra evidencia o fruto de mi creciente relación con él. Si siempre me siento bien y conforme con Dios, es probable que ni lo conozca personalmente en mi vida. Cuando tengo suficiente libertad como para molestarme con Dios, es porque estoy libre para ser aquel que Dios quiso que fuera. Y siendo esa persona libre ahora puedo crecer hacia él. Allí está la clave: seguir creciendo hacia la meta: "alcancemos la medida de la estatura de la plenitud de Cristo" (Efesios 4:13 RVA).

"No te apresures en tu corazón a molestarte (enojarte), porque el enojo reposa en el seno de los necios" (Eclesiastés 7:9).

"Calla delante del Señor(*) y espera en él. No te alteres con motivo de los que prosperan en su camino, por el hombre que hace maldades" (Salmo 37:7 RVA).

Himno: **"Sigo confiando en Jesús"** CSG # 374

Desalojado del "nido"

Señor, ayúdame a aceptar sin quejarme cuando tú me "desalojas del nido". Comprendo que cuando tú me "desalojas del nido" es porque tú sabes que he alcanzado otro nivel de madurez. Como nuevo hijo tuyo recibo todo el cuidado que necesito para mi crecimiento en tu "salacuna espiritual". No hay persona que disfruta de oraciones contestadas tan rápidamente como el "párvulo" espiritual. Lo extraño es que con el tiempo las respuestas parecen demorar, como si Dios se olvidara de nosotros o nos ignorara completamente. Esto sucede porque él cree que he alcanzado la suficiente madurez para que me baste con su Palabra tanto como para no necesitar de constante afirmación por medio de las circunstancias.

Mi primer trauma en la vida espiritual sucede cuando siento que por primera vez Dios me está "desalojando del nido". Estoy como el niño cuando es destetado. Dios ya no parece estar tan cerca de mí. El "gozo de mi salvación" (Salmo 51:12) parece menguar y lo disfruto con menos frecuencia. Pero mis sentimientos y emociones deben dar lugar a la fe. La dependencia inmadura así se convierte en la madurez espiritual. Hasta es posible que Dios me deje caer en las manos del mismo Satanás (Job 2:6). Además, Dios comienza a hacer uso de otros "instructores" con el fin de que yo crezca y alcance la perfección. Nuestro Salvador no fue exento de este proceso. El fue "entregado en manos de hombres" (Mateo 17:22), no para su propio bien sino por bien mío. El "desalojamiento del nido" de Jesucristo comenzó con su encarnación en la Virgen María y terminó con su sepultura en la tumba del huerto. Desde luego que este proceso fue en sacrificio a nuestro favor; en cambio cuando yo soy "desalojado del nido" es parte de un proceso de educación y perfección.

Este proceso de "desalojamiento del nido" seguirá durante toda mi vida. Por tal motivo, nunca podré gozar la esperanza de disfrutar totalmente de tranquilidad durante mi tiempo en esta tierra. Apenas saco "buenas notas" de un instructor, cuando Dios me remite a otro. Lo importante siempre es mi crecimiento; lo que yo *siento* o *quiero* no es de importancia. Dios busca ver su imagen en mi vida, y no que yo me sienta a mis anchas. Puedo sentirme afligido, destrozado, sin fruto y hasta fracasado, pero Dios se regocija cuando encuentra a Cristo en mi vida. Es señal de gran crecimiento cuando comprendo que Dios se está regocijando y por lo tanto puedo regocijarme con él. **¡Qué dicha y privilegio saber que nosotros podemos traer regocijo al corazón de Dios!**

"El eterno Dios es tu refugio, y abajo están los brazos eternos" (Deuteronomio 33:27 RVA).

Himno: **"Dios está aquí"** CSG # 85

El éxito de la obediencia

Debo aprender lo que aprendió Jesucristo: ser "obediente hasta la muerte" (Filipenses 2:8 RVA). Toda obediencia verdadera es "hasta la muerte". Desde luego que esa clase de obediencia es lo opuesto a la obediencia del mundo. "Obedeceré **siempre y cuando**", es lo que dice el mundo. El "siempre y cuando" exige que "colorín colorado" debe haber siempre una feliz conclusión. Cualquier persona estaría dispuesta a cumplir con condiciones hasta difíciles y drásticas si sabe que al final todo le resultará al gusto. Pero así no fue la obediencia de Cristo. Su ejemplo fue: "Obedeceré, ¡sea la que sea la voluntad del Padre!" Para él el "obedecer", resultó no en un rescate divino y milagroso sino en **una cruz**.

La verdadera obediencia siempre resulta en éxito. Siempre logra la voluntad divina. No importa si me curo del cáncer o si logro mi nuevo puesto. Basta que haya sido obediente. He tenido éxito si soy obediente. De allí en adelante es asunto de Dios. Pero si yo insisto en cuanto al resultado, entonces estoy interviniendo donde no tengo el derecho de hacerlo. En cambio si obedezco puedo contar con el éxito, el éxito divino y no el mío. Por eso la obediencia trae consigo el gozo de la alabanza. Me siento dichoso porque acabo de "ganar". Posiblemente desde cierto punto de vista he perdido: sea un puesto o un ser querido, pero eso ya no me agobia. Lo importante es que lo he entregado al Señor y ahora él es el responsable. Así que doy gracias a Dios porque él está obrando y yo puedo confiar en su actividad.

Desde luego que mi obediencia es al Señor porque él es mi Señor. ¡Qué dicha vivir en ese altiplano espiritual, haciendo y obedeciendo porque lo amo! Para esto tengo el ejemplo de mi Maestro, quien dijo: "El hacer tu voluntad, oh Dios mío, me ha agradado" (Salmo 40:8).

"Confía en el Señor(*) con todo tu corazón, y no te apoyes en tu propia inteligencia. Reconócelo en todos tus caminos, y él enderezará tus sendas" (Proverbios 3:5-6).

Himno: **"Oh deja que el Señor"** CSG # 404

Justificado ante Dios

Reconozco que la lucha con mí "mismo" es a diario, o tal vez a cada hora. Nunca alcanzaré en esta vida un nivel en el cual esa lucha desaparezca. El "ego" o el "yo" es parte de nuestra naturaleza humana y cada vez que triunfamos sobre él sentimos de nuevo la atracción de nuestra vieja naturaleza. Es una guerra sin fin, una lucha cruenta y constante. Pero no es una lucha sin esperanza. Cristo nos imparte su Vida, la cual destruye el poder de mi "yo", pero me es necesario seguir confiando en él para que lo siga aplastando. Si no lo hago, esa vieja naturaleza volverá pronto para hacerme más daño.

¡Qué importante es estar siempre preparado para rendir cuentas ante Dios de mis actitudes, motivos y comportamientos. Para ese fin debo mantenerme limpio, confesando en seguida al Señor mis faltas y fracasos. No puedo darme el lujo de tener cuentas atrasadas con el Señor, sino a cada momento debo estar listo para presentarme ante él.

Tampoco exigiré una explicación de Dios cuando no entiendo lo que él está haciendo. Yo sé que personas que no conocen a Dios le piden explicaciones, pero yo debo permitir que Dios sea poco razonable y aparentemente irresponsable en mi perspectiva finita, ya que para él no es importante mi comprensión sino mi fe. La persona que no conoce a Dios, apenas ve algo que no entiende a su alrededor exige a Dios una explicación. En cambio aquel que cree, no hace tal exigencia, sino que deposita su fe totalmente en Dios. Para él es suficiente mantenerse al día con Dios.

Sufriré penas y pruebas como buen soldado de Jesucristo. El soldado cumple con la voluntad de su superior. Esto implica que el soldado se deja dirigir y guiar por otro. Mirar hacia adentro por razones y explicaciones es algo fatal para un militar subalterno, pero el "soldado de Dios" que mira hacia arriba encuentra salvación y gozo. Buscaré siempre "agradar a aquel que (me) tomó por soldado" (2 Timoteo 2:4 RVR).

"Conozcamos y persistamos en conocer al Señor(*). Segura como el alba será su salida; vendrá a nosotros como la lluvia; como la lluvia tardía, regará la tierra" (Oseas 6:3).

Himno: **"Mi fe descansa en Jesús"** CSG # 345, HB 380

La gente sí se puede redimir

Estoy tratando de distinguir entre la "naturaleza humana" y "la humanidad". Jesús no confiaba en la naturaleza humana ya que él mismo "conocía lo que había en el hombre" (Juan 2:25). San Pablo dijo que "no confiamos en la carne (la naturaleza humana)" (Filipenses 3:3). Aun más, él dijo que no quería conocer a nadie según la carne (la naturaleza humana) (2 Corintios 5:16). Debo tener a Jesucristo como ejemplo para mis relaciones con otras personas.

Pero es precisamente allí donde tantas veces fracaso. ¿Cómo hago para rechazar la naturaleza humana sin rechazar a las personas? ¿Cómo hago para amar a alguien en cuya naturaleza no puedo confiar?

La solución está en ampliar la relación e invitar a que otra persona forme parte. Nunca debo relacionarme con alguien sin incluir a Jesucristo. Cuando el Señor no forma parte de una relación, esta sólo me puede resultar en frustración o puede crear sospecha. Si bien es cierto que la naturaleza humana no tiene remedio, las personas sí se pueden redimir. Ni siquiera Dios es capaz de salvar la naturaleza humana, pero en cambio sí puede rescatar a una persona de su naturaleza. "De tal manera amó Dios al mundo" - el mundo de personas, no el mundo de la naturaleza humana.

Si espero o exijo demasiado de mis seres queridos y amigos, entonces me sentiré defraudado o decepcionado. En cambio, puedo esperar mucho de lo que Cristo pueda hacer en o a través de las personas. Es "Cristo en vosotros" quien es nuestra "esperanza de gloria" (Colosenses 1:27). Debo siempre observar a las personas (sean enemigos, amigos o familia) no en la carne sino a través de Cristo. De esa manera aun mis enemigos dejarán de ser amenaza y mis amigos no podrán convertirse en peligro para mi vida.

Señor: necesito tu ayuda para que mi mal genio y mis sentimientos no interfieran mi vista espiritual. Quiero ver a "Cristo en los que están a mi alrededor". Sólo así tendré esperanza de lograr este enfoque a mis relaciones; de otra forma sería imposible. Mi meta debe ser ver el potencial de cambio positivo en la persona a través de Cristo. La comprensión de lo que tú quieres hacer en las personas me guarda de desesperarme.

"De manera que nosotros, de aquí en adelante, a nadie conocemos según la carne; y aun si hemos conocido a Cristo según la carne, ahora ya no le conocemos así" (2 Corintios 5:16).

Himno: **"Quieres ser salvo"** CSG # 311, FA 331, VC 290, HB 170, LL 194, GD 265, GT 30

Lo bueno que hay en los demás

Me estoy dando cuenta que cuando me dejo herir, ofender, intimidar, molestar o sorprender fácilmente es porque he permitido que el egoísmo domine mi vida. Es el resultado de que mi *"yo"* no pueda hacer lo que le viene en gana, o del pensar que no he logrado el lugar o la porción que "merezco". Sentirme engañado, privado o aislado es vivir lo que la persona sin Dios experimentará durante toda la eternidad en el infierno.

Jesucristo murió no sólo con el fin de lograr mi perdón sino la liberación del pecado en mi vida. Sería de poco valor sujetar al enemigo para luego soltarlo y permitir que continúe atacándome. Seguir complaciéndonos en el pecado es dejar de disfrutar uno de los más grandes privilegios que Dios brinda al hombre, el poder de la cruz en mi vida. El poder de la cruz y el poder del pecado son poderes excluyentes; uno o el otro me domina.

Debo buscar el bien en los demás, pero no dejarme sorprender si encuentro el mal. Si esto me ocurre y estoy prevenido, no me sentiré rechazado en el caso de que algún amigo me traicione o no llene mis expectativas. Sentir auto-compasión en esas circunstancias es egoísmo. Más bien trataré de hacer lo que hizo Jesucristo; aceptar a los seres humanos tal y cómo los encuentre - personas capaces de ser redimidas, pero igualmente capaces de hacer lo malo. Jesús no confiaba en las personas, ni tampoco las rechazaba. Fue así que no se dejó afectar por sus malos tratos. Sintió lástima, sí, por aquellos que le lastimaron, pero no fue vengativo con ellos. Al contrario, los perdonó y siguió ofreciéndoles su perdón. Se regocijó cada vez que veía un destello de fe y amor.

La gloria del discipulado cristiano es ver el milagro de la persona naciente, "la nueva persona en Cristo", y luego reconocer que tuve una parte en ese proceso al ser usado por la mano de Dios. Es entonces que podemos decir con Cristo, "Yo y los hijos que Dios me dio" (Hebreos 2:13 RVA).

"Porque los que son de Cristo Jesús han crucificado la carne con sus pasiones y deseos. Ahora que vivimos en el Espíritu, andemos en el Espíritu" (Gálatas 5:24-25).

Himno: **"Oh, Señor, recíbeme cual soy"** CSG # 317, FA 218, VC 97, HB 361

Dios y la nada

Señor, quisiera confiar de tal forma en ti que pudiera aceptar cuando tú destruyes todas aquellas "cosas" en las cuales he estado confiando. Sé que esto es un proceso doloroso. Cuando yo era inmaduro me parecía que todo era Dios junto con algo más, como Dios más bendición, Dios más poder, Dios más fruto. Ahora estoy aprendiendo a ver que lo único necesario es Dios, y **nada más**.

Ahora alcanzo a comprender por qué Dios probó la fe de Abraham ordenándole sacrificar a Isaac (Génesis 22). Dios da pero también quita, porque **tiene que** quitar. Dios no puede permitir que yo confíe en nada que no sea él mismo. Aún cuando lo que agrego como necesario sea algo tan bueno y puro como Isaac. Dios me da buena salud, pero luego me la quita y me deja débil y enfermizo. ¿Por qué? Lo hace con el fin de que yo encuentre en él mi única razón de confianza. Cada vez que descubro algo en el cual puedo jactarme o gloriarme, Dios me lo quita. ¡Muchas veces son cosas buenas! Escucho sermones y leo libros que me aseguran que la vida cristiana es la vida mejor, la más excitante y que paga los mejores dividendos. ¡Pero esos mensajes se equivocan al dejarme esperanzado en los beneficios de la vida cristiana, cuando la verdad es que muchas veces *Dios se ocupa de quitar* en vez de añadir a nuestras vidas todo aquello que me hace más mundano, independiente, centrado en mí mismo o en las experiencias.

¿Por qué sería que tantos cristianos en Corinto estaban "enfermos, debilitados o muertos" (1 Corintios 11:30)? Sencillamente porque *"algo"* se había interpuesto entre ellos y Dios. Dios no tolera "nada" entre él y yo - aún cuando ese "algo" sea mi propio "Isaac". Pero me consuela saber que él no quitará nada sin añadir otra dimensión más grande de sí mismo, para tomar el lugar que quedó vacío. Apenas rindo mi "Isaac" a él le oiré decir, "De cierto te bendeciré ***y en gran manera***" (Génesis 22:17).

"Pero los que esperan en el Señor(*) renovarán sus fuerzas; levantarán las alas como águilas. Correrán y no se cansarán; caminarán y no se fatigarán" (Isaías 40:31 RVA).

Himno: **"Los que esperan en Jehová"** CSG # 365, FA 225, HB 313

Usando sin "poseer" las cosas

Señor, necesito de tu ayuda para cumplir mi voto de no más acumular, sino de distribuir. El mundo y la carne me obligan a recoger, acumular y recolectar con el fin de protegerme contra la enfermedad, la vejez, la tragedia y la muerte. Jesús envió a sus discípulos con las palabras: "No os proveáis ni de oro, ni de plata, ni de cobre en vuestros cintos. Tampoco llevéis bolsas para el camino, ni dos vestidos, ni zapatos, ni bastón" (Mateo 10:9-10 RVA). ¡Qué instrucciones tan extrañas para el ejército espiritual de Jesús! Pero reflexionándolo bien, ¡qué equipo tan bien pensado! El soldado que entra a pelear en la batalla sobrecargado de cosas ¡ya está derrotado!

Debo aprender a usar las cosas sin "poseerlas", como el apóstol Pablo (2 Corintios 6:10). Debo buscar primero el reino de Dios y su justicia, y así no necesito preocuparme por las necesidades de cada día. Dios me concede ***cosas*** para usar y disfrutar, mas no para "adorarlas".

Cuando ya no puedo usar algo es mi deber ponerlo en manos de quien sí lo puede utilizar. Jesús nos dio el ejemplo. Cuando murió no poseía nada.

Protégeme, Señor, de esa filosofía mundana que afirma: "**Necesitas** esto o aquello". El mundo siempre me está dictando "lo que necesito", pero si hago caso resultaré acumulando y no disfrutando. El mundo poco sabe lo que un discípulo precisa tener. Solamente el Maestro sabe lo que necesitan sus discípulos (Hebreos 12:1-2).

Me acuerdo del Progreso del Peregrino y la Feria de Vanidades. Su vía principal estaba llena de casetas cuyos dueños no solo surtían con mercancías atractivas, sino que sus arrastradores obligaban a los que pasaban a comprar. El mundo nos grita, "¡Compre, compre, compre"! Pero el peregrino sabio seguirá adelante sin dejarse seducir.

Sólo en Jesucristo encuentra cordura el peregrino. "Dios nos ha dado espíritu de poder, de amor y de dominio propio" (2 Timoteo 1:7). ¡Qué palabra de aliento en un mundo destrozado!

"Buscad primeramente el reino de Dios y su justicia, y todas estas cosas os serán añadidas" (Mateo 6:33).

Himno: **"Busca primero el reino de Dios"** CSG # 415, HB 373

Es mejor obedecer

Reconozco que Dios espera sólo una cosa de mí: la obediencia. Esta obediencia debe ser inmediata y completa. Nada de "balidos de ovejas ni vacas mugiendo" que revelan la desobediencia (1 Samuel 15). No me toca generar fe, amor o esperanza porque estas cosas vienen con la obediencia. Tampoco es mi deber generar poder divino ya que el poder de Dios también es mío cuando soy obediente. A mí me toca ser obediente y Dios se encarga de lo demás. Como Dios prueba a sus discípulos por medio de la obediencia, hay veces en que algunas de las cosas que él nos ordena parecen no tener sentido. Debo cumplir lo mejor posible lo que Dios me ordena sin buscar ningún escape.

Por eso aceptaré a Jesucristo como Salvador, y como Señor de mi vida. No sólo es el Camino, sino el Guía que me conduce por ese camino. El me señala la clase de vida que agrada al Padre, para así evitar los errores de una vida opuesta. Es verdad que él murió por mis pecados, pero lo hizo con el fin de que yo pudiera vivir la clase de vida que él quiere que yo viva, su vida en mí. A Dios le interesa la vida y no la muerte. Cuando la muerte ocurre, tiene su propósito, y la única vida que agrada al Padre a su vez glorifica al Hijo. Somos "salvos por su vida" (Romanos 5:10), una vida totalmente diferente a la vida de nuestro "yo". Cada vez que comparo mi propia vida con la de Jesucristo de inmediato resalta la gran diferencia que existe entre su perfección y mis defectos. Cuando me comparo con Cristo y no con los demás, no puedo sino confesar mi pecado y someterme a aquella Vida tan perfecta y pura. Así también agrado al Padre. "Cristo es mi vida" es más que un refrán. Es una gloriosa realidad porque nadie me puede ayudar a disfrutar de la vida como Jesucristo. Y esa vida me lleva siempre adelante hasta llegar a disfrutar perfectamente y para siempre de la gloria celestial (Colosenses 1:27).

Gracias, Señor, porque cada día tú me ayudas a conocerte mejor y a disfrutar más el privilegio de que tú seas mi Señor y Dios, mi dueño y Salvador.

"Ciertamente el obedecer es mejor que los sacrificios, y el prestar atención es mejor que el sebo de los carneros" (1 Samuel 15:22).

Himno: **"Que mi vida entera esté"** CSG # 410, FA 293, VC 135, HB 365, GD 216, GT 36

El bolsillo roto

¿Será posible, Señor, que tenga yo un bolsillo roto? "Habéis sembrado mucho, pero habéis recogido poco; coméis pero no os saciáis; bebéis, pero no quedáis satisfechos; os vestís, pero no os abrigáis; y el jornalero recibe su jornal en bolsa rota" (Hageo 1:6). ¿Oro cada vez más pero disfrutándolo menos? ¿Siembro más y cosecho menos? Tú has dicho: "Buscad primeramente el reino de Dios y...todas estas cosas os serán ***añadidas***" (Mateo 6:33). Señor, ya veo lo que me pasa. He estado pensando tanto en las cosas materiales como son: mi cuenta de ahorros, mi seguro de vida y mi jubilación. Tú me has dicho claramente Señor, que es cuando ***NO*** me afano por estas cosas que puedo contar con ellas.

Ayúdame, Señor, a aprender los principios económicos del cielo. Comprendo que en el cielo no existe la ley de "demanda y oferta", como allá los recursos no tienen límite. Todas mis necesidades se suplen "conforme a sus riquezas en gloria en Cristo Jesús" (Filipenses 4:19), y no conforme a una cuenta o presupuesto limitado.

Señor, enséñame el misterio de la alimentación de los cinco mil. Siempre había entendido que aquel milagro enseñaba que Jesús es el Hijo de Dios. Ahora veo que significa mucho más que eso. La ***multiplicación*** es una de esas normas misteriosas del cielo según la cual lo material se alimenta de lo espiritual. ¡Qué astuto y sagaz fue Satanás cuando le dijo a Jesús, —Di que estas piedras se conviertan en pan— (Mateo 4:3)! El tenía toda la razón al insinuar que Jesús podía hacer pan de la nada; pero se equivocó al pensar que, en vez del Padre, es el Hijo quien da las órdenes.

¡Pensar, Señor, que estoy rodeado por inmensos y poderosos recursos sin límite! A veces son invisibles para mí, pero siempre están a tu alcance, listos para ser transformados instantáneamente al reino material para mi beneficio, si en verdad los necesito. Por eso Señor, ayúdame a ***NO*** afanarme en cuanto a las cosas en las cuales confía el hombre natural. ¡Pobrecito, para éste los recursos visibles son tan escasos! ¡No permitas, Señor, que jamás me considere así de "pordiosero"! Al contrario, ayúdame a basar mi vida siempre sobre Filipenses 4:19.

"Y poderoso es Dios para hacer que abunde en vosotros toda gracia, a fin de que, teniendo siempre en todas las cosas todo lo necesario, abundéis para toda buena obra" (2 Corintios 9:8).

Himno: **"Alma, bendice al Señor"** CSG # 16, FA 51, HB 234

Amando lo mejor que Dios tiene para mí

Quiero sujetarme a las preguntas de Cristo, tales como: "¿Me amas"? Esta pregunta se hizo por primera vez a un discípulo que brevemente se desvió en su afecto. Cristo es muy celoso en cuanto a mi amor y se siente rechazado cuando mis afectos se desperdician en las cosas del mundo. El amor no es algo que puedo ignorar o dejar de alimentar: debe pasar por el examen: "¿Me amas tú ***más que éstos***" (Juan 21:15)? Estuvo bien que nuestro Señor no precisara más cuando hablaba con Simón acerca de sus prioridades. Como la palabra *"estos"* no es específica, me permite preguntar en cuanto a ***mis*** afectos: "¿Amo al Señor más que ________"?

Amamos las cosas o las personas por lo que representan para nosotros. A Cristo debo amarle por su naturaleza, persona y personalidad. No puedo sino amarle por su hermosura espiritual, ya que en él se unen la perfección moral y la santidad. Amar a Cristo es ser semejante a Dios, quien ama esos mismos atributos de su Hijo. El dijo: "Este es mi hijo amado en quien tengo complacencia" (Mateo 3:17). Amar las cosas del mundo es amar lo que muchas veces puede ser **bueno**, pero no es **lo mejor**. Ese amor está mal enfocado, porque contradice lo que el Padre ha declarado cuando señaló a su Hijo como nuestra medida para todo. ¿Será por eso que Dios dice que el cristiano mundano no es más que un "adúltero espiritual"?

El idioma del amor afirma: "¿Qué más tengo que ver con los ídolos" (Oseas 14:8)? El amor nos da un criterio para poder discernir y escoger entre lo bueno y lo mejor: las dos cosas no se pueden amar en la misma medida. Cuando amamos a Cristo sobre todas las cosas, también aumenta nuestro amor hacia otros. Así disfrutamos del "amor de Dios que ha sido derramado en nuestros corazones por el Espíritu Santo que nos ha sido dado" (Romanos 5:5 RVA). No es posible amar a Jesucristo sobre todas las cosas cuando amo a otros menos que a mí mismo.

"A él le amáis, sin haberle visto. En él creéis; y aunque no le veáis ahora, creyendo en él os alegráis con gozo inefable y glorioso" (1 Pedro 1:8).

Himno: **"O Cristo, yo te amo"** CSG # 395, FA 292, VC 113, HB 339, GD 303, GT 280

La vida sencilla

Señor Jesús, con tu ayuda trataré de vivir una vida sencilla. El filósofo danés, Soren Kierkegaard afirmaba que la vida pura era una vida sencilla, una vida con una sola meta. La distracción es mi enemigo y la tarea del mundo es procurar distraerme. Jesucristo me enseña a tener un sólo objetivo, meta o propósito. La santidad no contempla distracciones. La vida sencilla es una vida sin tantas complicaciones ya que fomenta propósito y concentración.

A medida que maduro en mi vida espiritual me doy cuenta que es necesario tomar el Reino de los Cielos "a la fuerza". Desde luego que entrar al Reino es algo fácil, lo difícil es que el Reino entre en mí. ¿Por qué fue que Jesucristo dijo que Juan el Bautista era uno de los más grandes en el Reino? Se me hace que fue su vida sencilla y pura que no daba lugar a distracciones. La vida de Juan era como una flecha que tenía un sólo blanco.

Algunas cosas en mi vida cristiana requieren poco esfuerzo, por ejemplo, predicar un sermón, hablarle a otra persona de su vida espiritual o escribir un artículo sobre algún tema espiritual. Otros asuntos más importantes son tan difíciles que exigen de todo mi tiempo y esfuerzo, como es aprender de Dios, conocer a Dios, imitar y obedecerle. Son valores eternos, así de perdurables como son la fe, el amor y la esperanza.

Dios, tú nunca me dijiste que vivir la vida cristiana era tan difícil. Esperaste que lo descubriera por mi cuenta. Seguramente si lo hubiera sabido nunca te hubiera seguido. Pero habiendo ya comenzado se me hace difícil volver atrás. El camino hacia atrás no conduce hacía ninguna parte. Hacia adelante es un camino difícil, pero tiene su premio. "Conocerle a él y el poder de su resurrección" fue el propósito del apóstol Pablo (Filipenses 3:10). Ayúdame, Señor, para que sea mi meta también. ¡El premio más grande de la vida es conocer a Dios! ¡Qué gozo haber sido "cautivado" por él! No hay felicidad tan grande como la de saber que yo soy de propiedad de Dios, partícipe de su divinidad y que él tiene planes y propósitos para mí. El regocijo de Lucas 15 no se limita al perdido que ha sido salvado, sino incluye al redimido que ha descubierto la dicha de una vida sencilla y descomplicada y cuyo único propósito es el de servir al Señor y disfrutarlo.

"Pero Jesús le dijo: -Ninguno que ha puesto su mano en el arado y sigue mirando atrás, es apto para el reino de Dios" (Lucas 9:62).

Himno: **"Te alabaré, Señor"** CSG # 21

¿Qué de la ambición?

Me es necesario evitar a todo costo el ser ambicioso, sobre todo cuando se trata de la ambición espiritual que puede llegar a ser mi más grande tropezadero. Con demasiada frecuencia un cristiano renuncia a la ambición de ser rico, famoso o poderoso para luego caer en la trampa de pensar que por eso es un favorito de Dios. Desafortunadamente hay otras ambiciones tan peligrosas como las de ser rico, famoso o poderoso. Por ejemplo, el deseo de ser el mejor predicador, el mejor ganador de almas, el mejor escritor o el más grande líder espiritual es tan peligroso como otras ambiciones que son sólo mundanas. Aparentemente son propósitos espirituales pero en realidad son totalmente egoístas. Difieren solamente en cuanto a su "pinta".

El verdadero discípulo no tiene ambición personal. No se preocupa por ser ambicioso ya que la ambición no tiene nada que hacer en el Reino de Dios. Ambicionar algo para uno mismo es tener una mente independiente de Dios. Hacer la voluntad de Dios es la función de un discípulo, y vale recordar que en la mayoría de los casos Dios no nos hace saber su voluntad de antemano. Desde luego que Dios ya nos ha elaborado cuidadosamente un plan perfecto, pero por lo general no lo revela en un comienzo. Mi deber es mantener el pizarrón de mi vida abierto y limpio con el fin de que Dios pueda escribir en él su perfecto plan. Cuando tengo ambiciones personales estoy insistiendo en mi propia voluntad.

Gracias, Señor, que no tengo que trazar ni organizar mis propios caminos porque tú prometiste que eso lo harías por mí (Proverbios 3:6). Cuando entrego mis ambiciones egoístas, el Señor con frecuencia me dice: "Amigo, sube más arriba" (Lucas 14:10). Pero aun ese "subir más arriba" no significa nada para el hombre o la mujer de Dios en comparación con el gozo y la satisfacción de saber que Dios es glorificado por medio de nuestras vidas.

"¿Y tú buscas para ti grandezas? No las busques" (Jeremías 45:5).

Himno: **"A Dios sea la gloria"** CSG # 11

Destruyendo la imagen de Dios en otros

Señor, quiero aprender una actitud de reconciliación hacia los demás. A veces no me va bien con otras personas, no tanto por sus palabras y maneras de ser, sino por causa de lo que hay en mi corazón. Jesús dijo, -¿Por qué pensáis mal en vuestros corazones?- ¡Cuántas veces fracaso o tropiezo cuando atribuyo malos motivos a las acciones de otras personas! A veces digo, -El dijo tal cosa, pero *lo que quiso decir* fue...- Desafortunadamente no me doy cuenta de que lo que pienso que la otra persona quiso decir no es más que mi propia malicia. "El amor no piensa mal" (ver 1 Corintios 13:5 - trad. del autor). Cuando mi mente es posesión de Jesucristo, su inmenso amor despeja de mi corazón toda malicia y todo lo que es oscuro.

Señor, ayúdame a reconocer que "juzgar" (atribuir motivos indignos) al hermano es hacerles mal a ti y a él. Resulto opacando tu imagen en él cuando la verdad es que tú estás obrando tanto en él como en mí. Juzgar a otros es la peor forma de egoísmo, ya que es como si afirmara que Dios no obra sino en mí.

Señor, ayúdame a aprender lo que Jesús quiso enseñar en cuanto a la viga y la paja. Soy muy bueno para ver las pajas en los ojos ajenos porque me sobran vigas en mis propios ojos. Si en verdad viera la maldad en mi corazón, no condenaría, sino más bien confesaría. Ahora comienzo a ver lo que Pablo quiso decir cuando afirmó: "Para los que son puros, todas las cosas son puras" (Tito 1:15). Mi actitud de "juzgar" y criticar significa que tengo mucho más que aprender y crecer.

Señor, no permitas que yo sea culpable de homicidio, imaginando muerta tu imagen en otras personas y atribuyéndoles motivos indignos. Más bien buscaré a Cristo obrando en los demás. Mi prioridad será mi relación contigo y así tú te encargarás de mi relación con los demás. Sé que como resultado tendré un ministerio mayor y la gracia y hermosura del Señor será sobre mi vida al comenzar a descubrir destellos de tu hermosura en la vida de otros (Salmo 90:17).

"Pero tú, ¿por qué juzgas a tu hermano? O tú también, ¿por qué menosprecias a tu hermano? Pues todos compareceremos ante el tribunal de Dios" (Romanos 14:10).

Himno: **"El cielo canta alegría"** CSG # 92

El polvo que nos derrota

Señor, no quiero ser un discípulo a quien tengas que decir: "No tendrás parte conmigo" (Juan 13:8). El pecado de esa clase de discípulo se complica porque no se da cuenta de que está en pecado. No se trata de hipocresía ni engaño, sino simplemente de descuido o ignorancia. El Señor sigue firme en cuanto al "aseo espiritual" y no quiere que imitemos a Simón Pedro quien no le dio importancia a un poco de "polvo en los pies", y luego escuchó una y otra vez las palabras: "No tienes parte conmigo".

"No tener parte en Cristo significa que su **bendición** se convierte en **súplica**. Dejamos de disfrutar del uno para convertirnos en blanco del otro. Claro que esto disminuye nuestra efectividad como cristianos, ya que la virtud de Cristo deja de fluir a través de nosotros. Y si no tengo parte con Cristo, entonces los que están a mi alrededor perderán ese beneficio. Dios necesita canales a través de los cuales puede hacer llegar su bendición a otros y esos canales deben estar limpios (Isaías 52:11).

No tener parte con Cristo resulta también en que la *vitrina de exhibición* se convierte en *confesionario* (Job 1). Cuando así sucede dejamos de ser trofeos de gracia hacia los cuales Dios señala con orgullo, para ser más bien vergüenzas hasta que por fin permitamos que el Señor nos limpie del último rasgo de mugre. Cuando "no tenemos parte con él", el orgullo que sentía Dios en cuanto a nosotros se convierte en pena y dolor (Efesios 4:30); y hasta que lleguemos a sentir el mismo dolor que él siente, no seremos su "delicia de día en día" (Proverbios 8:30).

Jesús destapó el "desaseo espiritual" de Pedro, pero solamente porque el apóstol le había avergonzado. Afortunadamente Pedro de inmediato se dejó lavar los pies, y derrumbó así la barrera que había creado entre él y su Señor. "Ya vosotros estáis limpios" (Juan 14:3), va más allá de ser una verdad; es una declaración de placer, el gozo único que siente el Señor cuando nos hace "parte con él". "Es entonces que disfrutamos de su paz, la paz que solamente él nos puede dar (Juan 14:27), y de su gozo, que siempre es gozo completo" (Juan 15:11).

"Vestíos del Señor Jesucristo, y no proveáis para los deseos de la carne" (Romanos 13:14).

Himno: **"Sólo tú eres santo"** CSG # 10

Soportando las contradicciones

Estoy procurando aprender aquello que vivió Jesucristo en cuanto a la "contradicción de pecadores contra sí mismo" (Hebreos 12:3). Con demasiada frecuencia mis mejores amigos se convierten en "tropiezo" o "estorbo" (vea Mateo 16:23). Jesucristo tuvo que soportar la contradicción de Simón Pedro. ¿Habrá prueba más difícil de soportar que la traición o deslealtad de aquél con quien uno contaba como su mejor amigo? Sin embargo, nuestro Señor la pudo soportar (Hebreos 12:3).

En cambio a mí me sucede lo contrario. No sé soportar en forma victoriosa la deslealtad ni las contradicciones. Cuando me encuentro acorralado por la deslealtad de quienes contaba entre mis amigos, me siento tan defraudado que reacciono con ira o con autoconmiseración o trato de ignorar lo sucedido diciendo: "Así es la vida". La solución es tratar de aprender algo de lo ocurrido. ¿Por qué desperdiciar algo tan importante y valioso como una contradicción que me puede servir de tanta enseñanza?

Ser defraudado o padecer de alguna contradicción puede ser una oportunidad de ayudar y corregir a un hermano. O sea como un diamante puliendo a otro diamante. Dios jamás permite las contradicciones para acosar o frustrarme (sólo Satanás busca intimidar o frustrarnos; en cambio, Dios nos disciplina y nos educa). El permite esas "contradicciones" para su gloria. A veces sirven para pulir o allanar defectos de carácter (por ejemplo, la falta de paciencia). Por su parte, la persona que me está acosando o sirviendo de tropiezo, tiene defectos que Dios está tratando de arreglar.

Señor, enséñame a soportar como lo hacía Jesucristo. Enséñame que los obstáculos y los problemas, las ofensas y los tropiezos son apenas los medios que usas para afirmarme en el ministerio al cual tú me has llamado. Basta mantenerme la mirada en la meta como lo hacía Jesucristo (Hebreos 12:1-2). Las "trampitas" y los obstáculos jamás hacen tropezar al discípulo que mantiene fija la mirada en su Guía y Precursor. Cuando Cristo, quien sufrió en si mismo tales contradicciones está en mí y está en control, seguro que me capacitará para vencer toda la legión de contradicciones que acechan mi vida. El ya nos dio el ejemplo y se devuelve para brindarme lo mejor que él sabe dar — una vida de confianza absoluta.

"Por tanto, ceñid los lomos de vuestro entendimiento, sed sobrios, y esperad por completo en la gracia que se os traerá cuando Jesucristo sea manifestado" (1 Pedro 1:13).

Himno: **"A ti, oh Señor"** CSG # 529

Rodillas lastimadas y piernas tronchadas

Señor, ¡a veces me pregunto si te conozco como "piedra de tropiezo" o "piedra angular"! Cuando no estoy bien relacionado contigo entonces resulto tropezando y cayendo como le sucedió al apóstol Pedro (Mateo 26:31). ¡Cuántas veces me he sentido ofendido contigo cuando he querido insistir en que "***mi*** voluntad sea hecha"! Me has ofendido, Señor, cuando quise insistir en formar amistades o disfrutar de cosas que ansiaban mi carne y mis pasiones y tú no lo permitiste.

Hay sólo un lugar en donde se debe colocar una piedra angular y si no está en su sitio seguiré tropezando con ella. He descubierto que cuando no te cedo el lugar que tú deseas, sufro amargamente las dolorosas consecuencias.

Entre otras cosas reconozco que así como le sucedió a San Pedro, tu cruz con frecuencia me ofende. A menudo me encuentro deseando una religión ***sensacional***, una que me resulta en fama, contentamiento y alegría. La verdad es que no me gusta una religión con cruz, una que requiere sobrellevar las cargas y la miseria de personas sumidas en sus pecados y fracasos. No me gusta decir "No" a mí mismo y menos me gusta que me crucifiquen. Pedro anhelaba posición, poder y un reino. Yo también. El no podía aceptar que esos anhelos se acabaran en una cruz. ¡Cuántas veces no se lastimó al tropezar sobre ti!

He leído las palabras: Quien "por el gozo puesto por delante.. sufrió la cruz" (Hebreos 12:2 RVR). Jesús se gozó en aquella cruz, en cambio yo la rehuyo. Y no sólo se gozó en esa cruz, sino que allí encontró la victoria hasta sentarse a la diestra de Dios Padre. Dios no me negará victoria o poder (más bien lo anhela para mí), pero sí me dice que únicamente puedo disfrutarlo soportando con paciencia la cruz. Por eso, si tropiezo con Dios, el problema está en mí. Si mis pies están lastimados, es porque me estoy rebelando, en vez de estar sometido a él. En cambio si me sujeto a él, el gozo de la cruz me sostendrá aún durante los días más negros. Claro que ese gozo no es la cruz en sí, sino viene como resultado de tomarla. Dios ve el saldo final y no se afana por las cosas que suceden en el camino. Hoy buscaré descubrir a través de mi cruz aquel "final dichoso" a que se refiere el salmista (Salmo 37:37 RVR)

"El que no toma su cruz y sigue en pos de mí no es digno de mí" (Mateo 10:38).

Himno: **"Cordero de gloria"** CSG # 144

Su carga es ligera

¿Será que alguna vez he experimentado realmente lo que es llevar "la carga del Señor"? Si en verdad siento el peso de "su carga" habrá momentos en que me harto y me hastío y hasta deseo no haber oído nunca el nombre del Señor. Señor, te confieso que eso me ha sucedido, y más de una vez. He sentido pena al predicar, y no tanto por el cómo predicaba sino por lo que predicaba. He sentido vergüenza del evangelio y he ansiado estar libre de la carga y obligación de preocuparme por las personas y de proclamar un mensaje que comienza hablando de nuestro pecado.

La "carga" del Señor es pesada, tal vez no tan pesada como la carga de mi pecado, pero de todas formas es bastante pesada. Pablo decía: "Ay de mí si no predico el evangelio" (1 Corintios 9:16). En cambio al Señor le tocó una carga aun más pesada. Entonces ¿por qué dijo Jesús: "Mi carga es liviana..." (Mateo 11:30)? Una "carga" por definición no puede ser liviana o fácil. El fue el único vocero de Dios a quien nunca se le ocurrió quejarse de su carga. De nada me sirve decir, "¡Pero es que él fue Dios!" También fue humano y al nacer de una virgen le tocó dejar a un lado sus privilegios de ser deidad.

Se me hace que la razón está en que nuestro Dios encarnado fue todo un caballero. Nunca defraudó. Su voluntad era ***siempre*** una con el Padre. En cambio yo lucho con la vacilación. Hay días en los cuales me siento todo un gigante espiritual. Hasta me siento capaz de dejarme quemar por mi fe. Luego al otro día lo paso enojado porque alguien me llamó por teléfono a medianoche.

Mi mensaje es una carga porque exige fidelidad, constancia y dedicación total. Sería insoportable si no fuera por la ayuda de quien afirmaba que su carga es liviana. Pero él me consuela asegurándome que aunque abunden los ríos, no me ahogarán y aunque amenace el incendio, no seré consumido (ver Isaías 43:2). Por eso es tan glorioso ser discípulo de Jesucristo; el que lleva su carga dependiendo de la ayuda divina levantará sus alas como águila y aun la muerte se convertirá en puerta a la vida eterna.

"Reconozco, oh Señor(*), que el hombre no es señor de su camino, ni el hombre que camina es capaz de afirmar sus pasos" Jeremías 10:23).

Himno: **"Estad por Cristo firmes"** CSG # 533, FA 252, VC 199, HB 401, LL 99, GD 131, GT 132

Dios quita así como pone

Señor, prometo aceptar tu voluntad cuando me quites, así como cuando me bendigas. Con frecuencia me he regocijado con las palabras: "Convierte el desierto en estanques de agua y la tierra seca en manantiales" (Salmo 107:35). Y es más, me he regocijado no sólo con la promesa, sino que en muchas ocasiones he disfrutado de la bendición. Un ejemplo de una promesa divina cumpliéndose es la nación de Israel. Así también hay muchas vidas que son testimonios vivientes del cumplimiento de la palabra divina.

Tú lo hiciste en mi vida, Señor, cuando primero escuché tu nombre y te entregué mi corazón. El desierto estéril floreció al comenzar a correr los riachuelos de vida a través de mi vida. El fruto y las flores comenzaron a crecer y la gente empezó a darse cuenta y a comentar de lo que sucedía. Esa fue una etapa muy bella de mi vida y sigue siendo así cada vez que tu agua viviente hace de mí algo floreciente y bello.

Pero de la misma manera como tú multiplicas, hay ocasiones en que quitas. Me puedes cargar con una abundante cosecha de fruto, pero también me puedes secar como si fuera algún esqueleto que se tragó el desierto. "El convierte los ríos en desierto y las fuentes de aguas en tierra sedienta" (Salmo 107:33).

Dios a veces quita cuando me olvido de él y le reemplazo con otros dioses como son la fama, la riqueza y el orgullo. Puedo ser "dulce", así como Noemí en el libro de Rut, pero si me traslado al país de Moab, tierra de ídolos, me convierto fácilmente en Mara ("amargura"). Debo siempre recordar otros personajes bíblicos a quienes Dios disminuyó, tales como Herodes, Senaquerib, Nabucodonosor, Giezi, Faraón y Ananías y Safira.

En cambio, si cuido de mi relación con él, disfrutaré de lo poquito que tengo, lo cual me será multiplicado. Mi sequedad se convertirá en campo fértil y mi insignificante fuerza pondrá a correr a miles. Podré decir con David: "Contigo desbarataré ejércitos; con mi Dios saltaré murallas" (Salmo 18:29). Señor, haz que mi experiencia contigo sea siempre de multiplicación y no de disminución. Tú eres suficiente para esto Señor; ninguno más lo es.

"Yo iré delante de ti y allanaré las montañas. Romperé las puertas de bronce y haré pedazos los cerrojos de hierro" (Isaías 45:2).

Himno: **"Te exaltaré, mi Dios, mi Rey"** CSG # 90, HB 512

Viviendo en la actualidad divina

Estoy procurando vivir no según el reloj, sino de acuerdo a la eternidad divina. Ser esclavo del tiempo, siempre pendiente del reloj, en ansiosa espera de algún evento futuro y a la vez soñando con algún feliz momento del pasado resulta solamente en frustración. Debo desligarme del pasado, así como del futuro para poder vivir en el presente. Esto lo debo hacer porque yo mismo *soy* mi propio pasado. Añorar el pasado que forma parte de mi vida es como tratar de refluir la miel que ya he comido y que es parte de mí.

Tampoco puedo vivir pensando a toda hora en el futuro porque no sé lo que Dios tiene planeado para mí. Significaría vivir en un mundo de fantasía y no en la realidad. En cambio el presente es algo real, vivo, activo e importante. Equivocarme en cuanto al propósito divino para mí hoy, no sólo sería lisiar o atrofiar todo el maravilloso plan que Dios tiene para mi futuro, sino también sería echar a perder la hermosa herencia que he aprehendido del pasado.

Hacerse víctima de un reloj es dictar a Dios cuándo él debe de obrar. Desde luego que los itinerarios tienen su lugar, pero Dios obra aparte de ellos. Mis responsabilidades diarias deben concordar con la voluntad divina, sin hacer cambios en el horario por caprichos de la carne.

El único itinerario que ***debo*** guardar es el del "día" o sea el programa que tuvo Jesús haciendo "las obras del que (le) envió, mientras dure el día" (Juan 9:4). Ya que Dios no acostumbra a publicar sus programas junto a los horóscopos en la prensa local, me toca vivir por fe. La fe dice: "Señor, tú ves con tu ***ojo*** mi programa y tu ***mano*** está sobre mí; y algún día estaremos unidos en el cielo". Cuando la fe es firme, me regocija saber que aquel encuentro es ¡hecho cumplido!

"No ignoréis esto: que para con el Señor un día es como mil años, y mil años como un día" (2 Pedro 3:8).

Himno: **"Fe la victoria es"** CSG # 530, HB 382, GD 154

La cara que me pongo

Señor, ¿qué cara tendré en este momento? Ayúdame a reconocer que esa cara que me pongo influye en tu trato conmigo. Quiero que me enseñes esa gran verdad que afirmó David en el Salmo 18:25-26 (traducción del autor):

Con los misericordiosos, tú eres misericordioso,
Con los perfectos, tú eres perfecto,
Con los que son limpios, tú eres limpio,
Pero con los tercos, tú eres "terco".

Mi cara Señor, influye sobre mi relación contigo al igual como en el caso de un niño sobre sus padres. Cuando un niño se lastima y busca a su madre con esa cara tan triste y llena de lágrimas encuentra inmediatamente la compasión y la consolación. Pero si el niño se pone rebelde y problemático, ¡cuidado! Ahora comprendo lo que quiso decir el autor C.S.Lewis cuando buscaba reconciliarse con Dios a través de Cristo. Dios le dijo: "Deja ese rictus que tienes a un lado". Dios no desea relacionarse con amargados.

¿Cómo veo mi propia cara? ¿Cómo puedo reconocer mi propio estado de ánimo? Debo recurrir constantemente a la Palabra de Dios como mi "espejo" para indicar la clase de persona que soy. Sería el necio más grande si pierdo contacto con mi propio rostro, si me imagino ser una cosa cuando el espejo me está mostrando otra.

Señor, no sólo tú, sino mis amigos y vecinos escudriñan a diario mi rostro tratando de percibir lo que hay en mi corazón. ¿Será que mi cara refleja a un Cristo que bendice en abundancia o verán reflejada en mi cara una tumba en la cual yace un Cristo sin vida y sin valor para mi vida diaria? ¡Qué grandioso es pensar que el rostro del Cristo resucitado y triunfante puede ser visto en mí! (2 Cor. 4:6). Si vive en mi corazón, mi cara resplandecerá con su gloria; si reina en mi vida, iluminará todos mis hechos. Jesús es mi maquillaje espiritual.

"Así ha dicho el Señor(*): No se alabe el sabio en su sabiduría, ni se alabe el valiente en su valentía, ni se alabe el rico en sus riquezas" (Jeremías 9:23).

Himno: **"Al Cristo vivo sirvo"** CSG # 224, FA 138, VC 63, HB 518

Jesucristo también necesita amor

Señor, quisiera prometer que desde ahora buscaré ser sensitivo a tu deseo de ser amado. He sido tan egoísta y ensimismado, que sólo he pensado en **mi** necesidad de amor y cómo satisfacerla. ¡Oro y hago vigilias rogando que me des alguna pequeña prueba de tu amor, pero no pienso en lo que debo darte!

Te oigo decir, "¿Me amas?" (Juan 21:15) y me quedo preguntando ¿por qué? Tú, sabes todas las cosas. Pero ahora comprendo lo que me quieres decir: "Sé que me amas, demuéstramelo". El amor no se conforma con cosas abstractas, sino con lo personal y tangible. "Dáme de beber", pediste a la mujer samaritana (Juan 4:7). Tú sabes que dentro de mí siempre quiero "darte de beber", sin embargo pides que lo haga de verdad. ¡Increíble verdad! El Todo-suficiente me busca para que esté completo. Quien es AMOR necesita de personas amadas. El Salvador vino a buscar y salvar a pecadores. Aquel ante quien se inclina toda la creación precisa de quienes le adoren. Francamente, Señor, esto no lo logro entender, pero si no es verdad entonces Juan 3:16 es apenas una farsa.

Cuando yo comencé mi vida cristiana, pensaba que era necesario probar mi amor por ti con mis hazañas. Ahora me doy cuenta que te interesas más en mi compañerismo. Dijiste: "Recuérdame", no "Da tu vida por mí", o "Expón tu vida por mí". Simplemente dijiste "Recuérdame". El amor sólo exige disponibilidad. Con demasiada frecuencia te busco solamente para entregarte mi larga lista de "dámes" en vez de abrir la puerta de mi corazón para que "¡entres y cenes conmigo!". ¡Qué verdad tan asombrosa! Estando tú en el Cielo tan glorioso, todavía te dignas o más bien anhelas ser mi compañero y amigo. Ahora comprendo lo que dijiste: "La porción del Señor(*) es su pueblo" (Deut. 32:9). La santidad es tu ***requisito*** mayor, pero tus hijos son ***tu deleite y felicidad***. Señor, mi gran anhelo es deleitarte y traer gozo a tu corazón al aprender a expresarte mi amor en centenares de maneras diferentes.

"Conservaos en el amor de Dios, aguardando con esperanza la misericordia de nuestro Señor Jesucristo para vida eterna" (Judas v21).

Himno: **"Oh Cristo mío, Rey de mi alma"** CSG # 396, FA 282

Lo importante es la voluntad del soldado

Me he propuesto ser buen soldado. El primer requisito de un soldado es la entrega de su voluntad. Nada más importa. Su tiempo, su tarea y sus responsabilidades están en las manos de su superior y no dependen de él. Si Cristo tiene mi voluntad tendrá también mi cuerpo, mente, fuerza, ambiciones, inclinaciones y actitudes, en fin, mi todo. La clave importante es la voluntad.

Cuando soy tentado es allí, en mi voluntad, donde la batalla se gana o se pierde. La tentación me brinda varias alternativas: puedo ceder a ella y así perder, o puedo resistir y así triunfar. Hay suficiente poder para ambas cosas. Jesucristo me da el poder para vencer; pero mi vieja naturaleza me impulsa con suficiente poder a ceder. La clave está en mi voluntad.

Si me decido a resistir a la tentación, el Señor me dará la fortaleza que ha prometido; pero si me decido a ceder, basta con dejar que mi vieja naturaleza se encargue. Soy el siervo de quien tiene mi voluntad. Por eso es necesario que cada hora, cada día lo decida: ¿tendrá Cristo mi voluntad o seré esclavo de otro amo? La decisión se toma en un instante, pero los resultados son para toda la eternidad.

Mi esperanza se basa en la acción divina que tiene dos partes: "Dios es el que produce en vosotros tanto el querer como el hacer, para cumplir su buena voluntad" (Filipenses 2:13). Dios no se impone sobre mi voluntad, pero sí ofrece darme su fortaleza para poder decidir. Es más, él quiere madurar esa parte de mi ser que se inclina hacia el bien y lo correcto hasta que llegue a ser un hijo que solamente cumple su "buena voluntad". Es así como yo puedo cumplir su anhelo afirmando, "Sí puedo ser tu fiel soldado, Señor".

"Sé partícipe de los sufrimientos como buen soldado de Cristo Jesús" (2 Timoteo 2:3).

Himno: **"Henos en tus huestes, Señor"** CSG # 587

La imagen de él en nosotros

"Verá el fruto de la aflicción de su alma, y quedará satisfecho" (Isaías 53:11 RVR). Señor, ¿cuál es la aflicción de tu alma? Antes pensaba que fueron tus sufrimientos en el Calvario, los clavos y las espinas. Sé que todo eso forma una parte, pero ahora creo que hay más. La madre padece aflicción para traer a su hijo al mundo y luego se aflige mucho más para llevar ese infante hasta la madurez. Si eso sucede con toda madre ¡debe ser aun más cierto en cuanto a Dios, quien da a luz hijos espirituales!

Sé que tú has sido y sigues siendo afligido por mi culpa, Señor, pero mi pregunta es: ¿Estás satisfecho con tu obra? ¿Habrá sido en vano en cuanto a mí se refiere tu aflicción, lo que sufriste en la cruz, todo lo que soportaste con tanta disciplina? ¿Fueron perdidas tantas ocasiones en que me quisiste cariñosamente corregir? ¿Seré yo tan inamovible como cuando comenzaste conmigo?

Tú dijiste: "Efraín es como una "arepa" (tortilla) a la cual no se le ha dado la vuelta" (Oseas 7:8) ¿Será, Señor, que yo soy como Efraín, a medio cocer, una vergüenza para ti, un fracaso que siempre debe repetir el año? ¿O puedes exhibirme en la vitrina de tus santos favoritos como lo hiciste con Job? "¿No te has fijado en mi siervo Job?" (Job 1:8)

Una vez oí a una madre regañando a su hijo por la desobediencia. Ella le dijo: ¿Cómo es posible que un momento me haces sentir tan orgullosa y al siguiente momento tan apenada? Me hizo pensar en mí mismo. Hay palabras que me asustan en la Biblia: "averiado" (Jeremías 18:4), "descalificado" (1 Corintios 9:27), "avergonzado" (1 Juan 2:28). Estas palabras están en tu palabra con el fin de que tome en serio tu aflicción a mi favor, reconociendo que ser discípulo de Jesús no es un juego o pasatiempo. Me consuela recordar "Porque tú, oh Señor (*), eres mi esperanza" (Salmo 71:5) con el fin de que "no sea yo avergonzado jamás" (v.1). Confío en que tú "aumentarás mi grandeza" (v.21) conformándome a la imagen de tu Hijo.

"Por tanto, todos nosotros, mirando a cara descubierta como en un espejo la gloria del Señor, somos transformados de gloria en gloria en la misma imagen, como por el Espíritu del Señor" (2 Corintios 3:18).

Himno: **"Oh, divino Espíritu"** CSG # 264

Cuándo es que debo estar quieto

Señor, hay momentos en que tengo que ser un discípulo que "No debe hacer nada". Son aquellos momentos en que el resto del mundo no hace sino correr de arriba abajo en un constante frenesí. Hay ratos en que la verdadera fuerza espiritual, como lo dijo Isaías, radica en "estarse quietos" en el momento de la emergencia (Isaías 30:7 RVR).

Tú sabes, Señor, la mucha resignación y fuerza de carácter que exige el estarse quieto cuando la inactividad para la mente humana parece ser algo irracional. ¡Qué locura (al parecer) el mandato de Moisés: "Estad firmes y veréis la liberación que el Señor(*) hará a vuestro favor" (Exodo 14:13). ¡No hacer nada cuando el enemigo les sobrevenía a toda velocidad era el colmo de la locura! Sin embargo, en el mandamiento de Moisés descubrimos gran sabiduría y comprensión en cuanto a lo que es una emergencia.

Señor, una emergencia no es un desastre para un discípulo tuyo; es apenas otro cruce. La emergencia significa que la Palabra de Dios está sobre el tapete. Cada emergencia nos coloca ante la misma pregunta que le hizo el Rey Darío a Daniel, "Tu Dios...¿te ha podido librar?" (Daniel 6:20). El foso de leones no fue el **patíbulo** para Daniel, sino que se convirtió en su **púlpito**. Allí Dios fue vindicado.

Cuando el carcelero pidió a Gladys Aylward, misionera en la China, que hablara con los presos para que dejaran de amotinarse en Yengchang, era uno de esos momentos de emergencia - un llamado a poner en prueba la Palabra de Dios. ¿Sería Dios capaz de proteger a su sierva ante centenares de presos enfurecidos? ¡Dios sí fue capaz! Y fue por medio de aquella "emergencia" que ella gozó de libertad durante muchos años para predicar la Palabra de Dios en aquella ciudad.

Cuando Jesucristo anduvo por Palestina hubo momentos en que abrió su boca y enseñó en forma maravillosa. Pero también se presentaron situaciones cuando él "no..dio respuesta" (Juan 19:9). Así, hay momentos en que yo debo callar, no decir nada, conformarme con estar quieto. Esto es lo que significa "estad quietos y reconoced que yo soy Dios" (Salmo 46:10).

"Porque así dijo Jehová el Señor, el Santo de Israel: En descanso y en reposo seréis salvos; en quietud y en confianza será vuestra fortaleza" (Isaías 30:15 RVR).

Himno: **"Con cánticos, Señor"** CSG # 7, FA 49, VC 9, HB 44, GD 20

Mi PENSUM de educación espiritual

Quiero darle la suficiente importancia a mi preparación espiritual. Yo sé que una preparación académica es buena en sí, pero poco o nada me ayuda a descubrir los secretos espirituales del Altísimo. Pablo decía que el hombre nunca logra hallar a Dios, usando solamente la razón. Las buenas nuevas del Evangelio parecen locura a la persona que no conoce a Dios. Sólo Dios puede enseñar a sus hijos y él ha designado al Espíritu Santo como su agente especial para hacerlo. Es locura confiar en la razón, la investigación y el análisis para aprender los caminos del Señor. Un instante de revelación del Espíritu Santo nos enseña lo que jamás una persona sería capaz de descubrir por sí misma.

La lectura de la Biblia es más que una actividad física. Como es un ejercicio espiritual, afecta tanto el carácter como la mente. Nuestro estudio bíblico va más allá de los detalles de un pasaje, hasta hacernos accesibles al Espíritu Santo. El hombre quiere comprender, pero *no hay comprensión sin iluminación* y no hay iluminación sin el Espíritu Santo. Cuando Dios nos revela su verdad, la Biblia deja de ser algo distante y teórico para convertirse en algo sumamente propio, útil y práctico. El Espíritu sabe hablarnos de tal manera, que la Biblia parece ser un mensaje recién recibido del cielo, aplicable a la situación que vivo en el momento actual. Me veo en aquella Palabra viviente como si Dios la hubiera hablado pensando solamente en mí.

El profeta Jeremías comprendió el significado de la Palabra divina: "Fueron halladas tus palabras, y yo las comí; y tu palabra me fue por gozo y por alegría de mi corazón" (Jeremías 15:16 RVR). Cuando la Biblia se convierte en mi alimento, mi gozo y mi deleite, entonces sé que he avanzado más allá de lo meramente intelectual, la he comprendido espiritualmente; y, por ella, he logrado conocer a una Persona viviente, no simplemente histórica: Jesucristo.

"Porque ¿quién conoció la mente del Señor? ¿Quién le instruirá? Mas nosotros tenemos la mente de Cristo" (1 Corintios 2:16 RVR).

Himno: **"Los cielos anuncian tus obras"** CSG # 271

Viviendo "entre paréntesis"

Señor, tú me estás enseñando que el presente momento es un paréntesis en el contexto de mi existencia. Ningún momento de mi vida es permanente.

Ya que Dios permite cada situación que se presenta, él también la clausura. Si hoy me encuentro triste, mañana Dios me ayudará a disfrutar de gozo. Si hoy Dios me permitió alguna bendición material, eso no garantiza que mañana seré rico.

¿Porqué permite Dios que nuestra situación esté siempre fluctuando? ¿No será para darnos cierto equilibrio? El no quiere personas que sólo saben confiar en las circunstancias en vez de confiar en un Creador. La abundancia puede llevarnos a poner "la esperanza en las riquezas, las cuales son inciertas" (1 Timoteo 6:17 RVR). Demasiada tristeza nos puede llevar a la desesperación. La verdad es que precisamos de ambas cosas. La tierra a la cual iban los israelitas tenía "montes y vegas" (Deuteronomio 11:11 RVR). No puede haber montañas sin valles.

Pensar en eso me consuela, Señor. La situación que hoy me tiene abrumado podrá cambiar mañana por algo mejor (o por lo menos diferente). La paciencia dice: —Espera, Dios todo lo arreglará a su debido tiempo.— Hay que disfrutar de la alegría que nos produce la bendición de hoy, recordando siempre que mañana hará parte del pasado.

Ahora comprendo, Señor, tu Palabra cuando dice que Moisés "se sostuvo como viendo al Invisible" (Hebreos 11:27 RVR). Es viendo al Invisible como me mantengo equilibrado. No podré vivir victoriosamente, mientras tenga la vista puesta en las circunstancias que me rodean. Sólo puedo sostenerme al no perder de vista al Invisible, quien a su debido tiempo sabe clausurar aquellas circunstancias difíciles que nos asedian. Quiero prometer que con paciencia mantendré mi vista en el Unico que merece ser la realidad constante en mi vida, -Tú, Señor.- Así comprenderé lo que dijo el salmista: "El Señor(*) cumplirá su propósito en mí" (Salmo 138:8).

"Y te acordarás de todo el camino por donde te ha traído el Señor tu Dios estos cuarenta años en el desierto, para afligirte, para probarte, para saber lo que había en tu corazón, si habías de guardar o no sus mandamientos" (Deuteronomio 8:2 RVR).

Himno: **"De Jehová cantaré"** CSG # 25, FA 50

Desfilando con Jesús

No removeré la posición que le pertenece a Jesucristo como vencedor. Mi lugar es caminar *en pos de él* como siervo fiel. Con demasiada frecuencia he tratado de subir en su carroza de victoria para tomar su lugar, su honor y su gloria para mí mismo. No me conformo con someterme a él como su siervo fiel. Prefiero ser sucesor en vez de súbdito.

Ser un siervo cautivo es poco atractivo o glorioso. De pantalla no tiene nada. Toda la gloria es para el Conquistador. Mi función como cautivo es demostrar los logros del Conquistador y sus triunfos. Pero para alcanzar ese fin es preciso permitirle el escenario. Cuando le hago mala cara porque fracasé, o porque no me dieron la importancia que merezco o porque no logré mis anhelos inmediatos, estoy desafiando el derecho de Jesucristo de andar en su carroza de preeminencia. Estoy lloriqueando porque la pantalla la tiene Jesús en lugar de tenerla yo.

Debo aprender que Dios no nos hace sus siervos con el objeto de tenernos en servidumbre, sino para que nuestra cautividad haga resplandecer el gran poder conquistador de su glorioso Hijo. Sólo así puedo ser "grato olor de Cristo" para Dios el Padre (2 Corintios 2:15 RVR). Pero cuando me exalto a mí mismo, en vez de expedir grato olor me transformo en algo nauseabundo para él.

Si me quiero unir a la alabanza celestial, debo hacerlo en base a que <u>SOLO</u> el "Cordero inmolado es digno" (Apocalipsis 5:12 RVR). Lo único que vale o que es importante es <u>su</u> dignidad. No sólo es Jesús mi Señor, sino que él es <u>digno</u> de ser el Señor. Es cuando logro comprender la gran verdad: ya no tengo que esperar el transito al cielo para colocar mi corona a sus pies; lo hago ahora mismo, anticipadamente, y lo hago con gozo porque <u>él es digno</u>.

"Pero gracias a Dios, que hace que siempre triunfemos en Cristo y que manifiesta en todo lugar el olor de su conocimiento" (2 Corintios 2:14).

Himno: **"Digno eres"** CSG # 233

¡Soy rico!

Señor, con tu ayuda procuraré no volver a hablar o a pensar mal de ti, jamás. La mayoría de tus hijos no necesitan de una dosis de riqueza ni de pobreza sino de **fe**.

A través de tu siervo Pablo nos dijiste que "todo es vuestro" (1 Corintios 3:21). Desafortunadamente la mayoría del tiempo no he creído esta palabra. En consecuencia he vivido en la miseria como un mendigo, un pordiosero a pesar de lo que tú has dicho, "El Señor cada día nos colma de beneficios" (Salmo 68:19 RVR).

Con demasiada frecuencia llego al final del día sintiéndome triste y acongojado. No tuve el éxito deseado al presentar un nuevo proyecto a la iglesia. Quise evangelizar y la verdad es que no me fue tan bien que se diga. Estuve en una reunión de pastores y no me ocuparon para nada, ni siquiera para presidir la oración. Saludé al moderador del grupo y él no recordaba mi nombre.

Pasé la noche retorciéndome en mi cama, sintiéndome defraudado, olvidado, despreciado y abandonado. Señor, ¿será esta la porción que tú has reservado para mí?

Tú has procurado enseñarme que todas las cosas son mías en Jesucristo. También has buscado comunicarme que cada día escoges mi porción diaria de tu gran bodega de "beneficios". ¡Pero yo soy tan rebelde Señor! Mi berrinche de cada noche no es más que rebeldía contra ti, inconformidad por esa "porción". Ayúdame a comprender que todo lo que me sucede cada día es lo que tú me envías con mucho cariño. Es tu "porción" envuelta con la cinta de tu amor. Cada día descubro lo que tú me tienes y no puedo darme el lujo de despreciarlo. Nada de lo que tú has planeado me niegas; soy el beneficiario de una receta preparada especialmente en el cielo.

Pero tú has dicho "Todo es vuestro". En Cristo soy heredero del universo. Prometo, Señor, recordar mi herencia y aceptar que realmente soy rico. Procuraré recordar que mi "porción", sea dulce o amarga, es producto de tu amor y que no se pierde. Aceptaré todo lo que Cristo tiene para mí. Así de esta manera alejaré los sentimientos de amargura e inferioridad y, en su lugar, percibiré la dulce tranquilidad que surge al aceptar por fe la voluntad divina para mi vida.

"Corrígeme, oh Señor(*), pero con tu juicio; no con tu furor, para que no me empequeñezcas" (Jeremías 10:24).

Himno: **"Bendeciré al Señor"** CSG # 22

Viendo al Invisible

Enséñame, Señor, que la madurez espiritual es el poder vivir sin intermediarios. El niño depende de la madre para su comida, calor, protección y comunicación. Todo esto significa recibir por segundas personas y no llenar necesidades directamente. La madurez implica que ya puedo vivir y disfrutar sin depender de la ayuda de otros.

Mi ejemplo es el Señor. "Yo tengo una comida para comer que vosotros no sabéis" (Juan 4:32). ¿Cuál es esa comida? Es el poder alimentarse en forma directa. Jesús, al apropiarse de comida espiritual, fue alimentado por fe.

A veces me siento envidioso del apóstol Juan. Cuando entró en la tumba vacía ese primer domingo de resurrección, "El vio y creyó" (Juan 20:8) ¿Qué fue lo que vio? Pues ¡nada! Sin embargo él creyó. Señor, deseo ver más allá de lo tangible, lo espiritual, y creer en esa visión, así como Juan. ¡Mi vista es tan miope, tan corta y sin poder! No logro escapar del espacio y del tiempo. Me encuentro prisionero del velo de la carne. ¡Si pudiera ver que el Cielo está allí no más y que Dios está cerca y que los recursos divinos no están lejos, y son accesibles!

Al pensarlo mejor, Señor, me doy cuenta que los grandes santos "viven" en otro mundo, se alimentan de otra comida, ven cosas intangibles y creen lo que parece ser locura para las personas incrédulas. Así como Moisés, se sostienen viendo al "invisible". Y como otros grandes hombres del pasado, ellos logran distinguir los verdaderos valores espirituales y los convierten en realidades. Jesús, Rey de los santos, hizo ésto, cuando alimentó a los cinco mil.

Los grandes héroes de la fe (Hebreos 11) fueron personas que vivieron en otro mundo; pero mantuvieron contacto con este mundo terrenal a fin de proveernos del fruto y alimento de aquel otro y más real universo.

Señor, también hoy, tú buscas héroes espirituales. El mundo los necesita con urgencia. ¡Hazme uno de ellos!

"No fijando nosotros la vista en las cosas que se ven, sino en las que no se ven; porque las que se ven son temporales, mientras que las que no se ven son eternas" (2 Corintios 4:18).

Himno: **"Hoy por los santos"** CSG # 456, HB 150

Amando sin reservas

Señor, prometo amarte sin reservas y sin límites. No quiero que mi amor hacia ti sea algo dosificado o por pedacitos. "El amor no queda cortico" (1 Corintios 13:8 Trad. del autor). La "devoción" de los fariseos fue algo medido por sus reglas y por lo tanto tenían poco amor verdadero hacia ti. Más bien fue amor hacia ellos mismos.

El amor no es amor si no es, al mismo tiempo, desprendimiento. Es por eso que Jesucristo alabó con tanto entusiasmo la ofrenda de perfume que le trajo María y con la cual le ungió los pies. ¿Fue un desperdicio? ¡Jamás! Si María hubiera sacado la cuenta exacta de lo que valía su ofrenda, no hubiera sido amor sino ostentación.

"El perfecto amor echa fuera el temor" (1 Juan 4:18). Si tengo miedo de Dios es porque no le amo. Cuando temo ofender a Dios, es porque estoy pensando en mí mismo y no en él. En ese caso mi amor se ha desvanecido. Los que aman a Dios tienen esa clase de confianza absoluta, ingenua e inocente que caracteriza a los niños. Un extraño se acerca a un rey con gran respeto y reverencia mientras que un hijo va corriendo hacia él con confianza.

Ahora comprendo lo que fue ese río que vio Ezequiel (Ezequiel 47). El río brotaba del Templo y a medida que se internaba en él, Ezequiel advertía su creciente profundidad: le daba a los tobillos, a las rodillas, a las caderas y al fin pudo nadar en su caudal. Señor, yo sé que tú quieres que sea un cristiano nadador, amándote de tal forma que ese mismo amor me arrastre en feliz abandono. Fue en sólo dos ocasiones, durante su ministerio terrenal, que nuestro Señor hizo mención al valor de la ofrenda: cuando una viuda dio sus dos blancas y cuando María derramó el frasco de perfume sobre sus pies.

Ese "regalo" que se calcula y se mide cuidadosamente no tiene nada que ver con el amor; es apenas una obligación. ¡Qué triste ser "amado" sólo por obligación! Si únicamente doy pequeños regalos u obsequios a Dios entonces no estoy enamorado de él, sino de mi reputación y el "qué dirán" de los que me ven. Las ofrendas de muchas personas no son más que pequeñas propinas para suavizar sus conciencias. El verdadero amor "no busca lo suyo propio". (1 Corintios 13:5). Señor, quiero amarte, abandonarme en ti, locamente, sin medida ni límite y así demostrarte que mereces todo mi amor. Quiero amarte sin pena y sin vergüenza, así como tú me amaste en el Calvario.

"Y ésta es mi oración: que vuestro amor abunde aun más y más en conocimiento y en todo discernimiento" (Filipenses 1:9).

Himno: **"Oh amor de Dios"** CSG # 63, FA 42, LL 124, GD 319

Mi entrega será total

Con tu ayuda, Señor, siempre procuraré entregarme del todo a ti y a tu obra. Yo sé que no hay nada tan odioso para ti que una entrega condicional a tu causa. Cuando Pedro te dijo: "Señor, ten compasión de ti mismo. ¡Jamás te suceda esto!" (Mateo 16:22), estaba sugiriendo que abandonaras el plan trazado para la salvación, ya que eso implicaría mucho sufrimiento para ti. Tú le dijiste algunas de las palabras más fuertes que hayas dirigido al ser humano: "¡Quítate de delante de mí, Satanás" (v.23).

El entregarse a medias es algo satánico y creo haber descubierto el porqué. El entregarse condicionalmente es una forma de auto-conmiseración. Es una manera de construir una muralla alrededor del "yo", con la cual ese "yo" se siente protegido contra todos, incluido Dios. Si Jesús hubiera tenido lástima de sí mismo y no se hubiera entregado del todo, nunca hubiera ido a la cruz. Si tengo lástima de mí mismo, nunca me someteré del todo a la voluntad divina que ha decretado la muerte a mi "yo". Y si no me someto, nunca llegaré a ser un medio de vida para otros.

El "yo" impulsó a Ananías a retener una parte del dinero de la venta que le había prometido al Señor (Hechos 5:1-2). Mi "yo" siempre me está diciendo que me debo quedar con alguna porción de mi ser. El "yo" piensa que entregar todo al Señor es un gran desperdicio (Marcos 14:4). Así como algunos de los que veían morir a Jesús, el "yo" le pide que baje de la cruz para salvarse (Marcos 15:30).

Claro que debo distinguir entre la auto-conmiseración y la auto-conservación. Aceptar a Cristo como mi Redentor personal es auto-conservación, lo más grande, importante y noble que yo pueda hacer en esta vida. Descansar cuando tengo cansancio y tomar vacaciones cuando las necesito son otras formas de auto-conservación que también son sabias e importantes para mi salud física.

La auto-conmiseración no tiene remedio sino en la muerte, la muerte del "yo". Y esa muerte benéfica le viene a todo aquel que dice "Sí" a Dios en lo que él quiere hacer con su vida. No es posible decir "Sí" a Dios y luego entregarse a él a medias. Es **mi** decisión. Cuando digo "Sí" al Señor, él me responde con un gran "Sí" que retumba por los grandes salones del cielo. Luego él me resucita de la muerte de la crucifixión a una vida nueva.

"Con Cristo he sido juntamente crucificado; y ya no vivo yo, sino que Cristo vive en mí. Lo que ahora vivo en la carne, lo vivo por la fe en el Hijo de Dios, quien me amó y se entregó a sí mismo por mí" (Gálatas 2:20).

Himno: **"Mi vida di por ti"** CSG # 198, FA 112, VC 44, HB 427, LL 97, GD 127

La palabra divina en cuanto a nuestros cuerpos

Procuraré no hacerle caso a mis sentimientos. Las experiencias de éxtasis espiritual pueden ser de bendición y hasta necesarias, a veces, para el recién nacido espiritualmente, porque aún no ha aprendido a caminar solo. Pero yo puedo honrar más a Dios cuando creo y confío en su palabra sin reclamar la golosina o el "confite" espiritual. O sea que cuando no estoy recibiendo visiones o éxtasis espirituales, es porque Dios me considera adulto maduro, a quien es suficiente alimentarse con platos fuertes como son la fe y la obediencia.

¿Y qué tal aquellos otros sentimientos como son: el temor, la ansiedad, la duda y la preocupación? Debo clavarlos en la cruz. Esos sentimientos son mayormente productos de mi cuerpo - las glándulas, la sangre y la mala digestión; hacerles caso es mundano y carnal. Tratar de razonar o dialogar con el temor o la duda es semejante a intentar dialogar con una comida mal digerida. Debo más bien no hacerles caso y saber que Dios es mil veces más grande que una glándula, el estómago o una célula.

Todo se puede resumir así: ¿Pondré atención a lo que me dice Dios en su Palabra acerca de mí mismo o escucharé más bien lo que me dice el cuerpo?

La victoria viene cuando le digo con firmeza a mi cuerpo: Te ignoro, y cuando digo a mi alma, Espera en Dios (Salmo 42:5 RVR). Cuando espero en Dios estoy pasando por alto las emociones que suben y bajan como la marea, para pisar mejor la Roca firme, el puerto seguro. No experimentar emociones y cambios de sentimiento sería dejar de ser humano, pero vivir de mis emociones es avocarnos al fracaso. Esperar en Dios es el remedio eterno para la pesadilla pasajera.

"Por tanto, no desmayamos; más bien, aunque se va desgastando nuestro hombre exterior, el interior, sin embargo, se va renovando de día en día" (2 Corintios 4:16).

Himno: **"Cariñoso Salvador"** CSG # 237, FA 243, HB 167, LL 81, GD 92, GT 11

La alabanza y la fe trabajan en llave

Me estoy dando cuenta de cuán importante es la alabanza. La alabanza es hija de la fe. El que cree alaba al Señor tan naturalmente como respira toda criatura que nace. Hubo un tiempo en que yo pensaba que la alabanza era algo que dábamos después de ver los resultados de nuestras peticiones a Dios. Pero he comprobado que esa clase de alabanza es débil y le falta vigor. Antes de resucitar a Lázaro de la tumba, Jesús alabó a su Padre, agradeciéndole. Debo mirar los problemas, dificultades e imposibilidades como oportunidades para alabar a Dios antes de que él obre a mi favor, simplemente por el privilegio de glorificar su nombre. Si Romanos 8:28 todavía está en la Biblia y tiene validez, entonces la alabanza debe formar parte integral de mi vida.

Para un cristiano las dificultades de la vida son apenas milagros por ocurrir. La fe verdadera ignora lo que es un reloj o un calendario. Alabar sólo cuando haya sucedido el milagro no tiene sentido. La fe cree que Dios hará todo lo que está en su poder.

Si es menester siempre creer, también debo alabar siempre, ya que la perfecta fe elimina la preocupación y la ansiedad y me llena de buenos sentimientos.

Vivir en ese plan incluye alabanza **por** las cosas difíciles; y no sólo cuando estoy **en** situaciones difíciles. No simplemente soportar esas cosas y esas circunstancias, sino permitir que una y otras se conviertan en bendición. La Biblia me dice que Dios no es indiferente a la maldad, sino que la transforma en oportunidad para obrar algo bueno.

Cuando Dios permite que a mi vida la afecten dificultades, me está preparando para nuevas victorias y para un vigoroso crecimiento que no podría lograr en otra forma. Si eso es cierto (y lo es) entonces las pruebas son "amigos" que merecen mi bienvenida, a imitación de David cuando aparecieron en su camino el león y el oso. Estos le ayudaron a alistarse para confrontar al gigante Goliat.

Si aprendo a dar la bienvenida a las pruebas, sabré también alabar y dejar de identificar las dificultades como enemigos; las consideraré como oportunidades. Por esa razón haré como me aconseja Jacobo, "Saltaré de sumo gozo" cuando me encuentro rodeado por imposibilidades (Santiago 1:2 Trad. del autor).

"¡Aleluya! Ciertamente es bueno cantar salmos a nuestro Dios; ciertamente es agradable y bella la alabanza" (Salmo 147:1).

Himno: **"Celebremos su gloria"** CSG # 2

Mi entrega a Dios

El salmista prometió: "Cumpliré mis votos al Señor(*) delante de todo su pueblo" (Salmo 116:18). Dios quiere que periódicamente le reconfirmemos nuestros votos de compromiso para con él, así como le pidió a Abraham que ofreciera a su hijo Isaac sobre el altar. Se trata de una prueba de mi amor y fe hacia él.

De mi parte debo cuidarme de ser legalista. No se trata de entregar algo que Dios no me haya pedido. Dios me exige ciertas áreas de mi vida cuando cree que puedo soportar la disciplina que implica el tener que cedérselas. Debo conducir mi vida lo mejor que pueda. El me señalará cada nueva área que debo entregarle.

La vida disciplinada consiste en eso: entregar de inmediato a Dios lo que él nos solicita, sin "peros" y sin demora. Creo que nadie puede servirle bien a Dios sin disciplina. La persona disciplinada no vive pensando en lo que él va a retener para sí; está pendiente de la señal divina para poderla cumplir al instante.

Con el "sacrificio de acción de gracias" (Salmo 116:17) pagaré mis votos. Cada vez que Dios me considera digno de que él me exija algo, debo sentirme agradecido. Cuando lo hace, él piensa premiar al obediente, no siempre con riquezas y salud, pero sí con lo que es más importante: poder espiritual y una vida fructífera.

Dios se entristece cuando tiene que pedirme dos y tres veces alguna área de mi vida. Por ejemplo, si se trata de mis posesiones, una advertencia debiera ser lo suficiente. Cuando le haya cedido algún aspecto de mi vida, jamás debo pedirle que me lo devuelva, ni tampoco recordarle de mi "sacrificio" a su favor. ¿Acaso es sacrificio cambiar mis pobres *"mugrecitos"* por morrocotas? Más bien debo "*atar* mis ofrendas a los cuernos del altar" (Salmo 118:27 Trad. del autor). Es en el *atar* que descubro el *abundar* de la vida.

"Entonces Jesús dijo a sus discípulos: -Si alguno quiere venir en pos de mí, niéguese a sí mismo, tome su cruz y sígame" (Mateo 16:24).

Himno: **"Tú has venido a la orilla"** CSG # 426

Cuando me pongo molesto en cuanto al tiempo

Señor, necesito de tu ayuda en cuanto a mis actitudes. Ser mundano es estar atado a lo terrenal como si fuera substituto de lo celestial. Lo terrenal tiene que ver con todo lo que es tiempo, propiedad, dinero y placer. Si bien es cierto que no me puedo desligar del todo de estas ataduras, sí debo hacerlo espiritualmente. La Biblia me dice que debo vivir en las regiones celestiales donde Cristo está "sentado a la diestra de Dios" (Col 3:1). De eso se trata: la sustitución de lo celestial por lo terrenal.

En cuanto al tiempo, debo sincronizar mi "reloj" por lo celestial y no ser esclavo de un horario terrenal. El único "reloj" por el cual se guiaba nuestro Señor fue el de la voluntad de su Padre (Juan 9:4). Este también debe ser el mío. En cambio si me ato a mis propios planes, si me molesto por cualquier pequeña "pérdida" de tiempo, si me angustio porque se demoró el transporte es porque no me quiero someter al "reloj" del Padre. Mi solo compromiso y obligación es alcanzar aquel lugar donde "el tiempo ya no será más". Si sólo me preocupo del tiempo, algo anda mal en mi espíritu. La persona que disfruta de perfecta paz no se preocupa del tiempo.

Jesús dijo: "Mi tiempo no ha llegado todavía, pero vuestro tiempo siempre está a la mano" (Juan 7:6). Jesús no tuvo itinerario, se conformaba con hacer la voluntad de su Padre a medida que esta le iba siendo revelada. Me encuentro siempre ante la encrucijada de tener que escoger entre mi propio itinerario y el que me traza Dios. Atarme a mi propio reloj es ligarme a lo terrenal, cosa que jamás hizo Cristo. No se trata en ningún momento de pereza o indiferencia a los compromisos, ya que Dios quiere que seamos personas responsables. Cuando habito cada día en Jesús, el tiempo deja de ser mi prioridad, como si ya estuviera en el cielo.

"Enséñanos a contar nuestros días, de tal manera que traigamos al corazón sabiduría" (Salmo 90:12).

Himno: **"Hasta entonces"** CSG # 444, HB 506

En competencia con los demás

Me debo cuidar de una de las trampas más sutiles que tiene el diablo: competencia con otros. Jesús vino a servir, no a competir. Con demasiada frecuencia somos como sus discípulos: luchamos por ser los mayores (Lucas 22:24) y olvidamos que mayor es aquel que lava los pies de los demás.

La competencia es una forma de guerra en la que yo soy, al mismo tiempo, atacante y adversario. La competencia es una fosa llena de serpientes que desatan multitud de sentimientos venenosos. Sí, está bien experimentar pensamientos negativos hacia mi orgullo, pereza, capricho y egoísmo. Pero debo evitar a toda costa la comparación con los demás, ya que el plan que Dios tiene para mi vida es tan único como son diferentes mis huellas digitales de todas las demás. El verdadero discípulo sólo se compara consigo mismo para luego poder afirmar: "El Señor me ha capacitado para poder crecer en tal disciplina".

La competencia es un defecto satánico. Apenas Dios le dijo: "¿No te has fijado en mi siervo Job, que no hay otro como él en la tierra?" (Job 1:8), Satanás se empeñó en tumbarlo. El diablo no pudo soportar que a Job se le alabara. El quiere acaparar toda la alabanza. Cada vez que me siento tentado a comparar algo en mi vida con otra persona debo escuchar de nuevo las palabras del Señor: "¿Qué tiene esto que ver contigo? Tú, sígueme" (Juan 21:22).

La competencia desaparece cuando sigo el consejo de Pablo: "en cuanto a honra, prefiriéndoos los unos a los otros" (Rom. 12:10). Esta lucha no es por el lugar más alto sino por el más bajo. ¡Qué contradicción! ¡Luchar por el peor lugar! Pero ¿no fue eso lo que hizo Jesús quien "se humilló a sí mismo haciéndose obediente hasta la...muerte de cruz" (Fil. 2:5-8)? Señor, ¡ayúdame a que, al comparar y someter mi vida a la tuya, reciba buenas calificaciones!

"Considerad, pues, al que soportó tanta hostilidad de pecadores contra si mismo, para que no decaiga vuestro ánimo ni desmayéis" (Heb. 12:3).

Himno: **"Jesús es mi Rey soberano"** CSG # 243, FA 5, VC 266, HB 47, LL 251, GD 144, GT 289

Las heridas de Dios

Quisiera responder a tus "heridas" con fe y gratitud, Señor. Siempre pienso en ti como el que sana los corazones y cura nuestras heridas, pero tú también quebrantas corazones y causas heridas.

No puedo olvidar lo que le sucedió a Jacob cuando se retiró cojeando después de su lucha con el Señor (Gén. 32:30-31). ¿Cojeo yo también porque Dios me ha tocado? Las heridas de Jesús fueron por mi causa. El no necesitó ni de corrección ni de disciplina, pero yo sí las necesito infinitamente. Tanto, que nunca llegaría por mi cuenta a la perfección. Precisamente por eso Jesús me sustituyó, tomando para sí las heridas que yo merecía.

Dios lastima y causa heridas hasta poder revelar los secretos más íntimos de nuestros corazones, retándonos de esta manera a un amor cada vez más grande y fuerte hacia él.

Cuando Jesús le preguntó a Pedro: ¿Me amas? esto le hirió. Pedro se sintió molesto y dolido por esa pregunta (Juan 21:17). ¿Será que el Señor alguna vez me ha hecho sentir dolor? Si no he experimentado su corrección o reprensión o disciplina es porque en verdad sé muy poco de él.

Nos han engañado con el cuento de una gracia barata. Es muy fácil aceptar ciertas doctrinas sin permitir que influyan sobre nuestra vida de cada día. Dios quiere hombres y mujeres crucificados, no sólo personas que saben que hubo una cruz. Dios quiere siervos que digan: "Yo amo a mi señor...no quiero salir libre" (Ex. 21:5).

Señor, ¿tú me habrás herido y habrás quebrantado mi corazón? ¿Cojeo por el dolor en mi "cadera espiritual"? Las heridas del cristiano son los aplausos divinos por una vida bien llevada. ¿Me estás aplaudiendo, Señor?

"Porque el Señor disciplina al que ama y castiga a todo el que recibe como hijo" (Heb. 12:6).

Himno: **"Espíritu del Trino Dios"** CSG # 259, FA 267

Probando a Dios

Prometo cumplir con mi función como "probador de Dios". Todo hijo de Dios debe cumplir con esa función, no importa su don espiritual u ocupación. Un "probador de Dios" demuestra que el Dios de la Biblia es el Dios viviente de hoy.

A Dios le fascina ser probado. "Probadme ***ahora*** en esto" (Malaquías 3:10). "Pide para ti una señal de parte del Señor(*) tu Dios" (Isa. 7:11). El sabe que cada generación es más escéptica. O sea, la Biblia debe nacer nuevamente para cada generación. Dios debe saltar de la página impresa para que cada generación viva y experimente de nuevo las escenas grabadas en los textos sagrados. Así como Dios escribió la Biblia en un comienzo, la debe repetir en nuestras vidas. Por eso busca "Abrahames", "Gedeones", "Davides" y "Pablos" modernos. Mejor dicho, Dios quiere ser probado.

Jorge Mueller decía que fundó su orfanato en Brístol con el único propósito de "probar que Dios es hoy igual que ayer". ¡Así también debemos hacer nosotros!

Pero no es fácil probar a Dios. Tiene que ver con lo imposible. No probamos a Dios cuando le pedimos sanidad, que puede ocurrir también en forma natural. Tampoco es un milagro pedirle a Dios un millón si ya tenemos dos millones en cédulas de capitalización. Probar a Dios es pedir que cure lo *incurable*, es pedir un millón cuando no tenemos *nada*.

Pero ¿quién será capaz de probar a Dios así? La vida cotidiana suele ser rutinaria y ¿viene Dios en "un silbo apacible y delicado?" (1 Reyes 19:12 RVR).

Si es así, entonces algo sucede con nuestra fe. Si en verdad existe el diablo y el pecado es nuestro estado habitual y si aún merodean el hambre, la enfermedad y la muerte, entonces **Dios necesita quién le pruebe**. El necesita de personas comunes y corrientes, pero con fe extraordinaria.

La pregunta es: ¿estoy dispuesto a arriesgar el fracaso para probar a Dios? Arriesgarlo todo para probar a Dios y su Palabra. Los que prueban a Dios siempre son ganadores con él.

"Dad al Señor(*) la gloria debida a su nombre; traed ofrendas y venid a sus atrios" (Salmo 96:8).

Himno: **"Tu pueblo calla ante ti, Señor"** CSG # 630

Predicando con sacrificio

Señor, ¿seré tu hijo por doctrina o por revelación? Si apenas repito como un loro verdades que me han enseñado, ¡ay de mí y ay de toda congregación que tenga la mala suerte de que yo les predique!

Cuando Pablo se encontró con Cristo en el camino a Damasco tropezó con quien era su enemigo declarado. A raíz de ese acontecimiento, Pablo no consultó ni con carne, ni con sangre, sino que se escapó al desierto para recibir más revelación (Gal. 1:15-17). Más tarde cuando reapareció para comenzar su ministerio, lo hizo con un mensaje vivido; y no oído de labios de algún profesor.

Todo conocimiento divino lo adquirimos al interior. Desde luego que la educación cristiana ocupa un lugar, pero sólo con el fin de prepararnos mejor para recibir la revelación verdadera. Hay demasiados "cristianos" que, vestidos con la cultura de Cristo, no han accedido a su Persona. Y lo peor es que muchos de sus voceros se parecen a los discípulos antes de Pentecostés: cercanos a Cristo pero no llenos de él. Después del Pentecostés los discípulos no necesitaron ningún aprendizaje. Era suficiente la oportunidad de comunicar lo que les había sido revelado. Lo que antes habían sido palabras sin sentido, ahora eran verdades que habían sellado con fuego sus corazones.

Si Jesús mismo no se atrevía a hablar por sí sólo (Juan 7:17), ¿cómo nos atrevemos nosotros a predicar algo que no nos haya sido revelado? Lo que necesitamos en nuestros púlpitos son hombres que hablen de la Palabra de Dios con la autoridad de su experiencia. Los que revelan a Dios en su ministerio jamás carecen de auditorio. Haré lo que dijo Habacuc: "Sobre mi guarda estaré, y sobre la fortaleza afirmaré el pie, y velaré para ver lo que se me dirá" (Hab. 2:1 RVR). Lo que Dios mismo me dice, es el mensaje que la gente busca ansiosamente.

"Entonces el Señor(*) extendió su mano y tocó mi boca. Y me dijo...He aquí, pongo mis palabras en tu boca" (Jeremías 1:9).

Himno: **"La Palabra del Señor"** CSG # 281, FA 319, VC 304

Aprendiendo a perder

Señor mío, haré lo posible por aprender la lección que has tratado de enseñarme durante mi vida: cómo saber perder. La vida cristiana es vida de grandes pérdidas. El hombre carnal siempre quiere ganar; en cambio el verdadero discípulo de Jesús aprende cómo ser el último cuando así le toca.

Veamos cómo perdió Jesús. Perdió la confianza de Juan el Bautista (Mat. 11:3); perdió muchos discípulos (Juan 6:66); perdió su dignidad, su respeto y su ropa (Mat. 27:29,35); y por último perdió hasta su vida.

Veamos cómo perdió Pablo. "Por causa (de Cristo Jesús) lo he perdido todo" (Fil. 3:8). Ese "todo" llegó a incluir también su vida.

Yo tampoco llegaré a ser útil para Cristo hasta cuando asista a mi propio *"entierro"*. Un discípulo es como una casa en un huracán: la tempestad se va llevando partes; solo resisten las bases. Luego Dios construye un nuevo edificio. Mi problema y tal vez el de muchos cristianos es que me gusta vivir; no me apetece morir. Pablo dijo algo muy profundo en cuanto a esto: "De manera que en nosotros actúa la muerte" (2 Cor. 4:12). Señor, han sido ya demasiadas las ocasiones en las cuales la muerte no me ha tocado.

Señor, esto me es difícil comprenderlo. Al comienzo yo pensaba que la vida cristiana era puro gozo, entusiasmo, vida y victoria para terminar en una eternidad de éxtasis. Fue así como me trataste al principio. Luego comenzaste a quitar cosas de mi vida. ¡Qué cantidad! Amigos, salud, ambiciones y seres queridos y aun los deseos normales de cada día. El plan divino para mi vida parece ser sin trama alguna. Con frecuencia Dios mi amigo parece ser mi adversario y enemigo.

Me siento agradecido por Aquel en quien "todas las promesas de Dios son en él, 'Sí'" (2 Cor. 1:20). Cuando, a propósito, permito la limitación en mi vida de un "no" por causa de él, Dios responde convirtiéndolo en un glorioso ¡Sí!

"Sea sobre nosotros la gracia del Señor(*) nuestro Dios. La obra de nuestras manos confirma entre nosotros; sí, confirma la obra de nuestras manos "(Sal. 90:17).

Himno: **"En las aguas de la muerte"** CSG # 512

A todos nos hace falta una zarza ardiente

Jamás olvidaré, Señor, lo que significa la zarza ardiente. ¿Qué fue lo que le significó a Moisés? Exactamente lo que tú habías dicho. "Esto te servirá como señal de que yo te he enviado" (Ex. 3:12).

¡Una señal! ¿Cuántas veces, Señor, tú me has hablado también por medio de una señal? Tal vez nunca en forma tan dramática como un arbusto ardiendo que no se consumía. Pero de todas formas fueron señales y avisos, ya que lo importante no es el aviso en sí, sino lo que señala. Tus avisos siempre me han señalado a aquel Todopoderoso de la zarza ardiente. El Dios de la zarza llegaría a ser el Dios del Exodo y luego el del Mar Rojo.

Moisés pudo lograr maravillosas hazañas porque creía en ese Dios. Y creyó, porque había visto la zarza. Fue la experiencia de la zarza la que dejó puestas las ***bases*** para su fe. "Si Dios pudo hacer *eso, **entonces...***"

Todo lo que hace Dios en nuestras vidas tiene como fin dejar los cimientos para que nuestra fe pueda crecer. Por esa razón yo también necesito de mi zarza personal. La experiencia de otro sólo me sirve de incentivo. Pero el incentivo en sí de nada me sirve si no me conduce hasta una experiencia con mi propia "zarza", por medio de la cual la realidad espiritual se convierte en ***convicción***.

Cada hijo de Dios precisa de su "zarza ardiente", experiencias de modo, de tiempo o de lugar, en las cuales Dios es tan real que ya no queda duda ni titubeo ni rebeldía. Jamás volverá a sentir o a ser igual. Su vida experimentará pruebas, cargas y aflicciones como la de Moisés, pero también disfrutará de victorias y triunfos. La zarza ardiente nos habla de un Dios tan real que nos desafía a creer en él.

"Estando convencido de esto: que el que en vosotros comenzó la buena obra, la perfeccionará hasta el día de Cristo Jesús" (Fil. 1:6).

Himno: **"Al Dios de Abraham, loor"** CSG # 15, VC 12

Dios a veces "camina en círculos"

Ayúdame, Señor, a no quejarme cuando me haces caminar contigo en círculos. Como persona práctica había pensado que Dios siempre andaba en línea recta para llegar más rápido. Pero después de estudiar su Palabra y observar cómo obra, descubrí que Dios casi siempre anda en círculos. Por eso Dios es para mí un ser misterioso e incomprensible. Sólo cuando logro comprender el secreto de sus "círculos", todo se me aclara.

José es un buen ejemplo. Dios le prometió poder y autoridad a través de sus sueños; pero en vez de cumplir de una vez sus promesas, lo condujo a la esclavitud y la cárcel, o sea todo lo contrario de lo prometido. ¿Por qué? Porque Dios nos trata así como hizo el universo, en círculos.

Dios aun trató a su propio hijo de esta manera. Jesucristo dejó su hogar en la gloria para visitar al hombre, y resultó muriendo en una cruz y siendo sepultado antes de regresar a su hogar celestial. Aunque todos sabemos bien esa historia, nos olvidamos de que Dios usa siempre esa táctica.

¿Por qué será que a veces Dios nos pone a dar vueltas? ¿Por qué nos promete cosas para luego negárnoslas? Nos da esperanza para luego dejar que nos sintamos defraudados.

Lo que sucede es que Dios se ocupa de hacer **santos** y no programas. El desarrollo espiritual incluye el dejar cosas que ya no nos convienen y adoptar otras que son necesarias. Esto exige tiempo.

Todos estamos en algún lugar del círculo. Hay un punto de crisis en el cual **todo** parece desbaratarse. Pero ese punto es justamente el momento en que más debemos confiar, ya que es en ese instante cuando las cosas vuelven a cambiar. ¡Señor mío, no permitas que yo me desespere ni que me desanime prematuramente!

Lo que me anima es que Dios me vigila constantemente, no importa dónde esté en el círculo de su voluntad. Dondequiera que estoy él conoce bien mis padecimientos. El está empeñado en llevarme sano y salvo a "casa", y ¡ese será mi momento de mayor dicha!

"Y sabemos que Dios hace que todas las cosas ayuden para bien a los que le aman, esto es, a los que son llamados conforme a su propósito" (Rom. 8:28).

Himno: **"Yo sé a quién he creído"** CSG # 344, HB 325, GD 234

No temo el juicio

Ayúdame, Señor, a recordar que la eternidad también es ***ahora***. Con frecuencia he escuchado que todo se arreglará en el "más allá" donde podremos descansar y disfrutar de nuestra recompensa. Pero eso es solamente una parte de la verdad. Si no tomo las decisiones correctas y si no camino por donde es, ***ahora mismo***, tampoco disfrutaré del tal "más allá".

Hay quienes dicen que el Cielo y el Infierno están aquí mismo en la tierra. No es cierto, pero tampoco es totalmente falso. El Infierno es la máxima confirmación del pecado; esa confirmación empieza en esta vida. Lo mismo sucede con la santidad. Decía Oswald Chambers: La paga del pecado es confirmación en pecado. Si permito dureza en mi corazón y perversión en mi vida, el pecado comienza de inmediato su obra de confirmación. Sólo la sangre de Cristo y el Espíritu Santo pueden parar y deshacer la obra fatal del pecado. Por eso es peligroso confiar sólo en la experiencia de una decisión tomada alguna vez en el pasado. La decisión que se toma una vez y para siempre, debe ser el comienzo de un caminar paso a paso y momento tras momento con Cristo, si es que voy a evitar el endurecimiento de un corazón atrofiado por el pecado. La cruz de Cristo es suficiente para mí a la medida en que es una realidad en mi vida.

¿Debo como cristiano temer la muerte? ¿Qué es la muerte? Es puerta abierta a la eternidad. La muerte es algo temeroso sólo para los que no están listos. Para aquellos que se han preparado para el examen final, la muerte es algo grato y bienvenido; es la señal de que a una vida terrenal le ha llegado la culminación de triunfo y victoria.

Es cierto, Señor, que la eternidad incluye un **ahora mismo**. Esperar que amanezca es perder la oportunidad. "¡He aquí ahora el tiempo más favorable!" (2 Cor. 6:2). Te ruego, Señor, que me enseñes constantemente esta lección; mejor todavía, escríbela en mi corazón.

"Ahora hijitos, permaneced en él para que, cuando aparezca, tengamos confianza y no nos avergoncemos delante de él, en su venida" (1 Jn. 2:28).

Himno: **"En mis angustias"** CSG # 397, VC 158, HB 368, GD 353

Orando desde cerca

Quiero renovar con Dios mi compromiso de oración. Claro que siempre he creído en la oración, pero en la práctica mi vida ha sido una serie de súplicas sin respuesta.

¿Cómo hago para reconciliar esos fracasos con las enseñanzas de Jesús? "Pedid, y se os dará" (Mt. 7:7); "Si me pedís alguna cosa en mi nombre, yo la haré" (Juan 14:13).

Jesucristo me anima a pedir lo que sea y a pedir repetidas veces y a hacerlo con toda confianza hasta recibir la respuesta.

¿Pero no hemos aprendido también que debemos pedir "según su voluntad"? ¿No es importante respetar la divina soberanía y averiguar bien primero lo que Dios quiere antes de que le pidamos?

Sí existen condiciones para los que esperan respuestas a sus oraciones: (1) No puedo "consentir la iniquidad...en mi corazón" (Salmo 66:28), o sea dar lugar, tiempo e importancia a la iniquidad. (2) No debo "pedir mal" para gastarlo en mis placeres (Santiago 4:3). (3) No debo "dudar" (Santiago 1:6- 7), o sea, vacilar en mi fe. (4) Debo "permanecer" en Cristo (Juan 15:7). Permanecer o habitar en él es ser atraído por él como una flor por el sol.

Ahora comienzo a ver lo que verdaderamente significa la oración: una dedicación tan total a Dios que logro percibir sus deseos, su mente y su voluntad. Si oro con base en esa clase de relación, mis oraciones **siempre** serán respondidas. Cuando he llegado a ese punto en mi peregrinaje, sobra decir "Si es tu voluntad". El hijo de Dios que necesita seguir averiguando la voluntad divina realmente no le conoce bien. En cambio, la persona que deleita a Dios es aquel a quien él le revela su divina voluntad.

"Y cualquiera cosa que pidamos, la recibiremos de él, porque guardamos sus mandamientos y hacemos las cosas que son agradables delante de él" (1 Juan 3:22).

Himno: **"Deléitate asimismo en el Señor"** CSG # 483

El pecado del caos y del desorden

El Señor me ha hablado muy claro últimamente a través de Levítico 21:18 donde dice que el sacerdote no debe tener nada "sobrante". Dios no tolera ninguna monstruosidad ni cosa rara en su Lugar Santo. ¿De qué nos sirve esa pieza extra o adicional? Posiblemente un sexto dedo de pie o de mano no esté mal, pero seguramente será un estorbo para el trabajo. ¿Seré culpable de llevar maletas o cargas que Dios ya me dijo que echara a un lado (Heb. 12:1- 2)? Debo discernir entre lo posible y lo aconsejable. Cuando Jesucristo comisionó a los discípulos (Marcos 6) les redujo al mínimo: **un** bastón, **una** túnica y **un** par de sandalias. Nada de cosas pesadas o de dudoso valor. Había trabajo por hacer sin demoras y el discípulo con mucho equipaje sólo buscaría fracasar en la carrera.

El problema está en que mi "mínimo" es siempre demasiado grande. Tengo una medida distorsionada de lo "necesario". Dios dice "¡Levantaos, salid de este lugar!"; pero yo soy como la mujer de Lot, miro hacia atrás para ver si puedo arrastrar siquiera alguna cosita adicional. El Señor dice: "deje a un lado todo para poder batallar", y acto seguido me echo a las espaldas cuantos chécheres puedo encontrar en el armario, pensando en estar listo para **toda** eventualidad. Señor, así como María, quisiera acogerme sólo a "la buena parte "(Lucas 10:42). Líbrame de ese equipaje de preocupación, ansiedad y temor con que arrastraba Marta. Quiero decir "Sí" a **tu** definición de lo que es realmente básico y necesario y un "No" rotundo a mi continuo pecado de desorden.

Jesús es la Persona menos complicada en toda la historia. Nunca llevó la más mínima cosa extra, ni pensamientos, ni sentimientos o emociones sobrantes. Su cuerpo desnudo sobre la cruz fue símbolo de su perfección en cuanto a la sencillez. ¡Dios mío, quisiera aprender de él!

"Así que, no os afanéis por el día de mañana, porque el día de mañana traerá su propio afán. Basta a cada día su propio mal" (Mt. 6:34).

Himno: **"Abre mis ojos"** CSG # 489

Un cristiano al revés

Debo preocuparme por no ser un cristiano "al revés". El mundo a mi alrededor está empeñado en trastornar y distorsionar mi vida. Para que esto no suceda debo usar los lentes correctivos divinos, que necesito aprender a utilizar. Los judíos de Tesalónica se quejaron de que Pablo y Silas habían "trastornado al mundo entero" (Hechos 17:6). ¿Pero según cuál punto de vista? Según sus críticos el evangelio de Pablo parecía locura. Así como Oseas, Pablo fue llamado "necio" y "loco" (Oseas 9:7). En cambio desde el punto de vista divino Pablo y Silas tenían el enfoque correcto y eran instrumentos para corregir lo trastornado.

He visto, Señor, que cuando mi fe flaquea y mi amor se enfría es demasiado fácil dar excusas por mi situación. Hasta logro comprender cómo Judas llegó a vender a su maestro. ¡Es demasiado fácil *"malusar"* la lógica para defender o comprobar la incredulidad! Para el hebreo mundano era muy sencillo ver la "belleza" de Egipto y el "encanto" de Asiria. Demas seguramente descubrió más de un centenar de "razones" para abandonar a Pablo. Si escojo el camino del mundo me sobrarán "razones" para seguir ese camino.

Señor, ayúdame a distinguir entre lo derecho y lo torcido. Los "lentes" del mundo y del hombre natural son torcidos, averiados y opacos. Ilumíname, Señor, para que mi mente espiritual pueda ver según el nuevo lente de tu Espíritu Santo. No permitas que sea víctima del consejo del mundo: "ser razonable y sensible", ya que lo "razonable" para el mundo es la tontería más absurda para ti. "El mundo no conoció a Dios mediante la sabiduría" (1 Cor 1:21 RVR). ¡Dios mío, prefiero ser más bien un "necio" y un "loco" desde el punto de vista del mundo si eso te glorifica a ti!

"Porque mis pensamientos no son vuestros pensamientos, ni vuestros caminos son mis caminos, dice el Señor(*)" (Is. 55:8).

Himno: **"Espíritu de Cristo"** CSG # 257, HB 136

Más allá de los sentimientos

Con frecuencia, Señor, mi religión no va más allá de mis emociones. Canto el himno *"Hay poder, poder"* pero me afirmo en el sentimiento de tener o ejercer el poder y no de estar a disposición del Poder divino. Cuando me emociono hasta las lágrimas durante un acto religioso, me parece que el poder de Dios ha venido sobre mí. Es posible que me equivoque. Debo ir más allá de mis emociones. Los profetas fueron enfáticos en que el arrepentimiento verdadero se conoce, cuando resulta en justicia, equidad, y ayuda a los huérfanos, viudas y pobres. Según los profetas la actitud correcta ante Dios se conocía por la amabilidad y generosidad ante los demás. Sentir gran emoción en la presencia de Dios es excelente, si en vez de rasgar nuestros vestidos, rasgamos nuestros corazones (Joel 2:13). Si experimentamos sentimientos de humildad ante Dios para luego olvidar que Dios nos ha rescatado, entonces nuestros corazones no han sido quebrantados.

Señor, sé que muchas decisiones se toman, basándolas en experiencias y emociones. Pero cuando pasa la emoción seguimos igual que antes. "¡Cien personas aceptaron al Señor!" "¡Docenas recibieron a Cristo!" Todo eso está bien, pero ¿significa que hay cien corazones quebrantados? ¿Se trata siquiera de cien **discípulos** o soldados? Señor, tú necesitas seguidores del Cordero que se propongan velar como las vírgenes preparadas de Mateo 25, no individuos inestables que pasan adelante sólo porque experimentaron alguna emoción pasajera durante un culto religioso. Es fácil pasar adelante; lo que nos "crucifica" es tener que regresar a la vida cotidiana para amar a fulano porque Cristo también lo ama.

Cilicio y ceniza, ropa destrozada y los mejores sacrificios tienen poco valor si no expresan un corazón quebrantado en el cual las raíces de mi vida son transformadas para bien de la humanidad. Gracias, Señor, porque el poder del Espíritu Santo comienza a obrar en el "hombre interior" (Ef. 3:16). Es allí donde lo necesitamos, hasta penetrar las mismas bases de nuestra personalidad en donde ocurren los cambios que verdaderamente transforman.

"He aquí, tú quieres la verdad en lo íntimo, y en lo secreto me has hecho comprender sabiduría" (Sal. 51:6).

Himno: **"En un aposento alto"** CSG # 255, FA 262, VC 90, LL 63, GD 275, GT 1

Gozo Santo

Señor, quiero aprender de ti para poder disfrutar sanamente de la vida. La risa humana suele basarse en lo que es anormal o en lo que nos parece ridículo como, por ejemplo, la persona flaca que come una tremenda comida o el gordo que es incapaz de inflar un pequeño globo. Pero tus sonrisas, Señor, tienen que ver con lo que es **absurdo**. Al predicador C.H. Spurgeon le daba risa pensar en un ratoncito egipcio preocupado por la posibilidad de que en graneros de José se acabara el grano. Sara se reía al pensar en lo **absurdo** que sería que una mujer de su edad concibiera y diera a luz un hijo (Gen. 18:12). Lo mismo le sucedió a Abraham.

El gozo santo es el resultado de tener una fe fuerte y robusta. Y creer en la Palabra de un Dios todopoderoso que hace que nuestros pobres problemas humanos se vean como simples **absurdos**. La sonrisa santa es mucho más que un buen sentido del humor. Es un don que viene de tener buena vista espiritual. Un sentido del humor puede ser mundano y cruel, en cambio la sonrisa santa viene con una visión agudizada espiritualmente. Es la capacidad de ver toda la serranía divina por encima del llano de nuestra fragilidad humana.

Con el gozo santo disfrutamos también de una mejor perspectiva en cuanto a nuestras circunstancias. Lo que Dios nos manda hacer es a veces tan poco usual que nos toma por sorpresa. De aquella "sorpresa" de ver la diferencia entre lo que nosotros teníamos pensado y lo que Dios quiere que hagamos, proviene una risa santa. De pronto la diferencia se nota cuando Dios nos pide un sacrifico o un ayuno que podría parecer penoso, y resulta maravilloso. En vez de malestar por una incomodidad física pasajera, produce gozo el deleite de su recompensa y comunión. ¡Qué sorpresa!

Señor, gracias mil por tantos ratos amenos que tú me has permitido. ¡Que jamás suceda que yo deje de gozar de claridad de vista, de ti y de mí mismo.

"Entonces nuestra boca se llenará de risa, y nuestra lengua de alabanza; entonces dirán entre las naciones: grandes cosas ha hecho Jehová con éstos" (Salmo 126:2).

Himno: **"Hallé un buen amigo"** CSG # 327, FA 184, VC 281, HB 468, LL 78, GD 338, GT 120

Restaurando lo que se comió la langosta

Señor, te doy gracias porque tú eres el Maestro de lo que ya no se puede cambiar. Me acuerdo de la plaga de langosta que acabó con las cosechas hebreas en los tiempos de Joel. Y tú te atreviste a llamarla *"mi gran ejército que envié contra vosotros"* (Joel 2:25).

Señor, enséñame la lección de la langosta. Quiero aprender que tú también eres un Dios "acábalo todo". En la vida suceden muchas cosas que no se pueden cambiar. La cosecha que se comieron las langostas fue una cosecha ***perdida***. El año que se tragaron las langostas fue un año ***perdido***. Los meses (o años) que pasó el hijo pródigo en tierra lejana fueron meses ***perdidos***. Oí una vez a un hombre exclamar entre gemidos, "¡Dios mío, te estoy trayendo los escombros de mi vida"! Es cierto que sus primeros años fueron años ***perdidos***. Los treinta y ocho años que pasó Israel en el desierto fueron años ***perdidos*** y así también toda esa generación que murió.

Señor, tantas personas han tomado decisiones equivocadas que han resultado en ***pérdida***: el que no quiso obedecer el llamado a servir a Dios en el ministerio o en otra profesión, el joven que se casó con la señorita que no era, el que siguió una carrera equivocada. Señor mío, ¿no tienes algo para decirles?

"Yo os restituiré los años que comieron...la langosta" (Joel 2:25). Dios es el **gran** restaurador. Pero ¿cómo? ¿Cómo puede él cambiar lo no cambiable y evitar lo inevitable? ¡Todo se logra con el tiempo!

Al otro año se sembró la semilla y hubo gran cosecha. O sea que en sólo un año desapareció todo rastro de la langosta. Cuando Jesús sanó al paralítico hizo desaparecer treinta y ocho años de debilidad irreversible. Hizo revertir el proceso de lepra en el leproso, de pecado en Zaqueo, de muerte en Lázaro. Jesús es el gran *"revertidor"*. Hace que el tiempo se recupere y que la carne de Naamán sea como la de un niño. En sus manos lo irreversible se revierte y llegamos a comer lo que la langosta no puede dañar. Señor, hazlo también así conmigo.

"El que rescata del hoyo tu vida, el que te corona de favores y de misericordia" (Salmo 103:4).

Himno: **"Lluvias de gracia"** CSG # 251, FA 299, VC 307, HB 265, LL 51, GD 387, GT 2

Abandonando lo que debemos abandonar

Enséñame, Señor, a abandonar sin sentirme abandonado. Sé que tú jamás me abandonarás, pero no estoy tan seguro de ser capaz de abandonar lo que debo dejar. Admiro mucho la decisión de Moisés que "abandonó Egipto, sin temer la ira del rey" (Heb. 11:27). Abandonó la cultura de Egipto, las riquezas de Egipto y todo su privilegio real. Y lo que más me llama la atención es que pudo hacer todo eso estando todavía **en** Egipto.

Yo he dejado por causa del Señor muchas cosas que no valían la pena. Con gusto dejé cosas que ya no tenían ningún significado para mí. ¡Es muy fácil sacrificar lo que ya no apetece! Pero Moisés dejó a Egipto por causa del Señor cuando todavía se encontraba rodeado por todo su atractivo y poder. Dios mío, confieso que es tan difícil decidir por ti estando rodeado de riqueza, de popularidad, de influencia y de poder. Poder ver a Dios en ***momentos así*** es tener verdadera fe. Decidir a favor de Dios ***en momentos así*** es rechazar este mundo, así como lo hizo Jesucristo cuando despreció la oferta de Satanás, de todos los reinos de la tierra.

Señor, yo quisiera ser un *"abandonador"* espontáneo y no por obligación. Lot tuvo que dejar por la fuerza las riquezas de Sodoma; en cambio Moisés despreció gozosamente a Egipto. Yo sé que tú te encargarás de separarme de todo lo *"egipcio"* que me atrapa, pero primero me invitas a tomar la decisión. Quieres que te ame y confíe en ti por mi propia voluntad. Si no lo hago tú me salvarás por fuego. Pero tú quieres que sea un ***hombre*** o una **mujer** de Dios y no un debilucho; un santo y no simplemente un pobre recuerdo desteñido de Egipto.

"Pero no es así entre vosotros. Más bien, cualquiera que anhele hacerse grande entre vosotros será vuestro servidor, y cualquiera que anhele ser el primero entre vosotros será siervo de todos" (Mar. 10:43-44).

Himno: **"Yo quiero vencer"** CSG # 437, FA 288

Cómo ser virgen espiritual

Señor, ¿seré uno(a) de tus "vírgenes" espirituales? ¿Qué es ser virgen espiritualmente hablando? Uno que "sigue al Cordero por dondequiera que vaya" (Ap. 14:4). Así como en lo físico, virginidad espiritual es la pureza de guardarse única y exclusivamente para el amado. La virginidad espiritual no sólo no conoce a otro, sino que no desea a otro. Es primicia sin defecto ni mancha en su amor hacia su Maestro único.

Yo sé, Señor, que la "virginidad espiritual" es una cualidad que deseas en todos tus hijos. No tiene nada que ver con la salvación, pues si fuera así, ¿quién pudiera ser salvo? Tampoco se trata de nuestro servicio ya que la Biblia contiene historias de grandes proezas, en el nombre de Dios, de muchas mujeres y hombres que después de todo fueron desobedientes y pecaron como lo hizo David.

Tampoco la virginidad espiritual caracteriza una élite súper-religiosa. Se precisa de quien manifiesta cualidades de devoción espiritual que para Dios son sumamente agradables y admirables. Con frecuencia pecamos y Dios nos trata como lo hizo Oseas con Gomer, su esposa infiel. Dios nos perdona la infidelidad con su infinita misericordia y nos devuelve a casa para restaurarnos a su servicio. ¡Cuánto me consuelo en tu tierna gracia Señor!

Señor, yo anhelo "virginidad espiritual", o sea esa calidad de devoción que nunca se cansa, ni se desvía ni adultera. Mi ejemplo en esto es Aquel que nunca flaqueó ni dudó, sino que en todo hizo tu voluntad y siguió perfectamente tu camino. Aquel que ha sembrado su vida virginal en mí, me mantendrá en ese camino.

"¿Quién subirá al monte de Jehovah? ¿Quien permanecerá en su lugar santo? El limpio de manos y puro de corazón, que no ha elevado su alma a la vanidad ni ha jurado con engaño" (Sal. 24:3-4).

Himno: **"Santo, Santo"** CSG # 76

Sobreviviendo apenas o triunfando

No me he propuesto sobrevivir como cristiano sino triunfar. He vivido a duras penas cuando lo que Dios quiere es que sea un triunfador. ¿Será que me dejo meter en un lío tras otro para luego suspirar: "Gracias, Señor, por librarme nuevamente?" ¿Será que todo es así, escapando *apenitas* con la vida?

El triunfo exige recursos adecuados y la manera de tener recursos suficientes es aprovechar la provisión divina. Me llama la atención la situación desesperante de la viuda en 2 Reyes 4. Tenía un poco de aceite y nada más. Los acreedores la acosaban para que vendiera a sus hijos como esclavos. Eliseo la animó a conseguir cuanto frasco pudiera encontrar para echar ese poquito de aceite en cada uno. ¡Fue entonces cuando sucedió! Algún poder milagroso mantuvo el aceite fluyendo hasta que todos los frascos se llenaron.

¿De dónde vino el aceite? ¡Del mismo lugar de donde vinieron los panes, los peces, el vino, el maná y mil cosas más que Dios ha enviado a su pueblo menesteroso! Dios simplemente proveía de su almacén lo que es visible para él y no a ellos. ¡Si siempre pudiéramos ver por medio de la fe las reservas infinitas de Dios! Las enormes provisiones divinas están a mi disposición si sólo las reclamo. Cuando no soy un vencedor, es porque no aprovecho de aquellas reservas. En ese caso la falla no está en Dios sino en mí. Puedo sobrevivir con poca fe, pero así nunca seré un triunfador. Dios mío, quiero creer de verdad, porque así podré luchar y triunfar y no apenas medio existir. Tú has determinado que disfrutemos de "**tus** (infinitas) riquezas en gloria" (Fil. 4:19), según nuestra fe.

"Entonces Jehovah dijo a Abraham: -¿Por qué se ríe Sara diciendo: ¿Realmente he de dar a luz siendo vieja? ¿Acaso existe para Jehovah alguna cosa difícil?" (Gn. 18:13-14).

Himno: **"¡Bendiciones, cuántas tienes!"** CSG # 436, FA 241, VC 159, HB 236, GD 381

Cómo no sentirse ofendido con Jesús

Las enseñanzas de Jesucristo algunas veces son difíciles de entender. Por ejemplo: "Si no coméis la carne del Hijo del Hombre y bebéis su sangre, no tenéis vida en vosotros" (Jn. 6:53). Obviamente no esperaba que se acercaran con un propósito antropófago. ¿Por qué habló en forma simbólica y por medio de parábolas? ¿A propósito ofendía a los fariseos que tropezaban en su oscuridad espiritual? Jesucristo tuvo también *discípulos* tan torpes e insensibles como ellos. Por eso él tuvo que probarlos. La prueba trata siempre de esto: ¿en qué momento rechazo lo que Jesús me dice para más bien sentirme ofendido? En ese momento retrocedo y dejo de caminar con él.

Sea que me guste o no, siento que Jesús busca ocasiones para convertirse en ofensa. Si me ofendo es prueba de que soy un discípulo infiel. Por el contrario, si no me ofendo, es porque le soy fiel. Esa relación de tensión siempre se hace necesaria cuando se busca enseñar o adiestrar mentes y vidas. En el aula el maestro es como un contradictor, así como lo es el sargento militar o el entrenador de campeones. Donde hay amor esa tensión se hace cada vez mayor, ya que el amor siempre anhela el crecimiento del amado.

Jamás tendré amo tan exigente como Jesucristo. Las voces del mundo, la carne y el diablo son dulces y seductoras. Me susurran suavemente: Aprovecha hijo, disfruta, come, bebe, alégrate. Por esa razón el predicador dijo sabiamente: "Mejor es ir a la casa del luto que a la casa del banquete" (Ec. 7:2 RVR). Ir a "la casa del banquete" significa simbólicamente el llevar una vida superficial, enfocada en la satisfacción de los deseos de la carne. Es fácil y no requiere ningún sacrificio (1 Tim. 5:6). En cambio *"la casa del luto"* es la vida en el Espíritu, que ha crucificado la carne con sus malos deseos (Gal. 5:16,24). Es ser formado y moldeado a imagen divina, por la disciplina constante, dura y difícil. Todo cristiano debe escoger entre guardar su vida para perderla; o perderla a favor de Jesucristo para volverla a encontrar más adelante. ¡Cuánto agradezco la ayuda de Dios en este mundo! El produce en mí así el ***querer*** como el ***hacer***, por su buena voluntad (Fil. 2:13).

"Entonces Jesús dijo a los doce: -¿Queréis acaso iros vosotros también?- Le respondió Simón Pedro: -Señor, ¿a quién iremos? Tú tienes palabras de vida eterna" (Jn. 6:67-68).

Himno: **"Oh, Dios mi soberano Rey"** CSG # 36

Dándole *contentillo* al tigre

Te prometo, Señor, no caer en el error del *contentillo* espiritual. No le daré de comer al "tigre" sólo por darle gusto. Me acuerdo de la amarga lección que aprendió el Rey Acaz cuando quiso estar bien con ambos partidos. Pretendió apaciguar al rey de Asiria con los costosos utensilios del templo, pero de nada le sirvió: "éste no le prestó ayuda" (2 Cr. 28:21). Luego el pobre Acaz regresó a Siria donde sacrificó a los dioses de esa nación "pero ellos fueron los que le hicieron fracasar, a él y a todo Israel" (v. 23). El rey esperaba equivocadamente que al apaciguar al enemigo, éste, satisfecho, se iría. Pero cuanto más lo hacía, peor le resultaba.

¿Estaré yo tan equivocado al pensar que si me rindo al pecado o a Satanás sólo de vez en cuando, éste me dejará quieto?

Me gusta lo que Pablo dice, "ni deis lugar al diablo" (Ef. 4:27). No se le puede dar la más mínima oportunidad a Satanás, ni siquiera una mirada ni una palabrita escuchada. Basta con ver lo que les sucedió a Eva, David y Judas. ¡El precio es demasiado alto!

Lo que pasa es que a mi naturaleza carnal le encanta apaciguar y dar *contentillo*. Rehuyo el dolor y la lucha; es mucho más fácil darle de comer al tigre para que se esté quieto. Pero apaciguar es resultado de la desidia y el descuido y no es propio de un soldado. Algo se desmorona dentro, si no enfrento al enemigo con firmeza para reprenderle con autoridad como lo hizo Jesucristo: "¡Vete Satanás"! Cuando apaciguo estoy confesando mi propio fracaso, la renuncia de mi discipulado, mi rendición a quien clavó a mi Señor en una cruz. Ayúdame, Señor, a poder decir con el apóstol Pablo: "ni por un momento cedimos en sumisión a ellos" (Gal. 2:5). Cada vez que le digo "No" al diablo estaré más fuerte y cada vez que le resisto seré mejor soldado de Jesucristo.

"Por esta causa, tomad toda la armadura de Dios, para que podáis resistir en el día malo, y después de haberlo logrado todo, quedar firmes" (Ef. 6:13).

Himno: **"A la victoria Jesús nos llama"** CSG # 541, FA 251, VC 205

Aprendiendo a no interferir

Debo aprender a no meterme en lo que no me incumbe. Dios no me necesita de partero. Mi tarea en el Reino no es de atender el ***alumbramiento***, sino facilitar el ***crecimiento***. Con demasiada frecuencia he abortado el proceso que llevaba Dios con una persona diciéndole: ¡Yo no haría eso! o ¡Si fuera yo, no seguiría con ese plan!.

El apóstol Pedro era muy propenso a meterse en todo. Cuando el Señor anunció que pronto sería crucificado, el apóstol de inmediato le contradijo con el fin de desmentirle. "¡Quítate de delante de mí!" fue la respuesta dura y severa de Jesús (Mt. 16:23). Dios no permitirá que nuestras manos desvíen su plan. Pero Pedro no aprendía. Junto al mar, después de la Resurrección, estaba más preocupado por el futuro de Juan que por el suyo, así que de nuevo Jesús tuvo que corregirle, "Si yo quiero que él quede hasta que yo venga, ¿qué tiene esto que ver contigo? Tú, sígueme" (Jn. 21:22).

Es difícil para mí aprender la diferencia entre ser un instrumento de ***Dios*** y trabajar por ***mi*** cuenta. Desde luego que el problema no es de motivación, sino de discernimiento. Soy tan torpe de vista y duro de corazón que no veo los delicados movimientos de Dios en la vida de los demás. Precipitadamente quiero anexarlos al reino; obligarlos a la brava a un compromiso; solucionar sus problemas al instante. Culpo a las personas por sus problemas diciendo, "Si sólo me hubiera escuchado".

Cuando los hebreos recibieron su maná de cada día, algunos de ellos no se conformaron con comerlo así, sino que insistieron en molerlo, amasarlo o cocinarlo, resultando que supo a "aceite nuevo" (Num. 11:8). ¿Cuántas vidas sabrán a aceite porque interferí prematuramente? Necesito recordar que soy apenas herramienta y no la Mano de Dios. Señor, quiero siempre estar listo y disponible para colaborar en tu obra. Concédeme el privilegio de ser tu *"instrumento escogido"* (Hch. 9:15).

"Ninguno de ellos puede redimir a su hermano, ni pagar a Dios por su rescate. La redención de su vida es muy costosa" (Sal. 49:7-8).

Himno: **"Divino Espíritu de Dios"** CSG # 262, HB 138

Sintonizado a Dios

Enséñame, Señor, que mi Biblia puede convertirse en mi tropezadero. Los fariseos fueron grandes estudiantes del Antiguo Testamento. Lo conocían tan bien como Jesucristo mismo. ¡Pero qué gran diferencia! Ellos se aferraban a oscuras interpretaciones, tradiciones huecas y definiciones caprichosas, mientras que él habló con "autoridad" (Mt. 7:29).

No es que les faltara oportunidad para escuchar la Palabra. Desde su infancia fueron bombardeados con ella ya que les fue leída, predicada e ilustrada de mil maneras en cada faceta de sus vidas. Pero después de todo ellos eran apenas "sepulcros blanqueados...llenos de huesos de muertos y de toda impureza" (Mt. 23:27). ¡Señor, sálvame de terminar así como ellos!

Sálvame también de cometer su error fatal: el de "no ir acompañada de fe" la Palabra (Heb. 4:2 RVR). No basta escuchar la Palabra divina, aunque eso es necesario. Debo siempre mezclar lo que oigo con la fe; es necesario creer que es la Verdad para luego obedecer lo que me está diciendo.

El Universo está repleto de señales de radio. Sin embargo, es cuando prendo mi receptor de radio y lo sintonizo en la señal, que logro recibir y disfrutar del mensaje. La Palabra de Dios está llena de "señales divinas" enviadas personalmente a mí, pero el mensaje logra penetrar en mi vida solamente a medida que las sintonizo. Dios me está hablando ahora mismo por medio de su Palabra en cuanto a mi necesidad o el problema que estoy enfrentando, pero es posible que el mensaje se pierda si me distraigo del enfoque personal. El estudio bíblico debe impactar mi vida, aunque sea con geografía bíblica, palabras griegas, significados teológicos, descubrimientos arqueológicos o evidencia histórica. A veces siento que Dios me quiere sacudir, así como lo hacía el predicador Moody con sus auditorios gritando, **¡Tengo un mensaje para ustedes y quiero que lo escuchen!**

Señor, tú eres el Dios de ***ahora mismo*** y tu Palabra es el mensaje del ***presente***. Me propongo no cambiar de sintonía, sino más bien evitar que mis propias ideas y las otras señales del mundo no hagan interferencia. Escucharé ahora mismo lo que tú me estás diciendo.

"El Espíritu es el que da vida: la carne no aprovecha para nada. Las palabras que yo os he hablado son espíritu y son vida" (Jn. 6:63).

Himno: **"Santo es el Señor"** CSG # 23

La santidad no depende del lugar

Debo prometer a Dios que jamás permitiré que mi relación con él puede ser afectada por el ***lugar***. La santidad no depende del sitio.

Fue a la mujer samaritana a quien nuestro Señor quiso comunicar esta gran verdad (Juan 4). Ella había sido enfática en que Gerizim era "el lugar donde se debía adorar" (Juan 4:20). Jesucristo le respondió que lo importante no era en **DONDE** se adoraba a Dios sino el **COMO**. El ***"Cómo"*** de la adoración tiene que ver con nuestro espíritu, o sea, con estar sintonizando bien (espiritualmente) la señal divina.

En esto me ayuda el profeta Jeremías con su parábola de los Higos Buenos y los Malos (Jeremías 24). Los higos buenos eran los judíos que fueron llevados cautivos a Babilonia, mientras que los higos podridos (malos) eran los judíos que se quedaron en la "Tierra Santa".

La parábola despeja cualquier duda sobre "lugar". Se supone que Babilonia era un sitio malo y Judá, lugar bueno. Pero eso no fue cierto en cuanto a las brevas de la parábola, porque las que estaban dañadas se encontraban en el lugar bueno y, en cambio, los higos buenos estaban en un sitio malo.

¡Esto me conmueve en este momento! Babilonia, con todos sus males no fue lo que corrompió a los judíos en cautiverio. ¿Porqué? Pues, sencillamente, porque el sitio correcto estaba dentro y no fuera de sus vidas. Sus corazones estaban bien con Dios a pesar de la situación difícil que tenían a su alrededor. Todo lo contrario ocurría con los judíos en Judá, quienes a pesar de estar en un lugar tan privilegiado tenían los corazones llenos de maldad.

Cuántas veces he culpado a mis amigos, mi familia, mi trabajo o el lugar en donde me ha tocado vivir como los responsables de limitar mi crecimiento espiritual. ¡Eso es falso! La culpa la tiene mi corazón tan negligente. La batalla se gana o se pierde dentro y no fuera de mí. Hasta la misma Babilonia puede ser un bello paraíso y Judea un infierno según sea mi estado espiritual.

Señor, te agradezco que Jesús fue un "retoño" en tierra seca (Isaías 53:2). Así como lo hiciste con él, hazme también un toque refrescante de hermosura celestial en este desierto desolado.

"Dios es Espíritu; y los que le adoran, en espíritu y en verdad es necesario que adoren" (Juan 4:24 RVR).

Himno: **"Sed puros y santos"** CSG # 417, VC 129, GD 236

Mi propio pecado

No seré un verdadero discípulo de Jesucristo hasta cuando pueda aborrecer el pecado. No basta abandonarlo; debo odiarlo. Dios trata al pecado como algo vil y bestial: un caballo sin entendimiento (Sal.32:9), la serpiente astuta (Gen.3:1), el puerco que ama el cieno (2 Pedro 2:22). Esas comparaciones no ocurren por casualidad. El animal hace lo que le viene en gana por naturaleza; su comportamiento es por instinto y no tiene remedio. Lo vil del pecado nos confirma lo lejos que está de Dios. No es apenas que *sea diferente* a Dios, sino que *es totalmente lo opuesto*.

Sé lo que pienso del pecado no por lo que está fuera sino *dentro de mí*. Dios no redime cosas ni conceptos abstractos. Dios redime a las personas. Hasta que no odie *mis* propios pecados, en especial los "pecados consentidos" (como los llamaba el predicador Jorge Whitefield), nunca comprenderé la actitud divina en cuanto a mi pecado y la constante determinación de Dios de redimirme.

Rara vez conozco mi verdadera actitud hacia un pecado antes de cometerlo. Sólo la identifico después. Es difícil poder ver bien la gravedad del pecado cuando se acerca para tentarme. Hasta puede parecer: "bueno para comer", "atractivo a la vista", y "codiciable para alcanzar sabiduría" (Gen. 3:6). Pero apenas culmina su obra veo lo dañino que es. Me siento sucio e inmundo. Lamento mis acciones y busco al Señor en humildad, rogando que me limpie.

Ser un verdadero discípulo de Cristo exige que pueda ver lo vil del pecado antes y no después de que me haya hecho daño. Debo odiar y repudiarlo para siempre. Nunca puedo olvidar que fue mi pecado el que llevó al Señor a llorar, a gemir y hasta ser clavado en una cruenta cruz. Viendo al pecado en esa forma llego a entender lo que le pasó a Isaías cuando exclamó: "¡Ay de mí!" (Isa. 6:5) y lo que significa ser limpiado con un carbón encendido tomado del altar.

"Examíname, oh Dios, y conoce mi corazón; Pruébame y conoce mis pensamientos; Y ve si hay en mí camino de perversidad, y guíame por el camino eterno." (Salmo 139:23-24).

Himno: **"Loor a ti"** CSG # 37, FA 41, GT 158

Se necesita de un intercesor

Debo recordar constantemente, Señor, que no tengo derechos personales sobre ti. Ni siquiera como hijo que tú has redimido. Cuando Aarón ministraba en el Tabernáculo llevaba siempre una mitra que tenía una lámina de oro puro con las palabras "SANTIDAD A JEHOVA" (Exodo 28:36-39). Mientras que el Sumo Sacerdote llevara puesta esa placa, todas las ofrendas del pueblo eran aceptadas por Dios. El que la ofrenda fuera aceptada dependía del sacerdote y no del oferente.

Puedo ofrecer muchas cosas a Dios: mis oraciones, dinero, esfuerzos, familia, tiempo, talentos, etc. Ninguna de mis ofrendas deja de estar contaminada con algo de egoísmo, orgullo, codicia, avaricia o impureza. Puedo ofrecer muy poco que no tenga algún *"olorcito"* del mundo y su influencia. Necesito que alguien perfeccione mi ofrenda a Dios, que Jesucristo la reciba de mis manos haciéndola suya primero, sin mancha ni arruga, para que Dios Padre se deleite con ella. No hay nada que yo pueda ofrecer directamente a él y esperar que sea aceptable. Aún cuando haya hecho lo mejor que pueda, Jesús dice que sigo calificando entre sus "siervos inútiles" (Lucas 17:10). Esta declaración me obliga a reconocer que no importa lo puro y sincero que sean mis motivos, los pegajosos tentáculos del mundo me siguen atrapando. Mi mejor ofrenda no es adecuada.

La única forma de presentar una ofrenda digna es a través del Sumo Sacerdote herido por mí. Mi derecho a ser aceptado depende primero de su sacrificio en el Calvario y luego de su Amor que nunca falla. ¿Tengo por qué temer? ¡Jamás! "El vive para siempre para interceder por nosotros" (Heb. 7:25). Además de afirmar su existencia eterna, esto significa que <u>yo</u> estoy bien con Dios eternamente y me asegura que todo lo carnal y mundano ha sido eliminado de mi relación con él. ¡Aleluya!

"Porque no tenemos un sumo sacerdote que no pueda compadecerse de nuestras debilidades, sino uno que fue tentado en todo según nuestra semejanza, pero sin pecado." (Hebreos 4:15 RVR).

Himno: **"Rasgóse el velo"** CSG # 195, FA 128, VC 122

Una vida superior

Debo recordar que Dios me ha llamado a vivir una vida "superior" en vez de una vida de éxito. El "éxito" es algo que se me sale de las manos, pero en cambio, es importante ponerle mucha atención en superar. Si mi justicia no supera a la de los escribas y fariseos, no entraré...(Mateo 5:20).

Mi Maestro no vino a la tierra para competir con lo *"mejorcito"* que había, sino con el fin de producir "Calidad para Exportación" al cielo. El no pide que sus discípulos estén a nivel de lo mejor de la tierra; Dios nos quiere para las glorias del Cielo. ¿De qué sirve mi discipulado si el pagano del Sócrates supo enfrentarse al martirio mejor que yo? ¿De qué me sirve Cristo si el *politiquero* del Marco Aurelio supo resignarse mejor a sus circunstancias que yo? ¿En qué soy mejor espiritualmente si mi vecino que no conoce a Cristo vive más tranquilo y sereno que yo?

Jesucristo se especializó en superlativos. Como decía en México el hermano Federico Huegel: - El creyente santo es la flor *más hermosa*. - Sin embargo hay muchos creyentes que fallan, confundiendo el éxito según los valores del mundo con una vida superior. Los dos pecados de Israel fueron: olvidar a Dios y no glorificarle. Muchos israelitas no fueron idólatras pero se podría decir lo mismo de algunos gentiles. El pecado de la Iglesia de Laodicea fue lo que el mundo considera tan atractivo: equilibrio, complacencia y tolerancia, exactamente lo que Jesucristo juzga repugnante.

Yo debo obrar de mejor manera: como una fuente rebosante y no como un lago estancado. A igual que Noé, mi ejemplo de justicia y santidad debe hacer que los injustos se sientan heridos, reprendidos y avergonzados. Si el mundo no me envidia, captando que vivo en un plano contrario al suyo, seguramente yo no soy un buen discípulo de Cristo Jesús. La vida cristiana suscita antagonismo y desprecio en algunos, pero produce en otros una sed desesperante de esa vida nueva que Dios está formando en mí. Y eso lo puedo lograr a través de "Cristo Jesús, a quien Dios hizo para nosotros sabiduría, justificación, santificación y redención" (I Cor. 1:30).

"¿No has considerado a mi siervo Job, que no hay otro como él en la tierra, varón perfecto y recto, temeroso de Dios y apartado del mal" (Job 1:8 RVR).

Himno: **"Santo, santo, grande eterno Dios"** CSG # 3, FA 15, VC 17, GT 241

Un préstamo para Dios

Es preciso aprender la contabilidad celestial. Dios, siendo Dueño de todo, no recibe regalos de nadie. Tampoco se endeuda. Ana no le regaló a su hijo, sino que lo dedicó a Dios durante "todos los días de su vida" (I Sam 1:28). El Señor premió este préstamo pagándole intereses al 500%: "Y visitó el Señor a Ana, y ella concibió y dio a luz tres hijos y dos hijas" (I Sam. 2:21 RVR). ¿Habrá corporación financiera en el mundo que pague mejor tasa de interés?

Señor, enséñame que si quiero preservar mi capital (y ¿quién no?) debo prestártelo TODO. Sé que de otra manera me arriesgo a perder no sólo los intereses, sino también el capital de mis inversiones. El sabio comerciante, D.L.Moody, tomó en serio su versículo lema: "El mundo pasa, y sus deseos; pero el que hace la voluntad de Dios permanece para siempre" (I Juan 2:17 RVR). Moody abandonó la venta de calzado para promover a Jesucristo, y, ahora que está en los cielos, los intereses de aquella inversión todavía siguen llegando a torrentes.

Si soy sabio, tendré a Ana y Moody como mentores. Haré un balance de mi "Haber" y lo invertiré todo en un solo Banco, La Corporación de Ahorro y Vivienda Celestial. Ya conozco al Gerente, y prometió no abandonarme nunca ni fallarme.

"Permíteme tu barco", dijo Cristo a Simón,
quien llegó sin un pescado, manejando el timón.
Fatigado, él entrega al Señor su posesión,
para ver sus redes llenas, por tan sabia decisión.
Hoy nos llama Jesucristo a eterna inversión;
no nos dejará sin fruto cuando guía la misión.
Utilízanos Señor, según tu santa voluntad,
a sembrar el Evangelio, la Palabra de verdad.

Sonia Andrea Linares

"Mas el que fue sembrado en buena tierra, éste es el que oye y entiende la palabra, y da fruto; y produce a ciento, a sesenta, y a treinta por uno" (Mateo 13:23 RVR).

Himno: **"Ofrenda al Señor"** CSG # 509

La relación confiada y reconfortante

Reconozco, Señor, que a veces he sido demasiado exigente en mi relación contigo. No he querido reposar como "un niño destetado al lado de su madre" (Salmo 131:2). Me pongo "chinchoso" cuando algo interrumpe mi diario devocional, pero lo único que tú deseas es mi devoción. Me he preocupado por no haber orado lo suficiente en vez de hacer de toda mi vida una oración. Con demasiada frecuencia mi relación contigo se trastorna, porque siento la necesidad de luchar para quedar bien ante ti.

Esto no es el descanso que tú me has prometido, Señor; no lograré disfrutar de él, hasta cuando aprenda que un hijo no tiene que ganar el amor de su madre ni vivir constantemente temeroso de perder ese amor. El niño encuentra contentamiento, simplemente, en la relación misma. Tú estás interesado en mi *ser* más que en mi *hacer*. Mi asistencia regular a la iglesia no te impresiona tanto, como mi corazón hecho un altar que te rinde adoración continua. Tú deseas que en vez de luchar para brillar, más bien sea una luz. Que en vez de actuar como discípulo, sea un discípulo.

¡Qué relación tan descomplicada fue la de Jesús con su Padre Celestial! Fue una relación muy natural, y como tal, algo normal para él poder hacer afirmaciones espectaculares como "Yo soy la luz del mundo" (Juan 8:12). Nada de esfuerzos sensacionales ni lucha por alcanzar lo que quería. Simplemente él ***es***, ¡sin más ni más!

Señor, si estoy agitado contigo, ¿cómo estaré con los demás? Mi *santidad* se convertiría en *chinchosidad* y huirían de mí como si tuviera alguna grave enfermedad. Si mi *espiritualidad* parece presumida a los demás, es señal de que me preocupa demasiado. Debo ser el último en saber que he sido de bendición para otros. Quiero ser como Moisés, quien "no sabía que la piel de su cara resplandecía por haber estado hablando con Dios" (Ex. 34:29). Dame, Señor, una indiferencia santa a los efectos de la santidad. Así es la verdadera santidad.

"En verdad que me he comportado y he acallado mi alma como un niño destetado de su madre; como un niño destetado está mi alma" (Sal. 131:2 RVR).

Himno: **"Te vengo a decir"** CSG # 420

Sirviendo al Señor con nuestros cuerpos

Como discípulo tuyo, Señor, debo pactar con mi cuerpo. Cuando Cristo me salvó no lo hizo por etapas. Me transformó al instante y en una sola operación. Mis manos son redimidas igual que mi alma. Mi cerebro está bajo la sangre de Cristo, igual que mi corazón.

Cuando Aarón fue consagrado como Sumo Sacerdote, la sangre del sacrificio fue colocada sobre su oído derecho, sobre el dedo pulgar de su mano derecha y sobre su pie derecho (Exodo 29:20). ¡Ay! ¿No fue esa ceremonia una molestia innecesaria? ¡No! Como que ya comienzo a entender lo que me estás enseñando. El cuerpo de Aarón, y no sólo su corazón, tenía que ser el cuerpo de un Sumo Sacerdote. Fue por eso que el pecado del becerro de oro resultó ser algo tan odioso para Dios. ¡Cómo era posible que ese mismo cuerpo, consagrado al servicio de Dios, estuviera tan tranquilo y fresco ayudando a fabricar un ídolo de oro para que la gente pecara!

Dios, ¡por favor no permitas que yo repita el pecado de Aarón con mi cuerpo! No quiero usar aquello que le costó tan caro al Señor en cosas que él odia y repudia. Pertenezco a Alguien. Por eso ya no tengo el derecho de echar mi oro al fuego para convertirlo en ídolo. No me atrevo a manchar mi cuerpo en esa forma.

Ahora comprendo el por qué Pablo decía: "Golpeo mi cuerpo, y lo pongo en servidumbre" (I Cor. 9:27). Como discípulo, debo aporrear mi cuerpo hasta someterlo para no traicionar tan sagrado llamamiento. ¡Y me toca hacerlo con frecuencia! Mis enemigos son el mundo, la carne, el diablo, y ***MI CUERPO***. Con demasiada frecuencia mi espíritu desea volar hacia las alturas con Cristo, pero soy arrastrado hacia los abismos por mis bajos impulsos y deseos carnales.

Sin embargo, Señor, me regocijo en esas palabras tan alentadoras de Pablo: "El Espíritu...también dará vida a vuestros cuerpos mortales.." (Rom. 8:11). El Espíritu fue enviado por Jesús para ministrar a nuestros cuerpos y nuestras almas; para avivarnos cuando estamos por el suelo y nos arrastramos. De modo que demostremos la completa redención que Cristo ha obrado en favor nuestro. Señor, permite que tu bandera de Victoria esté siempre desplegándose sobre mi vida.

"Y el mismo Dios de paz os santifique por completo; y todo vuestro ser, espíritu, alma y cuerpo, sea guardado irreprensible para la venida de nuestro Señor Jesucristo" (I Tes. 5:23 RVR).

Himno: **"Tuya es la gloria"** CSG # 27

Limpios ante el Señor

Señor, deseo aprender todo lo necesario para estar bien parado ante tu presencia. Hasta ahora me he deleitado en saber que en Cristo estoy justificado y aceptado por el Amado. Esta verdad me ha sido de mucha fortaleza y consuelo. Pero Señor, tú me has estado hablando de mi responsabilidad como persona ante tan gran bendición.

Mi condición en Cristo significa que mis pecados están perdonados; y ésto, sin ningún esfuerzo de parte mía. Pero hay otro sentido en que sí me encuentro responsable ante ti de rendir cuentas. El profeta Elías hablaba del Señor como Aquel "en cuya presencia estoy" (I Reyes 17:1 RVR). Esas palabras me impactan. Pensar que mi posición *en* Cristo no es lo mismo que mi comisión como su siervo, es algo que me asusta y me asombra. Mi posición en Cristo me pone a Paz y Salvo en todo lo que se relaciona con mi pasado de pecado, pero la comisión de ser su discípulo exige mi obediencia. Y por supuesto, no puedo ignorar la comisión si ya soy beneficiario de esa nueva posición en el Señor.

¡Y pensar en las exigencias que conlleva esa comisión! Tú dijiste al patriarca Abraham: "Anda delante de mí y ***sé perfecto***" (Génesis 17:1). Yo sé que la **"perfección"** es tu medida ideal para mi vida, Señor. Deseas que el cumplimiento de mi comisión sea sin tacha y sincera. Mi servicio podrá ser aceptable solamente si tengo "las manos limpias y el corazón puro" (Sal. 24:4).

Comprendo lo que esto implica para mí, Señor. Tú no aceptas que tus hijos estén amparados en la obra redentora de Cristo en la Cruz y a la vez cumpliendo su comisión en forma mediocre y descuidada. ¡Mil veces NO! Nos llamas a cuentas por la forma como vivimos, como usamos nuestros talentos, tiempo y energía. Debemos enfrentar al enemigo, no pesados, dormidos, sino fortalecidos de haber estado en la presencia de un Dios Santo. ¡Gracias Señor! ¡Tú me animas! "Por tanto.. yo te restauraré, y delante de mí estarás; y...serás como mi boca. Conviértanse ellos a ti, y tú no te conviertas a ellos" (Jeremías 15:19 RVR). Esa *posición* es indispensable, así como lo es la restauración divina que hace posible el *discipulado*.

"¿Qué pues, diremos a esto? Si Dios es por nosotros, ¿quién contra nosotros? El que no escatimó ni a su propio Hijo...¿cómo no nos dará también con él todas las cosas" (Romanos 8:31-32)?

Himno: **"Satúrame, Señor"** CSG # 266

Aprendiendo firmeza espiritual

Señor, si voy a ser tu discípulo debo desarrollar firmeza. He observado que Jesucristo fue una mezcla única de firmeza y ternura; yo también debo buscar aquel equilibrio: ni demasiado sentimentalismo ni mucha rigidez.

Por ejemplo, Jesucristo fue muy sensible en cuanto a la voluntad de su Padre, pero firme respecto de cosas o personas que podrían desviarlo del cumplimiento de esa voluntad. "El afirmó su rostro para ir a Jerusalén" (Lucas 9:51). Si me decido a seguir a Jesucristo seré el blanco de muchas presiones que buscan mi "bien" y que tratan de protegerme de mi propósito. El discípulo que no se propone a desarrollar firmeza, no adquirirá el carácter espiritual necesario para resistir esas voces.

Jesús mantuvo su firmeza respecto de quienes quisieron estorbar el cumplimiento de la voluntad de su Padre, aún cuando se tratara de sus mejores amigos. El decía cosas como "¡Quítate de delante de mí, Satanás!" (Mt. 16:23); "¿Qué tiene esto que ver contigo?" (Jn. 21:22); "¿Qué tienes conmigo, mujer?" (Jn. 2:4); "Si no te lavare, no tendrás parte conmigo" (Jn. 13:8 RVR); y cosas parecidas, a veces muy severas.

Ayúdame, Señor, a ser tierno ante la necesidad humana, pero rígido ante la miopía humana. La persona que me estorba para hacer la voluntad de Dios, tiene la vista muy corta. Es por eso que debo amar a mis amigos y familia, pero cuidarme siempre de aquellos que quisieran convertir mi ternura en negligencia y pecado. ¿De dónde viene la fortaleza para seguir de cerca al Señor? "Nuestra suficiencia proviene de Dios", decía Pablo (2 Cor. 3:5). Fue esa suficiencia la que le permitió dejar a un lado todos sus "queridos obstáculos" y decir "Yo estoy listo no sólo a ser atado, sino también a morir...por...el Señor Jesús" (Hech. 21:13).

"Ninguno que milita se enreda en los negocios de la vida, a fin de agradar a aquel que lo tomó por soldado" (2 Tim. 2:4).

Himno: **"¡A Combatir!"** CSG # 532, FA 250, VC 204

Un cielo barato

Te pido perdón, Señor, por mi idea tan limitada del Cielo. Claro que siempre me he regocijado de que Jesucristo murió para que yo pudiera ir allá; pero tu Palabra me sigue martillando en cuanto a la diferencia entre tener ese *derecho* y/o de *estar listo* o *preparado* para lograrlo.

¿No fue eso lo que quiso decir Pablo: "Cristo amó a la iglesia y se entregó a sí mismo por ella" - hablando del *derecho* - "para presentársela a sí mismo, una iglesia gloriosa que no tenga mancha ni arruga ni cosa semejante" (Ef. 5:25-27) hablando de *estar preparado*.

Una cosa es llegar al cielo *"apenitas"*, pero otra es llegar con todos los aplausos como **vencedor. ¡Cuánto mejor!** El *derecho* de entrar depende de lo que Jesucristo hizo ***por*** mí; el *estar preparado* depende de lo que yo le permita hacer ***en*** mí. Una fe sencilla (¡y eso es lo fácil!) me asegura el cupo en la Gloria; pero es sólo siguiéndole fiel y firmemente (¡allí está lo difícil!) que tengo "*amplia y generosa* entrada" (2 P. 1:11 RVR).

Confieso, Señor, que he sido uno de los que han "abaratado" tu gracia. He dejado que muchos piensen que con la misma facilidad con la cual aceptan a Cristo como Salvador, puedan también vivir la vida cristiana. La gracia divina no tiene nada que ver con la debilidad o la blandura, así como lo atestiguan las heridas del Calvario. La gracia divina nos abre paso, pero no nos convierte automáticamente en veteranos calificados. La gracia divina es apenas nuestra matrícula en la Universidad divina de la disciplina y la preparación; no es un tiquete para llevarnos a las mansiones celestiales en una carroza de flores.

¡Gracias Señor, por tu gracia! Sin ella, como seres terrestres, estaríamos perdidos y sin esperanza por siempre. No permitas que "echemos tu gracia a los cerdos" creyendo que nuestra entrada al cielo es a la vez nuestro diploma de graduación.

"Por esto están delante del trono de Dios y le rinden culto de día y de noche en su templo. El que está sentado en el trono extenderá su tienda sobre ellos" (Ap. 7:15).

Himno: **"El conoce mi camino"** CSG # 442

Nuestra muralla de defensa

El gran mensaje del evangelio es que en Jesucristo soy libre. Gracias, Señor, por esa verdad. Pero también es cierto que en Cristo Jesús estoy encerrado, trabado, amarrado y limitado. La mía es la libertad de poder cambiar de *"trabador"*, reconociendo que Satanás, mi antiguo trabador, sólo buscaba mi mal y perjuicio. En cambio Jesucristo, mi nuevo amo, sólo desea mi eterno bienestar y provecho.

Tú dijiste en cuanto a Israel, "He aquí que yo obstruyo su camino con espinos, y reforzaré su vallado, de manera que ella no encuentre sus senderos" (Oseas 2:6). Esta fue una muralla de encierro. Cada vez que nos volvemos caprichosos y rebeldes tú pones aquella muralla de encierro a nuestro alrededor. A pesar de que nos haces sentir encerrados, es una expresión de tu amor. Comprueba hasta dónde tú estás dispuesto a ir en la protección de tus hijos del pecado y de cosechas amargas.

Job también tuvo una muralla de protección. Fue Satanás quien dijo: "¿Acaso no le has protegido a él, a su familia y a todo lo que tiene?" (Job 1:10). Gracias, Señor, por esa muralla que tú colocas alrededor de tus hijos obedientes para defenderlos del enemigo.

Señor, yo sé que tú pones una muralla alrededor de cada uno de tus hijos. Si insisto, puedo romper esa muralla para correr tras mis caprichos, pero con amargas consecuencias. En cambio si me mantengo dentro de la muralla, tú te encargas de premiarme.

Gracias, Señor, por tus murallas: enfermedades, pobreza, desilusiones, tristezas o lo que sea. Disfruto verdaderamente de mi libertad cuando reconozco que las murallas no disminuyen mi amor hacia ti ni tu amor hacia mí. En nada una muralla de encierro debe afectar mi obediencia a ti, sino, al contrario, dejarme en libertad para abandonarme por completo a la gloriosa vida que sólo tú sabes planear.

"Por la mañana sácianos de tu misericordia, y cantaremos y nos alegraremos todos nuestros días" (Sal. 90:14).

Himno: **"Castillo Fuerte"** CSG # 45, FA 7, VC 10, HB 26, LL 122, GD 147

Tentando a Dios

Quiero cuidarme, Señor, para nunca caer en el error de tentarte. Tu mandamiento dice: "No tentarás al Señor tu Dios" (Mt. 4:7 RVR). Tu ira santa frecuentemente se desataba en contra de los hebreos porque te tentaban con su murmuración y quejas.

Debo saber distinguir la gran diferencia que existe entre probar y tentar. Tú me invitas a probarte (Mal. 3:10), y te glorificas demostrando tu poder. Cuando Gedeón te probó con el lienzo tú accediste a su petición (Jue. 6).

Debo aprender la diferencia que existe entre los dos. Probar a Dios es tomar su Palabra y actuar según ella. Tentar a Dios es ir más allá de su Palabra; es pasarnos de los límites. Cada vez que voy más allá de su Palabra, deshonro a Dios, algo que él no tolera.

Puedo tentar a Dios de muchas maneras: siendo impaciente con él, discutiendo su dirección para mi vida, haciendo comparaciones **injustas** entre el trato que yo recibo de él y el trato que el mundo me da, quejándome por las situaciones que él permite que lleguen a mi vida, exigiéndole más de lo que él cree que me conviene, y rechazando su autoridad sobre mí.

Dios se goza cuando obedecemos su Palabra y la probamos, pero su ira está contra aquellos que difamen su nombre y carácter. Yo sé, Señor, que los de la "generación del desierto" dejaron sus huesos allí porque decidieron que tu Palabra no era lo suficientemente buena para ellos. No permitas jamás que me comporte de tal manera. ¡Que nunca te rechace ni me queje porque me sienta defraudado! Más bien quiero celebrar con Josué: "No ha fallado de ellas ni una sola palabra...de todas las buenas promesas" (Josué 23:14).

"Te amo, oh Jehová, fortaleza mía. Jehová, roca mía y castillo mío, y mi libertador; Dios mío, fortaleza mía, en él confiaré; mi escudo, y la fuerza de mi salvación, mi alto refugio" (Sal. 18:1-2).

Himno: **"Jesús es la roca"** CSG # 152, FA 16

Quiero sentir siempre el asombro

Señor, yo sé que mi frescura y vitalidad espiritual desaparecen cada vez que pierdo mi *"asombro santo"*. Nos asombramos al darnos cuenta que realidades espirituales como **Dios** y el **Cielo** no son algo lejano, sino que están cerca de nosotros.

Cuando los dos discípulos por fin reconocieron a Jesús después de caminar con él hacia Emaús (Lc. 24:13-32), vieron lo que habían estado mirando sin ver durante toda una hora. En un breve instante Dios les permitió mirar hacia su mundo espiritual.

¿Cuánto del cielo estaré perdiendo de disfrutar, por haber permitido que mis ojos carguen con el peso del desánimo, la duda, el aburrimiento o la incredulidad? Los científicos afirman que un desierto puede parecer vacío, pero en realidad está lleno de vida. Así sucede también con lo celestial. Necesitamos identificarnos con la oración de Eliseo por su siervo: "Te ruego, oh Señor(*) que abras sus ojos para que vea" (2 R. 6:17). Cuando pudo "ver espiritualmente", el joven distinguió las huestes resplandecientes de Dios sobre los cerros del contorno.

Señor, estoy comprendiendo por fin el secreto: debo mirar *espiritualmente*. Cuando quiero ver todo con lógica, carnalmente o en forma natural o caprichosa, me distraigo y no disfruto de Jesucristo ni de la magnífica experiencia que él me ofrece.

Pero también debo mirar con *expectativa*. Los grandes héroes de Dios siempre han vivido en dos mundos. Contemplaban maravillas porque vivían pendientes de lo celestial, y, con asombro, comunicaban esas maravillas a otros.

Señor, me encuentro en un círculo vicioso: pierdo el asombro por mi poca fe; y mi fe se debilita porque no hallo nada maravilloso como para alimentarme. Es precisamente en este momento en que debo desprenderme de toda esclavitud carnal y pedir al Espíritu Santo que unja mis ojos con vista espiritual. ¡Eso fue lo que les sucedió a los discípulos de Emaús que vieron a Jesús!

"De oídas había oído de ti, pero ahora mis ojos te ven. Por tanto, me retracto, y me arrepiento en polvo y ceniza" (Job 42:5-6).

Himno: **"A su nombre gloria"** CSG # 338, FA 132, VC 284, HB 458, LL 83, GD 120, GT 233

Tomando pasitos en la oración

Señor, ¡necesito aprender a perseverar en la oración! Hay muchas cosas que no recibo, como dice Santiago: "porque no pedís" (Santiago 4:2). Pero con frecuencia es "porque pedís mal" (v. 3); fallo cuando no oro con perseverancia.

Me llama la atención la oración de Abraham a favor de Lot, su sobrino (Gn. 18). Cuando llegó a cierto punto en su oración, "Jehovah se fue luego que acabó de hablar con Abraham "(v.33). La copa de la oración estaba llena. No había nada más que pedir. El Cielo había concedido la petición y sólo faltaba hacerla efectiva en la tierra.

La copa de la oración se llena cada vez que oro de todo corazón y con perseverancia. O sea que en asuntos de oración *cantidad* es tan importante como *calidad*. Ahora comprendo porque tú dijiste "si *dos* de vosotros se ponen de acuerdo" (Mt. 18:19). Hay más oración cuando oran dos y mucha más oración cuando oran veintidós y todavía más cuando oran doscientos veintidós. Cuando la copa se llena y el Cielo accede a la oración, de inmediato el corazón se siente tranquilo. Es por esa razón que alguna vez he sentido cierta paz y confianza mucho antes de la respuesta a mi oración.

Pero Señor, la persistencia es bastante difícil para mí. Mi enemigo es la impaciencia que me lleva al desánimo y la desesperación. ¡Cómo necesito ver las cosas desde lejos, desde el punto de vista eternal! Mis pequeños pasitos en la oración se empeñan en conseguir respuestas; enséñame, Señor, que, con frecuencia, las respuestas instantáneas no forman parte del plan celestial. Tú me recomiendas no impacientarme ni quejarme sino "esperar en el SEÑOR" (Sal. 37:9). Son aquellos que esperan y confían en Dios y que ajustan su programa al itinerario divino, los que "heredarán la tierra" (v. 9b).

"Por nada estéis afanosos; más bien, presentad vuestras peticiones delante de Dios en toda oración y ruego" (Fil. 4:6).

Himno: **"Dilo a Cristo"** CSG # 490, FA 200, VC 162, HB 418, LL 167, GD 337, GT 74

El discípulo enano

Dios no necesita "enanos" en su servicio (Lev. 21:20). Señor ¿seré yo un enano? Claro que no se trata de enanos físicos. Zaqueo fue un hombre pequeño, pero su corazón resultó ser el de un gigante (Lc. 19:1-10).

Dios no quiere hombres y mujeres enanos de corazón y mente. El mismo es todo lo opuesto: da generosamente (Sant. 1:5); su mente es sabia (Rom. 11:33- 34). Sus planes y propósitos incluyen a todo el mundo (Juan 3:16). Nos ama con amor eterno (Jer. 31:3). Con razón Dios rechaza discípulos de pequeñez, mezquinos y atrofiados.

El "cristiano enano" por lo general padece de "egoítis gigantus" agudo. Se cree tan importante e irreemplazable que Dios nada puede hacer sin él.

Lo malo es que si soy "enano" hacia los demás es porque lo soy también para con Dios. No puedo ser tacaño, mezquino y lleno de prejuicios, si he abierto mi corazón a aquel cuyo corazón amoroso fluye como un río más abundante que el Amazonas. Aquí caben las palabras de Pablo: "Crezcamos en todo hacia aquel que es...Cristo" (Ef. 4:15). La medida de Jesucristo acaba con mi pequeñez espiritual. Enano es aquel cuyo crecimiento está atrofiado, no ha alcanzado su estatura normal. Es natural que un bebé sea pequeño, pero ¿será normal que un adulto lo sea?

Si soy enano es porque algo sucede con mi crecimiento espiritual. No es la voluntad de Dios que yo permanezca como un bebé espiritual. Señor, ¡ayúdame a crecer y madurar a la medida de Cristo Jesús! El no sólo es el Camino ¡sino mi Destino!

"Más bien, creced en la gracia y en el conocimiento de nuestro Señor y Salvador Jesucristo. A él sea la gloria ahora y hasta el día de la eternidad" (2 P. 3:18).

Himno: **"Poderoso es él"** CSG # 54

Discutiendo con Dios

Señor, de una vez y para siempre quiero dejar de ser contencioso. Nunca debo discutir ni ser problemático con las personas. Si acaso, lo puedo ser alguna vez contigo.

Me acuerdo que Moisés discutió con Dios respecto a su tarea de ir a Egipto (Ex. 3-4). No se trataba de convencer a Dios, sino de persuadir a Moisés. La discusión se permite sólo hasta cuando llega el convencimiento. Ante un Moisés problemático, después de que Dios contestara sus dudas y preguntas, el Señor se enfadó. Dios es quien debe decidir todo argumento y él lo hace aún antes de que abra mi boca. Desde luego que me permite discutir con él, ya que desea dejarme totalmente convencido y no confundido o indeciso.

Pero nunca debo discutir con otras personas. Si comunico fielmente el mensaje divino a otros y ellos están en desacuerdo, no debo discutir, sino más bien dejarlos en manos de Dios. Sólo él tiene el derecho de convencer y no yo. Si lo trato de hacer puedo frustrar su obra.

Sí, se me permite buscar el consejo de mis colegas cristianos para averiguar la voluntad de Dios (Hch. 15), pero eso es diferente a discutir o ser problemático. Discutir es imponer e insistir "¡tiene que ser así"! En cambio el que busca consejo pregunta "¿qué nos está diciendo Dios?" El verdadero discípulo busca y da consejo, pero **nunca** discute ni es problemático.

Señor, dame la gracia para superar mi tendencia natural y carnal de discutir. Quiero ser tu vocero y no tu abogado. Dame gracia para poder manifestarme a Aquel que es mi "Admirable Consejero" (Is. 9:6), ya que sólo él es fuente de todo conocimiento y sabiduría y dulce Convencedor del alma.

"El Señor Jehovah me ha dado una lengua adiestrada para saber responder palabra al cansado" (Is. 50:4).

Himno: **"Mensajeros del Maestro"** CSG # 477

Intérpretes de Dios

Veo tus **obras**, Señor, pero quiero conocer tus **caminos**. "Sus caminos dio a conocer a Moisés; y a los hijos de Israel, sus obras" (Sal. 103:7).

Gracias, Señor, por la manera como trataste a Abraham. "Entonces el Señor(*) dijo: -¿He de encubrir a Abraham lo que voy a hacer?- (Gen. 18:17). Tú lo llevaste aparte para mostrarle no sólo ***qué*** pensabas hacer, sino el ***porqué***. Para poder revelar de antemano a un ser humano lo que va a suceder, tú exiges mucha madurez. Todo hijo de Dios puede ver lo que Dios *ha hecho* en el pasado. Aquellos que han madurado en el discipulado logran ver lo que Dios *hará* en el futuro. Pero muy pocos y fieles discípulos pueden ver **por qué Dios va a hacer** algo.

Nuestro mundo necesita intérpretes de Dios y no sólo profetas suyos. Con frecuencia nos confundimos en cuanto a Dios, ya que él es infinito. Lógico: estos malos entendidos nos alejan de él. Se deben explicar a la humanidad los hechos divinos. Y para ello, Dios busca personas como Abraham, Moisés y Débora, que entiendan la mente divina y sean interpretes hacia la humanidad.

¡El intérprete perfecto e ideal fue Jesucristo! Como *Revelación divina* él mismo fue la *interpretación encarnada*. En la medida en que permita que el mensaje divino sea manifiesto a través de mi vida, ¡yo también puedo ser buen intérprete de los caminos de Dios! ¡Qué privilegio nos brinda Dios de ser sus mensajeros e intérpretes ante la humanidad! ¡Qué dicha ser una "carta de Cristo...escrita...con el Espíritu del Dios vivo" para ser leída por todos los hombres (2 Cor. 3:3)!

"A Dios nadie le ha visto jamás; el Dios único que está en el seno del Padre, él le ha dado a conocer" (Jn. 1:18)

Himno: **"Ved los millones"** CSG # 474, VC 245

El derecho de poder rechazar

Siempre he pensado que Jesucristo es quien **recibe** a las personas y lo sigo creyendo de todo corazón. Pero si no logro ver y comprender que aquel Jesús es el mismo que puede **rechazarlas**, nunca comprenderé su trato con la humanidad.

La salvación es una avenida de doble vía. Debo comprometerme con Jesucristo, pero él también debe comprometerse conmigo. Algunos de los primeros seguidores del Señor "creyeron" en él, pero él no confiaba en ellos (Jn. 2:23- 25). El no confiaba en ellos por que conocía sus corazones y veía su insinceridad.

El privilegio de Jesucristo de rechazar, también lo tienen sus discípulos. Yo debo ser tan exigente como mi Señor y no malgastar mi tiempo con personas frívolas, superficiales e indecisas. Más bien buscaré a las ovejas perdidas que ansían ser halladas y al hijo pródigo deseoso de volver a casa.

Es más, quiero ser firme en este propósito. Ni sus parentescos humanos ablandaron a Jesús o cambiaron su espiritual exigencia . Su "madre" y sus "hermanos" son aquellos que "hacen la voluntad de su Padre" (Mt. 12:48-50). Esto hace subrayar lo que fue una medida o norma absoluta para Cristo: ¡lo espiritual ocupa toda precedencia sobre cualquier otra relación! Jesús jamás rechazó a persona alguna que reconociera su necesidad espiritual y lo buscara. Pero censuraba y aborrecía al "payaso" religioso por su hipocresía.

Debo cuidarme de aquellas personas huecas y superficiales cuyo compromiso religioso no va más allá de su bolsillo, su estómago y sus sentidos físicos. Esa clase de persona abunda. Debo ejercer el *derecho de rechazo* y no creerles ni confiar en ellos, así como lo hiciera mi Señor hace dos mil años. A su vez me debo cuidar de no distanciarme nunca de los que el Señor ha aceptado y dan prueba de eso con sus "obras de justicia" (Hch. 10:35).

"Porque tu misericordia está delante de mis ojos, y camino en tu verdad. No me he sentado con los hombres falsos ni tengo tratos con los hipócritas" (Sal. 26:3-4).

Himno: **"A los sedientos, venid"** CSG # 318, GD 212

El éxito espiritual está en imitar

No le quitaré a Dios su derecho de escoger. Con frecuencia he dicho: "Fulano sería un buen cristiano", o "Fulana sería una magnífica misionera". Pero Dios no puede darse el lujo de aceptar mi selección de candidatos para trabajar en su campo de labor. Mi tendencia es querer mandar y *administrar* en los asuntos de Dios y no *ser administrado* por él.

Mi responsabilidad consiste en sembrar la semilla y no me corresponde hacerla crecer. O sea que debo permanecer "indiferente" (en el sentido de no dejarme abismar, deprimir o aplastar) en lo que tiene que ver con resultados, en particular cuando son aparentemente negativos. Jesús fue rechazado por el joven rico a quien él amaba; pero él supo ver aquel rechazo con aplomo (Mr. 10:17-23).

En nuestro mundo tan orientado hacia el éxito, debo asegurarme que no me conformo con el "éxito" como lo entienden los demás. El "éxito espiritual" no consiste en saber manejar las circunstancias. El verdadero éxito espiritual está en *imitar*: "Mi Padre hasta ahora trabaja, y yo trabajo" (Jn. 5:17 RVR). Esto es seguir el patrón que el Padre ha diseñado para mí.

El mayor peligro en mi vida espiritual es querer quitarle ese patrón a Dios para hacerlo de nuevo según mis gustos, disgustos y caprichos. El verdadero discípulo nunca se deja afectar por el virus de "si tan solamente". No puede darse el lujo de sucumbir al "si solamente tal y tal hubiera sucedido". Más bien acepta con gozo la palabra "elegidos conforme al previo conocimiento de Dios Padre" (1 P. 1:2), y no conforme al capricho *mío* ni al de ningún otro ser humano. "¿Quién es el hombre que teme a Jehová" (Sal. 25:12 RVR). Si mi respuesta es: "Yo sí", entonces cuento con la promesa divina, "El le enseñará el camino que ha de escoger". **Selah**, ¡meditemos en lo que esto significa para nuestras vidas!

"Porque dice a Moisés: Tendré misericordia de quien tenga misericordia, y me compadeceré de quien me compadezca" (Rom. 9:15).

Himno: **"A Jesucristo ven sin tardar"** CSG # 312, FA 345, VC 323, HB 196, LL 67, GD 253, GT 43

Dios no pierde ningún detalle

¡Debo recordar siempre que Dios es tres veces santo, pero mucho más! El es detallista y meticuloso. David lo expresó así: "Perfecto es el camino de Dios" (Sal. 18:30). Enseguida él afirma: "Dios hace perfecto ***mi*** camino" (v.32).

¡Qué dicha pensar que cuando Dios me ve, él escoge mi *perfección*. En este caso no hablo de perfección moral sino de programa. Aunque yo mismo lo ignore, Dios me está tomando en cuenta para su Reino, en el cual ya me tiene asignado un lugar muy especial. Sin cesar y sin cansarse Dios me va moviendo hacia adelante, hasta que llegue al sitio en el cual me considera perfectamente ubicado. Como yo no conozco ese lugar de antemano, mi vida podrá aparecer como una pesadilla o laberinto donde sólo el viento está en control. ¡No importa! Con seguridad, aunque a veces lentamente, Dios nos va acercando a la meta, cuya "perfección" es la misma del Cielo, en el sentido de ser lo ideal para nosotros.

Al coronar la meta y mirar hacia atrás, me asombraré al descubrir los muchos detalles extraños y aparentemente insignificantes que Dios usó para impulsarme. Aquello que me causó fastidio, molestia y demoras, que me hizo "perder los estribos", muchas veces fueron mis mejores maestros. La Biblia nos revela que Dios ha usado cosas tales como la indigestión de un rey, el sueño profundo del capitán de un barco, el lloro hambriento de un niño, la mentira, un sueño y hasta la vara de un pastor de ovejas para lograr cosas increíbles. ¿Quién soy yo para negar que Dios use el pequeño accidente, el cambio de planes o el evento inesperado en el día de hoy? ¡Son esos mínimos detalles los que él usa para llevarme hacia su perfección!

Ante tal Dios solamente puedo caer de rodillas para exclamar: "¡Perfecto es el camino de Dios (**conmigo**)!" (Sal. 18:30). "Grande en misericordia para con los que te invocan" (Sal. 86:5).

"¿Que pide el Señor(*) tu Dios de ti? Sólo que temas al Señor(*) tu Dios, que andes en todos sus caminos, que ames y sirvas...con todo tu corazón" (Dt. 10:12).

Himno: **"Me guía él"** CSG # 407, FA 106, VC 183, HB 227, LL 24, GD 202

Porque me ama, Dios no me consiente demasiado

Debido a que soy tan débil, Dios me pone "en apuros" con cierta regularidad. Esos desconciertos me causan dolor e irritación. La disciplina divina es severa y difícil. Nunca nos consiente demasiado. Oí decir a una persona: Soy un hijo consentido de Dios. ¡Eso es imposible! ¡No existe tal en la familia de Dios! Al contrario, Dios cuenta con un inventario extenso y especializado de recursos para mantenernos humildes. ¡A nadie lo mima Dios demasiado!

¿Pero él nos ama? ¡Eso sí e infinitamente! ¿Y nos cuida? ¡Con toda seguridad y no pasa por alto ningún detalle! ¿Protegidos y preservados? ¡Sin lugar a duda ya que así lo prometió! ¿Pero consentidos y mimados? ¡De ninguna manera! A Dios le dolería tener hijos egoístas e indisciplinados. Además, él permite las humillaciones para nuestro bien. Merced a este proceso el creyente inmaduro llega a ser el fuerte y disciplinado soldado lleno de gracia. Convierte el orgullo falso en carácter firme y fuerte. Transforma al cobarde errante y temeroso en un magnífico ejemplo de santo. La vocación favorita de Dios es tallar santos en vivo; y de sus herramientas, el cincel favorito es la humillación.

Fue el apóstol Pedro quien dijo: Amados, no os sorprendáis cuando aparecen las aflicciones (1 P.4:12 Trad. del autor). Señor, ayúdame para que las humillaciones que tú permites en mi vida no me hagan tambalear, ya que así es como obra un Dios cuyos caminos son inescrutables. Más bien sorpréndeme con ese amor que derramas sobre tus hijos cuando se encuentran desconcertados. Yo sé que tus humillaciones siempre terminan en honores: "Lo libraré (de la angustia) y lo glorificaré (el resultado natural)" (Sal. 91:15).

"Pero fiel es el Señor, que os establecerá y os guardará del mal" (2 Tes. 3:3).

Himno: **"Jesús me ama"** CSG # 573, FA 154

El poder sutil del pecado

Es un hecho que en cuanto camino más cerca de Dios, el pecado se convierte en algo más sutil. El hombre natural no odia al pecado porque es *pecado*, sino por los líos que resultan del pecado. En cambio el discípulo pronto descubre que el pecado encierra un gran poder para desbaratar y arruinar. No solamente nos frustra en el presente, sino que echa a perder lo que se logró en el pasado.

El pueblo de Israel hizo un becerro de oro y dijo: ¡Israel, éste es tu dios que te sacó de la tierra de Egipto! (Ex. 32:4). Contradijeron todo lo que acababan de decir: En *tu* misericordia guías a este pueblo que has redimido (Ex. 15:13).

El pecado es la gran contradicción. Siempre procura desmentir las manifestaciones de la verdad y del poder divino. Es más, destruye en el *presente* todos los beneficios recibidos del pasado. La fuerza y el poder del himno de Moisés fueron opacados por el becerro.

Dios contestó mi oración de ayer y hoy todavía disfrutaba de aquella bendición hasta el instante en que yo fundí mi "becerro de oro". Las bendiciones de ayer se desvanecen con la idolatría de hoy.

Lo sutil del pecado es que cierra mi "cuenta de ahorros" espiritual. El pecado no sólo me derrota, sino que quita mi armadura.

¿Qué defensa puedo yo tener en contra de algo tan nefasto? Solamente hay esperanza si las bases de mi vida están cimentadas sobre una fuerte relación con Dios. Es lo único que el pecado no alcanza a cambiar, ni remover ni hacer desvanecer. Dios ha confirmado mi salvación no en base a ***mi*** experiencia sino con base en lo que ***su Hijo*** experimentó en la cruz por culpa mía. El pecado puede borrar todo el crecimiento de un día o un año, pero no puede afectar lo que hace posible aquel crecimiento: la vitalidad que resulta de una estrecha relación con Dios.

> Gracias, Señor, por que me estás ayudando para huir del pecado al estar en mayor y mejor comunión contigo.

"Porque la ley del Espíritu de vida en Cristo Jesús me ha librado de la ley del pecado y de la muerte" (Rom. 8:2).

Himno: **"Dios muestra su amor"** CSG # 291

La mendicidad espiritual

Siempre me acuerdo de una frase de mi profesor en el seminario, quien al hablar sobre la fe decía: "es la actitud del menesteroso". O sea que Dios se especializa en convertir a todos sus discípulos en "mendigos espirituales". El hombre natural se rebela ante esa idea ya que quiere ser auto-suficiente, capaz y no depender de nadie.

Según la medida de este mundo la iglesia laodiceana había llegado. Pensaba que era rica, por sus propios esfuerzos, sin necesidad de nada (Ap. 3:17). Pero, en resumen final, Jesús dijo que era la peor de todas sus iglesias, y no servía sino para botarla.

¡Me fascina ser auto-suficiente y no depender de nadie! Pero Dios, a cada nada, arrebata mis recursos naturales hasta que de rodillas regrese a él, a pedirle socorro. El lo hace así porque yo me resisto a ser un mendigo en mi *espíritu*.

La historia sagrada nos cuenta de muchas personas que **sí** tuvieron esa actitud de mendicidad: Abel, la mujer siro-fenicia, el publicano y otros. Ellos recibieron la bendición, mientras que los que se jactaban de su auto- suficiencia se quedaron vacíos. Jesús dijo que me es necesario ser como un niño. ¿Habrá otro tan mendigo como un niño? El niño es mendigo por naturaleza y ni siquiera le da pena. Así quiere Dios que sea yo también . Es cuando le pido que Dios ponga todos sus recursos (no los míos) en mis manos; y la verdad sea dicha, no existe poder como el Poder divino.

El verdadero mendigo espiritual tiene un ojo de fe, un sistema de valores balanceado y ve sus oraciones contestadas. Sabe bien que el acercamiento a Dios aporta todo lo que es superficial y sin valor, para hacernos comprender lo que importa: "su necesidad y **la provisión divina para llenar esa necesidad**". Es por esa razón que el mendigo acostumbra hablar en forma directa, sin rodeos y en la espera de recibir. ¡Qué gran "mendigo" fue Jorge Mueller! El pudo sostener y educar a miles de huérfanos por fe. Señor, ¡que las puertas del cielo estén tan abiertas para mí como lo fueron para él!

"Es, pues, la fe la certeza de lo que se espera, la convicción de lo que no se ve" (Heb. 11:1 RVR).

Himno: **"En el nombre de Jesús"** CSG # 149

Lo que le agrada y le desagrada a Dios

Si quiero dar fruto como discípulo del Señor debo respetar lo que *le agrada*, así como evitar lo que *no le agrada*. La Biblia está repleta de enseñanzas sobre lo que le agrada, y lo que le desagrada al Señor. Si pienso evitar lo que le desagrada es menester que respete las barreras divinas.

Es lo que hago en mis relaciones humanas, como en el matrimonio, las amistades y la obra de Dios. La diferencia consiste en que los obstáculos en las relaciones humanas, en su mayoría se refieren a "caprichos" y antojos personales; mientras que en las relaciones con Dios, se involucran exigencias sobre lo que es puro y honesto.

A Dios le desagradan muchas cosas: los ojos altivos, la lengua mentirosa, las manos que derraman sangre inocente, el corazón que maquina pensamientos inicuos, los pies que se apresuran a correr al mal, los problemáticos (Prov. 6:17-19). En especial le desagrada un sacrificio insincero y vacío (Is. 1:14). Aun si presento ese sacrificio con todas las de la ley pero sin el afecto de corazón, desagradará a Dios.

El problema consiste en que es posible ignorar por completo cuándo estoy ofrendando sin amor. Las equivocaciones de mente son más obvias que las de corazón. Por ejemplo, no es fácil enseñar una doctrina equivocada por mucho tiempo sin que alguien lo advierta, pero ¿quién puede conocer el corazón?

Así también mis ofrendas de alabanza, oración, bienes y servicio deben ser examinadas a menudo, porque es demasiado fácil presentarlas en forma correcta, pero con el corazón vacío. ¿Será que repito las palabras: Te amo Señor. pero agachándome por la vergüenza de saber que tú conoces la hipocresía que hay en mi corazón? Señor, en verdad deseo siempre agradarte con "los sacrificios de justicia" (Sal. 51:19) que son sacrificios agradables a ti.

"No os olvidéis de hacer el bien y de compartir lo que tenéis, porque tales sacrificios agradan a Dios" (Heb. 13:16).

Himno: **"De boca y corazón"** CSG # 69, HB 239

¿Disfruto del gozo del Señor o sigo con mi carga de pecado?

Señor, debo cuidarme con el fin de no poner demasiada atención al pecado y así terminar débil y exhausto. Sé que, para mi bien, tú me haces sentir y ver la carga de mi pecado, con el fin de que lo confiese y me salga de él (Sal. 32:5, 1 Jn. 1:9). Una vez lo confiese, no debo seguir enfrascado en lo que pasó.

Nehemías tuvo la solución para un pueblo arrepentido: comer y compartir con otros y alabar al Señor, "porque el gozo de Jehovah es vuestra fortaleza" (Neh. 8:10).

Es necesaria la convicción del pecado, pero una continua carga de conciencia agota, al punto de terminar en la locura. Por eso la convicción del pecado debe conducirnos de inmediato a la confesión y la alabanza. La mirada hacia adentro para concentrarme en la pecaminosidad, deprime y desanima. Debo evitar, como si fueran una plaga, aquellas personas que sólo saben arrastrar mis pensamientos hacia lo negativo y vil. Muchas personas rechazan a Jesucristo porque sienten fastidio por los "cristianos" que no disfrutan de la liberación que Dios ofrece a los que confiesan su pecado.

Claro que nunca debo tratar el pecado a la ligera; pero tampoco merece dedicarle tanto tiempo, lugar y atención de modo que me esclavice. Hay quienes parecen gozar de estarse examinando en su interior y sentirse muy pecadores. Al pecado no le debo permitir sino el tiempo suficiente para que la redención divina haga su obra. Estando limpio y sano, ¡no falta sino alabar, crecer y disfrutar de la fuerza y el poder de Dios en mi vida! Dios quiere hijos libres y rebosantes de salud y no presos de los tentáculos del pecado. "Bienaventurado aquel cuya transgresión ha sido perdonada, y ha sido cubierto su pecado" (Sal. 32:1).

"¿Qué Dios hay como tú, que perdona la maldad y olvida el pecado del remanente de su heredad? No ha guardado para siempre su enojo, porque él se complace en la misericordia" (Miq. 7:18).

Himno: **"Me salvó, me perdonó"** CSG # 332, FA 163

No meterme en lo ajeno

Tal vez hay pocas cosas que causan tanto problema en la vida cristiana como el pecado del *"ojo errante"*. Si el ojo comienza a vagar, mi corazón no estará lejos. Pablo le dijo a Arquipo: "Mira que cumplas el ministerio que recibiste en el Señor" (Col. 4:17 RVR). Arquipo padecía de "ojo errante" cuyos síntomas son el corazón frío y la pereza.

Alguno de los antiguos puritanos escribió en la contraportada de todos sus libros: "¡No te metas en lo que no te importa!" Dios me ha dado una tarea que debo cumplir o me la quitará. Si miro con el *ojo de la ambición* tantas otras cosas interesantes o lucrativas que podría hacer, me estoy buscando el jalón de orejas divino. Ante todo me debo cuidar del *ojo envidioso*: "¡Vea lo que él está cosechando y lo poquito que tengo yo"! Sentir envidia es afirmar que Dios es injusto y ¡nada le disgusta más que tal acusación!

Jesús dijo de los fariseos, "Os digo que *ya tienen* su recompensa" (Mt. 6:2). Y así lo es. Puedo escoger las medidas de mi propio éxito, si así lo deseo, y las recompensas serán inmediatas. Pero no serán las recompensas divinas. ¡Cuánto mejor oírle decir, "Bien, buen siervo y *fiel*" (Mt. 25:21). La fidelidad no contempla riqueza, fama ni grandes hazañas. Pero sí da lugar al mayor de los cumplidos: "Pusiste atención a tu tarea y ¡la hiciste!" La fidelidad es uno de los atributos de Cristo mismo (Is. 11:5), y debe caracterizar a aquellos sobre quienes descansa su Espíritu.

"Yo soy el Dios Todopoderoso; camina delante de mí y sé perfecto" (Gn. 17:1).

Himno: **"Junto a la cruz de Cristo"** CSG # 207, FA 116, VC 47, GD 383

Creciendo en la soledad

Debo recordar que el mejor discípulo se forma en la soledad. No puedo sucumbir ante la idea de hallar mi salvación en el grupo. El mismo concepto del Cuerpo de Cristo en el Nuevo Testamento, indica que se compone de una variedad de individuos con identidades particulares. Desde luego que existe una vida comunal, pero el hecho de participar en ella, no reemplaza el discipulado directo de la relación exclusiva con Dios.

Los grandes héroes de la Biblia fueron personas solitarias. Los que conocen profundamente a Dios no logran esa intimidad en cuanto al Dios de otros. Por esa razón los creyentes verdaderamente espirituales siempre han sido considerados y tratados como "raros". A San Pablo se le acusó de "loco" (Hch. 16:24). Aun sus mejores amigos no lograban comprender a Jesús. Es fácil entender por qué los discípulos han sido "apedreados...aserrados...tentados...muertos a filo de espada" (Heb. 11:37), ¡hasta por personas "religiosas"!

Me preocupo por tantas voces a mi alrededor que insisten en que el grupo es mi esperanza, mi salud y mi destino. Hoy día parece que el grupo se ha convertido en un dios. Pero Señor, cuanto más confío en otros, menos dependo de ti y el grupo se me convierte en tropezadero. No me permite experimentar esa intimidad contigo que es necesaria si voy a ser verdaderamente tu discípulo.

Señor, debo ser muy valiente si aspiro entrenarme para ser tu discípulo. Pero, en cuanto siento, en verdad, el llamamiento divino, vale la pena cualquier costo de aislamiento y soledad. Según el mundo yo perderé, pero ¡qué bendiciones celestiales ganaré! No existe mayor cumplido para los hijos de Dios que las palabras "de los cuales el mundo no era digno" (Heb. 11:38 RVR).

"Entonces Jehovah dijo a Moisés: -Sube a mí, al monte, y espera allí-" (Ex. 24:12).

Himno: **"Firme Estaré"** CSG # 432, FA 230

Convirtiendo el mal en miel

Mi *reacción* cuando me encuentro ante el mal no debe ser negativa; tiene que ser positiva. O sea que debo siempre agarrar lo que es malo y transformarlo en triunfo. Jesús no se conformó con ignorar a Satán; lo destruyó en la cruz. Los hermanos de José quisieron hacerle mucho "mal", pero Dios lo convirtió en "bien" (Gen. 50:20).

¿Pero cómo hago? ¿No es acaso prerrogativa divina "operar" al mal, extirpando sus malditas muelas, para luego transformarlo en oportunidad para el bien? ¡Claro que sí! Esa es la obra eterna de Dios con lo que es malo. El Calvario es un hecho culminado, pero el *principio* de lo que sucedió en el Calvario está siempre con nosotros, ya que Dios y el mal son siempre antagónicos; y es más, el mal es siempre el trasfondo de donde brota la redención.

Si soy fiel discípulo de Jesucristo entonces en mí se manifestará el principio del Calvario, que significa sacar ventaja o victoria del mal. Así es como la enfermedad puede convertirse en púlpito, para predicar acerca de la paciencia y para revelar el poder y la gloria de Dios. Desde luego que esto contradice mi actitud anterior hacia el mal o sea, el temor. Significa que le doy la bienvenida a lo malo que sucede en mi vida, como oportunidad para que la gracia divina lo convierta en algo que me ayude a progresar o crecer. De esta manera dejo de ser discípulo preocupado y angustiado para convertirme en ciudadano del cielo, reflejando la paz y serenidad que caracterizan mi Patria.

Con tu ayuda Señor, seré un ejemplo de la adivinanza de Sansón: "Del devorador salió comida, y del fuerte salió dulzura" (Jue. 14:14 RVR). Así como Sansón, debo lograr más que simplemente matar al león; debo obligarlo a rendir su dulzura, la cual me hará más fuerte. Esa será mi meta: ¡convertir el mal en miel!

Gracias, Señor, por ayudarme a convertir el mal en miel y hacer que con tu gracia y con tu poder, pueda ser un(a) verdadero(a) ciudadano(a) del Cielo. Amén.

"¡Rompamos sus ataduras! ¡Echemos de nosotros sus cuerdas! El que habita en los cielos se reirá; el Señor se burlará de ellos" (Sal. 2:3-4).

Himno: **"Su gracia es mayor"** CSG # 438

Cuando pedimos más de la cuenta

Debo cuidarme cuando oro al Señor a fin de no *sobrepasarme* en lo que le pido. La madre de Jacobo y Juan le pidió a Jesús que sus hijos se sentaran en los dos puestos más importantes de su Reino: a su mano derecha e izquierda (Mt. 20:20-21). La respuesta de Jesús fue severa, "¡No sabéis lo que pedís!" (v.22). Salomé había sobrepasado los límites, ¡había pedido demasiado!

Sobrepasarse significa pedir más de lo que el Señor me ha prometido. Jesús le había prometido a cada uno de sus discípulos un trono (Mt. 19:28), pero Jacobo y Juan no lo sentían suficiente. Ellos querían *los dos* tronos a cada lado de Jesús. Esto fue demasiado y Jesús debió reprimirles.

Sobrepasamos los límites cuando, en oración, le hacemos caso a la voz sutil del "yo", la cual sabe espiritualizar lo que sea con el fin de poder conseguir lo que apetece. Es cuando el ego ansía tener algo que infla su importancia bajo la apariencia del servicio a Dios. Dios ha prometido, "Supliré todas tus necesidades", así que le imploramos, "Por favor me permite tal o cual pequeña comodidad". Dios ha dicho que nos usará para ser de bendición, pero nosotros insistimos en hacernos también famosos y conocidos por todos.

O sea que la persona que se pasa de límites quiere *explotar* a Dios según sus caprichos. Es como el pordiosero que pide más cuando ve las muchas monedas en la mano de su benefactor. Es como Lot quien no se satisfizo con ser rescatado de Sodoma, sino que quiso escoger su lugar de refugio también (Gen. 19:20).

Jesús tiene sólo una palabra para aquellos que quieren explotar o aprovecharse de la oración: "No sabéis lo que pedís". Y eso es la verdad. Porque si nos pasamos de límites estaremos abriendo una "caja de Pandora" llena de cosas más allá de nuestro alcance y de nuestro bien. Me va mucho mejor cuando me conformo con lo que Jesús ha prometido, ¡y ni un granito más!

"No lo digo porque tenga escasez, pues he aprendido a contentarme con lo que tengo" (Fil. 4:11).

Himno: **"Cantad alegres al Señor"** CSG # 5, FA 27, VC 13, HB 50

Conquistando el dolor

Hoy siento dolor y debo pedir al Señor que me enseñe su significado. Lo que más duele del dolor es que me hace sentir tan lejos y extraño, así como el dedo lastimado se siente extraño respecto del resto sano del cuerpo. Fue por eso que Jesús, en su momento de mayor sufrimiento en la cruz, exclamó "¿Por qué me has desamparado?" (Mt. 27:46).

Hay grados de sufrimiento, así como hay grados de gloria. El hombre común y corriente sufre simplemente porque es un hijo de Adán. El sufre *internamente* soportando el dolor en su cuerpo por el hecho de estar vivo. No es necesario que ninguno más esté involucrado. El próximo nivel del sufrimiento es *substitucional* - o sea el dolor ajeno que se siente personalmente. Un ejemplo es la madre que padece el dolor de su hijo o del soldado herido en batalla sirviendo a su patria. El dolor substitucional existe porque otros existen. La tercera clase de dolor incluye el segundo (substitucional), pero va mucho más allá. Es el dolor *adoptado*. Fue esa clase de dolor el que sufrió Jesucristo a nuestro favor.

Jesús encarnó y tomó de lo nuestro y lo hizo propio. Fue inevitable, al hacerse hombre con miras a nuestra redención, que Jesús se enfrentara con el dolor. Es de destacar que Jesús no adoptó nuestros dolores con el fin de quitárnoslos, tanto como para purificarnos. Es por eso que sus seguidores seguimos sufriendo, seguimos pasando por "el fuego" de lo que se conoce como "la participación de sus padecimientos" (Fil 3:10 RVR). Al compartir nuestros sufrimientos con Jesús, participamos también de lo que hizo con el sufrimiento y el dolor - lo transformamos en un medio de gracia y gloria.

Nunca debo negar o desconocer el dolor y el sufrimiento porque eso sería negar la misma cruz de Cristo. Tampoco debo cobardemente evitar el dolor, lo cual también sería un abuso. Jesucristo adoptó el dolor para luego redimirlo, y así debo proceder. Claro que no lo puedo hacer solo, sino con la ayuda de Cristo, quien me permite disfrutar de lo que él logró con tan gran triunfo.

"Porque nuestra momentánea y leve tribulación produce para nosotros un eterno peso de gloria más que incomparable" (2 Cor. 4:17).

Himno: **"Después de la tormenta"** CSG # 433, FA 244

Coqueteando con el mal

Nunca llegaré a ser un discípulo fuerte de Jesucristo, mientras no llegue a comprender bien mi *relación* con la maldad. La maldad no me puede afectar a *mí* como maldad propia hasta que *yo* lo permita. Por ejemplo, un cáncer es apenas una masa de células en mi cuerpo hasta que me deje vencer por el temor; así se convierte en *maldad* para mí. Jesús dijo de Satanás, "Viene el príncipe de este mundo y él no tiene nada en mí" (Juan 14:30). El maligno atacó a Jesús, vez tras vez, pero nunca logró avanzar. Eso debe ser mi ejemplo: no debo permitir que la maldad me invada, me viole ni me desmejore. Es más, ni siquiera debo pensar en hacer lo malo porque el amor "ni siquiera piensa en el mal" (1 Cor. 13:5 Trad. del autor). Así como el pecado comienza cuando se contempla la tentación, el camino al fracaso se inicia al pensar y meditar en la maldad.

Eso significa que ni siquiera puedo permitir que la maldad haga nido en mi mente o pensamientos. Por eso es tan importante esa "renovación de...entendimiento" de que nos habla San Pablo (Rom. 12:2). Una mente renovada le pertenece a Dios y él nunca permite que la maldad la perturbe. Claro que pensar piadosamente no es el resultado de un gran esfuerzo humano. En vez de tratarse de algún trabajo difícil de nuestra parte, más bien es dejarse llevar por el fluir de la inmensa corriente de Cristo en cada impulso de mi ser. Cuando eso suceda mi mente será renovada automática y constantemente.

Señor, ayúdame a no ser tan ingenuo como para creer que no exista la maldad. Debo siempre reconocer su *existencia*, pero jamás su *autoridad*. Es cuando me aparto de la maldad que puedo depender de tu ayuda, porque "Los ojos del Señor(*) están (siempre) sobre los justos; sus oídos están atentos a su clamor" (Sal. 34:15).

"Y cuando hayáis padecido por un poco de tiempo, el Dios de toda gracia, quien os ha llamado a su eterna gloria en Cristo Jesús, él mismo os restaurará, os afirmará, os fortalecerá y os establecerá" (1 Ped. 5:10).

Himno: **"Yo no quiero pecar"** CSG # 429, FA 296

La fe necesita de oportunidad

Debo recordar que la fe, así como un músculo, necesita de ejercicio para ser fuerte. En otras palabras debe haber ocasión u oportunidad para la fe. La mayor parte del tiempo mi inclinación natural es buscar cómo *escapar* a esta clase de "oportunidad". Pero necesito ponerme los lentes espirituales con el fin de ver estas oportunidades no como unos desastres, sino como ocasiones para que Dios obre.

Los milagros suceden cuando ocurre un tremendo "voltaje" entre *privación* y *provisión*. Esto es parecido a las cargas positivas y negativas que adquieren las partículas durante una tempestad. Si voy a disfrutar de poder ver a Dios obrar en forma dramática, es menester enfrentar una gran necesidad con la "supercargada" provisión divina. Claro que la necesidad siempre la habrá mientras que exista el hombre y el pecado. El ingrediente faltante es el poder intensificado de provisión. Es con ese fin que Dios necesita de un conductor, una persona de fe como Moisés, Ester, Elías o el Señor Jesús. En determinadas situaciones sirvieron de "pararrayos" que atrajeron el poder de Dios.

También debo recordar que la fe se atrofia por falta de estímulo. Con frecuencia tengo "poca" fe simplemente porque he tenido poca oportunidad para "ejercitarla". La fe crece ante el reto. Si mi vida es común y corriente no es el caso pedir más fe, sin enfrentar más problemas, dificultades y retos. Esto significa tener el valor de ser atrevido, de emprender y exponerme a los dolores, sufrimientos y cargas de este mundo. Una persona sin fe está reconociendo que no se preocupa por los demás, ya que no es posible preocuparnos por el bien espiritual de otros sin darnos cuenta de sus profundas y dolorosas heridas sangrantes. Es por medio de nuestra fe que esas heridas pueden ser sanadas y ¡Dios está esperando personas que creen en él! ¡Cuánto deseo ser como Abraham! quien "se fortaleció en fe, dando gloria a Dios" (Rom. 4:20 RVR). Ese es el secreto - estar lo suficientemente fortalecido para que el resultado sea siempre *gloria*.

"Por la fe Moisés...rehusó ser llamado hijo de la hija del Faraón. Prefirió, más bien, recibir maltrato junto con el pueblo de Dios que gozar por un tiempo de los placeres del pecado" (Heb. 11:24-25).

Himno: **"Noble Sosten"** CSG # 378

Amando a nuestros seres queridos

Como discípulo de Jesucristo debo saber relacionarme con mi familia y demás seres queridos. Mi tendencia natural es depender de ellos - de mi esposa(o) en cuanto a lo físico y de mis hijos en cuanto al compañerismo. Pero si hago esto voy en contra de todo lo que caracteriza la persona disciplinada. La palabra clave es *dependencia*. Dios en su amor me ha dado una esposa e hijos, pero no debo llegar a depender de ellos.

Es preciso relacionarme con ellos, así como Abraham con su hijo Isaac. Estando en el Monte Moríah Abraham estuvo dispuesto a sacrificar lo más precioso para él. Así también debo consagrar mis seres queridos sobre el altar, dispuesto hasta entregar y "sacrificarlos" al Señor. Lo importante es no llegar a depender de ellos.

La dependencia me hace vulnerable a la tragedia. He visto destrozados a demasiados hijos de Dios que construyeron sus vidas sobre algún ser querido y luego ¡el Señor lo quiso llevar con él! Más bien debería vivir como si Dios *ya se hubiese llevado* a mis seres queridos. Debo siempre verles como personas que forman parte del asombroso plan de redención que Cristo obró en la cruz, igual como ha hecho conmigo.

En ninguna manera significa que *ame* o *disfrute* menos de mis seres queridos. Simplemente significa que siempre incluyo a Cristo en esa relación. Así le doy al Señor todo el derecho de controlarla.

Creo que a eso se refería Jesús cuando dijo que si no "aborrezco" a mis seres queridos no puedo ser su discípulo (Lucas 14:26). Aunque parezca odioso consignar a mis amados al Monte Moríah, la verdad es que se trata más bien de un amor muy grande: para con ellos y hacia mi Salvador. Es la clase de amor a que se refiere Pablo en Romanos 8, el cual es resultado de una relación hecha posible en el Calvario y que me une de manera única y especial con aquellos que amo tanto.

"-Simón hijo de Jonás, -¿me amas tú más que éstos?- Le dijo: -Sí, Señor; tú sabes que te amo.- Jesús le dijo: -Apacienta mis corderos-" (Juan 21:15).

Himno: **"Levantaos, Bendecid"** CSG # 19

Nuestro compañerismo con Dios

Una de las primeras evidencias de madurez en un discípulo, en su relación con Dios, tiene que ver con el *descanso* y el *esparcimiento*. "Ellos vieron a Dios, y comieron y bebieron" (Exodo 24:11). Aquellos que afirman que Dios sólo puede ser tratado con terror y temblor realmente no lo conocen.

Si me siento incómodo en la presencia de Dios es porque no lo conozco muy bien. El anhela una relación de confianza conmigo; que yo pueda sentirme cómodo en su presencia. El quisiera llamarme su "amigo" como lo hacía con Abraham, Moisés y los doce apóstoles. Tal confianza en nada se confunde con ligereza o superficialidad. Tampoco crea menosprecio ni presunción. ¿Será que Dios dice de mí como decía de Abraham? "Porque yo le *conozco*" (Gen. 18:19 JER). Claro que Dios conoce a todos, pero ¿será que él me *conoce* y me tiene como amigo íntimo en quien puede confiar?

Jesús ascendió a sus discípulos de condición de "siervos" a "amigos" (Juan 15:15). Sin lugar a duda es un gran privilegio ser un *siervo* de Jesús; pero ser un *amigo* implica el ser incluido en sus planes, pensamientos y hasta en los sentimientos y propósitos. Es sorprendente cuántos cristianos en un momento dado no tienen idea alguna de cómo se *siente* Jesús. Desde luego que saben en *general* cuáles son sus propósitos según la Palabra, pero no conocen su corazón y mente en cuanto a una situación en particular. Eliseo *conocía* cuándo Dios iba a arrebatar al cielo a su líder Elías (2 Reyes 2:3). Eliseo era más que un siervo; era amigo de Dios.

Poder descansar y gozar del compañerismo divino significa que no existen barreras. La confianza y el amor han reemplazado al temor y la timidez. El pasmo ha dado lugar a la fraternidad y la aceptación. No es cualquier cosa haber llegado a ese estado en nuestro peregrinaje espiritual; y Dios tiene mucho cuidado en cuanto a quiénes permite entrar en su círculo íntimo de confianza. ¡Permita Dios que yo sea digno de tal privilegio! ¡Qué gran honor poder sentir descanso y confianza y disfrutar de plena confianza con Dios!

"¿A quién tengo yo en el cielo sino a ti? ¡Y en la tierra a nadie deseo tanto como a ti! La salud me falla, el ánimo decae, ¡pero Dios permanece! ¡El es la fuerza de mi corazón; él es mío para siempre!" (Sal. 73:25-26 VIV).

Himno: **"Oh yo quiero andar con Cristo"** CSG # 412, FA 219, VC 173, HB 490, LL 66, GD 252, GT 56

Un cristiano listo

En cierto sentido un discípulo nunca está listo para el combate, no importa cuánto haya entrenado. Después de que Jesús le dijera a Pedro que Satanás lo iría a "zarandear como trigo", el apóstol respondió, "Señor, estoy listo para ir contigo aun a la cárcel y a la muerte" (Lucas 22:34). ¡Pobre Pedro! Tropezó y se enredó en sus propias palabras al decir "Estoy listo".

Y así nos sucede también, a no ser que reconozcamos que nunca estamos totalmente listos para enfrentar a Satanás, al pecado y a la maldad. La "preparación" de Pedro en ese momento se fundaba en su orgullo e ignorancia. Si realmente hubiera estado **preparado**, el Señor no hubiera tenido que rogar por él (vs 32).

Con demasiada frecuencia decimos al lograr una nueva victoria sobre la tentación, "¡Vaya! ¡Ahora sí le tengo huyendo a don Cachos!" Nos sentimos confiados y alborozados. Pero en eso hay gran peligro para nosotros, ya que debilita nuestra determinación de no depender de nuestra propia astucia, sino de Cristo. Cuando pienso estar listo me convenzo de que "¡De ahora en adelante mi victoria está garantizada!" Esta clase de actitud subestima completamente a Satanás. El Unico que siempre está en condiciones de enfrentarse solo a Satanás es nuestro Campeón Jesucristo. En cambio nosotros no podemos pretender ganar la batalla por nuestra cuenta sin colocarnos en el más grande peligro.

La única preparación que me aconseja la Biblia es la de Pablo: "Porque yo ya estoy (listo) para ser sacrificado" (2 Tim. 4:6 RVR). Como discípulo debo estar dispuesto a entregar mi vida como libación de amor y servicio para otros. En asuntos así debo estar disponible al instante, tal como el soldado que presta servicio día y noche. Pero estar "listo para el combate" quiere decir que nada impide mi entrega total a Aquel que derramó su todo por mí. "Pero gracias a Dios, que hace que siempre triunfemos en Cristo" (2 Cor. 2:14).

"Por eso me complazco en las debilidades, afrentas, necesidades, persecuciones y angustias por la causa de Cristo; porque cuando soy débil, entonces soy fuerte" (2 Cor. 12:10).

Himno: **"Nuestra Fortaleza"** CSG # 43

Un Cristo más que suficiente

Ayúdame, Señor, a recordar que debo crecer constantemente en mi conocimiento de Jesucristo. Conocerle va mucho más allá de haberle aceptado como Salvador. Juan el Bautista dijo, "Yo no le conocía" (Juan 1:33). ¿Que Juan no conocía a su familiar? Pero Juan lo decía en el sentido espiritual. Juan realmente no *conocía* quién era Jesús antes de que el Espíritu Santo se lo hubiera revelado (v.34).

Hay sólo dos formas de conocer a Jesús: por medio de la Palabra y por medio del Espíritu. La historia, el arte y la literatura no me pueden enseñar absolutamente nada en cuanto a él. El es la única persona, que haya caminado en este planeta, a quien se debe discernir espiritualmente para poderle conocer. En el momento en que cierro mis ojos a la Palabra o mis oídos al Espíritu Santo, dejo de aprender y saber acerca de él. Y aun peor, el conocimiento que haya logrado alguna vez en cuanto a él comienza a opacarse. Esto explica lo de aquellos discípulos en quienes alguna vez ardían el amor y servicio para el Señor, pero que luego se iban enfriando hasta dejar atrás sus arados.

Conocer a Cristo debe ser un asunto diario. Las acciones, vidas y el fruto de muchos cristianos gritan a voz en cuello "No lo conozco". ¡Qué lamentable ver creyentes caminando por los senderos de la vida aparentando conocerle! Lo único que ellos saben de Jesucristo es en cuanto a su salvación inicial. Gracias a Dios que ese conocimiento es suficiente para un pecador. Tristemente no basta para un discípulo.

Jamás debo ofrecerle al mundo un Cristo apenas "necesario" o "útil". Debo contar acerca del Cristo a quien conozco lo suficientemente bien como para poder decir de él, "todo él, un encanto. Así es mi amado, así mi amigo" (Cant. 5:16 JER).

"Y viendo la valentía de Pedro y de Juan, y teniendo en cuenta que eran hombres sin letras e indoctos, se asombraron y reconocían que habían estado con Jesús" (Hechos 4:13).

Himno: **"Oh, que tuviera lenguas mil"** CSG # 49, FA 25, VC 25, HB 39, GD 10

Comprendiendo a Jesucristo

Un discípulo debe siempre reconocer cuan costoso es vivir en este mundo. Al hacerse carne Dios penetró en el tiempo y espacio por medio de Jesucristo con el fin de redimir al hombre caído. Pero esto tuvo su alto precio.

Así también sucede conmigo. Para que Cristo "sea formado" en mí (Gal. 4:19), debo estar dispuesto a pagar el costo. Dietrich Bonhoeffer dijo que la imagen de Cristo se forma en nosotros únicamente cuando sufrimos por él. Aunque eso puede ser debatible, lo cierto es que la encarnación de Dios en Jesucristo significó sufrimiento: o sea rechazo, soledad y por fin la muerte.

Cuando Cristo llega a mi vida él trae consigo todo su sentimiento y sensibilidad. Es por ese motivo que un cristiano es más sensible al bien y al mal que la persona que no le conoce. Es más, en la medida en que yo permita que Cristo tenga preeminencia en mi vida, esos sentimientos se hacen cada vez más fuertes o intensos dentro de mí. Es de esperarse, ya que Jesucristo fue la persona más sensible, en cuanto a la presencia de la maldad, que haya caminado sobre la tierra. No puedo andar muy cerca de él sin llorar en cuanto a lo perdido que está el hombre, la locura de la maldad y lo intolerable del sufrimiento que la maldad trae sobre el ser humano.

Me doy cuenta de una cosa muy obvia en cuanto a Satanás: carece totalmente de sentimiento. Si tuviera sentimiento alguno hubiera dejado de "ser Satanás" hace mucho tiempo. El es lo opuesto, lo contrario de Dios quien es **todo sentimiento**. Cada vez que la maldad predomina en los seres humanos, siguiendo a su amo infernal, ellos también **"pierden todo sentimiento"**.

Otra marca o evidencia del verdadero discípulo es una sensitividad única al mal y una gran compasión para aquellos que se encuentran atrapados en sus garras. Ese es el precio que todo discípulo de Jesucristo debe pagar. Fue por este motivo que Jesucristo dijo, "En el mundo tendréis aflicción" (Juan 16:33). ¿Aflicción? Señor, cómo me preocupa y me asusta. Pero luego te oigo decir nuevamente "¿Tened valor; yo he vencido al mundo!

"El Señor(*) redimirá el alma de sus siervos. No serán desolados cuantos confían en él" (Sal. 34:22).

Himno: **"Señor Jehová, omnipotente Dios"** CSG # 44, FA 8, HB 152, GD 273

Cómo vence Dios

Como discípulo debo escoger mis armas de guerra, siempre y cuando no sean "carnales" (2 Cor. 10:4). La violencia, la traición y el engaño son maneras de ser del hombre natural y nunca de una persona espiritual. Son productos de una vida controlada por el pecado.

Mi armamento debe ser espiritual, que es el equipo de lucha que usa Dios para pelear una guerra. Dios no destruye la maldad de un solo golpe certero, aunque seguramente lo podría hacer. Ser *tan* impaciente con la maldad no sería ser misericordioso, y tendría como resultado que ninguno podría ser salvo. Golpear, aplastar o destruir son todas maneras satánicas y no divinas. En cambio es como si Dios venciera dejándose vencer. Cristo venció dejándose crucificar. El amor triunfa rindiéndose, cediendo, sometiéndose. Le arrebata el aguijón a la maldad muriendo por ella, y así dando a luz la sensitividad al pecado, que es el primer paso en nuestra conversión.

Mi primer paso hacia la victoria en esta guerra santa es renunciar y darme por vencido en cuanto al uso de armas naturales y convencionales. La manera espiritual es el amor que no hiere, ni lastima ni aflige, pero que a la larga siempre triunfa (1 Cor. 13:8). No es posible para mí expresar el espíritu del amor en forma natural. Esto solamente se logra cuando Jesucristo lo reproduce a través de mí. La verdad es que la victoria cristiana no es una cosa, sino una Persona.

La única manera en que voy a poder tratar con el problema del dolor es padeciéndolo internamente. Si el Varón de dolores y el experimentado en el sufrimiento vive en mí, seguramente él también me hará compañero en sufrimientos. No es posible enfrentar la necesidad humana con el amor divino sin sufrir la cruz. Dios quiere ver esa cruz en mí con el fin de que la vida de redención de su Hijo pueda fluir hacia un mundo desgarrado y doliente. Porque en su muerte es nuestra vida y en su vida está nuestro triunfo (2 Cor. 4:10).

"Porque el amor de Dios ha sido derramado en nuestros corazones por el Espíritu Santo que nos ha sido dado" (Rom. 5:5).

Himno: **"Te damos gracias, Señor"** CSG # 50

Caminando por la senda invisible

El verdadero discípulo vive en otro nivel o plano donde alcanza a "ver" las cosas invisibles de manera constante. Es el plano *temporal* que nos causa angustia: ese enemigo temido, el cáncer progresivo, la billetera vacía. Una vez que logro vislumbrar la abundante y espectacular riqueza del mundo invisible, el mundo temporal se desvanece en la penumbra de lo insignificante.

Todo lo que es visible está sujeto al deterioro y al desgaste. ¡Jamás puedo permitirme olvidar eso! Nuestros cuerpos se envejecen, las casas se deterioran, el mundo se erosiona, y el sol (así como las demás estrellas) está sujeto a desaparecer. En cambio todo lo que es invisible está más allá del decaimiento. Los ángeles no envejecen, el espíritu humano no muere y Dios mismo está más allá del cambio y el deterioro. Pablo dijo que hay tres cosas que permanecen: la fe, la esperanza y el amor. Son características del mundo invisible. El necio rico de la parábola de Jesús se olvidó de que el espíritu es eterno; tanto, que dedicó su vida a consentir y mimar su cuerpo (Lucas 12:20). No existe necedad ni locura más grande.

La verdadera mundanalidad realmente no es más que falta de visión. Dice la persona mundana, "Lo que veo es lo que es". Así que usa su tiempo, sus fuerzas y su voluntad para cultivar lo físico y lo tangible. ¿El resultado? "El mundo está pasando" (1 Juan 2:17) y así también los habitantes del mundo.

Debo seguir más bien los pasos de aquellos que caminaron por la senda invisible: Abraham, quien esperaba una ciudad invisible (Heb. 11:8-10); Elías, quien vio ejércitos invisibles (2 Reyes 6:17); y Moisés, quien seguía a un Dios invisible (Heb. 11:27). Sólo en la medida en que me sumerjo en el mundo invisible puedo **permanecer**; y solamente al obedecer leyes invisibles puedo sobrevivir.

"Pero ellos anhelaban una patria mejor, es decir, la celestial. Por eso Dios no se avergüenza de llamarse el Dios de ellos, porque les ha preparado una ciudad" (Heb. 11:16).

Himno: **"El firmamento de esplendor"** CSG # 35

Mientras Tanto

La parte más difícil de mi peregrinaje no es el comienzo ni el final. Es más bien el *mientras tanto*, o sea la jornada entre el principio y el fin. El comienzo generalmente está acompañado por una ola de gozo y júbilo, así como cuando Cristóbal Colón comenzó su viaje por el mar desconocido. El final, aunque fatigado y a veces aburrido, está acompañado por sentimientos de gozo al haber logrado algo. Pero las "calmas chichas" del *mientras tanto* no cuentan con ninguna de estas cosas. Por eso debo cuidarme para no renunciar ni flaquear.

La mayoría de las advertencias que encuentro en la Biblia se refieren a esa etapa del *mientras tanto* en la que soy tan vulnerable. "Los que esperan en el Señor(*) renovarán sus fuerzas" (Isa. 40:31). "Corramos con perseverancia la carrera que tenemos por delante" (Heb. 12:1). "Prosigo a la meta" (Fil. 3:14). "Y he aquí, yo estoy con vosotros todos los días hasta el fin del mundo" (Mateo 28:20). El apóstol Pablo temía ser "eliminado" o "descalificado", no al comienzo o al final de su carrera, sino en plena batalla (1 Cor. 9:27). Por su parte Jesús juzgó fuertemente al discípulo que hubiera "puesto su mano sobre el arado" y luego echado para atrás.

Una de las grandes dificultades del *mientras tanto* es la falta de quiénes nos animen con sus "vivas" y aplausos. Cuando tomé mi decisión inicial de seguir al Señor, ¡qué ánimo recibí de mi nueva familia! Al acercarme a la ciudad celestial me imagino ¡el recibimiento que tendré de parte de aquellos amigos y seres queridos que se me han adelantado en llegar! Pero es *mientras tanto* cuando encuentro muy pocos por el camino caluroso y polvoriento que me infundan ánimo y me estimulen a seguir adelante. Al disminuir mis propias comodidades y al descubrir que mis amigos se encuentran absorbidos en sus propias vidas, hay momentos en que Dios mismo parece estar un poco lejos. Debo proseguir totalmente confiado en la Palabra de Dios, sin poder apoyarme en una afirmación adicional. La Palabra de Dios dice que Moisés aguantó con fe y paciencia, "como quien ve al Invisible" (Heb. 11:27). Es duro y difícil, pero el mismo Dios que me llamó en un comienzo seguirá a mi lado mientras me conduce en la última etapa de mi viaje, hasta su culminación, cuando escucharé los saludos de bienvenida al Hogar celestial. Todo se olvidará cuando oiga, *"Buen siervo y fiel, entra en el gozo de tu Señor" (Mat. 25:21). ¡Aleluya!*

"No temas, porque yo estoy contigo. No tengas miedo, porque yo soy tu Dios. Te fortaleceré y también te ayudaré. También te sustentaré con la diestra de mi justicia" (Isa. 41:10).

Himno: **"Le Veremos"** CSG # 555

La salvación como un proceso

Procuro infundir en mi mente el concepto de la Salvación como un *proceso*. Desde luego que SI tiene un comienzo. Por eso puedo afirmar: "Soy salvo", o "Fui salvado". Pero como también es un proceso debo también decir: "Me encuentro en el *proceso* de ser salvado". Lo contrario sucede con el "no-creyente"; "se encuentra perdiéndose" o "en camino de destrucción".

Apenas logro aceptar el hecho de que todo lo necesario ya se ha tramitado a favor de mi salvación, puedo comenzar a crecer. Muchos cristianos viven vidas superficiales porque no superan esa primera etapa de la salvación cuando recibieron el perdón de su pecado. Se estancan en vez de seguir progresando y creciendo.

Me llama la atención la lección que aprendió el profeta Jeremías en la casa del alfarero. "El vaso de barro que hacía se dañó en la mano...pero el alfarero volvió a hacer otro vaso según le pareció mejor" (Jer. 18:4). Dios continuamente nos "está convirtiendo en otro vaso", o sea: corrigiendo, formando, y mejorándonos hasta que poco a poco la maravillosa vida en su Hijo, Jesucristo, sea revelada a través de nuestras propias vidas. Algo que me anima y consuela al pensar en la Salvación como un proceso, es lo que puedo hacer con mis fracasos. Puedo permitir que el Maestro Alfarero los convierta en algo positivo. Siendo así, los fracasos no tienen que llevarme a la desesperación, sino más bien a la esperanza, ya que la Salvación significa que Dios me está salvando a diario de mis debilidades y pecados.

Mi salvación es un milagro diario, y mi esperanza en Dios tiene que ser a diario también. Le puedo contar lo que Dios *hizo* por mí; pero hay algo mejor, puedo contar lo que Dios está haciendo en mí *ahora mismo*. El proceso de salvación significa que en el cielo veremos los resultados de haber sido tallados por la experta mano de Dios y nuestra alabanza tendrá la autoridad de la experiencia del proceso de la salvación. Lo emocionante de la vida cristiana es poder ver a Dios transformarme de modo lento, pero seguro, hasta dejar de ser un "vaso que se dañó" y convertirme en un vaso "para honra, santificado y útil al Señor".

"sino que, siguiendo la verdad con amor, crezcamos en todo hacia aquel que es la cabeza: Cristo" (Ef. 4:15).

Himno: **"La Creación"** CSG # 31, HB 153

El principado sobre su hombro

Debo definir de una vez y para siempre en quién reposa mi *responsabilidad*. Se me hace demasiado fácil estar preocupado, queriendo controlar cada faceta de mi vida, y temeroso de todo aquello que no esté bajo mi control. Dios me pregunta: "¿Quién va a controlar su vida?" Si trato de controlarla, entonces debo cargar con las consecuencias; pero si Dios me controla, él debe llevar la responsabilidad.

Mi Biblia me habla del: "principado sobre su hombro" (Isaías 9:6 RVR). También me dice que cuando Jesús me encontró me puso sobre sus hombros (Lucas 15:5). Aquí no cabe duda en cuanto a quién lleva la responsabilidad para mi vida. Pedro dice: "Echad sobre él toda vuestra ansiedad, porque él tiene cuidado de vosotros" (I Pedro 5:7).

No puedo tener dos amos; debo escoger. Si escojo a Dios como mi amo, debo dejar de ejercer toda autoridad sobre mí mismo. Esto significa que no debo sentir confusión en cuanto a la voluntad de Dios para mi vida. Si es *su* responsabilidad entonces es también *su* problema y es *él* quien me deberá guiar y no yo a él. Adiós toda ansiedad o preocupación, porque si continúa, es porque yo he tomado de nuevo las riendas de mi vida. Si en verdad "el principado está sobre su hombro" no hay nada más que hablar. Dios me aclarará en el momento preciso lo que debo saber y lo que debo hacer. Así también toda mi preocupación debe desaparecer, ya que el desasosiego implica que las cosas se me han descontrolado, o sea que se me han salido de la mano. Estar "al tanto de las cosas" es ahora asunto de Dios y no mío. Por lo tanto puedo descansar.

Mi única preocupación no es cargar con la responsabilidad, sino recibir la *respuesta*. Basta poner mis ojos en las "manos" y en los "ojos" de mi Maestro (Salmo 123:2) y responder a sus deseos. ¡Mi obediencia inmediata será mi triunfo y mi gozo! Cuando eso sucede me encontraré diciendo con el salmista: "El hacer tu voluntad, oh Dios mío, me ha agradado" (Salmo 40:8).

"Así que, hermanos, os ruego por las misericordias de Dios que presentéis vuestros cuerpos como sacrificio vivo, santo y agradable a Dios, que es..buena, agradable y perfecta" (Rom. 12:1-2).

Himno: **"Bendito es el Señor"** CSG # 24

Cuando Jesús se encarna

Es preciso evitar que la teología se reduzca a sólo meras palabras. Debe ser algo viviente, puesto que la teología de Cristo fue encarnacional. Jesús no escribió ningún libro teológico; lo vivía. "El Verbo se hizo carne y habitó entre nosotros" (Juan 1:14). Pero hay algo en cuanto a la encarnación de Cristo: él vino para morir. Así también mi compromiso para con Cristo debe ser hasta para morir, en caso contrario no soy sincero.

Los sufrimientos de Jesús manifestaron su amor para con nosotros. Ya que él sufrió en forma infinita, su amor es infinito. Así que Dios no mide mi vida por mi actividad sino por mi sufrimiento, porque en el sufrimiento demuestro mi amor hacia él. Se me hace que yo no puedo sufrir si no tengo amor. Y no puedo demostrar mi amor hacia él, si Cristo no está creciendo en mi vida. Cuando Cristo viene a vivir en mí, me trae lo que es divino: bondad, gracia, amor y misericordia. Sería más fácil que una rosa perdiera su color, que una persona bajo el control de Cristo dejara de demostrar estas cualidades.

Dios califica mi vida por la forma en que pongo mi vida por los hermanos (I Juan 3:16). Claro que esto implica una decisión previa: ¿Quiero vivir o morir? Esta fue la decisión que tomó Jesús mucho antes de hacerse hombre. En el momento en que él tomó forma humana, estaba sellado su destino y no podía volver hacia atrás. Así, también, cuando Cristo se encarna en mí, estaré motivado hacia una vida entregada. En mi ministerio tengo la oportunidad de servir y de lavar los polvorientos pies de los demás. No puedo llamarle Maestro y hacer algo diferente. ¡Qué gozo saber que así "como él es, así somos nosotros en este mundo" (I Juan 4:17).

"La religión pura y sin mácula delante de Dios el Padre es esta: Visitar a los huérfanos y a las viudas en sus tribulaciones, y guardarse sin mancha del mundo" (Sant. 1:27 RVR).

Himno: **"Reina Dios"** CSG # 42

Alabanza en medio de la dificultad

Dios busca desarrollarme hasta que llegue a ser un cristiano gozoso a pesar de situaciones difíciles, y debo responder a este propósito. Un cristiano así es una persona como Habacuc cuyo futuro es incierto y tenebroso, pero sin embargo puede decir, "Mas yo en el Señor(*) me alegraré, me gozaré en el Dios de mi salvación" (Hab. 3:18 Trad. del autor). Ante la inminente invasión de Babilonia, Habacuc veía claramente que muy pronto ni la higuera florecería ni las vides ni los olivos darían su cosecha; ni los campos, alimento. Las manadas de vacas y ovejas desaparecerían de sus corrales. ¡Era una situación desesperante e irremediable! Ante esa perspectiva el profeta sólo podía responder, "Mas yo en el Señor(*) me alegraré, me gozaré".

Es fácil alabar al Señor en medio de la prosperidad, pero alabar a Dios en medio de la pobreza absoluta es cosa que sólo lo puede hacer un verdadero santo. Está bien cantar "Aleluya" cuando la barriga está llena, pero ¿Sí seré capaz de seguir cantando cuando la alacena se encuentra vacía? Soy leal a Dios cuando él me ayuda, pero ¿qué tal cuando las cosas van de mal en peor? Así como Pedro, es fácil jactarme y hacer grandes promesas en el aposento alto, pero ¿qué pasa cuando estoy junto a la fogata en el patio del pontífice?

Temo que mucha de mi religiosidad no pasa de ser un sano pasatiempo, del cual puedo disfrutar cuando tengo el estómago lleno y deseo una saludable distracción. Hay veces que mi religiosidad no es más que una reflexión piadosa tardía, un pasatiempo agradable que mantiene mi buena imagen en el barrio. Pero cuando Dios manda una "Babilonia" para atribularme, entonces me es bastante difícil decir "Mas yo en el Señor(*) me alegraré, me gozaré". Me asusta pensar que de pronto me va mejor como soldado de desfile que de fila en batalla. Me fascinan las bandas, los pendones, las banderas y la bulla, pero las balas ¡me asustan!

Debo aprender lo que aprendió Habacuc, "el justo por su fe vivirá" (Hab. 2:4). Si pudiera aprender tan importante lección no tendría que preocuparme en cuanto a mis situaciones que provoquen un "a pesar de". ¡Me sobrarán para ahora y por la eternidad! Gracias, Señor, porque eres tan "paciente con nosotros" (2 Ped. 3:9), y por medio de esa paciencia me estás preparando para ser un cristiano valiente, tipo Habacuc, quien pudo afirmar "Mas yo en el Señor(*) me alegraré, me gozaré" en medio de la más difícil situación.

"¡Bueno es el Señor(*)! Es una fortaleza en el día de la angustia, y conoce a los que en él se refugian" (Nahum 1:7).

Himno: **"El Señor es bueno"** CSG # 443

Dios escoge nuestra porción

Confieso, Señor, que con demasiada frecuencia he pensado en ti como un gran "Agua-Fiestas" Celestial. Mi poca fe junto con mis grandes problemas me hacen pensar que tú me miras por el *entrecejo*. Veo tantas fuerzas abrumadoras a mi alrededor, como la enfermedad, los accidentes, la muerte y otras cosas, que me preocupan y me hacen sentir incapaz y apabullado. Al encontrarme tan acobardado, acosado e intimidado, me siento atrapado y condenado a una pobre y débil existencia insignificante.

Te pido, Señor, que me muestres la porción que tienes para mí. Es la porción que tú has seleccionado para mí y se me mide a diario. Esa porción me asegura que lo que recibo hoy viene de tus manos y, sea dulce o agrio, resultará para mi bien eterno. Nunca puedo perder ni siquiera un granito de lo que tú me has prometido. Mides mi porción con cuidado y justamente. Si acepto con gozo tú harás que tus abundantes bendiciones se derramen sobre mí y a través de mí hacia los demás.

Comprendo, Señor, que muchas veces la he embarrado queriendo agarrar "lo mío". Pero tú eres paciente conmigo y cuando he querido separar mi porción a la brava, no compites conmigo. Tú me permites salir con la mía hasta que por fin aprendo la amarga lección de que todo lo que se toma egoístamente termina en amargura. Tu porción a veces es difícil o amarga, pero siempre termina en dulzura.

Ayúdame, Señor, a permitirte escoger mi porción, porque si no lo hago así, terminaré exhausto y fracasado. En cambio cuando tú escoges mi porción, ¡qué glorioso! Así como el pueblo de Israel, soy libre para escoger lo que ya ha sido escogido para mí y al hacerlo, "viviré" (Deut. 30:19).

"Pues a sus ángeles dará órdenes acerca de ti, para que te guarden en todos tus caminos. En sus manos te llevarán, de modo que tu pie no tropiece en piedra" (Sal. 91:11.12).

Himno: **"Cuán dulce es confiar"** CSG # 371, FA 237, VC 169, HB 377, LL 117, GD 88, GT 25

Siervo de nombre o de verdad

Es menester preguntarme con frecuencia, Señor, "¿Soy un siervo de palabra o de verdad?" Me acuerdo de Jacob, quien se refería a sí mismo delante de su hermano Esaú como "tu siervo" (Gen. 32:18). Sé que era un servicio motivado por el temor, así que era un servicio de palabra solamente. Debo cuidarme de no *decir* que soy un siervo si es que no lo *soy* de hecho. Fue sólo después de la experiencia junto a la quebrada de Jaboc, donde Jacob luchó con Dios, que se convirtió en un verdadero siervo (Gen 33:5). Señor, permite que tenga mi propia experiencia "Jaboc" con el fin de que mi servicio no sea hueco y sin fruto.

Hay quienes hacen referencia a sí mismos como "Tu servidor" cuando nada es más lejos de la verdad. Me debo cuidar de no otorgarme títulos, sino más bien de ganarlos o merecerlos. El hijo de un pastor dijo alguna vez, "Cuando llegue a ser adulto quiero ser pastor para poder decirle a todo el mundo lo que debe hacer". El buscaba el *puesto* de siervo sin la *función* de siervo. Muchos cristianos, y temo que me encuentre entre ellos, ¡son iguales de inmaduros! Nos fascina pensar que la gente nos *crea* humildes y serviciales sin tener que pasar por la disciplina de llegar a serlo.

Hay sólo una forma de llegar a ser un siervo en el sentido bíblico: entregarle mis derechos y posesiones. Así podré ser llamado el siervo de mi amo. En el momento en que pretendo ser alguien o reclamar algún "derecho" dejo de ser un siervo. Aun mi derecho a la salvación es a través de Otro. Nunca podré llegar a ser un siervo aceptable hasta que me haya negado a mí mismo, como lo enseña Filipenses 2:5-8. No puedo experimentar eso hasta que esté dispuesto a seguir a Aquel que se negó a sí mismo con el fin de darnos todo. La cosecha del servicio es honor y gloria (Fil. 2:9-11; 2 Tim. 2:12), y a Dios le encanta verme llegar con éxito hasta el final.

"Sino que con toda confianza, tanto ahora como siempre, Cristo será exaltado en mi cuerpo, sea por la vida o por la muerte. Porque para mí el vivir es Cristo, y el morir es ganancia" (Fil 1:20-21).

Himno: **"Los que somos bautizados"** CSG # 513, VC 234

Lo que implica estar a salvo

Como discípulo debo entender cómo funciona la *protección*. El hombre natural cree que la protección se fundamenta en armas, sobornos, el material que sea. Para la persona espiritual la protección es una Persona.

La mejor ilustración de la protección divina es la Pascua. "Veré la sangre y pasaré *(revoloteando)* sobre vosotros" (Ex. 12:13). No es que Dios pasara por encima de la casa que estaba untada de sangre, sino que él mismo la protegió. Es la misma idea que encontramos en Isaías 31:5, "Como los pájaros que revolotean, así defenderá el Señor(*) de los Ejércitos a Jerusalén". El día que los asirios acechaban a Jerusalén, Dios se puso entre su pueblo y sus enemigos. Cada vez que alguno de sus hijos se encuentra en peligro, Dios mismo se pone en medio.

Una misionera que trabajó en la China cuenta que cuando los comunistas la amenazaban con torturas sicológicas, el Señor mismo intervino entre ella y sus apresadores. No lograban quebrantarla, ya que el muro de defensa divina estaba de por medio. Así como una ave revolotea sobre el nido protegiendo a sus pequeños, el Señor mismo revoloteaba personalmente sobre su sierva protegiéndola. Es verdad que *nada* nos puede hacer daño sin pasar por medio de nuestro Padre celestial.

Ya que mi protección es la presencia personal de Dios, debo cuidarme para no confiar en "caballos" ni "carros de guerra" (Isa. 31:1). En ellos sólo hay dolor. Aun el estar preocupado en cuanto a la protección es señal de que no le creo a Dios. La Biblia no dice "No temas, porque tienes una póliza excelente de seguros", sino "No temas, porque yo estoy contigo" (Isa. 41:10). En conclusión, mi seguridad se basa en la presencia de Dios, y su presencia está tan cerca que él mismo logra introducirse entre mí y el peligro que acecha. ¡Cualquier otro sería un desastre! Rescató a Israel de los egipcios que les venían persiguiendo, colocándose entre el campamento de los egipcios y el campamento de Israel (Ex. 14:20), y así sigue haciendo con nosotros.

"Con sus plumas te cubrirá, y debajo de sus alas te refugiarás; escudo y defensa es su verdad" (Sal. 91:4).

Himno: **"El que habita al abrigo de Dios"** CSG # 56, FA 234, VC 154, HB 220

El discipulado falsificado

Debo comprender lo que significa ser un cristiano falsificado. La Biblia señala a muchos - Judas, Demas, Diótrefes - así como lo testifica la observación humana. He conocido a muchos que pasan por "santos" que ya no caminan con el Señor. Es un hecho escalofriante que me obliga a caer de rodillas y examinar mi vida y mi corazón.

¿Quién es falso y quién es verdadero? Sólo sabremos al *final*. Pero en mi caso personal no puedo darme el lujo de esperar hasta el final. Necesito saberlo ahora mismo.

Al estudiar los falsificados en la Biblia descubro una característica sobresaliente: una indiferente despreocupación. En ninguna parte encuentro a Judas, por ejemplo, examinando su relación con Jesucristo, escudriñando y poniendo a prueba lo auténtico de sus sentimientos. Más bien le veo con una fría indiferencia hacia todo lo espiritual. Así como el camaleón, el cristiano falsificado aparenta el color de su medio ambiente sin preguntarse siquiera, "¿Seré todavía un camaleón?"

La verdad es que la persona falsificada *no está en capacidad* de hacer preguntas en cuanto a su relación con Dios. Es la mezcla de luz y tinieblas que crea las tinieblas; en cambio la oscuridad total no deja sombras. Es por eso que Pablo me advierte, "Así que...mire que no caiga" (1 Cor. 10:12). Si "miro" es una buena señal de que no soy falso. Si "tengo cuidado", "miro" y me examino a mí mismo, estoy haciendo lo que el cristiano "falsificado" *no está en capacidad de hacer*, lo cual hace toda la diferencia.

Mi preocupación constante en cuanto a mi relación con Jesucristo es una prueba segura de que le pertenezco a él. La indiferencia significaría estar fatalmente equivocado. Cuando Cristo me ofreció descanso, no quiso que fuera indiferente hacia él. El soldado a quien le están haciendo revista no tiene que preguntar si todavía forma parte de las fuerzas armadas. Simplemente le interesa saber si está complaciendo a su comandante. ¡Eso es lo que menos le interesa al cristiano "falsificado!" Puedo descansar al saber que "Conoce el Señor a los que son suyos (1 Tim. 2:19).

"Que el nombre de nuestro Señor Jesús sea glorificado en vosotros, y vosotros en él, según la gracia de nuestro Dios y del Señor Jesucristo" (2 Tes. 1:12).

Himno: **"Las primicias del día"** CSG # 96

Un embalse de fe

Nunca podré saber lo mucho que le debo a la fe de otras personas. Dios no siempre me concede bendiciones con base solamente en mi *propia* fe. Hay veces en que mi fe es débil; sin embargo las bendiciones siguen llegando como siempre. Sólo puedo explicar esto a la luz de Gálatas 2:20, "Lo vivo por la fe en el Hijo de Dios". ¿Será posible que Jesucristo *cree* dentro de mí, así como murió y vivió por mí?

No pretendo saber la respuesta a este misterio. Sí sé que un hombre paralizado fue perdonado de sus pecados porque cuatro de sus amigos creyeron lo suficiente como para llevarlo al Señor. "Y viendo Jesús la fe de *ellos*, dijo al paralítico: -Hijo, tus pecados te son perdonados"- (Marcos 2:5). ¿No vemos esto también en las palabras de Pablo al carcelero de Filipos? "Cree en el Señor Jesús y serás salvo, tú y tu casa" (Hechos 16:31). ¡Qué actividad tan extraña para la fe! Rebosa del poseedor hasta bendecir a otros necesitados alrededor.

El mensaje para mí es: Debo ser un embalse, una fuente de fe y no tan sólo un pozo. Un embalse se llena para luego rebosar y beneficiar a lo que está a su alrededor. En cambio un pozo exige trabajo y persuasión para tomar un poco de su contenido.

No debo lamentar la falta de fe en mi familia, mi iglesia y mi vecindario. *¡Mi deber es el de creer, tomando su necesidad en cuenta!* Dios los bendecirá, no por causa de su falta de fe, sino por mi llenura. Desde luego que Dios no los bendecirá incondicionalmente (sin fe, ¿quién podrá agradar a Dios?). Simplemente significa que mi fe precipita la acción divina. Apenas Dios comienza a actuar, pequeñas partículas de crecimiento comienzan a aparecer en donde antes no había sino desierto. Gracias, Señor, por el "don de Dios" que es la fe (Ef. 2:8), el don por medio del cual no sólo yo, sino mis seres queridos son bendecidos con una mesa bien servida.

"Abraham creyó contra toda esperanza, de modo que vino a ser padre de muchas naciones, de acuerdo con lo que le había sido dicho: Así será tu descendencia" (Rom. 4:18).

Himno: **"Cuando Cristo vino"** CSG # 369

Volviendo a Listra

Dios nunca permite que sus discípulos den la vuelta a las dificultades. Deben siempre pasar "por en medio". Tampoco nos permitirá ir más allá de un fracaso sin sacarle algo bueno.

Pablo y Bernabé "volvieron a Listra" (Hech. 14:21), el lugar donde días (o semanas) antes habían sido apedreados (v.19). Después de ser tan maltratados, el hombre natural hubiera evitado a Listra ¡como si fuera una plaga! Pero no así con la persona espiritual. Dios no permite darle la vuelta a Listra sin aprender su lección y ganar una victoria.

La razón por la cual no estoy progresando en mi discipulado, podría ser que hay una "Listra" en mi vida y no quiero volver para convertirla en victoria. Jesús hizo esto con Jerusalén; el mismo sitio donde fue crucificado ¡se convirtió en el lugar donde cosechó 3000 creyentes en un solo día! Debo conquistar a mi Listra o no podré madurar nada más.

Dios permitirá (hasta habrá *planeado*) muchas "Listras" en mi vida, y debo llevar las cicatrices de tales encuentros durante el resto de mi vida. Pero Dios no permitirá que Listra llegue a ser una mancha en mi prontuario. Aquella disputa reñida, ese apetito desenfrenado, esa relación difícil deben ser saneados y los estragos corregidos en contrición, arrepentimiento y perdón. Tal vez debo volver muchas veces, hasta que Dios esté satisfecho de que la derrota haya sido transformada en victoria. Exige inmenso valor enfrentar nuevamente el dolor y la vergüenza, pero del meollo de ese dolor nacerá un verdadero discípulo. Señor, dame valor para enfrentar nuevamente mi "Listra", ¡aun ante la amenaza de ser apedreado otra vez! No lo puedo hacer solo, pero Jesús, quien me abrió el camino a los "retornos", ¡irá conmigo! ¿No fue él quien dijo, "Mi presencia irá contigo"? Y no fue él quien prometió, "Y te daré descanso" (Ex. 33:14)?

"Si confesamos nuestros pecados, él es fiel y justo para perdonar nuestros pecados y limpiarnos de toda maldad" (1 Juan 1:9).

Himno: **"Anímate y esfuérzate"** CSG # 379

El ministerio de las decisiones drásticas

Como humano anhelo ser aceptado, pero como discípulo de Jesucristo debo esperar ser mal entendido y hasta rechazado. Cuando Jesús era joven, crecía "en gracia para con Dios y los hombres" (Lucas 2:52). Pero después de ser bautizado y que el Espíritu Santo viniera sobre él en forma de paloma a comenzar su ministerio público, Jesús ya no caía "en gracia" con sus vecinos y familiares. Al oírle predicar se llenaron de ira, echándole de la ciudad y queriendo tirarle desde una peña (Lucas 4:28-29). ¿Por qué ese cambio tan grande?

El mundo no quiere ser incomodado. Le encantan sus tradiciones, hábitos y costumbres. Al venir Jesús lleno del Espíritu Santo y en una misión, descubrieron que su paz era perturbadora. Ya no era aquel carpintero tranquilo, ese vecino manso pero confiable. Su Padre lo había llamado a predicar, a enseñar, a sanar y por fin a morir. Este nuevo ministerio exigía algunas decisiones drásticas, compromisos únicos y acciones atrevidas de fe.

Así como su Maestro, al discípulo no puede preocuparle el ser rechazado, ni siquiera luchar por ser *comprendido*. La vida de un discipulado abnegado está tan opuesta al deseo del mundo por una vida holgada y cómoda, que no hay posibilidad de conciliación. La verdad es que si soy muy popular o bien recibido, ¡debo revisar mi mensaje! "Deles lo que quieran" es muy mal consejo para un profeta moderno. El mensajero de Dios debe estar presto a compartir con su Maestro, los ángeles y algunos pocos fieles que alcanzan a comprender lo que él está diciendo. Por lo demás, debe olvidarse de agradar a las masas. Me encanta el título de "buen pastor" que Jesús mismo se dio (Juan 10:11), sobre todo al acordarme que lo dijo para beneficio de uno que había sido excomunicado de la sinagoga por causa de Cristo (9:34). Para todos aquellos que el mundo ha rechazado por su causa, Jesucristo es la "puerta" a pastos verdes y vida abundante.

"Entonces escuché la voz del Señor, que decía: -¿A quién enviaré? ¿Y quién irá por nosotros? Y yo respondí: -Heme aquí, envíame a mí" (Isa. 6:8).

Himno: **"Jehová-jireh"** CSG # 441

Cuando Dios nos estira

Mi problema más grande como discípulo es el pensar naturalmente. Desde mi nacimiento esa es mi tendencia y toda mi educación lo refuerza. Pero Señor, ¡cuán persistente eres en tratar de enseñarme espiritualmente!

¿Cuántos panes se requieren para alimentar a 100 hombres? Se supone que 20 (2 Reyes 4:42.44). ¿Cuántos panes se necesitan para alimentar a 5000 hombres más otros también? Claro que 5 (Juan 6:9). Pero la respuesta no tiene que ver con la cantidad de pan, sino con cuánto hay que "estirarlo" para alimentar a la multitud. Dios es el gran *"estirador"*, quien toma nuestras pobres ofrendas y hace que alcancen a servir lo máximo. Es por eso que cuando yo fui estudiante y mis entradas fueron mínimas, logré cubrir mis gastos. Ahora que tengo más edad y más entradas, mis necesidades todavía se logran cubrir. Si recojo mucho, nada sobra y si consigo poco, de todas formas no hace falta (Ex. 16:18). Esto es porque Dios se rige por leyes espirituales y no matemáticas. El busca que yo también me rija según esas mismas leyes superiores.

Yo veo la escasez; Dios percibe la abundancia. Yo miro lo ordinario, lo acostumbrado; Dios ve lo milagroso. Si yo me pongo a hacer cuentas, nunca alcanzaré a calcular la cifra correcta. Si espero hasta que llegue el momento oportuno, jamás llegará. Si me amplío sólo hasta los límites de lo conocido, fracasaré. Dios quiere que me ponga en marcha y que lance mis redes hacia lo profundo, donde me toca depender de las leyes espirituales. El me quiere librar lo suficiente de las restricciones naturales, como para poder tratar conmigo desde su punto de vista, aquel embalse espiritual del cual nunca hace falta. Este es el Dios que me desafía y me consuela con la más fácil de las preguntas: "¿Acaso existe para el Señor(*) alguna cosa difícil?" (Gen. 18:14).

"Y a aquel que es poderoso para hacer todas las cosas mucho más abundantemente de lo que pedimos o pensamos, según el poder que actúa en nosotros" (Ef. 3:20).

Himno: **"Maravillosa Gracia"** CSG # 8, FA 188, LL 33, GD 188

Entre la espada y la pared

Señor, me estoy dando cuenta de que para ser tu seguidor es necesario estar siempre entre la espada y la pared. Fue Simeón quien le profetizó a la Virgen María: "y una espada traspasará tu misma alma" (Lucas 2:35). La experiencia de sentir la espada es la de toda persona que permite que Cristo sea formado en ella.

El dolor de seguirte, Señor, va más allá del rechazo del mundo y de mi familia. Tiene que ver con esa agonía que viene de rechazar a mi propio *"yo"*. Las otras clases de sufrimiento - aun aquellas que vienen de otras personas - las puedo soportar porque tú eres mi consuelo y Compañero. Pero el dolor del "auto-rechazo" no tiene bálsamo. El remedio para nuestro dolor, o sea Jesucristo, es quien lo permitió en un principio. Así que no hay nada que se pueda hacer sino soportar el dolor, resignarme a estar "entre la espada y la pared", y regocijarme de que ese dolor es evidencia de que Cristo está creciendo en mí,

Y eso de estar entre la espada y la pared es algo que dura toda la vida, ya que el "yo" es algo que siempre está con uno. Hay una lucha a muerte cada vez que tratamos de sacarlo de nuestras vidas. A veces siento que mi propia naturaleza, al expresar venganza, codicia o lujuria, pega un grito al dar contra esa espada de Jesús. El dolor de Jesús es el dolor de una decisión: No puedo tener crecimiento en Jesús y a la vez albergar esos deseos pecaminosos.

Mi única consolación en este conflicto doloroso es reconocer el infinito valor de tener a Jesucristo. Es la misma consolación que tuvo la Virgen María - ¡el dar a luz al Mesías le compensó todo! Ver que él se está formando y creciendo en mí y que otros también se están dando cuenta, hace que todo valga la pena. Ver así como María, que otros lo aman, lo adoran, y lo aceptan es un gran gozo para mí. "Fiel es el que os llama, el cual también lo hará" (I Tes. 5:24 RVR) es la palabra de Dios para mí en este día, mientras tiemblo asombrado ante tan alto privilegio de que Cristo sea formado en mí.

"Porque se os ha concedido a vosotros, a causa de Cristo, no solamente el privilegio de creer en él, sino también el de sufrir por su causa" (Fil. 1:29).

Himno: **"Oh Señor, de mañana oirás"** CSG # 486

La cruz y mis propios recursos

Señor, debo recordar que perjudico mi servicio a ti cuando confío sólo en mis propios esfuerzos. "No con sabiduría de palabras, para que no sea hecha vana la cruz de Cristo" (I Cor. 1:17b). Me es demasiado fácil creer que te estoy sirviendo cuando la verdad es que estoy alimentando mi propio "ego". El Apóstol Pablo se cuidaba hasta en el uso de figuras retóricas en su predicación con el fin de que sus talentos no fueran a distraer a su auditorio. Apenas me dejo llevar por mis habilidades naturales le estoy quitando a la Cruz su poder de convencimiento.

La Cruz nos habla del poder de aquel que murió allí. "Y yo, cuando sea levantado de la tierra (crucificado), atraeré a todos a mí mismo" (Juan 12:32). Dios no me necesita por lo que soy, sino como un conducto por medio del cual puede enviar su poder. Mi mayor problema como siervo del Señor es procurar no ser estorbo o tropiezo para los demás. Dios no ha prometido glorificarme, sino el mensaje de la Cruz que pasa *por mi vida*. Dios tiene el compromiso de magnificar a su Hijo, pero a mí, no. Puedo contar con galardones *solamente* cuanto estoy honrando al Hijo.

Señor, ayúdame a comprender que tú me has llamado, no por algún mérito o valor que tenga, sino porque tú deseas revelar a tu Hijo en y a través de mí. Es posible atraer a las personas con mi propia personalidad o talentos, pero eso no es lograr tus propósitos para mi vida.

Señor, necesito de tu ayuda para poder seguir la fórmula bíblica: Morir para vivir. Así como la "vara de Moisés", debo someterme a ti si voy a llevar a las personas de la esclavitud hacia la libertad. Esta es mi gran consolación: no lo que *yo* haya hecho para Cristo, sino ¡lo que le agrada a *él* hacer a través de mi vida! "Pero la gracia de nuestro Señor fue más que abundante con la fe y el amor que hay en Cristo Jesús" (I Tim. 1:14).

"Pero lejos esté de mí el gloriarme, sino en la cruz de nuestro Señor Jesucristo, por medio de quien el mundo me ha sido crucificado a mí y yo al mundo" (Gál. 6:14).

Himno: **"Alzad la cruz"** CSG # 204

Lo sutil de la tentación

Estoy descubriendo, Señor, que cuanto más tiempo soy tu discípulo, más cambia la forma de la tentación. En mi estado natural la tentación sólo era un problema en cuanto llegara a ser descubierta. En cambio, ahora como individuo en proceso de redención la tentación se convierte en problema, porque daña el equilibrio entre la persona que pienso que soy y mi verdadero estado espiritual.

La tentación para cada discípulo va por uno de dos caminos: el camino del tiempo, o sea buscando un atajo o desvío equivocado; y el camino del método, buscando una manera diferente a la de Dios. Cada tentación me obliga a examinar mis bases espirituales para escoger si voy a esperar el momento oportuno según Dios, o si voy a imponer el mío. Es así que Dios usa la tentación en mí para que "aprenda a obedecer" así como lo aprendió Jesucristo.

Cuanto más avanzo en los caminos del Señor, más sutil se torna la tentación. Es como cuando hay alguna luz muy brillante; a medida que nos vamos acercando, las sombras se multiplican. La tentación en el Huerto del Getsemaní fue más sutil que las tentaciones en el desierto. Cada nuevo nivel de compromiso nos pone por delante todo un nuevo laberinto de posibles desviaciones de aquel compromiso. Fue por eso que el respetado misionero, David Brainard, gemía igual o más por sus flaquezas, poco antes de su muerte, que cuando apenas comenzaba en los caminos del Señor.

Cuando soy tentado, cuento con la consolación de Jesús, quien "se compadece de mis debilidades" (Heb. 4:15). El no puede quitar la tentación ni tampoco puede ser tentado en mi lugar, pero él sí comprende la batalla en que me encuentro y me anima hacia la victoria. También sigue orando por mí (Lucas 22:32). Nunca me desampara, no importa las veces que fracaso porque me ha dado vida y su propósito es que esa vida no fracase. "Porque en cuanto él mismo padeció siendo tentado, es poderoso para socorrer a los que son tentados" (Heb. 2:18).

"Pero fiel es Dios, quien no os dejará ser tentados más de lo que podéis soportar, sino que juntamente con la tentación dará la salida, para que podáis resistir" (I Cor. 10:13).

Himno: **"Cabeza Ensangrentada"** CSG # 203, FA 130, VC 45, HB 97

Servicio Intachable

Al leer tu Palabra en esta mañana, Señor, noté algo muy curioso: lo que tú exiges de un sacerdote (Lev. 21:16-24) es lo mismo que se exige en un sacrificio (Lev. 22:17-25). ¡Hasta las palabras son las mismas!

Esto me da a entender muchas cosas. Una es que no me puedo divorciar del servicio a ti. O sea que no puedo tener una medida para mí mismo y otra para lo que hago respecto de Dios. No es posible ser gran maestro, predicador o músico para la Gloria de Dios y a la vez vivir como me venga en gana. La excelencia de mi servicio a Dios debe comenzar con mi propia vida.

Para que mi servicio a Dios sea intachable (Lev. 22:20), debo comenzar confesándole mis pecados. Lo que hago no puede ser algo mediocre, sino cabal, entero y sin desperfectos (vv. 22,24). Nada a medias. No pueden haber substitutos, o sea que no es posible ofrecer lo ajeno como algo propio. Si hubiera ofrecido mi alma a Dios con todos mis pecados y fallas, jamás me hubiera salvado. Así que mi servicio a él no puede ser menos exigente que mi salvación.

A veces me asusta ver la diferencia entre las hazañas de alguna persona y su manera de ser. Su asombrosa ejecución artística fue intachable, pero al observarle detenidamente me doy cuenta de muchos desperfectos. Señor, esto me preocupa y me confunde. Pero lo que me inquieta aun más es la pregunta: - ¿será que otros ven en mí esa misma inconsecuencia? - Lo único que sé es que Dios exige que *seamos consecuentes*. Si yo o cualquiera de sus discípulos resultamos fallando, es menester desalojar con todo empeño lo que no concuerda hasta que nuestra vida y servicio sean una misma cosa.

¿Seré suficiente para todo esto? ¡Nunca! Pero "nuestra suficiencia proviene de Dios. El mismo nos capacitó como ministros del nuevo pacto" (2 Cor. 3:5-6). ¡Gracias a Dios por *SU* competencia!

"Con todo, tenemos este tesoro en vasos de barro, para que la excelencia del poder sea de Dios, y no de nosotros" (2 Cor. 4:7).

Himno: **"En la vergonzosa cruz"** CSG # 199, FA 111, VC 42, HB 111

Jesucristo, el que me sana, comenzando desde adentro

Si anhelo ser discípulo del Señor Jesús, debo permitir que él me purifique desde adentro. Jesucristo no está relegado a las afueras, sino que vive dentro de mí en cuanto a todo lo que tiene que ver con mi discipulado. Así que no importa cuánto me gusten los libros, cuánto admire a la gente o lo mucho que me asombre la naturaleza, al fin y al cabo para iluminación espiritual tengo que confrontarme con Cristo, quien vive en mí. Con demasiada frecuencia en vez de orientar mi vida con Jesucristo, mi Luz interior, he orientado mi vida según luces externas, lo cual siempre ha resultado en confusión.

Ya que Cristo habita dentro de mí, debo entender dos cosas. Primero, es necesario escucharle hablando a mi espíritu. A veces mis amigos no me entienden cuando hago eso. En segundo lugar debo dar "campo" al Señor para actuar libremente en mi vida. Significa más que sólo "seguir a Cristo" o "caminar en sus pasos". Más bien, así como el Espíritu Santo se vistió de Gedeón, yo debo permitir que Jesucristo se vista de mí. Creo que eso es lo que decía Pablo en 2 Corintios 4:10 "para que también en nuestro cuerpo se manifieste la vida de Jesús".

Es dentro de mí que la provisión divina satisface mi necesidad. Es una figura retórica muy simpática cantar "A tu lado andar Señor". Sin embargo, un Jesucristo que camina a nuestro lado no puede atender todas mis necesidades interiores. Por esa razón el apóstol Pablo decía que ya no conocía a Cristo "según la carne" (2 Cor. 5:16). El único Cristo que conocía Pablo estaba dentro de él, Señor supremo y Maestro. Ya no era alguna figura ilusoria a quien buscaba seguir a tientas. Jesucristo cumple con todas mis necesidades desde adentro.

Jesucristo quiere que mi corazón esté siempre consagrado a él. Cuando Jesucristo realmente habita en mi alma entonces mi corazón se convierte en un "sagrado corazón de Jesús", lugar donde a Cristo le place morar. Puedo confiar y contar con su dirección constante. La presencia de su persona está tan cerca de mí como cada latido de mi corazón. Su poder no está más lejos que mis pensamientos. "¡Cuán preciosos me son, oh Dios, tus pensamientos!...Despierto, y aún estoy contigo", porque tú me "guiarás por el camino eterno" (Salmo 139:17-18,24).

"Y si el Espíritu de aquel que resucitó a Jesús de entre los muertos mora en vosotros, el que resucitó a Cristo de entre los muertos también dará vida a vuestros cuerpos mortales mediante su Espíritu que mora en vosotros" (Rom. 8:11).

Himno: **"Cristo habita en mi corazón"** CSG # 290

Pensando Espiritualmente

Señor, me preocupa poder distinguir entre "sentido común" y "sentido espiritual". La persona natural vive según su sentido común, que es hacer lo que humanamente conviene. Pero yo debo vivir según el "sentido espiritual", lo cual significa hacer lo que es santo.

Cuando permití al Señor entrar en mi vida, descubrí un gran abismo entre hacer "lo que conviene" y cumplir lo santo. Con frecuencia me encontraba torciendo un poco la verdad (claro que justificando en mi mente que esa acción era para el *"bien del Señor y su obra"*), diciendo "mentiritas" piadosas (explicando a mi conciencia incomodada que lo hice sin el fin de ofender), y haciendo otras "cositas" que tenían muchísimo sentido común, pero el Espíritu Santo dentro de mí estaba contristado. Poco a poco logré ver que el Espíritu no se orienta al cuidado de mi pellejo, ni siquiera en hacerme atractivo a los demás. Lo que sí le interesa es hacerme atractivo a Dios el Padre.

Esto ha significado decirle "Adiós" a mi vieja manera de pensar. Ese "tramposo, engatusador, aprovechado" tuvo que ceder y aprender a pensar espiritualmente, o sea "celestialmente", según lo que el Cielo exige de sus ciudadanos. Para que eso suceda exige una crisis de nuestra voluntad, porque el Cielo no nos hace personas maduras en contra de nuestra voluntad. Así como sucede en toda "crisis espiritual", debe haber un "muerto" que luego resucita en el poder del Espíritu Santo. Es entonces que la forma divina de pensar comienza a dominar y hasta se convierte en algo automático. Su vida es ahora mi vida y mi pensamiento es según el "sentido espiritual".

Se comenta que San Agustín decía, "Ame a Dios y haga lo que le venga en gana". Por supuesto, si realmente amo a Dios, mis decisiones serán acordes a ese amor. O sea que el cristiano maduro no necesita preguntar: "¿Qué debo hacer?" o "¿Qué debo hablar?" El cristiano maduro vive según su "sentido espiritual". Ahora son solamente las grandes decisiones las de "crisis". Lo demás es automático, viene por naturaleza - la nueva naturaleza controlada por Aquel que tiene todo el "sentido eterno". "Haya en vosotros esta manera de pensar que hubo también en Cristo Jesús" (Fil. 2:5). Con su pensamiento en mí, mi comportamiento será también según su agrado.

"Pero renovaos en el espíritu de vuestra mente, y vestíos del nuevo hombre que ha sido creado a semejanza de Dios en justicia y santidad de verdad" (Efesios 4:23-24).

Himno: **"Yo vivo, Señor"** CSG # 230, FA 190

El infantilismo espiritual (La Puerilidad Espiritual)

A veces lucho con mi impaciencia para con Dios. La impaciencia es mi puerilidad que no permite que Dios obre en mi vida. Moisés fue pueril cuando exclamó: "¡Desde que vine a hablar con el faraón...tú no has hecho nada para salvar al pueblo!" (Exodo 5:23 VP). Moisés opinaba que Dios debería librar a su pueblo, pero *de inmediato*, y como Dios no obró de esa manera, Moisés estalló contra él.

La puerilidad atenta contra el mismo carácter de Dios. En realidad está diciendo: "Dios prometió y no cumplió". Además supone que las acciones divinas deben sujetarse a *mi* propio itinerario y según *mi* propio plan. Es la misma frustración del bebé que no logra controlar a sus padres ni tampoco se conforma con el mundo adulto. El infantilismo espiritual no es más que un intento de bajar a Dios del Cielo a la tierra para obligarlo a obedecer costumbres o caprichos terrenales. Es como un niño que trata de lograr que sus padres sean como él en vez de que él madure para ser como ellos.

¿Seré yo un cristiano resentido? ¿Estallo con frecuencia como Moisés? ¿Hago mala cara como el Rey Saúl? ¿Lo paso murmurando como Jonás? ¿Ando de mala gana para con Dios porque no me deja controlarlo a mi manera?

El remedio para la puerilidad no es siempre dejar pasar el tiempo, ya que muchos cristianos son todavía infantiles después de muchos años. La solución está en observarnos bien, porque no hay mejor remedio para el gruñón que ¡un espejo! Es por eso que debo usar mi Biblia con frecuencia, no sólo por lo que me dice acerca de Dios, sino por ¡lo que me enseña acerca de mí mismo! Así como el espejo, la Biblia puede ser mi mejor amigo. Me revela lo que realmente *necesito* saber.

El apóstol Santiago dice que si miro atentamente en mi espejo espiritual y persevero en corregir mi "puchero", entonces sí seré bienaventurado en *todo lo que hago*.

"Si, pues, habéis resucitado con Cristo, buscad las cosas de arriba, donde está Cristo sentado a la diestra de Dios" (Colosenses 3:1 RVR).

Himno: **"Bueno es alabarte, oh Jehová"** CSG # 17

Las fallas, la falibilidad y la fragilidad

Fallar en mi vida espiritual no es motivo para desanimarme. La gran mayoría de mis fallas no son pecados, sino simplemente confirmación de que soy humano y en proceso de madurar. El niño comete muchas fallas, pero no por eso sus padres se desesperan. Ellos comprenden bien que es apenas un niño. Saben que con el tiempo viene la madurez, cuando las cosas de niño se quedan atrás.

Como discípulo de Jesús debo confiar en la satisfacción progresiva. Cuando Dios comienza una obra confía en que el resultado será de su entera satisfacción. Su creación fue muy buena (Génesis 1:18,21,25). Vio la obra de su Hijo en el Calvario y estuvo satisfecho. Por eso yo creo que también está satisfecho progresivamente con lo que hace en sus hijos, sobre todo en aquellos que se dejan crecer. Desde luego que en cierto momento no somos "perfectos", pero así como el alfarero con su artesanía en formación, Dios está satisfecho con nuestro progreso.

Claro que esto también significa que debo evitar estar comparándome con los demás. Compararme con otros implica que estoy al mismo nivel o en la misma condición que otra persona. Pero nunca hay dos hijos de Dios en el mismo nivel de desarrollo espiritual. Por eso tampoco me debo comparar con un David Brainard, un apóstol Pablo o una Teresa de Jesús. Sólo puedo preguntarle a Dios si *él* está satisfecho con mi progreso actual. Si es así, todo va bien, a pesar de todas las fallas que puedan aparecer todavía en mi vida.

Lo básico que busca Dios en mi vida no es la *ausencia* de fallas sino la *presencia* de arcilla que se deje formar. El sabe muy bien cómo sanear las fallas y cómo hacer desaparecer las grietas, pero no puede moldear y tallar si la arcilla se ha puesto dura y quebradiza. La fragilidad significa que en algún momento sufrí heridas que no han cicatrizado correctamente.

Señor, anhelo ser *buena* arcilla, la *mejor* arcilla, suave y conformable a ¡tu imagen! Tú preguntas: "¿No podré yo hacer con vosotros como hace este alfarero?" (Jeremías 18:6). ¡Sí Señor, puedes hacerlo, en forma perfecta, abundante y eterna!

"Hijitos míos, estas cosas os escribo para que no pequéis; y si alguno hubiere pecado, abogado tenemos para con el Padre, a Jesucristo el justo". (I Juan 2:1 RVR).

Himno: **"Cristo su preciosa sangre"** CSG # 526, HB 101

Comportándonos como Dios

¿Sí entendemos que Dios no acepta excusas por no comportarnos *como él*? Mis pobres excusas: "Es que no soy sino barro", "Yo sé que en mí...no mora el bien", "Porque él conoce nuestra condición; se acuerda de que somos polvo", son apenas disculpas para justificar mis debilidades y continuar emproblemado. En cambio Dios quiere que deje de comportarme como polvo y carne y que comience a conducirme como él.

¿Pero cómo puedo comportarme como él? Hay muchas maneras, pero esta es una: "Nadie ha visto jamás a Dios. Si nos amamos unos a otros, Dios permanece en nosotros, y su amor se ha perfeccionado en nosotros" (1 Juan 4:12 RVR). ¡Este versículo acaba con todas mis muletas de excusas! Me comporto como Dios cuando amo a los demás. Este versículo dice que puedo gozar el privilegio inefable de conducirme como Dios, de mostrar a otros lo que Dios es. Esa dicha no la tienen ni los ángeles ni los que se creen "súper-santos", pero sí puede ser la dicha de la pobre arcilla como yo.

La urgente necesidad de nuestros días es que la grandeza de Dios sea percibida. Es verdad que vemos a Dios en la naturaleza, pero la creación no es capaz de manifestar el amor divino. Y mientras que no se revela *el amor divino* no hay una expresión completa de Dios. Allí es donde entramos usted y yo; nosotros sí podemos mostrar a otros una mini-foto del amor divino.

Mis excusas se acaban cuando el apóstol Juan dice: "En esto sabemos que permanecemos en él y él en nosotros: en que nos ha dado de **su** Espíritu" (1 Juan 4:13). ¡Eso acaba con nuestro disfraz! Nada vale decir, "Pero es que yo no tengo don de gentes. Yo no soy así". *Sí* fuimos hechos para manifestar el amor de Dios por el Espíritu Santo, quien por fe mora en nuestras vidas y derrama "el amor de Dios...en nuestros corazones" (Romanos 5:5).

Señor, el mundo desesperadamente necesita verte . Ayúdales a ver por medio de mi vida lo bello que eres tú. Renuncio a ese baile de máscaras que he usado, ocultándome detrás de pobres excusas, tales como "eso no es posible". Sé que "¡Todo lo puedo en Cristo que me fortalece!" (Fil. 4:13).

"Y este es su mandamiento: Que creamos en el nombre de su Hijo Jesucristo, y que nos amemos unos a otros, como él nos ha mandado" (1 Juan 3:23).

Himno: **"Amor, Amor"** CSG # 357

Como quitarle el temor al cambio

Como discípulo de Jesús debo aprender la disciplina del *cambio*. Mis propias ideas de la dirección divina se trastornan con mucha frecuencia porque yo soy apenas un siervo de Dios y no su consejero. Cuando tenía la cruz a la vista, Jesucristo no se sintió frustrado, sino que dijo: "Sí, Padre, porque así te agradó" (Mateo 11:26).

Jesucristo se sometió de buena gana porque conocía el *propósito* del Padre. Allí está la clave: poder confiar en el propósito divino. Podemos despreocuparnos en cuanto a los detalles mientras aceptamos la autoridad de la Persona que inicia todos esos cambios. Regatear en cuanto a detalles, quejarnos por las demoras y hacer pucheros cada vez que Dios parece cambiar de plan realmente no es más que una difamación subconsciente del carácter divino.

Con frecuencia él me dice, como dijo a sus discípulos: "A vosotros no os toca saber" (Hechos 1:7). La diferencia básica entre el hombre natural y el espiritual, es que el hombre natural insiste en *saber* mientras que el hombre espiritual se conforma con *obedecer*. Es por eso que Dios no pone el *conocimiento* como requisito en la vida cristiana. El no dice, "hombres de poco *conocimiento*", sino "hombres de poca *fe*" (Mateo 6:30). El conocimiento llega con o poco después del hecho.

Una buena parte de nuestras vidas sucede sin saber nosotros el porqué. Es sólo en el "pero después" que logramos comprender lo que Dios estaba haciendo durante todo ese tiempo. Muchos cristianos hasta se enferman por tratar de comprender a Dios. La verdadera paz viene al dejar que la actitud de Cristo tome también posesión de nuestras vidas. "Sí Padre, porque así te agradó" (Lucas 10:21). Puedo adaptarme a los cambios si sólo me conformo con Aquel que los inicia. Allí está el corazón del asunto. Todo depende de mi relación con él. En las manos de un Dios que nunca cambia, no hay nada que temer cuando suceden cambios.

"Toda buena dádiva y todo don perfecto proviene de lo alto y desciende del Padre de las luces, en quien no hay cambio ni sombra de variación" (Santiago 1:17).

Himno: **"Siempre conmigo está"** CSG # 375, HB 388, GD 66

El regalo de una nueva vida

Mi discipulado con Jesucristo incluye el ser su testigo, pero debo ser un testigo en el sentido bíblico. Mucho de lo que hacemos y llamamos hoy "testificar", no es más que un poco de egoísmo santificado. Juan el Bautista fue un ejemplo bíblico de lo que debe ser un verdadero testigo. "No era él...sino que vino para dar testimonio de la luz" (Juan 1:8). El ministerio de testificar para Jesucristo no es un *verbo*; es un *sustantivo*. Nosotros no "testificamos", sino que *somos* testigos.

Muchos cristianos hoy día se confunden en cuanto a los "dones". Esa confusión está en que cada cristiano supone que debe tener dones y los dones son indicadores de algo *muy especial*.

El único don que tiene *todo* cristiano es nueva vida de parte de Dios, la vida de Jesucristo. Ya que Jesucristo mismo fue un testigo durante su vida terrenal (Apoc. 1:5), el testificar será lo que resulta normalmente dondequiera que él esté. El testificar va más allá de las palabras y los hechos: incluye *todo lo que uno es*.

Juan el Bautista no se preocupaba por buscar y hallar sus dones. Simplemente se conformó con señalar a Jesucristo como el Cordero de Dios. Su ministerio buscaba hacer que las personas dependieran de Cristo y no de Juan el Bautista. Cuando nos preocupamos por nuestros propios dones, existe el peligro de convertirnos en *"diosecitos"* en nuestros propios reinos, todo lo contrario a lo que debe ser un testigo. Ya que el "fiel" de Juan el Bautista era Jesucristo, su vida atraía a las personas a que siguieran a Jesucristo.

Con razón que Jesús decía de él, "De cierto os digo que no se ha levantado entre los nacidos de mujer ningún otro mayor" (Mateo 11:11). Sin embargo Jesús termina diciendo que el "más pequeño" de nosotros puede ser mayor que Juan. Señor, anhelo que otros se den cuenta de mí por una sola razón: que he estado con Jesús (Hechos 4:13).

"Para que seáis irreprensibles y sencillos, hijos de Dios sin mancha en medio de una generación torcida y perversa, en la cual vosotros resplandecéis como luminares en el mundo" (Fil. 2:15).

Himno: **"El mundo hoy"** CSG # 473

¡Solamente di la palabra!

Por tu gracia, Señor, no seré un discípulo "con muletas". O sea esa clase de discípulo que se lo pasa diciendo: "Si no viere...y metiere...no creeré". Así como Tomás y Gedeón, el "discípulo apuntalado" tiene que ver pruebas palpables de que Dios está con él, porque de lo contrario no se mueve.

Claro que las pruebas consuelan y las necesitamos a veces, pero tú, Señor, deseas hacernos cristianos sin exigir puntales de apoyo. Confieso que con demasiada frecuencia he orado: "Señor, quiero saber tu voluntad, así que te pido el favor de una pequeña señal para mostrarme el camino". Claro que no hay nada malo en descubrir pruebas de que ya voy por dónde es. El problema está en pedir las pruebas de antemano, lo cual demuestra mi poca fe.

Debo ser como el centurión de Capernaúm, quien pidió a Jesús que le sanara a su empleado enfermo (Mateo 8:5-13). Dijo: "*Solamente di la palabra*, y mi criado será sanado" (Mateo 8:8). En otras palabras, "Ni siquiera es necesaria tu presencia física, basta con tu palabra". ¿Con qué frecuencia acepto la Palabra de Dios como suficiente sin pedir puntales y señales y hasta la misma presencia divina? Con sobrada razón Jesucristo dijo: "De cierto os digo que no he hallado tanta fe en ninguno en Israel" (vs. 10).

Quisiera tener la fe del centurión, pero suelo actuar como Abram, cuya fe tenía granitos de duda. También hago reclamos parecidos a la inquietud de Abram cuando preguntó: "¿Qué (señal) me has de dar? Pues continúo sin hijos" (Gén. 15:2). El quería creer en la promesa de Dios, pero su naturaleza se lo impedía. En su gran misericordia y paciencia, Dios le complació (como lo hace muchas veces) y le dio "las estrellas" (vs. 5) como señal. Fue *entonces* que Abraham "creyó al Señor(*)" (vs. 6) y con el tiempo llegó a ser Abraham, el patriarca de la fe y del pacto hebreo. Pero mejor hubiera dicho como el centurión romano siglos después: "*¡Solamente di la palabra!*"

Señor, hazme un discípulo como el centurión. Uno que tiene suficiente fe como para siempre decir "*Solamente di la palabra*", y quien no necesita de que le estés apuntalando, aún cuando las señales son cosas ¡tan maravillosas como las mismas estrellas! Quiero decir con la Virgen: "Hágase conmigo conforme a tu palabra" (Lucas 1:38).

"Para siempre, oh Señor(*), permanece tu palabra en los cielos. Por generación y generación es tu fidelidad" (Salmo 119:89-90).

Himno: **"¡Cuán firme cimiento!"** CSG # 272, FA 276, VC 228, HB 371, GD 22, GT 230

Ser discípulo cuando me convenga

Señor, ayúdame con los "peros" de la perseverancia en mi vida. Sé que puedo *contar* con tu oferta de Salvación y que me puedes guardar durante toda la eternidad, pero quieres algo más que personas que solo "picotean", y dejan de aprovechar de todo lo que tú tienes para ellos. A veces lucho con esas palabras tan profundas que pronunció Pablo: "Si perseveramos, también reinaremos con él. Si le negáremos, él también nos negará" (2 Tim. 2:12).

Negar a Cristo es aparentar que no lo conozco en situaciones en las cuales me daría pena reconocerlo públicamente. Puedo negar al Señor en el negocio, en mi grupo social, en mi familia y hasta en la iglesia. Cuando me da pena reconocer abiertamente a Cristo, estoy diciendo que soy discípulo por conveniencia, de manera que cuando ser discípulo no me conviene, entonces me lo quito como si fuera un saco.

Si me acostumbro a negar a Cristo, sufriré las consecuencias. Con seguridad llegará el momento en que me encontraré en apuros y clamaré desesperadamente a Dios; y él, como lo dijo el profeta Isaías, "por conveniencia" tampoco oirá (Isaías 59:1-2). Si me reservo el derecho de escoger cuándo voy a comportarme como su discípulo, algo anda muy mal con mi compromiso. La palabra *escoger* desaparece del vocabulario de un verdadero discípulo apenas se somete a su Señor.

No tengo la opción de ser un discípulo de medio tiempo. Tampoco existen discípulos de prueba. Dios no aceptará mi discipulado si menosprecio a propósito a su Hijo por ganancia mundana o por conseguir la aprobación de las personas. Sin embargo, a pesar de que pueda fracasar, tropezar o caer, Dios está dispuesto a perdonarme en su bondad y misericordia y a ponerme a andar de nuevo. "Yo los sanaré de su infidelidad. Los amaré generosamente, porque mi furor se habrá apartado de ellos" (Oseas 14:4).

"Y llamó a sí a la gente, juntamente con sus discípulos, y les dijo: Si alguno quiere venir en pos de mí, niéguese a sí mismo, tome su cruz y sígame" (Marcos 8:34).

Himno: **"El fiel Consolador"** CSG # 253, FA 260, VC 87, GD 207, GT 76

Las palabras difíciles de Cristo

Señor, ayúdame a no ser uno de aquellos que se ofenden por tus "palabras difíciles" (Juan 6:60). Has dicho muchas cosas que parecen ser un poco duras, pero no quiero murmurar contra ninguna de ellas, ¡ni pensar en dejar de seguirte! (Juan 6:61,66).

Tú me incomodas con frecuencia, Señor, no sólo con tus palabras sino por lo que haces en mi vida. Pero un *Cristo* que jamás incomodara, ni corrigiera y nunca me disciplinara, sería un *Cristo* poco digno de mi confianza. Te alabo, Señor, por las muchas veces en que me has consolado atendiendo y saneando mis heridas y malestares. Pero también debo darte las gracias por las veces en que *no* me has consentido, sino que más bien me has dicho que deje de lloriquear y que trabaje.

Por lo general cuando oigo palabras "duras" de ti, estoy pisando el umbral de un nuevo descubrimiento en cuanto a ti o en cuanto a mí mismo. Con frecuencia es el comienzo de toda una nueva etapa hacia adelante. Es como un destello en una noche oscura que de pronto me revela todo un paisaje que yo ignoraba.

Las palabras difíciles siempre separan. Dividen los verdaderos discípulos de los falsos. Contrastan la verdad con la mentira. Alejan los sentimientos correctos de los incorrectos. Una palabra "dura" purifica, despojándome de toda la mugre acumulada y dejándome limpio.

Señor, las palabras difíciles son dolorosas. ¡Pero es mejor escuchar una palabra dolorosa del Señor, quien me ama mucho, que oir palabras dulces y lisonjeras de Satanás, quien sólo busca torcer y lisiarme! Señor Jesús, ayúdame a aceptar, o mejor, a *amar*, tus palabras difíciles para así dar pasos gigantescos hacia lo que tú quieres hacer de mi vida. "Nunca jamás me olvidaré de tus ordenanzas, porque con ellas me has vivificado" (Salmo 119:93).

"Por la bondad de Jehovah es que no somos consumidos, porque nunca decaen sus misericordias. Nuevas son cada mañana; grande es tu fidelidad" (Lam. 3:22- 23).

Himno: **"Grande es tu fidelidad"** CSG # 59, FA 4, VC 342, HB 230

La ira de Dios

Debo pensar correctamente en cuanto a la ira de Dios. He ido formando la idea de que como Cristo murió por mis pecados, satisfaciendo así la *ira judicial* de Dios, nunca más volverá él a sentir ira contra mí, su hijo. Pero esa idea es equivocada. Si Dios dejara de sentirse molesto conmigo cuando me comporto mal, sería el colmo de la negligencia de su parte. Si nunca he experimentado la ira de Dios como Padre es porque jamás he pecado y ¿quién de nosotros podrá afirmar tal cosa?

Mi consuelo no está en *negar* la ira de Dios sino en comprenderla. Por un lado la ira de Dios con sus hijos es *pasajera*. "No contenderá para siempre, ni para siempre guardará el enojo" (Salmo 103:9). La ira judicial de Dios contra el pecador que no se arrepienta es permanente y eterna (Juan 3:36), pero su ira como Padre es transitoria. Apenas hace su obra purificadora, la ira desaparece.

Además, la ira divina contra su pueblo es lenta en despertarse. Así como lo dice el Salmo 103:8, Dios es: "Lento para la ira" (Salmo 103:8). Es solamente después de repetidas advertencias que el Señor nos muestra el "ardor de su ira" (Salmo 85:3). No se trata de esa ira fría y mortal de un sistema jurídico ejecutando justicia en un criminal. No, es más bien la paciencia sufrida de un padre amoroso, quien anhela que su hijo camine por la senda recta. O sea que en realidad, la "ira" de Dios no es otra cosa que amor "camuflado" en otro vestido. Es el grito de un Dios que ¡se atreve a ser tan vulnerable que puede ser herido por sus hijos!

Claro que Dios siempre está en control de su "ira". Como Padre, hasta es capaz de ceder según el caso. De todas formas es mil veces mejor soportar alguna vez sus *llamadas de atención* que las llamas eternas o la falta de galardones en el cielo. Señor, ¡ayúdame a respetar tu "ira", para así poner de mi parte y desechar rápidamente aquello que la causó! Así podré disfrutar cuando tu "ira se aparta" de mí dando lugar a un nuevo derramamiento de tu infinito amor y sanando mi propia infidelidad (Oseas14:4).

"Inclina, oh Señor(*), tu oído y escúchame, porque soy pobre y necesitado. Guarda mi alma, porque soy piadoso; salva tú, oh Dios mío, a tu siervo que en ti confía" (Salmo 86:1-2).

Himno: **"Oh, Señor, procuro en vano"** CSG # 286, FA 300, VC 98

Un ministerio de vida o muerte

Señor, enséñame que ser tu discípulo es asunto de vida o muerte. Jesús dijo, "Las palabras que yo os he hablado son espíritu y son vida" (Juan 6:63). No dijo, "Mis palabras son *vivientes*"; dijo, "Mis palabras...*son vida*". Esto significa que a donde llegue la Palabra, hay vida. Cada vez que la Palabra entra al ser humano, esa persona comienza a dar evidencia de vida espiritual. Eso significa que debo estar siempre en condiciones para que la Palabra pueda fluir a través de mi vida sin tropiezo o estorbo. En cuanto bloqueo el fenómeno con mi desobediencia, u orgullo o perversidad, esa Vida deja de fluir.

Es muy difícil para mí como creyente en el Evangelio pensar en que yo pudiera ser un conducto de muerte espiritual. Pero es la verdad. Cuando digo muerte espiritual no me refiero a mi propia muerte espiritual, sino a la desaparición de mi influencia espiritual para el bien. Por ejemplo, los fariseos aparentemente obedecían cada rito y tradición hebrea; pero como la Palabra Viviente había dejado de fluir a través de sus vidas, por dentro no eran más que tumbas (Mateo 23:27). Así como ellos, yo puedo conformarme con toda sana doctrina y, por no permitir que la Palabra esté constantemente corriendo por mi vida, por dentro puedo estar ocultando podredumbre y malestar.

A todo momento soy un ministro de vida o de muerte. Todo depende de mi relación con las Palabras de Jesús. Esto explica el porqué Acán fue destruido después de robar el "anatema" que se había consagrado al Señor (Josué 7). Dios no podía permitir que un hombre que había desobedecido su Palabra estuviera ministrando "muerte" a todo el pueblo.

Siento el peso de mi responsabilidad. Pero aun así, me regocijo porque sí puedo ser canal de Vida para los que están alrededor mío. Puedo ser un oasis divino en un ambiente desértico. ¡Señor, quiero "contagiar" a otros con tu VIDA! Permite que sea como ese río del que habló Ezequiel; quiero traer árboles frutales y medicinales a una tierra seca y árida (Ezequiel 47:12).

"Porque para Dios somos olor fragante de Cristo en los que se salvan y en los que se pierden. A los unos, olor de muerte para muerte; mientras que a los otros, olor de vida para vida. Y para estas cosas, ¿quién es suficiente?" (2 Cor. 2:15-16).

Himno: **"Recibiréis Poder"** CSG # 467

Dios protege a sus hijos

Gracias, Señor, porque tú eres mi *Protector*. Me sirves de amortiguador con el fin de que no sienta dolor. Me acuerdo con frecuencia de aquello tan bello que hiciste a tu pueblo cuando se encontraba perseguido por los egipcios: Pusiste tu ángel defensor entre el perseguidor y el perseguido (Exodo 14:19-20). Gracias, Señor, por tantas veces en que tu ángel se ha colocado entre mí y alguna gran pena o dolor o golpe que seguramente me hubiera aniquilado.

Dios jamás cargará sobre nosotros más de lo que podamos sobrellevar (1 Cor. 10:13). Eso significa que él confía en nuestra propia capacidad espiritual para poder soportar el dolor *hasta cierto punto*. Pero cuando ve que la carga es mayor que nuestra capacidad, entonces él personalmente interviene para llevar ese mismo dolor. Ahora sí comienzo a entender aquello que dijo el profeta Isaías: "En toda la angustia de ellos, él fue angustiado; y el ángel de su Presencia los salvó. En su amor y en su compasión los redimió. Los alzó y los llevó todos los días de la antigüedad" (Isaías 63:9). Dios es el gran amortiguador de todo sufrimiento que supera nuestra capacidad de resistencia. Es por eso que somos "capaces de soportar".

En cierta ocasión escuché hablar a una anciana enferma en el hospital. Dijo: "¡No lo entiendo! ¡Yo, aquí disfrutando de completa paz y tranquilidad!" Ella había pensado experimentar *dolor*. Pero en vez de sufrir, estaba sintiendo la evidencia de SU presencia. ¡Con frecuencia nos regocijamos de que Dios nos salva de nuestros pecados! Pero la verdad es que Dios también nos salva de nuestros sufrimientos - poniéndose él mismo entre esos padecimientos y nosotros.

Adoramos a un Dios cicatrizado. Permite, Señor, que jamás olvide que aquellas cicatrices fueron resultado de tu amor tan grande que se interpuso como amortiguador entre mí y lo que yo justamente merecía padecer. ¡Tu amor me deja asombrado, Señor! Con razón Pablo dijo: "¡sobrepasa todo conocimiento!" (Efesios 3:19) y el compositor Isaac Watts exclamó "¡Lo más precioso es su amor!" en su inmortal himno *"La cruz excelsa"*.

"Vuelve, oh alma mía, a tu reposo, porque el Señor(*) te ha favorecido. Porque tú has librado mi vida de la muerte, mis ojos de lágrimas y mis pies de la caída. Andaré delante del Señor(*) en la tierra de los vivientes" (Salmo 116:7-9).

Himno: **"La cruz excelsa"** CSG # 516, FA 120, VC 48, HB 109

Vergüenza Espiritual (Pena Moral)

Debo siempre vivir de tal manera que "cuando (él) vuelva...no tenga que apartarme de él avergonzado" (1 Juan 2:28 VIV). Claro que estas palabras hacen referencia a su Segunda Venida cuando todos nos congregaremos ante él. Pero también tiene que ver con nuestra manera de vivir *antes* de que eso suceda.

Sentirme avergonzado ante el Señor significa que yo le estoy haciendo mirar mi pecado. Pablo habla de eso cuando dice: "¿No sabéis que vuestros cuerpos son miembros de Cristo? ¿Quitaré, pues, los miembros de Cristo y los haré miembros de una ramera" (1 Cor. 6:15 RVR)? Se cuenta de un pastor que descubrió a su hijo pisoteando las flores en el jardín. El niño lloró: - Papi, ¡no me mires, no me mires! - Sentía vergüenza porque el papá vio su desobediencia.

La vergüenza es el reconocimiento de un contraste. Cuanto mayor es el contraste, más se siente la vergüenza. Si me siento incómodo en la presencia del Señor debe ser porque he cometido algún pecado. La persona "muerta", espiritualmente hablando, no siente tal incomodidad; en cambio los que están "vivos" pueden sentirse profundamente afligidos, hasta por el pecadillo más insignificante. Así que sentirse incómodo ante Dios es señal vital de salud espiritual, así como el grito que pega un paciente cuando lo inyecta el médico, es prueba de que está vivo.

Sentir vergüenza ante el Señor significa que Cristo en verdad está conmigo, pero que algo ha sucedido en nuestra relación. Debo procurar con su ayuda mantener una relación tal, que nunca tenga que sentirme apenado. Cuando Dios y su discípulo caminan agarrados de la mano entonces no se escuchará gritar como aquel jovencito: "¡Papi, no me mires!" Serán como aquellos de quienes habló el profeta Amós que "andan juntos" porque están perfectamente "de acuerdo" (Amos 3:3).

"Contra ti, contra ti solo he pecado y he hecho lo malo ante tus ojos. Seas tú reconocido justo en tu palabra y tenido por puro en tu juicio" (Salmos 51:4).

Himno: **"Tentado, no cedas"** CSG # 431, FA 253, VC 196, LL 231, GD 239, GT 256

¿Quién está en esa cruz?

Es preciso cuidar de que mi servicio al Señor no sea apenas otra actividad *más*. ¿Será que predico porque me gusta estar en la pantalla durante media hora? ¿Enseño porque me fascina tener a toda una clase bajo el hechizo de mi enseñanza? *¿Gano almas* para el Señor porque disfruto de mis *conquistas*?

Cada vez me doy más cuenta de lo sutil y traicionera que es la carne. A la carne no le preocupa vestirse de traje religioso, siempre y cuando no tenga que morir. El problema consiste en saber la respuesta a esta pregunta: "¿Quién está en la cruz, y quién está sobre el trono de mi vida"? Históricamente el gran cambio ya tuvo lugar: Cristo *estuvo* en la cruz y ahora debe *estar* sentado sobre el trono de nuestro corazón. Por otra parte, nuestro "yo" *estaba* en el trono de nuestra vida y ahora debe *estar* colgado y traspasado sobre la cruz. Cada vez que me atrevo a cambiar las condiciones de los dos y así echar para atrás lo que ya es historia, ¡entonces me encuentro en graves problemas!

Desde la eternidad la gran ambición del "yo" ha sido la de escapar de la cruz y sigilosamente trepar nuevamente sobre el trono. A veces he pensado en la crucifixión de mi "yo" como algo totalmente logrado para poder decir: "¡Allí, tenga, crucificado una vez y para siempre!" Pero con demasiada frecuencia al observar más detenidamente me doy cuenta que esa cruz personal está vacía, porque mi "yo" ha vuelto a escapar y surge con muchas ganas de estar en pantalla.

Crucificar el "yo" no es simplemente negar su existencia. Si fuera así bastaría con decir "Ya no existes más". Pero la verdadera vida cristiana dice: "Tú estás muerto para ti mismo, pero vivo para Cristo" (ver Gal. 2:20). Y es más, el ser cristiano significa que debo morir *antes* y no *después* para vivir verdaderamente y disfrutar de todo lo que Cristo tiene para mí. No es la *persona* quien debe morir, sino la tendencia que tenemos de "endiosar" nuestro "yo". Jesús no estimó "el ser igual a Dios como algo a que aferrarse" (Fil. 2:6). ¡Si Jesús, siendo el mismo Dios encarnado, rehusó aferrarse de su privilegio de deidad, cuánto más debo yo, un pobre pecador, cuidar de endiosarme! *La solución no es una crucifixión única, sino algo que debe repetirse diariamente*. El canto del corazón de un discípulo de Dios contiene como letra las palabras de Gálatas 2:20, "Con Cristo estoy juntamente crucificado, y ya...vive Cristo en mí" (RVR). Es la vida que sigue a la muerte; y es la victoria que resulta de la crucifixión.

"Y sabemos que nuestro viejo hombre fue crucificado juntamente con él, para que el cuerpo del pecado sea destruido, a fin de que no seamos esclavos del pecado" (Romanos 6:6).

Himno: **"Cristo vive en mí"** CSG # 390

Ofendiendo y recibiendo ofensas

Como discípulo de Jesucristo necesito aprender a no *ofender* jamás ni *sentirme ofendido* nunca. Jesús dijo que el mundo nos ofende constantemente, pero debemos procurar no ofender (Mateo 18:7-9), como seguidores suyos. En este asunto él fue tan estricto que alcanzó a afirmar que era mejor quitarse un ojo, un pie o una mano que ofender a otra persona. El quería decir que debemos abandonar cualquier cosa que ofende a otro, no importa lo doloroso que sea para nosotros.

Sin embargo, como discípulo con discernimiento, sé que contra mí vendrán muchas ofensas. Debo ser prudente como una serpiente (saber que habrá ofensas), pero sencillo como una paloma (no ofender). Es apenas natural que de vez en cuando ofenda sin querer. Por ejemplo, el mismo Evangelio que predicamos ofende a muchos, y si lo predico y lo vivo fielmente, con toda seguridad algunos se van a molestar. Pero esa no es la ofensa a la cual se hace referencia. Jesús está hablando de la ofensa que resulta de tener *la mente entenebrecida*. El está pensando en la ofensa que resulta cuando hay *malas intenciones*. No podemos lograr que todo el mundo nos ame; pero sí podemos, así como el profeta Daniel, conseguir que aquellos que nos odian digan: "Es por causa de su Dios".

Sentirse ofendido es otra cosa. Por la gracia de Dios *jamás* debo sentirme ofendido, así como tampoco lo hizo nuestro Señor. No importa lo mal intencionado o lo vil que sea el origen de la ofensa, debo procurar no atribuir propósito de malicia a la acción de nadie. Más bien tengo que entregar mi causa al Señor diciendo: "Señor, juzga tú en este asunto". De esa forma logro que la venganza esté totalmente en las manos de él.

Una vida sin ofensa es una disciplina poco fácil para el seguidor de Jesucristo. Sin embargo, el mismo Jesús nos dio ejemplo perfecto estando en la tierra, y continuará esa obra perfecta en mí. Aquel que me dijo que debo ser sencillo como una paloma (Mateo 10:16) jamás me pide hacer algo imposible; más bien me dará el poder para lograrlo.

"Cuando le maldecían, él no respondía con maldición. Cuando padecía, no amenazaba, sino que se encomendaba al que juzga con justicia" (1 Pedro 2:23).

Himno: **"Miren que bueno"** CSG # 463

Deseos Purificados

Señor, estoy convencido de que quieres que yo (así como todos tus discípulos) sea lo más despreocupado que pueda. La vida del discipulado consiste en que poco a poco nos libramos de nuestras cargas, mientras que la vida de los de mente mundana consiste en lo contrario, cada vez se echan más cargas. El verdadero discípulo hace lo que hizo el capitán del barco en que viajaba Pablo - elimina la carga. Pero el hombre de mente mundana sigue añadiendo carga a lo largo de su vida.

La vida egocéntrica multiplica sus preocupaciones por su propia naturaleza, porque multiplica sus deseos. Un placer da lugar a dos, y conseguir un bien material alimenta el deseo por cosas adicionales. El resultado de toda esta auto-gratificación no es la paz de espíritu sino una ansiedad mayor. Jesús llamó a esa ansiedad "las preocupaciones de este mundo" (Mateo 13:22). Las preocupaciones nacen de los deseos, y los deseos proceden del corazón netamente egoísta del hombre.

Como discípulo de Jesucristo, debo atacar a la mundanalidad en su esencia. Esta no se basa en las cosas, sino en el *deseo* por ellas. No debo crucificar mis deseos; debo orientarlos. Sólo los deseos que son abiertamente contrarios a Dios deben ser crucificados. Los demás deseos deben ser purificados a través del proceso limpiador de la oración (Marcos 11:24, Sant. 1:5, Mateo 7:11).

Los deseos que han sido purificados llevan a una santa despreocupación. Cuando Dios contesta mis deseos, lo hace sin añadir dolor (Proverbios 10:22). Pero cuando busco mi propia gratificación, siembro las semillas de la amargura. El mundo está lleno de aburrimiento y fastidio, porque esos son los frutos de la existencia egocéntrica. Al encontrar mi gratificación en la auto-negación por amor a Cristo, me encuentro maravillosamente satisfecho con la emoción de una aventura eterna. ¡La auto-negación es la inmortalidad práctica que se vive ahora y se disfruta por siempre! Si primero busco el Reino de los cielos y sus caminos de justicia, todas las cosas serán mías (Mateo 6:33).

"Humillaos, pues, bajo la poderosa mano de Dios para que él os exalte al debido tiempo. Echad sobre él toda vuestra ansiedad, porque él tiene cuidado de vosotros" (1 Pedro 5:6-7).

Himno: **"Canten a Dios"** CSG # 46

¿Justificar o juzgar?

Una de las habilidades que Dios me está ayudando a desarrollar es la habilidad de humillarme. Dios le dijo al Rey Josías, "Porque... te has humillado delante de Jehovah..., yo también te he escuchado". Como resultado, él no sería testigo del juicio de Dios sobre su pueblo (2 Reyes 22:19-20). La frase clave es "te has humillado". Cuando creí en Jesucristo, Dios puso en mis manos el derecho a juzgarme. Si fallo en ejercitar ese derecho, él lo hará por mí. El juzgarme es simplemente revisar mi relación con Dios. La mayor parte del tiempo esa revisión revelará algo que falte o que se requiera. Es en ese momento cuando debo humillarme y reconocer mi falta y pedir el perdón de Dios.

Si me juzgo a mí mismo, soy perdonado y no necesito castigo (1 Corintios 11:31-32). Pero si me niego a juzgarme, el Señor debe hacerlo por mí. Esto quiere decir que debe añadir su "disciplina", su vara correctora. Cuando yo era un creyente novato solía decir, "Acepta a Cristo y Dios nunca te juzgará". Ahora sé que eso no es cierto. Más bien la realidad es, "¡Acepta a Cristo y estarás a diario bajo su juicio!". No el juicio de la ira de Dios sobre mis pecados, sino el juicio del Espíritu de Dios sobre la calidad de mi vida.

El mundo nada conoce acerca de *"juzgarse a sí mismo"*, sólo sabe justificarse. Esta es una diferencia clave entre el discípulo y la persona mundana. Siempre puedo calibrar mi vida espiritual al hacerme una simple pregunta: ¿Me estoy justificando o juzgando a mí mismo? El que se justifica revela que hay algo oculto que está mal; la naturaleza carnal ha tomado nuevamente el control. Pero el que se juzga a sí mismo demuestra que el Espíritu Santo de Dios está vivo y bien en su corazón. Es en esa condición que "el mismo Señor de Paz (le dará) *siempre* paz en *toda manera*" (2 Tes. 3:16 RVR).

"Porque la tristeza que es según Dios genera arrepentimiento para salvación, de que no hay que lamentarse; pero la tristeza del mundo degenera en muerte" (2 Corintios 7:10).

Himno: **"Bellas palabras de vida"** CSG # 280, FA 270, VC 229, HB 143, LL 236, GD 204, GT 188

Cómo manejar las controversias

Señor, no debo cultivar el arte humano de la autodefensa. Puedo tomar a Jesús como mi ejemplo en esto. Cuando él fue injuriado, no devolvió la injuria, sino que se encomendó a su Padre Celestial (1 Pedro 2:23). No debo responder a todos mis contendientes. Por un lado, son demasiados y el satisfacerles tomaría todo mi tiempo. Por otro, las críticas pueden inconscientemente ser mis mejores amigos. Como un espejo, me revelan faltas y defectos que de otro modo mis ojos cegados no podrían ver.

Responderé a mis críticos ya sea con agradecimiento o con silencio. Agradecimiento a ellos por ser lo suficientemente "amables" para resaltar áreas en las que debo mejorar; y con silencio si la crítica es maliciosa y dañina. Por medio del silencio expreso mi silencio hacia *ellos*, no silencio hacia Dios. La crítica debe llevarme a la oración y a colocar el asunto en manos de Dios. Oraré para que si la crítica es justa, la acepte; y si no, que Dios me defienda.

Debo cuidarme de no buscar apoyo cuando me encuentre bajo ataque. Es tan fácil tomar partido, buscar aliados, y hacer que la crítica crezca hasta convertirse en un problema en el que se enfrentan las líneas de batalla. Hacer eso es negarme a admitir que necesito corrección y negar los beneficios de la crítica. Más aun, crea un largo ciclo de cargas insignificantes y recriminaciones que sólo llevan al orgullo y a la tentación. Puede haber diferencias de opinión entre creyentes, pero el conflicto nunca es necesario. Siempre que un altercado, un rompimiento, o una desavenencia se desarrolle dentro del Cuerpo, es que alguien ha olvidado decir "¡perdóname!".

Jesús es mi ejemplo de cómo manejar la crítica de manera perfecta, porque él fue a la cruz con una conciencia pura. Y este es el consejo que recibo de "tener una buena conciencia (como Jesús la tuvo), para que en lo que hablan mal (de mí) sean avergonzados los que se burlan de (mi) buena manera de vivir en Cristo" (1 Pedro 3:16).

"El de ánimo altivo suscita contiendas, pero el que confía en Jehovah prosperará" (Proverbios 28:25).

Himno: **"El gozo del Señor"** CSG # 359

Somos Deudores

Siempre debo recordar, Señor, que mi talento es mi cuenta en pasivo. Cuando invierto dinero en una cuenta de ahorros, ese dinero no es el *activo* del banco sino su *pasivo* - me lo debe a mí. Asimismo sucede con cualquier talento que Dios me da; no pertenece a mí sino a la gente para quien Dios lo destinó.

Las personas sin Cristo tienden a engañarse en cuanto a esto. Si Dios bendice sus negocios; se toman el crédito. Si Dios les da buena salud; lo atribuyen al buen cuidado que toman de sí mismos. Si Dios les da hijos obedientes y responsables; es porque ellos como padres dan un buen ejemplo. Por lo tanto, aun su bondad es corrompida por el auto-engaño.

Pablo tiene unas palabras al respecto: "¿Quién te concede alguna distinción? ¿Qué tienes que no hayas recibido (de Dios)?" (1 Cor. 4:7). Estas son preguntas importantes que estoy obligado a contestar. Si Dios me ha otorgado algo especial, primero debo reconocer que ha venido de él, y después debo utilizarlo según su propósito - para bendecir y levantar el ánimo de otros. El único "activo" que tengo es la *obligación* de Dios, su promesa de salvarme para su eterna gloria. Cualquier don espiritual o talento natural que yo pueda tener es una obligación ante Dios, para con otras personas.

Pablo dice, "soy deudor" (Romanos 1:14), lo cual expresa esta verdad de manera concisa. Todo lo que era Pablo lo "debía" a otros, y no tomó su talento para enterrarlo o guardarlo. La única manera en que mis dones pueden vivir, desarrollarse y prosperar es utilizándolos para el bien de otros. Si los guardo para mí, ellos - y yo - desvaneceremos. La sofocante inercia que encontramos en el mundo no es la indolencia de la inactividad, sino la de la acumulación - "debo cuidar a mí mismo". Por el contrario, Jesús dice, "Dad y se os dará; medida buena, apretada, sacudida y rebosante se os dará en vuestro regazo" (Lucas 6:38).

"Porque ninguno de nosotros vive para sí, y ninguno muere para sí. Pues si vivimos, para el Señor vivimos; y si morimos, para el Señor morimos. Así que, sea que vivamos o que muramos, somos del Señor" (Rom. 14:7-8).

Himno: **"Pues si vivimos"** CSG # 348

Los caminos del Señor son derechos

Señor, aceptaré el camino de la incertidumbre en esta vida. Debo recordar que no todos tus secretos serán revelados en esta tierra, porque si así fuera, ¿para qué está el cielo? Creo que unos temas en el cielo serán: "El cordero nos redimió con su sangre" (Apoc. 5:9); y "Todos los caminos del Señor son *apropiados*" (compárese con el Salmo 107:7).

Dios no me lleva por un camino cómodo sino por uno adecuado. El camino apropiado del Señor significa, hacerme pasar por experiencias que reproduzcan de manera más clara la imagen de su Hijo en mí. Ya que Dios me está guiando hacia una meta interna y no externa, muchas de mis experiencias no tendrán ningún sentido según esta vida. No es necesario que tengan sentido; sólo es esencial que Dios las haya designado para mí. Por lo tanto, debo caminar como un hombre ciego, confiando en la mano (y el corazón) de mi Padre Celestial.

También debo acordarme de agradecer *todas* las experiencias, ya que todas ellas "ayudan para bien", esto es, el bien de estar conformado a la imagen de Jesucristo (Rom. 8:28-29). Siendo ese el mayor bien que cualquier ser humano pueda alcanzar, valdrá la pena todo el dolor y tribulación.

Ya que cada persona es diferente, debe alcanzar su mayor bien de una manera distinta a la de cualquier otra persona. Este es el por qué yo no puedo "seguir la huella exacta" de las experiencias de ninguna otra persona. Lo que Dios ha proyectado para mí, se ajusta de manera perfecta a mi personalidad y a mi manera de ser. Cuando yo llegue al cielo, entonces él querrá poder decirme, "en el camino de la sabiduría te he instruido, y por sendas de rectitud te he hecho andar" (Prov. 4:11).

Si tan sólo pudiera ver el producto terminado tal y como Dios lo ve *ahora*, pasaría el resto de mis días en alabanza incesante y abrumadora. Cantaría, "Por Jehovah son afirmados los pasos del hombre" (Salmo 37:23). Señor, ¡permíteme comenzar y continuar esa alabanza por fe!

"Por Jehovah son afirmados los pasos del hombre, y él se complacerá en su camino. Si cae, no quedará postrado, porque Jehovah sostiene su mano" (Salmo 37:23-24).

Himno: **"Dicha grande es la del hombre"** CSG # 589, VC 230, HB 141

Haciendo lo que no podemos hacer

Debo percatarme, Señor, que el discipulado no significa sólo hacer lo que yo *puedo,* sino lo que *no puedo*. Cuando Jesús le dijo al hombre paralítico en Betesda, "Levántate, toma tu cama y anda" (Juan 5:8), estaba pidiendo lo imposible, humanamente hablando. Si mi vida cristiana debe ser medida por lo que yo *puedo* hacer, me quedo con una religión puramente humana. Si, es Jesucristo quien dice lo que puedo, entonces a menudo me mandará a hacer lo imposible por causa propia, así como también por causa mía.

Es sorprendente, Señor, cómo creo firmemente en un Dios sobrenatural, y con la misma intensidad puedo tratar de vivir una vida natural. Tú mandaste a Abraham a ofrecer a Isaac en el Monte Moriah, algo que él *no podía* hacer porque violaba tu promesa dada a él (Génesis 22). Sin embargo, Abraham creyó que lo que *no podía* hacerse podría también *ser hecho*, aun si fuera necesario un milagro para lograrlo. La esperanza de Abraham estaba puesta en un Dios que obra milagros. Es aquí donde yo fallo tan a menudo. Creo en un Dios que obraba a través de milagros *en la Biblia*; y en mi vida, ¿qué? Yo creo que Dios hace milagros en la Patagonia, pero me es difícil de creer que los haga en mi propio hogar.

El discipulado, si algo significa, quiere decir una cosa que simplemente está más allá de mi alcance. Si es no más que *mi* idea, *mi* talento, *mi* energía, y *mi* versatilidad, entonces puedo disimuladamente echar a un lado a Jesucristo y seguir mi camino sin él. Así que Dios me obliga a hacer lo imposible, no una vez sino a menudo, por cuanto no hay otra manera en que pueda expresar a su Hijo siempre en mí. Y aún ahora puedo oírlo decir, "¡Levántate, toma tu cama y anda!"; o, "Ve a Moriah y ofrece a tu Isaac". Cuando oiga estas palabras sabré que un milagro está por ocurrir, por cuanto yo no podría obedecer a dichas palabras sin la intervención de él, quien es "poderoso para hacer todas las cosas mucho más abundantemente" de lo que yo pudiera pedir o pensar (Efesios 3:20).

"Se maravillaban sin medida diciendo: - ¡todo lo ha hecho bien! Aun a los sordos hace oír, y a los mudos hablar" (Marcos 7:37).

Himno: **"A la casa de Jairo"** CSG # 179

Cuando Jesús actúa de manera extraña

Debo aceptar el hecho de que habrá momentos en que Jesucristo actuará "de manera extraña" conmigo. Cuando la mujer sirofenicia vino a pedir a Jesús que curara a su hija, éste se distanció de ella de varias maneras. Hizo tres cosas: Se negó a contestarle; le dijo que había venido a ayudar a otros; y (¡por si fuera poco!) le dijo que la comida de los hijos no debería ser dada a los perros (Mateo 15:21-28). Después de aquellas respuestas "extrañas", era de pensar que la mujer se habría ido enojada. Pero no fue así; y Jesús supo que no lo haría, ya que él estaba solamente probando su fe. Una vez que esa fe fue probada, le fue plenamente reconocida: "¡Oh mujer, grande es tu fe! Sea hecho contigo como quieres" (vs 28).

Cuando Jesús actúa de manera extraña conmigo, es para educarme. Él quiere que mi fe sea purificada por medio de obstáculos hasta que llegue a su límite. Siempre sabré cuándo habré pasado la prueba, porque entonces Jesús me dirá, "Hágase como *tú* quieres".

Algunas veces cuando oro, las cosas se ponen peor en vez de mejorar. Es porque Jesús está implementando su ministerio de "obstáculos", a fin de erradicar el egoísmo de mi oración. Él quiere que mi fe esté robusta para la batalla. La única manera como puede lograrlo es colocándose en donde parezca estar momentáneamente fuera de mi alcance. Es por eso que los problemas se acumulan cuando me siento *más espiritual*, no cuando he pecado. La combinación de problemas acumulados y de un Salvador *"ausente"* tienden a desalentarme, pero es exactamente en ese momento cuando debo persistir de manera tenaz, como la mujer sirofenicia, hasta que Jesús finalmente se dé vuelta y diga, "¡*grande* es tu fe!". El breve momento de su aparente desamparo desaparecerá y, con grandes misericordias, él volverá, me recogerá y me vindicará (Isaías 54:7,17).

"Diré a Dios: 'Roca mía, ¿por qué te has olvidado de mí? ¿Por qué he de andar enlutado por la opresión del enemigo?'" (Salmo 42:9).

Himno: **"Oh profundo, inmenso amor"** CSG # 175, HB 505

Identificándome con otros

Para llegar a ser un siervo eficaz de Jesucristo, debo aprender el significado de la identificación con otros. Aarón, el sumo sacerdote, llevaba los nombres de las tribus de Israel sobre sus hombros y pecho, en bello símbolo de la identificación del sacerdote con su pueblo (Éxodo 28). En sentido más absoluto, Jesús, nuestro Sumo Sacerdote, "se ofreció por nosotros" (Hebreos 7:26), no solamente al convertirse en hombre, sino al convertirse en el portador de nuestros pecados (2 Corintios 5:21).

La identificación con otros es más que llevar sus cargas; es colocarnos en sus propios zapatos. Ya que no podemos hacer esto de manera literal, debemos de hacerlo por sustitución y de manera espiritual. Significa sentir el dolor, el sufrimiento, y el pecado como si fueran nuestros. Pablo sentía en su corazón el dolor de la perdición de sus hermanos judíos (Romanos 9:1-3).

No podemos orar adecuadamente por otros hasta que no nos identifiquemos con ellos, a tal punto que el motivo por el que oramos se vuelva nuestro. Cuando Rees Howells, fundador de la Universidad Bíblica de Gales, oraba por una mujer tuberculosa, Dios le preguntó, "¿Te volverías tuberculoso por causa de ella?" Desde luego que Dios no realizó esa transacción, pero su siervo tenía que estar *dispuesto*, y por lo tanto mostrar su verdadera identificación.

La carga de la identificación es la verdadera carga del Señor. No hay nada que canse y agote más que eso. Es ahí donde se da la batalla y donde la lucha tiene lugar. Las más grandes victorias que Dios nos puede dar, vienen al identificarnos con otros. El llevar a cabo cultos, predicar, y asistir a las reuniones de comité, son juegos de niños comparados con aquello. Jesús portará personalmente las cicatrices de su identificación con nosotros por siempre. Y yo también llevaré marcas por identificarme en el ministerio, si lo sigo en esa dirección. Y es allí, justamente en esa actividad, donde se encuentra su - y mi - mayor victoria. "Porque Dios no es injusto para olvidar vuestra obra y el amor que habéis demostrado por su nombre, porque habéis atendido a los santos y lo seguís haciendo" (Hebreos 6:10).

"Al que no conoció pecado, por nosotros Dios le hizo pecado, para que nosotros fuéramos hechos justicia de Dios en él" (2 Corintios 5:21).

Himno: **"Qué bella historia"** CSG # 174

Llevando la cruz

Señor, no convertiré en ídolo el hecho de llevar mi cruz. El propósito de la cruz es liberarme de mí mismo, a fin de llegar a serte útil. Pero si constantemente me dejo preocupar por mi "cruz", ni me hago bien ni soy de utilidad alguna para los demás. Oswald Chambers dijo una vez, "El auto-sacrificio puede llegar a ser una enfermedad". No puedo darme el lujo de hacer de mi cruz un objeto de adoración; debo hacer de ella un instrumento de crucifixión. Mi cruz es rechazar cualquier cosa que compita con las demandas de Cristo sobre mi vida. Mi cruz sólo llega a ser realmente mía cuando soy confrontado con una alternativa, cuando Cristo dice, "deja todo aquello que pueda competir conmigo, y sígueme".

No puedo inventar mi cruz, porque esa es la peor clase de hipocresía. Por ejemplo, el hecho de negarme un pequeño placer y enorgullecerme de ello, ciertamente no es la cruz de que habla Jesucristo.

La cruz es algo continuo. No puedo hacer morir mi "yo" de una vez por todas. Debo "morir diariamente" como Pablo lo hacía (1 Corintios 15:31). Lo que debo crucificar hoy puede ser una cosa, mañana otra. En tanto que yo viva y mi voluntad carnal vehementemente desee preeminencia, seré confrontado por la continua alternativa: mi voluntad o la de Cristo. Por lo tanto, nunca estoy libre del dolor de ser "herido" por mi cruz. Ahora veo por qué Pablo dijo, "Y completo...lo que falta de las tribulaciones de Cristo a favor de...la iglesia" (Colosenses 1:24). El dolor de mi cruz es el dolor que Cristo mismo padeció, el cual sufrió por otros. Sólo en la medida que sufra el dolor de la muerte del yo, podré vivir (como Cristo lo hizo) para otros. Esa es la vida de "gloria" que Pablo proclamó triunfante: "Pero lejos esté de mí el gloriarme sino en la cruz de nuestro Señor Jesucristo, por medio de quien el mundo me ha sido crucificado a mí y yo al mundo" (Gálatas 6:14).

"Por lo tanto, también Jesús padeció fuera de la puerta de la ciudad para santificar al pueblo por medio de su propia sangre. Salgamos pues a él, fuera del campamento, llevando su afrenta" (Hebreos 13:12-13).

Himno: **"Cristo nuestra ofrenda es"** CSG # 192

Dirigido desde atrás

Debo acostumbrarme a la idea de que Dios no siempre está delante de mí, dirigiendo el camino. Él ha prometido guiarme siempre, pero algunas veces me guía desde *atrás*. "Entonces tus oídos oirán a tus espaldas estas palabras: '¡Este es el camino; andad por él!'" (Isaías 30:21). Extraña guía sin duda, desde atrás.

En Argentina observé a una pastorcita guiar su rebaño de ovejas. ¿Cómo lo hacía? Algunas veces iba delante, algunas veces al lado del rebaño, y otras veces caminaba atrás. El salmista dice, "Me *conduce*" (Salmo 23:2); eso es guiar por delante. En cambio el versículo 3 dice: "Me *echa por delante* por sendas de justicia" (trad. del autor). Eso es guiar desde atrás.

La dirección que recibo desde atrás significa una de estas dos cosas: o que hay alguna tribulación más adelante, a través de la cual yo necesite pasar; o que mi determinación se está debilitando y Dios debe utilizar un poco de "persuasión física" para hacerme avanzar nuevamente por el camino.

Dios me ha guiado más "echándome por delante", que conduciéndome ubicado adelante. Cuando Dios está al frente lo puedo ver fácilmente y puedo disminuir mi estado de alerta espiritual. En cambio cuando está detrás, tengo que confiar en sus mandamientos sin verlo. En ese caso, soy más vulnerable a fallar y a cometer errores, a menos que mi fe sea fuerte. Mi vulnerabilidad es la escuela en la que Dios le enseña a mi fe a ser fuerte.

Si confío en Dios, él nunca me dejará tomar una decisión equivocada. Sin embargo él sí me permitirá sufrir la ansiedad de una *posible* decisión equivocada, sólo para mantener mi fe en buenas condiciones para el combate. Esa ansiedad es dolorosa, pero es nada en comparación con el dolor y las consecuencias de cometer un acto *realmente* equivocado. Dios controla mi nivel de ansiedad cuidadosamente y no permitirá que se desborde. "Observad... examinad... para que lo contéis a la generación venidera. Porque Dios es nuestro Dios eternamente y para siempre; por siempre nos guiará" (Salmo 48:13-14).

"Conduciré a los ciegos por un camino que no han conocido, y por sendas que no han conocido les guiaré. Delante de ellos transformaré las tinieblas en luz, y los lugares escabrosos en llanuras. Estas cosas haré por ellos y no los desampararé" (Isaías 42:16).

Himno: **"Jehová es mi Pastor"** CSG # 364, FA 105, VC190

Los amos que Dios pone sobre nosotros

Es muy posible que Dios me someta a otros amos para mi propia formación espiritual. Los judíos en los días de Jeremías recibieron este mensaje, "Servid al rey de Babilonia, y viviréis" (Jeremías 27:17). Dios decidió entregar a los judíos a Nabucodonosor durante 70 años hasta que fueran purificados de su idolatría. Así que el rey de Babilonia fue su "amo provisional", y los judíos tuvieron que cooperar con él y "sobrevivir".

Me sorprende el hecho de que el buen rey Ezequías, tan piadoso como era, no curara a los judíos de su idolatría. Fue más bien el malvado y pagano rey Nabucodonosor. ¡El sí lo logró! La lección, para mí, es que mi quisquilloso vecino de pronto puede hacerme madurar más que mi pastor piadoso. Mi capataz ateo en la fábrica puede curarme de mi impaciencia más rápido y mejor que mi maestro de clase bíblica. Dios no se limita en cuanto a sus instrumentos. Si él pudo usar a Babilonia para purificar a los judíos, ciertamente puede usar a un agente poco probable para purificarme a mí.

Esto explica el por qué las circunstancias de mi vida cuentan con gente especialmente elegida. Sin importar cuál sea su relación con Dios, Dios sí tiene una relación especial con ellos. Ellos son sus herramientas para el fino trabajo de cincelar el carácter de sus discípulos. Eso significa que yo debo cambiar mi actitud hacia la gente "no espiritual" y de "mente mundana" que conforman mi ambiente. Sin ellos nunca podré llegar a ser lo que Dios pretende de mí. Así que voy a comenzar a alabar a Dios por estas personas. Ya no seguiré sugiriendo a Dios cuáles instrumentos tenga que utilizar para formarme. Le agradeceré por los instrumentos que él ya ha elegido. Puedo regocijarme en que éstos son para mi bien, "Para que, mientras aumente la gracia por medio de muchos, abunde la acción de gracias para la gloria de Dios" (2 Cor. 4:15).

"Yo te daré los tesoros de la oscuridad, las riquezas de los lugares secretos, para que sepas que yo soy Jehovah Dios de Israel, que te llama por nombre" (Isaías 45:3).

Himno: **"Jesús me pastorea"** CSG # 372

El lado tormentoso de Dios

No progresaré en mi discipulado si me limito a ver a Dios por un solo lado. Él tiene dos caras. Una muestra su infinita bondad y paciencia, la otra su firmeza y resolución. Los puritanos lo llamaban "el tormentoso lado norte de Jesucristo". La mayoría de las enseñanzas que he escuchado acerca de Dios se refieren a su gracia, amor y bondad. Pero estoy bastante deficiente en mi aprendizaje en cuanto a esa "cara tormentosa" de Dios.

Jeremías vio estas dos caras de Dios. En el capítulo 18, nos cuenta como Dios restaura la vasija rota de arcilla y la vuelve a hacer útil. En el capítulo 19 vio a Dios romper otra vasija en pedazos (19:10) como una ilustración de lo que le haría a su pueblo en el futuro (versículos 10-15). Debo aprender de este sombrío mensaje.

Demasiada gente siente que la paciencia de Dios no tiene límite, que su amor está acostumbrado al dolor, que su disciplina es suave y dilatada, y, que de todas formas, el Calvario "lo cubre todo". Tal visión distorsionada de Dios nos lleva a todo tipo de relajo, descuido y dejadez en el discipulado. Pero Dios no es tan permisivo. Si no me rindo ante su amor, deberé rendirme ante su presión.

¿Soy acaso tan duro de corazón que necesito de un golpe para despertarme? ¿Debo ser maltratado como un esclavo a fin de apreciar el amor de su persona? ¿O estoy en tal sintonía con Dios, que me rindo ante el más ligero movimiento de sus dedos? ¿Soy barro en sus manos, suave y obediente, o una masa de partes duras y quebradizas?

Dios reserva su cara tormentosa para los insensibles e indiferentes, pero él nunca es insensible hacia aquellos que claman por misericordia y ayuda. ¿Qué clase de Dios es él? "El se deleita en la misericordia". ¿Qué es lo que él hará por nosotros que venimos suplicantes y contritos? "Volverá a compadecerse de nosotros" (Miqueas 7:18-19). Tal Dios es nuestro Dios por siempre.

"A él anunciamos nosotros, amonestando a todo hombre y enseñando a todo hombre con toda sabiduría, a fin de que presentemos a todo hombre, perfecto en Cristo Jesús" (Colosenses 1:28).

Himno: **"Dad Gracias"** CSG # 447

Un ideal factible

Debo adoptar un modelo factible en mi trato con las demás personas. El modelo debe ser *bíblico* y debe ser *factible*. El alejarme de cualquiera de estas dos condiciones significará el fracaso.

La medida es muy sencilla: conformidad absoluta hacia un ideal; y por otro lado, compasión sincera por aquél que falla en alcanzar el ideal. Creo que los dos elementos de este modelo son bíblicos y factibles. Creo que ambos elementos son fundamentos de la Palabra de Dios, esto es, que Dios utiliza este modelo en su trato con nosotros.

Nunca debo descartar este ideal. Si lo hago, no habrá razón para continuar con este asunto del discipulado. Si digo a mí mismo (y a otros), *"confía en Cristo como Salvador, pero peca en todo lo que te plazca"* obviamente he caído y he quedado atrapado en una mortal contradicción. Por otro lado, si digo a mi corazón, "confía en Cristo como Salvador, pero no vuelvas a pecar", he asumido una carga que es demasiado pesada para que la soporte una persona de carne y hueso. Así que vivo al filo de la navaja de una emocionante aventura - busco alcanzar el más puro ideal y a la vez me aliento a no rendirme si resbalo y tropiezo por el camino.

Esto me alivia de la tensión con mis compañeros y consiervos cristianos. El fallar en alcanzar el ideal no es un desastre, siempre y cuando exista el adecuado reconocimiento de la falta y la apropiada contrición al respecto. Pero ahí vamos de nuevo, siempre apuntando hacia donde Dios quiere que estemos, siempre confiando en su poder para que lleguemos allí. La carne puede momentáneamente ser un obstáculo, pero por la gracia de Dios, no nos restringirá permanentemente. Como creyentes hemos nacido para la victoria, y el poder de Dios en nuestro interior siempre nos impulsará más arriba. Por cuanto "nos hemos vestido del nuevo [hombre], el cual se renueva para un pleno conocimiento, conforme a la imagen de aquél que lo creó" (Colosenses 3:10).

"¡Miserable hombre de mí! ¿Quién me librará de este cuerpo de muerte? ¡Doy gracias a Dios por medio de Jesucristo nuestro Señor! Así que yo mismo con la mente sirvo a la ley de Dios; pero con la carne, a la ley del pecado" (Romanos 7:24-25).

Himno: **"Tal como soy"** CSG # 308, FA 344, VC 325, HB 211, LL 152, GD 399, GT 133

Dios usa nuestros cuerpos como canales

Como discípulo debo entender correctamente el uso de mi cuerpo en mi servicio a Jesucristo. *Primero*, debo pensar en mi cuerpo como un canal, no un recipiente. Existen dos grandes esferas en el mundo: la esfera de la vasta necesidad humana y la esfera de la infinita provisión de Dios. Mi cuerpo es la conexión entre las dos. Muy a menudo oramos, "Señor, bendícenos" o "Señor, ten compasión de nosotros" o "Señor, danos un avivamiento". Tales oraciones a veces conllevan la sugerencia velada de que Dios es tacaño y escatimoso, pero la Biblia nos enseña que él es justamente lo contrario. El anhela derramar sus más ricas misericordias sobre nosotros. El problema no está en la *fuente* sino en el *canal*. ¿Cuántos cuerpos físicos de creyentes están disponibles para disfrutar de su generosidad?

Segundo, necesito reconocer que las personas son mucho menos indiferentes a Dios de lo que aparentan. Ellas anhelan profundamente la realidad que sólo Dios puede darles. Demasiado a menudo los hemos ahuyentado del camino de Dios porque nosotros, sus hijos, lo hemos tergiversado. Ven nuestra preocupación por comodidades y tranquilidad, nuestro énfasis en las posesiones materiales, nuestra ambición por una posición y prominencia, y *con toda la razón* ¡estas personas se vuelven indiferentes!

El punto de encuentro entre un Dios que busca y un mundo indiferente es a través de mí. Si yo rindo mi vida a Dios, él la utilizará para comunicarse con aquellos que no le conocen. No tendré necesidad de orar para que Dios intervenga desde afuera, porque él estará en mi interior obrando a través de mí. Mis ruegos por poder, compasión, y fortaleza serán innecesarios. Estos ya serán míos a través de él, quien ahora me posee.

Mi actitud hacia mi cuerpo siempre debe ser: le agradezco a Dios por ti, nunca te mimaré. Permitiré que él, quien es tu dueño, te posea, y dejaré que otros lo vean en ti. Porque mi cuerpo es "templo del Espíritu Santo" y yo ya no me pertenezco. Así "glorificaré a Dios en [mi] cuerpo" (1 Corintios 6:19- 20).

"El sacrificio y la ofrenda no te agradan; tú has abierto mis oídos. Holocaustos y sacrificios por el pecado no has pedido" Salmo 40:6).

Himno: **"Santo Consolador"** CSG # 258

Culpando a Dios por los fracasos

Algunas veces he experimentado exactamente lo opuesto a lo que pensé que Dios haría. Como resultado, he tenido amargos encuentros con él y le he recriminado por fallar en el cumplimiento de mis expectativas. He dicho junto con Jeremías, "Oh Señor, me engañaste al prometerme tu ayuda" (Jeremías 20:7 VIV). Jeremías predicó la Palabra de Dios, pero los resultados no fueron los que él esperaba. Sus oidores lo golpearon y lo encarcelaron. Fue allí donde él se indispuso contra Dios y le recriminó.

El mundo culpa a Dios a diario. No existe problema o catástrofe por el cual Dios no sea recriminado. Es una característica del hombre natural echar la culpa a los demás. No debe ser característico del discípulo. Por lo tanto debemos preguntar ¿por qué lo hacemos?

El recriminar a Dios es, primeramente, el resultado de *expectativas equivocadas*. Jeremías esperaba que sucedieran ciertas cosas; Dios permitió que pasaran otras diferentes. El profeta había programado a Dios de manera demasiado estrecha, demasiado rígida. Cuando su programa no se cumplió, se puso tenso y amargo. Segundo, el recriminar es el resultado de llegar a estar *demasiado involucrado personalmente* con los resultados. Se trata de una dedicación fuera de control. Los resultados están siempre en las manos de Dios, y no debemos sentirnos personalmente responsables por ellos. De otro modo, la tensión nos hará explotar contra Dios.

El recriminar a Dios es señal de un discípulo pasado de celos. El celo por la obra del Señor lo tiene consumido (1 Reyes 19:10). Sus sentidos han recibido más tensión de la que debieran. Es tiempo de retirarse, calmarse, y desligarse. Sólo Cristo pudo tener tal celo por la casa de su Padre y no llegar a pasar los límites. El resto de nosotros, la arcilla común, necesitamos la amonestación calmada, "Estad quietos y reconoced que yo soy Dios" (Salmo 46:10).

"Pero yo, en cambio, apelaría a Dios y a la Divinidad confiaría mi causa. Él hace cosas grandes e inescrutables, y maravillas que no se pueden enumerar" (Job 5:8-9).

Himno: **"Mi Paz"** CSG # 356

Buscando Reconocimiento

Señor, mi discipulado significa que he renunciado a mi derecho de "tener éxito". La Palabra de Dios a todo discípulo es, "¿Y tú buscas para ti grandezas? No las busques" (Jeremías 45:5). Si me esfuerzo por ser grande en la obra de Dios, nunca lo lograré. Impartir grandeza le corresponde a Dios, no es trabajo mío ni de ningún hombre.

Debo dejar que el mundo venga a mí; no debo correr tras él. El mundo ***sí** vendrá* a mí si yo tengo algo que ofrecerle, así como cuando vino a Jesús. El mundo es sorprendentemente perspicaz cuando de valores se trata; sabe a quién buscar para las cosas que necesita con desesperación. No debo envidiar al mártir ni anhelar un sufrimiento de "famoso". Exige mayor valor el soportar a diario la irritación y el trabajo penoso de una situación en donde nada aparentemente heroico suceda para Cristo. El sufrir por causa de Cristo tiene su propio regocijo, ¿pero dónde está el regocijo en medio de las diarias trivialidades de una tarea que veo como infructuosa?

El buscar reconocimiento y atención es una característica del mundano, no del discípulo de Jesucristo. Por supuesto, algunos de los siervos de Dios sí reciben atención y renombre, pero el verdadero siervo ignorará tal honor y se esforzará por dirigir la atención hacia su Señor y Amo. Él tratará dicha fama no como una ventaja sino como un estorbo, como "basura" (Fil. 3:8) a menos que le permita glorificar a su Dios.

El servir a Dios sin recibir aclamación requiere de una sublime dedicación. Dios no busca grandes hombres, sino hombres que le permitan a él manifestarse grandemente en ellos. Mi fin supremo es glorificar a Dios (no a mí mismo), y disfrutar de él (y no de un nombre deslumbrante) por siempre. Que nunca me gloríe en mi sabiduría o fuerza, sino en esto: que comprenda y conozca a aquél que es mi Dios (Jeremías 9:23-24).

"Pero rechazamos los tapujos de vergüenza, no procediendo con astucia, ni adulterando la Palabra de Dios, sino que, por la clara demostración de la verdad, nos recomendamos a nosotros mismos a toda conciencia humana delante de Dios" (2 Corintios 4:2).

Himno: **"En mi vida gloria te doy"** CSG # 100

El verdadero persuasor

Como discípulo nunca debo tratar de persuadir a la gente a que siga a Cristo. Mi responsabilidad es dar las buenas nuevas de Jesucristo; el resto le corresponde a Dios. Jesús nunca trató de persuadir a la gente. Él dijo, "Sígueme" (Mateo 9:9, Juan 1:43) de una manera prosaica, y dejó que los hechos de su vida y su ministerio hablaran por sí mismos. El predicar el evangelio no es importunar ni obligar a la gente, sino simplemente comunicar los hechos de la persona de Cristo.

Me encontraré en grandes problemas si presiono a la gente a que se comprometa con Jesucristo. Eso probablemente explica por qué tantos "convertidos" se alejan en tan poco tiempo. La gente puede ser fácilmente persuadida a hacer cualquier cosa (¡como seres emocionales que somos!).

El gran persuasor es el Espíritu Santo, quien opera bajo la autoridad del Padre y persuade con respecto al Hijo. El Espíritu puede utilizar la persuasión mental y/o emocional, pero al final de todo, llega a la voluntad, y es allí donde se aplica el verdadero Poder. Cuando el Espíritu alcanza la voluntad, primero debilita su resistencia a Cristo, para luego fortalecer su determinación a aceptarle. Todo esto sucede sin depender del predicador, el evangelista, o el obrero personal. En ese último paso final, en el santuario interno del alma, sólo quedan dos personas.

Al comprender adecuadamente el proceso de la persuasión espiritual sentiré inmediatamente un rechazo hacia las metodologías "comerciales" para ganar almas. Igualmente desecharé cualquier otro medio o truco humano de persuasión. Yo no puedo persuadir; sólo Dios puede hacerlo. Mi única responsabilidad es dar testimonio, comunicar los hechos acerca de Jesucristo, quien dijo, "Vete a tu casa, a los tuyos, y cuéntales cuán grandes cosas ha hecho el Señor por ti, y cómo tuvo misericordia de ti" (Marcos 5:19).

"Por él estáis vosotros en Cristo Jesús, a quien Dios hizo para nosotros sabiduría, justificación, santificación y redención" (1 Corintios 1:30).

Himno: **"Vida nueva encontré"** CSG # 314, FA 185

Teniendo a Cristo por modelo

Me incorporaré al discipulado al asumir un *modelo*. Jesucristo no tiene otro tipo de discípulo que aquél que se basa en un patrón. Los discípulos se forman "observando" (guardando, practicando) lo que él nos mandó, no simplemente por aprender sus mandamientos. El enseñar la doctrina es importante, pero el maestro de la doctrina es de inmensa importancia. Jesús estableció el modelo para todos los discípulos cuando dijo, "sígueme". Más tarde, Pablo continuó con el mismo modelo al decir "sed imitadores de mí" (Fil. 3:17). Todo cristiano tiene la responsabilidad de convertirse en un tipo o modelo por medio del cual otros puedan moldear sus vidas.

La obra del Espíritu Santo en nosotros es moldearnos de acuerdo al modelo de Jesucristo mismo. El objetivo del Espíritu no es hacer de nosotros enciclopedias de doctrina, sino modelos vivos del Hijo de Dios. Más aún, el Espíritu busca hacer de nosotros modelos vivos de Jesús frente aquellas personas que nos observan diariamente. Así que somos los modelos *de* una Persona *para* otra persona.

El discipulado no es el resultado de una fórmula ni de un seminario u otra institución educacional, sino del impacto de la Persona de Dios (o persona usada por él) en otra persona. Lo que nosotros *somos* vive perpetuamente en la memoria; lo que *decimos* se marchita como la paja. No tenemos que esforzarnos, sudar, o fatigarnos para hacer discípulos. Automáticamente los estamos haciendo o ahuyentando en la medida en que estemos o no permitiendo que Jesús sea formado en nosotros por el Espíritu. En un sentido, nosotros no *hacemos* discípulos. Estos se hacen o se "deshacen" constantemente por el simple hecho de observarnos.

Mi responsabilidad no es la de lograr crear un discipulado ni tampoco el decir, "voy a discipularte", sino simplemente dejar que el Espíritu me llene. El hacer discípulos será entonces un resultado muy natural. El mayor gozo que un testigo de Cristo puede sentir es cuando la gente le diga: "¡Déjanos ir contigo, porque hemos oído que Dios está contigo!" (Zacarías 8:23).

"Sabemos que a los que antes conoció, también los predestinó para que fueran hechos conforme a la imagen de su Hijo; a fin de que él sea el primogénito entre muchos hermanos" (Romanos 8:29).

Himno: **"¿Sabes tú de Cristo?"** CSG # 303, HB 199

Los deseos de nuestros corazones

¿Está mal para un discípulo anhelar los "deseos de [su] corazón?" Eso es lo que Dios promete a aquellos que se "deleitan" en él (Salmo 37:4). Creo que cuando un hombre se deleita en Dios, el Señor abre sus ojos espirituales a "visiones" y "sueños" que de otro modo serían imperceptibles en su estado natural (Joel 2:28). Aquellos deseos no son inculcados por el Omnipotente para crear desilusión. Dijo Arthur Hewitt, un pastor en Nueva Inglaterra, "un hombre no puede hacer la voluntad de Dios y a la vez evitar el deseo de su propio corazón". La única ocasión en que un discípulo no puede realizar los deseos de su corazón es cuando los busca por medio de sus propios esfuerzos.

Dios tiene planes para cada uno de sus hijos que van más allá del alcance de nuestra imaginación. Estos son planes de "bienestar" y esperanza, y no para "mal" (Jeremías 29:11). Los deseos egoístas de una persona vienen de su interior, mientras que los deseos de Dios provienen de fuera. Estos le son implantados por medio de una nueva relación con Dios, de tal modo que le aseguran al creyente que son realmente sus deseos.

Dios nunca permitirá que mis sueños implantados divinamente sean frustrados. Por esa razón Abraham bajó nuevamente del Monte Moriah con Isaac, Nehemías encontró favor ante el rey, y Simeón y Ana recibieron la gracia de vivir tanto tiempo. Debo resistir fuertemente la idea de que no es correcto tener sueños, de que no es correcto dejar que mi corazón tenga deseos. Un hombre sin anhelos implantados de manera divina no conoce mucho acerca del Espíritu de Dios. ¡Los impedimentos - enfermedad, sufrimiento, prisión, muerte - no afectan mis deseos más de lo que una pluma pudiera afectar al Peñón de Gibraltar! ¿Quién podría decir no cuando Dios dice sí? ¿Y quién podría rechazar un sueño cuando Dios ha determinado que este se realice? "Porque yo sé los planes que tengo acerca de vosotros, dice Jehovah, planes de bienestar, y no de mal, para daros porvenir y esperanza" (Jeremías 29:11).

"Sucederá después de esto que derramaré mi espíritu sobre todo mortal. Vuestros hijos y vuestras hijas profetizarán. Vuestros ancianos tendrán sueños; y vuestros jóvenes, visiones" (Joel 2:28).

Himno: **"Sed llenos, hermanos"** CSG # 254

La semilla del avivamiento

Señor, enséñame a entender el significado del avivamiento. A menudo he orado por avivamiento, esperando ser el avivador y por lo tanto, el centro de atención. Otras veces he anhelado el avivamiento porque significaba multitudes, interés, y emoción. ¡Qué equivocadas eran esas ideas! El avivamiento es todo menos placentero; es un tiempo de búsqueda agotadora cuando la santidad de Dios quema con furia nuestros pecados. Es saber que Dios es "fuego consumidor" (Hebreos 12:29); es conocer el "temor" de Dios (2 Corintios 5:11); y es tiempo de exclamar "¡Ay de mí!" (Isaías 6:5).

El avivamiento tiene un objetivo primordial - eliminar el pecado y purificar al creyente. Leemos acerca de avivamientos y conversiones al por mayor, pero estos son los *resultados* del avivamiento. El avivamiento en sí tiene dos partes: Dios y su pueblo. El mensaje del avivamiento es: ¿Qué estás haciendo con respecto a tus pecados acumulados? El avivamiento es signo de que, agotándose la paciencia de Dios, él ha conmovido a su pueblo al punto de la confesión. Pero también significa algo más: Dios nos ama tanto que está ansioso por hacernos volver hacia una relación correcta con él. En el avivamiento, Dios dice, "yo te amo, así que desecha tus pecados".

La semilla del avivamiento es sentir el dolor que viene de parte del Espíritu Santo. La confesión del pueblo es el desahogo de aquella pena. Sólo cuando el Espíritu deja de estar "afligido" puede venir la bendición. Es en ese momento cuando el pueblo de Dios puede dar un gran salto hacia adelante. Necesitaré del avivamiento, a menos que el Espíritu Santo esté en control de mi vida. El avivamiento es la cirugía de Dios para las personas que se han vuelto sordas.

La profunda exclamación del salmista nos alienta: "¿No volverás a darnos vida, de modo que tu pueblo se alegre en ti?" (Salmo 85:6). Es un día grato cuando llega el avivamiento, por cuanto somos restaurados y liberados (vv 4,7).

"¿No volverás a darnos vida, de modo que tu pueblo se alegre en ti? Muéstranos, oh Jehovah, tu misericordia, y concédenos tu salvación" (Salmo 85:6-7).

Himno: **"Avívanos Señor"** CSG # 497, HB 271

Satanás también tiene su "plan de salvación"

Señor, debo estar alerta en cuanto a los artificios de Satanás. Me es fácil olvidar que *él* también tiene su propio "plan de salvación". Él se especializa en ofrecer "rescate" (Hebreos 11:35). La verdad es que la "liberación" de Satanás es un remedo de la gran liberación que tú prometes a tus hijos. Cuando Satanás tentó a Jesús le ofreció reinos y gloria por sólo adorarle (Mateo 4:9). A muchos de los que sufrieron como mártires se les prometió liberación de sus sufrimientos si simplemente se retractaban. Lo único que exige Satanás para sus rescates es exactamente lo que requiere Dios de nosotros: el compromiso para con él.

Siempre debo recordar que Satanás me quiere tener vivo y activo sobre el planeta tierra. ¿Qué déspota, por muy malo que sea, quiere que sus súbditos sean angustiados e infelices? La caricatura generalizada - de que Satanás nos quiere destruidos, mutilados, o deformados - no es cierta, aunque la esclavitud de sus vicios conduce a eso. La verdad es que él quiere que nos sintamos dichosos y felices - pero a *su* manera. Es por eso que es tan difícil convencer a las personas que nos rodean de que *no* están disfrutando verdaderamente de la vida. El hecho es que ¡sí, muchos lo están haciendo! Más aun, es difícil lograr que las personas cambien la felicidad inmediata y pasajera que ofrece Satanás, por el gozo perdurable que promete Dios.

La diferencia entre la liberación de Dios y la de Satanás se ve en un resultado crucial: ¿vivo para mí mismo, o para otros? Satanás dice, "sírveme, y yo te daré todo lo que puedas desear". Dios dice, "sírveme y yo te daré sólo lo que es bueno". La filosofía de Satanás tarde o temprano me matará, por cuanto el fin de una vida egoísta es la muerte. La verdad de Dios me hace vivir eternamente, y la persona que da su vida por la de otros tendrá recompensa para siempre. Dios nunca me abandonará ante mi enemigo, Satanás, en tanto yo tenga mis ojos puestos en él. Nunca se retractará de su juramento de que ninguna potestad podrá jamás separarme de él (Romanos 8:35-39).

"Al que vosotros habréis perdonado algo, yo también. Porque lo que he perdonado, si algo he perdonado, por vuestra causa lo he hecho en presencia de Cristo; para que no seamos engañados por Satanás, pues no ignoramos sus propósitos" (2 Cor. 2:10-11).

Himno: **"Supremo Dios"** CSG # 617, FA 369

Las heridas de Jesús

Señor, aceptaré el hecho de que la vida contigo es una serie de "heridas". Tanto la humanidad como los animales sufren dolor, pero sólo los seres humanos pueden mejorar moral y espiritualmente debido al dolor. La aflicción es un instrumento para crecer y llegar a ser un discípulo maduro de Jesucristo. Una de las más grandes desilusiones que pueda sufrir el Señor es verme batallar con mis aflicciones y aún así no mejorar. Tú has dicho, "Yo hago morir y hago vivir; yo hiero y también sano" (Deuteronomio 32:39). Sería una pena no ser sanado o vuelto a la vida cuando Dios permita que sienta dolor.

Jesús hirió a Simón Pedro con una mirada que lo llevó a las lágrimas; y él lloró "amargamente" (Lucas 22:62). Oswald Chambers dice, "el ser herido por Jesús es el dolor más exquisito que se pueda imaginar". Las heridas de Jesús, si las acepto de la manera apropiada, son las sanidades de mañana. Necesito de sus heridas para cauterizar lo que es superficial o poco profundo en mi vida. Si camino durante mucho tiempo con él, la vida será una serie de cortaduras, heridas y aflicciones. Dos personalidades no pueden caminar juntas sin heridas y curaciones.

Quiera o no, la vida me dará golpes de una u otra manera. Pero puedo elegir. Puedo decirle al mundo, "hiéreme" y lo hará. Pero la herida del mundo es la herida de la "sobrevivencia del más fuerte" en la cual no hay misericordia ni redención. Al mundo no le interesa si yo muero; sólo le interesa que yo deje de hacer estorbo si no puedo competir.

Pero Jesús trata con los perdedores, los desechados como inútiles, y los pordioseros. Él tiene un lugar para ellos en su plan eterno. Los hiere a fin de limpiarlos y darles forma, los pincha para que despierten, y les recuerda que el polvo puede tener un destino, y que la flaqueza humana puede ser cubierta de gloria eterna.

Gracias, Señor, por hacer de los mendigos príncipes y por levantar a los necesitados y sentarlos en tronos (Salmo 113:7-9).

"Ten misericordia de mí, oh Dios; ten misericordia de mí, porque en ti ha confiado mi alma. En la sombra de tus alas me ampararé, hasta que pasen las calamidades" (Salmo 57:1).

Himno: **"En este mundo de misterio"** CSG # 439 y **"Pon tus ojos en Cristo"** CSG # 440, FA 285, HB 214

La imprevisibilidad de Dios

Señor, aceptaré la disciplina de la incertidumbre. Hay momentos en nuestro peregrinaje en los que simplemente no sabemos qué hacer. Recuerdo las palabras de Hudson Taylor, "nada está establecido todavía" y me doy cuenta que son las palabras de todo discípulo, y que se dicen a menudo. He aprendido Señor, que tú has creado un delicado equilibrio *certidumbre/incertidumbre* en todo siervo tuyo, porque tal es la manera de formar la obediencia. Aun Jesús tuvo que aprender "la obediencia por lo que padeció" (Hebreos 5:8).

Dios nunca nos deja en duda acerca de la certidumbre de la *salvación*, pero ciertamente nos deja en duda acerca del *mañana*. Es la imprevisibilidad de Dios lo que nos hace confiar en él de manera absoluta. Asimismo, es la imprevisibilidad de Dios lo que hace de la vida cristiana una aventura fascinante. Cuando yo hago a Dios previsible, me frustro. He notado que otros cristianos cometen el mismo error. Siempre que su Dios no hace lo previsible para ellos, o se rinden en su caminar con él, con el consecuente efecto de llamarlo un mentiroso; o continúan caminando con él, pero malhumorados y amargados.

El permanecer en una encrucijada de manera incierta no significa que Dios me haya abandonado. En esos momentos, él me observa con ojos extremadamente cuidadosos y espera hasta que la paciencia y la confianza sean perfeccionadas en mí. Luego me da la señal para avanzar nuevamente. Hasta que no reciba esa señal claramente, debo permanecer donde estoy a toda costa. Si Dios me lleva hacia una encrucijada, es su problema el hacerme salir de ella. Puedo regocijarme en un Dios que nunca se equivoca, que nunca llega tarde, y que nunca está confundido. Sólo él puede "declarar y relatar delante de mí las cosas que han sucedido...y...las cosas por venir" (Isaías 44:7). Por lo tanto, él me ha dicho "no temas, ni tengas miedo" (versículo 8). ¡Este es nuestro Dios por siempre!

"Oh Dios nuestro, ¿no los juzgarás tú? Porque nosotros no disponemos de fuerzas contra esta multitud tan grande que viene contra nosotros. No sabemos qué hacer, pero en ti ponemos nuestros ojos" (2 Crónicas 20:12).

Himno: **"Cristo nuestro Jefe"** CSG # 542, FA 92, VC 203

El Desaliento

Siempre debo estar alerta ante el sentimiento de *desaliento*, el cual es un pecado. El desaliento dice, “me niego a aceptar el plan de Dios para mi vida”. El desaliento viene cuando nuestras expectativas son confusas. El desaliento llega como resultado de no dejar obrar plenamente a Dios en mi vida. Es trágico aceptar a Jesús como mi “Señor”, para después dejar que el desaliento crezca dentro de mí cuando él frustra mis expectativas. Si Jesús es mi Señor, entonces Romanos 8:28 debe ser siempre mi libro de texto. Es imposible tener lo uno sin lo otro.

Debo reconocer las causas del desaliento y verlas en su perspectiva correcta. ¿Soy acaso criticado por otros? ¡Pues que me regocije por ello! ¿Acaso no me doy cuenta que Dios utiliza diamantes para pulir a otros diamantes? Que recuerde entonces que fue la crítica la que comenzó a llevar a José en su camino hacia el trono del faraón; y Dios también permitirá que la crítica me ponga en un trono, si se lo permito.

¿Estoy sufriendo por falta de éxito? ¿Acaso no me doy cuenta que el éxito es producto de la cuidadosa y perfecta programación divina y no la mía? ¿Y acaso no me doy cuenta que si soy fiel donde Dios me ubica, el éxito será inevitable?

¿Estoy desalentado porque el camino es duro y doloroso? Si es así, debo percatarme de que Dios está arando un terreno para que produzca fruto a ciento por uno. Dios nunca me dará un camino duro a seguir sin un “pero después da fruto” (Hebreos 12:11). Cuando esté en dificultad debo orar, “Señor, dame paciencia para esperar tu ‘después’”.

¿Acaso estoy siendo acosado por Satanás, y sus susurros llegan a mi oído? Debo recordar la historia de la humanidad: Todo aquél que ha escuchado a Satanás y ha obedecido sus insinuaciones, ha experimentado consecuencias funestas.

Honraré a Dios por medio de mi confianza; le complaceré, afirmando: “Dios hace [verdaderamente] que todas las cosas ayuden para bien” (Romanos 8:28). Creo que Dios “irá delante de [mí] y allanará las montañas...[y me] dará los tesoros de la oscuridad” (Isaías 45:2-3).

“En mi angustia invoqué a Jehovah y clamé a mi Dios. Él oyó mi voz desde su templo, y mi clamor llegó delante de él, a sus oídos” (Salmo 18:6).

Himno: **“El Señor te bendiga”** CSG # 647 y “Amén” CSG # 648

El saludable dolor del discipulado

La lección primordial que debo aprender acerca del discipulado es que se trata de una vida de dolor. Demasiado a menudo mi mensaje ha sido, "acepta a Cristo y ten una vida de paz y gozo". Por supuesto, la paz y el gozo son una consecuencia, pero no sin dolor, y es allí donde muchos cristianos se desalientan y desfallecen.

El dolor que llega a nosotros por seguir a Cristo es el dolor del *cambio*. Es el cambio de vivir naturalmente a vivir espiritualmente. Como dijo Blas Pascal, es resultado de la impiedad que todavía nos queda dentro. Cuanto mayor sea nuestra resistencia a este cambio, tanto mayor será nuestro dolor. La razón por la cual en el cielo no habrá "más dolor" (Apoc. 21:4) es porque cada voluntad habrá sido puesta en total armonía con la voluntad divina. Por lo tanto, el conflicto de voluntades, que es la fuente del dolor, desaparecerá.

Muchos cristianos son infelices porque se resisten al dolor que en sí indica victoria. Nos sentimos miserables porque el hombre natural ama la comodidad y la facilidad. También tenemos una comprensión errada de lo que esperamos que Jesús haga en nosotros. Él vino para hacernos victoriosos, no para hacernos sentir cómodos. La victoria significa que en nosotros habrá el reemplazo gradual de nuestra vida natural por su triunfante vida espiritual. La diferencia entre un cristiano esclavizado por su propia comodidad y uno que es triunfante consiste en que éste no huye del *dolor*.

Lo que consuela con respecto al dolor del discipulado es que es un dolor saludable. No es el dolor del agotamiento ni de la muerte, sino el dolor de la sanidad y la restauración. Forma y construye para hacer de mí la persona que Dios quiere que yo sea. Desarrolla un carácter increíblemente fuerte y perfecciona la imagen de Dios en mí. "Y cuando hayáis padecido por un poco de tiempo, el Dios de toda gracia...él mismo os restaurará, os afirmará, os fortalecerá, y os establecerá" (1 Pedro 5:10). ¡Gracias, Dios, por la escuela del dolor! ¡Qué Dios haga de mí un graduado digno de ella!

"Mírame y ten misericordia de mí, porque estoy solitario y afligido. Las angustias de mi corazón se han aumentado; sácame de mis congojas" (Salmo 25:16-17).

Himno: **"Muy cercano está el día"** CSG # 553, VC 75

Orando en el nombre de Cristo

Reconozco que Dios me da poder sin límite en la oración, pero sólo cuando estoy orando respecto a sus asuntos. No se trata de orar por mi comodidad, facilidad y éxito material para luego sentarme a esperar respuesta. Cuando Dios se pone a mi disposición en la oración, el objetivo final es por su causa, no la mía. No debo construir mi vida en forma *egoísta,* ni pensar en que Dios se va a acomodar a mis necesidades y caprichos personales. Claro que Dios sí se preocupa por mi bienestar. Jesús dijo, "Si me pedís alguna cosa en mi nombre, yo la haré" (Juan 14:14). Pero pedir cualquier cosa en su nombre significa pedir *en lo concerniente a sus asuntos*. Yo no me atrevería a usurpar la autoridad de mi jefe en el trabajo; y no debería utilizar mi posición en su empresa para promover de manera egoísta mis propios intereses. ¿Por qué entonces habría yo de hacerlo con los asuntos de Jesús?

Así que mientras sea para su obra y según su propósito, utilizo su autoridad con el Padre al pedir fortaleza, o provisión para mis necesidades o protección en mi servicio para Cristo.

Cuando oro en el nombre de Cristo, pongo a mi alcance todo lo que Cristo es con el Padre. Cristo siempre oró a su Padre por el bienestar de su obra en la tierra, pero cuando él se fue al cielo, compartió ese privilegio y responsabilidad conmigo. Ahora puedo utilizar su posición con el Padre para continuar con la obra que él dejó para que yo la hiciera. ¡No debo abusar de esa confianza! No quiero actuar egoístamente y hacer mío algo que pertenece a él.

Si no abuso de ese privilegio en la oración, significa que Cristo tendrá la preeminencia en mí. Su obra será mi primera preocupación. Su gloria y honor serán mi comida y bebida. Al estar completamente enfocado en él, aprenderé a orar la "oración del justo, [que] puede mucho" (Santiago 5:16). Esa clase de oración es asombrosa en cuanto a su poder y efectividad.

"Si permanecéis en mí y mis palabras permanecen en vosotros, pedid lo que queráis, y será hecho" (Juan 15:7).

Himno: **"Oh, háblame y hablaré"** CSG # 504

Cristo no nos atormenta con lo inalcanzable

No debo distanciarme demasiado de Jesucristo. Cuando leo de sus poderosas obras, enseñanzas, predicación y vida, a menudo me siento tentado a decir a manera de excusa: "Sí, pero es que él es el Hijo de Dios".

Es cierto, él es el Hijo de Dios. Pero si pongo demasiada distancia entre él y yo debido a su condición única como Hijo, he perdido el mensaje del Nuevo Testamento. Cristo vivió su vida terrenal en la fuerza y el poder del Espíritu Santo (Mateo 3:16; Juan 3:34). Él triunfó sobre los pecados, enfermedades, y penalidades del hombre en base a su dependencia en el Espíritu, no recurriendo a sus propios méritos de Deidad. Se despojó del uso de todos sus derechos y privilegios exceptuando la fe. Él hizo esto para vivir como nosotros tenemos que hacerlo, y para que él pudiera demostrar que la victoria sí es posible aun tomando en cuenta nuestra condición humana.

Jesucristo no nos atormenta instándonos hacia lo que es inalcanzable. Él es el Salvador. La paz que él disfrutó, podemos disfrutarla nosotros también (Juan 14:27). El gozo que lo caracterizó y que lo hizo radiante puede hacernos radiantes también (15:11). Él es el "autor" (o pionero) de nuestra fe. Como tal, me muestra *lo que es* la victoria. Además es el *"consumador"* (perfeccionador) de nuestra fe. Como tal, me indica *cómo* alcanzar dicha victoria. Jesucristo puede formar en mí sus virtudes; puede volver a demostrar a través de mí lo que él *hizo* (Juan 14:12).

Que nunca vuelva yo a negar quién es Jesucristo. Lo negaré si sigo insistiendo en su persona celestial como Alguien incapaz de comprenderme, en vez de reconocer en él a la persona que bajó *del* cielo y entró en la vida humana haciéndose de carne y hueso. Una vez que Jesucristo se hizo carne, eliminó para siempre mi excusa para fallar. Ahora debo aceptarlo por lo que verdaderamente es - ¡un Salvador que comprende muy bien mi humanidad! "Pero gracias a Dios, que hace que siempre triunfemos en Cristo" (2 Cor. 2:14).

"Por tanto, era preciso que en todo fuese hecho semejante a sus hermanos, a fin de ser un sumo sacerdote misericordioso y fiel en el servicio delante de Dios para expiar los pecados del pueblo" (Hebreos 2:17).

Himno: **"Tierra de Palestina"** CSG # 183, FA 87, HB 94

Utilizando al mundo

No debo negar la influencia terapéutica del mundo. Por supuesto, hay que tomar seriamente las advertencias bíblicas de que "la amistad con el mundo es enemistad con Dios" (Santiago 4:4). Sin embargo, el mundo me ofrece una maravillosa oportunidad para fortalecer mi estructura espiritual, si la utilizo apropiadamente.

Los israelitas conquistaron Canaán "poco a poco" (Éxodo 23:30). La victoria debía ser gradual para que el pueblo no se exaltase ni se enorgulleciese demasiado, y fin de conservar su fuerza. Eso me da la clave en cuanto a cómo relacionarme con el mundo. Debo utilizarlo como una oportunidad para desarrollar mi fuerza espiritual, o si no, ¿para qué todo el entrenamiento y disciplina? ¡Los soldados no se preparan para la batalla sólo para permanecer en un estado de paz y reposo! Pero al utilizar al mundo a fin de probar mi disposición para la batalla, tengo que hacerlo "poco a poco", por si el mundo resulta demasiado para mí, tal y como sucedió a Israel.

A menudo soy tentado a huir del mundo y esconderme. Le temo a su contaminación y atracción. ¡Bravo! Es necesario tratar al mundo con cuidado, porque es cierto que contamina y seduce. Pero Jesús confrontó al mundo de manera agresiva y lo venció (Juan. 16:33). Yo puedo hacer lo mismo con su ayuda. Doy un reto al mundo para demostrar que no puede apagar la luz que está dentro de mí (Juan 1:5); es un desafío a que el mundo conozca a Jesucristo y examine con seriedad sus afirmaciones (Colosenses 1:28). Siempre debo estar a la ofensiva, nunca condescendiente con los encantos del mundo, ni siquiera por una hora, sino siempre presionando y llevando la batalla hacia adentro del territorio enemigo. De esa forma me haré "poco a poco" más fuerte hasta que Cristo sea conocido en esa tierra extraña. El mundo será mi "pan comido", así como los hijos de Anac fueron "pan" para Israel (Números 14:9). Claro que la advertencia a Israel de no ser rebeldes a Dios ni temer al enemigo, vale para mí también si quiero tener la victoria sobre el mundo.

"Porque todo lo que ha nacido de Dios vence al mundo; y esta es la victoria que ha vencido al mundo: nuestra fe" (1 Juan 5:4).

Himno: **"Firmes y adelante"** CSG # 539, FA 247, VC 200, HB 397, LL 226, GD 160, GT 15

Problemas espirituales del corazón

La tensión y el *"estrés"* de la vida moderna incrementan el riesgo de problemas de corazón. Existen también problemas de corazón en el sentido espiritual, y siempre han sido un riesgo para el discípulo de Jesucristo. Mi corazón es una fortaleza espiritual y debo mantenerlo fuerte si espero triunfar.

No debo "desviarme en [mi] corazón" (Salmo 95:10). Ya es lo suficientemente grave que me desvíe en mis caminos o en mi mente; pero si me desvío en mi corazón comenzaré a sembrar las semillas de una derrota final. La desviación proviene de no estar convencido de la Palabra de Dios (Hebreos 3:8-10). Quiere decir que Dios ha hablado en vano y que sus palabras no tienen peso; igual podría haberse quedado en silencio. Si ignoro el mensaje de Dios, no pasará mucho tiempo hasta cuando me convierta en un incrédulo, lo que a su vez me llevará a la dureza de corazón (Hebreos 4:7).

Pedro se desvió en sus *caminos*; mas una vez arrepentido, encontró la restauración con su Señor. Pero Judas se desvió en su corazón; ignoró las enseñanzas de Jesús y desarrolló resistencia al perdón que Jesús ofrecía.

No puedo presumir que porque soy salvo no estoy en peligro de desarrollar problemas de corazón. Las muchas advertencias del Nuevo Testamento no fueron pronunciadas al viento, sino para hacer discípulos con corazón limpio, y con un gran respeto por las palabras de Dios, reconociendo que cada mensaje de Dios tiene el más alto valor.

Las personas más intranquilas y descontentas no son los pobres ni los afanados, sino los duros de corazón por motivo de la incredulidad. Para ser espiritualmente fuerte de corazón debo ser tierno y dócil para recibir formación. Permitiré que Dios me conquiste y que me siga persuadiendo a medida que la vida continúe. Quien es convencido por Dios lleva las flores de la eternidad en su corazón. Ezequías le dijo una vez a Isaías, "La palabra de Jehovah...es buena" (Isaías 39:8). Atribuir bondad a la palabra de Dios, es un signo de que él me ha convencido y por lo tanto mi corazón está firme y fuerte.

"Mi corazón está firme, oh Dios; está firme mi corazón. Cantaré y entonaré salmos. ¡Despierta, oh alma mía! ¡Despertad, oh arpa y lira! Despertaré al alba" (Salmo 57:7-8).

Himno: **"Santa Biblia"** CSG # 270, FA 272, VC 227, HB 146, LL 216, GD 324, GT 39

Sed Espiritual

No debo consentir la idea de que si acepto a Jesús como mi Salvador, mi sed terminará. Más bien, ésta *aumentará*. Jesús mismo estaba sediento, como lo expresa en sus palabras a la mujer de Sicar "Dame de beber" (Juan 4:7). Jesús no solo estaba sediento físicamente. Una sed mayor - el amor - ardía en su interior.

Los dos "causantes de sed" en la vida son el *amor* y el *pecado*. La mujer simbolizaba la eterna insatisfacción que el pecado crea en nosotros. Jesús, por otro lado, simbolizaba la eterna inquietud del amor en su búsqueda por bendecir a su objetivo.

No es incorrecto estar insatisfecho, en tanto que las causas de tal insatisfacción sean *santas*. La mujer era digna de lástima, no por la sed, sino por lo que la llevaba hacia la misma. Pero Jesús experimentaba una sed loable, porque su necesidad era producto del amor.

El amor produce en nosotros tanta sed como el pecado, y nos lleva a buscar satisfacción al igual que el pecado. Pero el amor es santo y noble porque se realiza en el bienestar de otros y no en el propio. Jesús y la mujer venían de polos opuestos, llevados por la sed, hasta que el uno encontró al otro; y ambos casos de sed fueron satisfechos.

Es de suma importancia ser llevado por los impulsos, sentimientos y motivos correctos. Debo buscar a aquellas personas que están "sedientas por el pecado" y llevarlas hacia Aquél que puede darles "la satisfacción por medio de la justicia". La sed del amor siempre da; la sed del pecado siempre quita. ¡Señor, *dame* de beber! Tú has dicho: "Porque yo derramaré agua sobre el suelo sediento y torrentes sobre la tierra seca" (Isaías 44:3).

"Pero en el último y gran día de la fiesta, Jesús se puso de pie y alzó la voz diciendo: 'Si alguno tiene sed venga a mí y beba. El que cree en mí, como dice la Escritura, ríos de agua viva correrán de su interior'" (Juan 7:37-38).

Himno: **"Toma de la fuente de agua viva"** CSG # 309, FA 180

Al filo de la navaja del fracaso

Una de mis mayores afirmaciones se basa en la seguridad del creyente. Creo que es una preciosa verdad, pero también creo en la *inseguridad* del creyente: esa también es una preciosa verdad. ¿Cuántas veces he tropezado porque pensé que estaba seguro, y cuántas veces he sido victorioso debido a mi misma inseguridad?

Los israelitas padecían una falla protuberante, la falsa seguridad acerca de su estado espiritual (1 Cor. 10:1-13). A pesar de haber atravesado el Mar Rojo, de haber sido guiados por la nube y de haber sido alimentados con maná, codiciaron "las cosas malas" (versículo 6). Ellos tenían todas las razones para *no* caer; sin embargo cayeron, todo porque sus bendiciones pasadas se convirtieron en sedantes en vez de estimulantes. Esa es una advertencia para mí: no debo "pensar que estoy firme", de lo contrario caeré (versículos 11- 12).

La mejor manera de vivir es que lo haga siempre como si estuviera al borde del fracaso. Debo estar lo suficientemente inseguro para confiar solamente en los brazos eternos. Si Dios me bendice tal y como bendijo a los israelitas, debo inmediatamente asumir que estas bendiciones son una preparación para hacer frente a problemas futuros, no garantías de felicidad perpetua. Es preciso agradecer mis bendiciones y usarlas correctamente, pero nunca volverme sentimental hacia ellas.

Debo deshacerme de mi complejo de seguridad. El éxito puede oscurecer mi visión y bajar mi guardia espiritual. El estar en Cristo no es en ningún modo garantía de que seré inmune a los azotes de Satanás, a los tormentos del mundo, o a los rigores de la gracia disciplinaria de Dios. Sólo estaré bien al considerarme lo suficientemente vulnerable como para ser como un bebé en mi total dependencia de Dios, porque la persona que pone su confianza en Jehovah es bienaventurada y no irá por mal camino (Salmo 40:4).

"Ahora, pues, que el temor de Jehovah esté en vosotros. Actuad cuidadosamente, porque con Jehovah nuestro Dios no hay maldad, ni distinción de personas, ni aceptación de sobornos" (2 Crón. 19:7).

Himno: **"El encuentro con Jesús"** CSG # 331

Poseyendo la puerta de la ciudad

Tomaré conciencia y actuaré bajo el principio de que toda victoria debe llevar hacia un acto de posesión. El solo hecho de corregir un mal hábito, ganar a un amigo indispuesto, o eliminar la duda de mi corazón no son en sí suficientes. Debo hacerle seguimiento a esos triunfos para ser "más que un conquistador", eso es, poseer el territorio para que el enemigo no pueda recapturarlo.

Cuando los israelitas conquistaron a los amorreos, prosiguieron con su victoria ocupando su territorio (Números 21:21-32). Esto hizo que cualquier contraataque por parte del enemigo fuera imposible. Debo asegurar mis victorias de tal modo que el contraataque sea imposible. De otro modo, como Jesús me lo recuerda en su parábola, el final puede ser peor que el comienzo (Mateo 12:43-45). La única forma de crucificar mis deseos carnales es quitándolos de mi mente, para entonces dejar que el Espíritu Santo cree deseos nuevos y frescos dentro de mí. La única forma en que puedo derrotar el odio es reemplazándolo con amor. No puedo conquistar la amargura con el simple hecho de confesarla; debo reemplazarla con alabanza y agradecimiento. En una palabra, ¡no debe quedar ningún lugar vacante después de la victoria! Como Pablo lo establece: debo "resistir" (luchar y vencer al enemigo), después de lo cual debo "permanecer". Demasiado a menudo he resistido, sólo para fallar después en la permanencia. No le toma mucho tiempo al enemigo reconocer un puesto desguarnecido y tomarlo.

Me encantan las palabras que Labán dijo a su hermana Rebeca cuando ella partía para casarse con Isaac: "Que tus descendientes posean las ciudades de sus enemigos" (Gén. 24:60). La puerta de la ciudad era el punto de defensa crucial de la ciudad; una vez perdida, la ciudad entera estaba perdida. Es allí donde la victoria me llevará - ¡a hacer inoperantes aquellas cosas que me apartarían de gozar lo que Cristo tan amorosamente consiguió para mí en la cruz! "Jehovah tu Dios es el que cruza delante de ti. Él destruirá [al enemigo] delante de ti,...¡Esforzaos y sed valientes!" (Deuteronomio 31:3-6).

"Porque en su enramada me esconderá en el día del mal; me ocultará en lo reservado de su tabernáculo; me pondrá en alto sobre una roca" (Salmo 27:5).

Himno: **"Gloria, gloria, aleluya"** CSG # 535, FA 23, HB 520

Una adoración sin adornos

Debo hacer que mi vida espiritual sea lo más sencilla posible. Dios es el ser más complejo del universo; sin embargo, cuando se trata de la relación con su pueblo, él quiere total sencillez. El altar que los israelitas debían de construir para Dios tenía que ser de piedras no labradas, sin usar herramientas o instrumentos cortantes para su construcción (Éxodo 20:25).

El mensaje es claro. Dios conoce la tendencia humana para adornar, aderezar, y decorar algo hasta que el talento del hombre eclipsa al instrumento en sí. El arte medieval es un ejemplo de ello. Dios quiere estar tan a nuestra disposición, estar tan al alcance del hombre, que no quiere ningún obstáculo frente a un corazón hambriento y anhelante. Eso significa que no debe haber reglas ni condiciones para mantener al pueblo apartado de Dios.

La iglesia de Laodicea era el modelo de organización y reglas - ¡pero estaba muerta! Puedo tornarme tan estructurado, tan habituado, tan regular que mi vida devocional se convierta en una adoración autocentrada en reglas en vez de centrarse en Dios. Mi vida con Dios debe ser espontánea. Dios se reserva el derecho a irrumpir, a cambiar hábitos, a llevarme por nuevas direcciones, y a mantenerme siempre en anhelante expectativa. No es que Dios sea demasiado melindroso, sino que entiende la naturaleza humana, y no quiere que pierda tiempo en cosas que no valen la pena.

No debo molestarme si alguien interfiere mi programa, interrumpe mi "tiempo devocional" o se entremete en mi rutina. Dios puede estar en esa misma interrupción, llamándome hacia él y rompiendo el armazón de ritual que yo he construido alrededor de él. Quiero ser como Natanael en mi adoración, así como también en mi vida; es decir, una persona sin distorsiones o desviaciones, y con el corazón abierto en directa comunión con mi Dios. Los "bienaventurados" de las bienaventuranzas (Mateo 5:1-11) son aquellas personas con cualidades de total sencillez y transparencia; ellas se llevan consigo enormes cantidades de bendiciones de Dios.

"¿Qué requiere de ti Jehovah? Solamente hacer justicia, amar misericordia y caminar humildemente con tu Dios" (Miqueas 6:8).

Himno: **"Canta aleluya al Señor"** CSG # 12

Aprendiendo a tener paciencia

Fuera de los problemas conmigo mismo, la mayor dificultad que tendré como discípulo será mi relación con otras personas. Cuando tal relación es pura, no hay mayor gozo; cuando es áspera, no hay mayor angustia. Pero, ¿qué hago cuando un amigo se convierte en un "irritante chichón"? Debo usar la fórmula del apóstol Pablo "soportándonos unos a otros en amor" (Efesios 4:2). Una vez alguien dijo, "existen dos miembros invisibles que siempre tienen que estar presentes en toda familia cristiana: Se llaman Soportar y Paciencia".

El tener paciencia significa que aceptaré a otros tal y como son sin rechazarlos. He sido culpable de dos pecados en mis relaciones interpersonales: tiendo a escoger a mis amistades, esperando así evitar el tener problemas; y cuando no puedo escogerlas, trato de reestructurar y dar nueva forma a las que tengo, esperando de nuevo lo mismo. Ambas son maneras imposibles de relacionarse. Debo reconocer que cuando me rodeo de "profetas similares", gente que ve las cosas como yo las veo, que rápidamente están de acuerdo conmigo y difícilmente estarán en desacuerdo, no les estoy haciendo ningún bien a ellos ni a mí. Para desarrollarme apropiadamente como un discípulo, necesito a un "alborotador", alguien que diga las cosas tal y como son, sin miramientos. Eso es lo que Elías era para Acab (1 Reyes 18:17). Aunque Acab no lo sabía, Elías era su mejor amigo. Lamentablemente, Acab no soportó a Elías, así que fracasó.

Mi crítico, mi irritante, mi alborotador, hará maravillas en mi corazón si sólo aprendo a soportarlo. Debo concederle el derecho a existir y a hacer su parte para que yo pueda aprender de él y ser aún moldeado por él. Dios trata conmigo de extrañas formas, ninguna más extraña que mi alborotador. Él puede ser el guante de seda de Dios para suavizar la dura corteza de mi corazón. La suprema verdad de mi problema con mi alborotador - sin importar lo que éste pueda decir o hacerme - es que "Dios lo encaminó para bien" (Génesis 50:20).

"Más bien, sed bondadosos y misericordiosos los unos con los otros, perdonándoos unos con otros como Dios también os perdonó a vosotros en Cristo" (Efesios 4:32).

Himno: **"El amor permanecerá"** CSG # 354

Crecer en entendimiento

Jesús tiene ciertas expectativas respecto de sus discípulos. Él espera que progresemos en nuestro entendimiento de las cosas espirituales. Él preguntó a Nicodemo, "Tú eres el maestro de Israel, ¿y no sabes esto?" (Juan 3:10). El fariseo no entendió las cosas sencillas y básicas del evangelio, ni las "cosas terrenales" (versículo 12) que debieron serle claras partiendo del Antiguo Testamento.

Jesús preguntó a los discípulos, quienes no captaron el significado de sus lecciones, "*¿todavía* no entendéis ni os acordáis de los cinco panes para los cinco mil hombres, y cuántas canastas recogisteis?" (Mateo 16:9). Los discípulos seguían tratando de resolver las "cosas terrenales" cuando debieron de haber avanzado hacia las "cosas celestiales", esto es, las verdades más profundas del Señor.

No debo desperdiciar mi tiempo aprendiendo nuevamente lo obvio o una verdad que está "cerca de [mí], en [mi] boca" (Romanos 10:8). El repasar una lección una y otra vez, después de que el Señor la haya hecho clara, es provocarlo. Nicodemo trataba con la verdad casi a diario; sin embargo, no podía verla. Eso es inexcusable. Lo que es más inexcusable para mí es aprender los pasos sencillos y básicos en la fe, pero nunca ir más allá de ellos hacia las "cosas celestiales".

Me he preguntado acerca de la pobreza e insuficiencia de la iglesia y de su pequeñísimo impacto en el mundo en general, aún cuando hay más cristianos hoy como nunca antes. ¿Pudiera ser que todavía somos niños aprendiendo nuestro abecedario, y que nunca vamos más allá del pre-escolar? ¿Acaso escuchamos a Jesús decirnos, "*todavía* no entiendes?" ¿Acaso seguimos todavía batallando con el enemigo con armas infantiles? El apremio de Dios es abrumador: "Por tanto, dejando las doctrinas elementales [abecedarios] de Cristo, sigamos adelante hasta la madurez" (Hebreos 6:1). Esa es la voluntad de Dios para nosotros - ¡madurez!

"Entonces tus oídos oirán a tus espaldas estas palabras: '¡Este es el camino; andad por él ya sea que vayáis a la derecha o a la izquierda!'" (Isaías 30:21).

Himno: **"Esdras preparó su corazón"** CSG # 283

Desarrollando un espíritu de mansedumbre

Ya que la Biblia otorga un galardón a la mansedumbre, debo cultivarla. La mansedumbre no es debilidad, como muchos han indicado, pero, en palabras de cierto autor, "la mansedumbre es: 'acepto el trato de Dios para conmigo sin ninguna amargura'". La mansedumbre dice que Dios está siempre en lo correcto, así que debo aceptar lo que él me manda, y debo hacerlo con alegría en mi corazón.

La amargura es siempre lo contrario de la mansedumbre; su constante lamento es "¡no es justo!". Eso es lo que dijo Noemí después de volver de Moab, donde había perdido a su esposo y a sus dos hijos: "No me llaméis Noemí [dulce]; llamadme Mara [amarga], porque el Todopoderoso ha hecho muy amarga mi vida" (Rut 1:20). Dios se había convertido en su adversario; él "fue testigo en su contra" y la "afligió" (versículo 21). "*Yo* me fui llena, pero *Jehovah* me ha hecho volver vacía" (versículo 21). Es fácil ver que la pobre Noemí estaba descargando toda la responsabilidad de su condición de desamparo en el Señor y estaba convencida de que "¡no era *justo*!".

La historia de Noemí se incluyó en la Biblia porque ella nos refleja a cada uno de nosotros. ¡Cuántas veces me he molestado con Dios porque "testificó" en contra de mí en vez de mostrarse de acuerdo conmigo, y me "afligió" en vez de bendecirme! La verdadera tragedia de estas situaciones es la imagen barata y miope que tenemos de Dios. ¡Y tristemente, cuántos de nosotros alimentamos un concepto de un "Dios distorsionado" de manera subconsciente, hasta afectar nuestras actitudes y dirigir nuestras acciones!

La mansedumbre fue demostrada por lo que la Virgen María dijo: "Heme aquí... hágase conmigo según tu palabra" (Lucas 1:38). La mansedumbre exclama, "¡Dios es bueno, Dios no puede equivocarse, Dios me tratará de manera *justa*!". Jesucristo es el mejor ejemplo de la mansedumbre, ¡y qué gran Dios el que nos reveló! ¡Señor, arranca toda raíz de amargura que se encona dentro de mí e inclúyeme en tu lista de santos mansos!

"No gritará ni alzará su voz, ni la hará oír en la calle. No quebrará la caña cascada, ni apagará la mecha que se está extinguiendo; según la verdad traerá justicia" (Isaías 42:2-3).

Himno: **"Cuán bueno es Dios"** CSG # 334

El principio de servir "desinteresadamente"

Cuando ministre a otras personas, seguiré el principio de *no aprovecharme de la ocasión.* Es característico del hombre natural servir a aquellos que estén en una posición de poder devolver el servicio o el favor, ya sea en negocios, política, o, desafortunadamente aun en el servicio cristiano. Demasiado a menudo he sido culpable de esta práctica despreciable. ¡Pero por la gracia de Dios no lo volveré a hacer!

Pablo agradeció a los filipenses por su apoyo y ministerio para con él, dados a pesar de sus "prisiones" (Filipenses 1:3-7). Aquellos filipenses de buen corazón estaban dando ejemplo del principio de no esperar ningún provecho personal. A cambio de ello, Pablo sólo podía agradecerles y prometer que oraría por ellos. ¡Sin embargo, eso era suficiente! Pablo debió haber recordado cuando Ananías lo visitó después de su conversión y lo llamó "hermano Saulo" (Hechos 9:17). No había ninguna ventaja para Ananías en ese momento; de hecho, ¡sólo había peligro! Bernabé hizo lo mismo por Saulo cuando lo amparó ante los líderes en Jerusalén (Hechos 9:27). Por amor a Cristo, Ananías y Bernabé ayudaron a un nuevo creyente en sus momentos de necesidad, aún cuando él era temido y esquivado por los demás.

¿A quién trato como amigo? ¿A quién le doy mi ayuda? ¿A quién ministro? ¿Acaso busco a los famosos, los poderosos, los prominentes y les sirvo con la acariciada esperanza de que algún día ellos me acepten, me reconozcan, y me honren? Puedo ser culpable del afecto superficial e interesado de la farándula, tanto dentro como fuera de la iglesia. Puedo simplemente ser igual de carnal al exaltar "estrellas" de la iglesia cristiana como al honrar "estrellas" del mundo. El objeto de mi ministerio es el hermano en necesidad, quien quiera que sea, o el hombre "que cayó en mano de ladrones", o aquél que no puede devolverme el pago. Debo de dejar que Jesús sea mi ejemplo. Él no buscó lo *mío*; él me buscó *a mí* (2 Cor. 12:14), y por lo tanto, estableció el modelo a seguir para todos sus siervos.

"Pero yo os digo: amad a vuestros enemigos, y orad por los que os persiguen; de modo que seáis hijos de vuestro Padre que está en los cielos, porque él hace salir su sol sobre malos y buenos, y hace llover sobre justos e injustos" (Mateo 5:44-45).

Himno: **"Un gran Salvador es Jesús"** CSG # 342, VC 184, HB 469, GD 294

La santa insatisfacción

Practicaré el arte de la *santa insatisfacción*. Dios obra solamente en términos de santa insatisfacción, y no de insatisfacción impía. Esto significa insatisfacción en el espíritu, no en la carne. Jesús se refirió a esto al hablar de los "pobres en espíritu", y el resultado de esta pobreza es recibir "el reino de los cielos" (Mateo 5:3).

La Biblia está llena de gente santa e insatisfecha. Estoy seguro que Abraham abandonó a Ur debido a lo vacío de la adoración a Ishtar, la diosa de la luna. David construyó su reino sobre hombres que estaban cansados de la arrogancia espiritual de Saúl; su grupo de hombres "oprimidos... endeudados, y...amargados de espíritu" (1 Samuel 22:2) fue la materia prima de su reino. Los discípulos de Juan el Bautista, y más tarde los discípulos de Jesús, fueron hombres que estaban cansados de la política de codicia y egoísmo de este mundo. Ellos anhelaban ver el Reino de Dios operando en esta tierra. No importa dónde busque yo en la historia de la Iglesia, siempre sigo el rastro de hombres y mujeres insatisfechos que anhelaban cosas mayores y mejores. Ellos buscaron y encontraron un ideal espiritual, y dejaron huellas de un reino espiritual.

La santa insatisfacción siempre comienza y termina con Dios. Puedo estar fácilmente insatisfecho en cuanto a cosas - la política, el dinero, la situación mundial - pero eso generalmente es egoísta, y no lleva a ninguna parte. Pero la santa insatisfacción comienza dentro de mí, en mi espíritu. Ve pobreza allí y entonces comienza la búsqueda por la satisfacción que debe conducir a Dios. Nunca seré un buen discípulo a menos que haya sentido este tipo de insatisfacción. Cuanto mayor sea la insatisfacción, tanto más fuerte será mi discipulado. Necesito estar siempre preguntándome, ¿estás satisfecho? Si la respuesta es sí, hay un indicio de que yo me he convertido en mi propio obstáculo para mantener un discipulado floreciente en pos de Jesucristo. Por otro lado, cuando "lloro" cuento con el consuelo de Cristo y cuando tengo "hambre y sed" soy saciado por él (Mateo 5:4, 6).

"No tenga tu corazón envidia de los pecadores. Más bien, en todo tiempo permanece tú en el temor de Jehovah. Porque ciertamente hay un porvenir, y tu esperanza no será frustrada" (Proverbios 23:17-18).

Himno: **"Amarte sólo a ti, Señor"** CSG # 351

Aprovechando para bien nuestras emociones

Como discípulo de Jesucristo debo controlar mis emociones. La imagen común de un santo es la de una persona que ha desintegrado sus emociones, pero es mejor visualizarlo como una persona que las sabe aprovechar. La Biblia nos manda a crucificar la "carne", no las emociones (Gálatas 5:24). Por otro lado, a menos que las emociones sean controladas, pueden ir intempestivamente desde la sensualidad hasta la depresión.

La secuencia bíblica es clara: Mis emociones deben ser controladas por mi ánimo mental, y mi mente debe ser controlada por mi voluntad. Cuando Pablo dijo, "Haya en vosotros esta manera de pensar" (Filipenses 2:5), no estaba hablando del cerebro de Jesús, sino de su manera de pensar, de su disposición. Si Cristo está vivo en mí, la consecuencia es que su manera de pensar está viva dentro de mí. Por lo tanto, todo lo que necesito hacer es entregarle mi voluntad, y como consecuencia su manera de pensar comenzará a aparecer en mi vida.

Si dejo que mis emociones corran libremente, me pueden llevar hacia el peligro, debido a que las emociones no hacen elecciones morales. Puedo enamorarme de un pecador así como también de un santo; puedo temer a Dios lo mismo que a Satanás. A menos que mis emociones sean disciplinadas - prevenidas de ir demasiado lejos - con frecuencia estaré con problemas a montón. Un verdadero discípulo no carece de emociones, ni tampoco es indiferente. Simplemente ha aprendido a aprovecharlas bien.

Si no controlo mis emociones, ellas me controlarán a mí. Siempre que el miedo, el amor, el odio, el prejuicio o cualquier otra emoción me domine, me volveré un ser neurótico. Mi victoria radica en tomar la firme decisión de no darle preeminencia a mis emociones. Debo seguir poniendo las riendas de mi vida en las manos de Jesucristo, a fin de que pueda "lograr una sola voluntad" con él en todo momento. La entrega total a Cristo supone el control completo de mi vida, incluyendo mis emociones, las cuales necesitan mucho de su señorío (Romanos 12:1-2).

"Pero el fruto del Espíritu es: amor, gozo, paz, paciencia, benignidad, bondad, fe, mansedumbre y dominio propio. Contra tales cosas no hay ley" (Gálatas 5:22-23).

Himno: **"El fruto del Espíritu"** CSG # 265

Las visitas sorpresivas de Dios

Debo esperar visitas sorpresivas, ocasionales de Dios. Jesús hizo una vez una visita sorpresiva a los judíos del templo cuando irrumpió y "miró todo en derredor" (Marcos 11:11). Esa fue una sorpresiva visita de inspección. Puedo esperar muchas de tales visitas a lo largo de mi vida. Una visita sorpresiva por parte de Dios, es un tiempo en el que se está consciente de su presencia de manera especial y única. Puede ser por simple compañerismo, o para corregir una tendencia errónea dentro de mí, o para ensalzar una tendencia que es correcta, o para llevar un mensaje.

La Biblia está llena de visitas sorpresivas por parte de Dios. Él llegó a Abraham para revelarle la inminente destrucción de Sodoma y Gomorra (Génesis 18:1). Jesús se apareció repentinamente a los dos discípulos en el camino de Emaús y los convenció de su resurrección (Lucas 24). Se les apareció a Zacarías, a María, a Pablo, a Ananías y a otros. Además de personajes de la Biblia, Dios se ha aparecido a muchos otros, cuyas dudas y ministerio ha desafiado.

No puedo leer las cartas de Cristo a las siete iglesias de Asia Menor (Apocalipsis 2-3) sin sentir que él era su constante visitador. Con frecuencia él repite la frase: "Yo conozco...yo vengo". Esto revela a un Jesús que está personalmente al tanto de su pueblo en todo tiempo.

El ser visitado por Dios, esto es, el ser hecho más consciente de su presencia, hace más excitante la emoción de ser su discípulo. El ser visitado significa que mi vida es enriquecida, vigorizada y refrescada. Significa otra hebra en la cuerda que me une más a Dios. La visita puede ocurrir en cualquier lugar - en la soledad de mi estudio, en un culto de adoración, o caminando por una calle llena de gente. Me toma por sorpresa, me dura un momento u horas, y me pondrá a un paso más cerca del cielo. En momentos como esos creo escucharle decir, "Serás llamada Mi Deleite,...porque Jehovah se deleita en ti" (Isaías 62:4).

"Sucedió que, mientras iban conversando y discutiendo el uno con el otro, el mismo Jesús se acercó e iba con ellos " (Lucas 24:15).

Himno: **"Cuán grande es él"** CSG # 32, FA 3, VC 15, HB 20

Atacando el lado fuerte de la fortaleza

Es cierto que Satanás nos ataca por nuestro lado más débil. Pero es aun *más* cierto que nos asalta en nuestro punto más fuerte.

¿Cómo hizo para que Pedro cayera? Golpeándolo donde el discípulo creía que era fuerte - en su habilidad para comandar el liderazgo, para hacer lo heroico, para ser una "estrella". "¡Mi vida pondré por ti!" (Juan 13:37). Pero al igual que con Sansón, su fuerza era su debilidad, y Satanás lo sabía. Pedro no solamente tenía *rincones escondidos* de los cuales no estaba al tanto, también tenía *habilidades conocidas*; y fue en una de esas donde Satanás lo agredió.

¿Acaso no he experimentado lo mismo? Donde me sentía potente y fortificado, Satanás me hizo caer. Donde me sentía seguro, él me despojó.

Pienso en Job. Satanás lo atacó en cuanto a su *integridad*, su punto espiritual más fuerte. Tal vez Job tenía un concepto demasiado alto de su integridad y ésto se convirtió en su orgullo. Resistió la prueba de su fe por mucho tiempo, pero el capítulo 23 de libro de Job dice que habló con amargura delante de Dios, pasaje en el que se percibe vanidad y debilidad, usualmente predecesor de toda caída.

Pienso en Jesús. Satanás trató de hacerlo caer aprovechando de su mismísima condición de Hijo. "Si [ya que] eres el Hijo de Dios, di que estas piedras..." (Mateo 4:3). Satanás sabía que Jesús era el Hijo de Dios, y al proceder basándose en esa verdad, astutamente quiso torcer el elemento más fuerte de Jesús para poderlo desviar. El atacó el lado más fuerte de la fortaleza.

No debo pensar en Satanás sólo como una astuta serpiente arrastrándose a mi alrededor y buscando carcomer mis partes débiles y expuestas. Debo verlo también como un enemigo frontal que embiste contra mi lado "fuerte". Eso significa que debo pensar en mis fuerzas y habilidades simplemente como *tales*, pero nunca llegar a jactarme de ellas. Tengo la seguridad de que ya que Cristo está en mí, puedo enfrentarme a Satanás tanto como él se enfrenta a mí: "Someteos, pues, a Dios. Resistid al diablo, y él huirá de vosotros" (Santiago 4:7). Entonces mis fuerzas y habilidades permanecerán intactas a través de Cristo, quien es el victorioso.

"Sobre el león y la cobra pisarás; hollarás al leoncillo y a la serpiente" (Salmo 91:13).

Himno: **"El poder del Espíritu"** CSG # 552

La bendición que nos precede

Dios tiene una forma especial de bendecir a algunos de sus discípulos predilectos. Es una bendición que *va adelante* del discípulo a medida que él prosigue su peregrinaje. Dios dijo a los israelitas, "Yo enviaré mi terror delante de ti...a todo pueblo donde tú entres" (Éxodo 23:27). Si obedezco a Dios de manera total, él no sólo estará *conmigo*, sino que estará también *delante* de mí. Al ir delante de mí, preparará y acondicionará los corazones de la gente que encontraré en el camino.

Una de las características únicas del ministerio de Jesús es la manera cómo la gente era preparada para encontrarse con él. "Se oyó que estaba en casa" (Marcos 2:1). Debido a su completa obediencia al Padre, Jesús se convirtió en perfume, en sus manos, que él derramó sobre toda Palestina. El escuchar a Jesús enseñar llegó a ser un asunto de comparar su fama con su obra. Pero ya que él era *tan* obediente, su fama y obra fueron una sola cosa.

Mi objetivo como discípulo debe ser la clase de obediencia que motive a que Dios mismo vaya delante de mí. A menudo he escuchado a la gente decir de otras personas, "¡su sola presencia fue una bendición para nosotros!". Esto fue posible porque Dios fue delante de esa persona, venció la oposición y derritió los corazones de la gente para que lo recibieran. Si busco victoria *en ese momento,* puede que me desilusione. La victoria se da como el crecimiento de un jardín; primero hay que plantar la semilla, después recoger la cosecha. Al caminar muy cerca a mi Padre Celestial ahora, estoy sembrando las semillas de mis victorias para ser cosechadas más adelante. No sólo me beneficio yo, sino que esa victoria puede ir más allá de los límites de mi ubicación actual. El "grato olor" de Pedro llegó tan lejos como desde Jope hasta Cesarea (Hechos 10) y el de Pablo cruzó a través del mar Egeo (Hechos 16:9).

¡Que Dios haga de mí ese tipo de discípulo! Habrá personas en mi futuro que necesitarán del toque de Dios. Al caminar por la vía del discípulo ahora, me estoy preparando para nuestro encuentro futuro, en cuyo tiempo ellas serán mi triunfo para Cristo.

"Porque tuve gran gozo y aliento por tu amor, pues los corazones de los santos, oh hermano, han sido confortados por medio tuyo" (Filemón 7).

Himno: **"Cristo cual Pastor"** CSG # 154, FA 99, VC 186, HB 232

Ligeramente manchado, muy rebajado

Siempre tengo que estar pendiente de la calidad del servicio que doy al Señor. Los sacerdotes en los días de Malaquías se conformaban con colocar pan rancio y mohoso sobre el altar de Dios (Malaquías 1:7). Esto me enseña que tal y cómo presento el sacrificio, así estará mi corazón. Mi ofrenda no debe ser de calidad inferior, de "segunda" ni de saldo. Es fácil calificar mi servicio a Dios - ¿es más o es menos de la excelencia que exigiría para mí mismo?

¿Es mi amor hacia Dios una "primicia"? ¿Es una ofrenda de los "primogénitos"? Un sermón muy recordado del Dr. Charles Koller, tiene como título "Ligeramente manchado, muy rebajado", y habla de una técnica sagaz para vender saldos en los negocios, la cual nunca debe caracterizar mi servicio a Jesucristo. Sin embargo ¡cuán a menudo he negociado con Dios con bienes de segunda clase! Eso me haría merecedor de la condición de "despreciable" (Malaquías 2:9).

Debo aprender que la condición en que se encuentra cualquier cosa que yo ofrezca a Dios es el indicativo de cuánto lo valoro. ¿Es acaso Dios mohoso y enfermizo para mí? Si es así, ese será el servicio que le daré. Pero me alienta la Palabra de Dios dada a Abraham: "No me has rehusado tu hijo, tu único [a mí]" (Génesis 22:16). Dios quiere de mí una ofrenda que por su naturaleza le muestre cuánto lo amo.

Si doy generosas ofrendas al Señor para negociar un supuesto beneficio o para impresionarle con mi *"santidad"*, serán ofrendas manchadas. Para ser un siervo ejemplar es preciso emular la actitud de Pablo, "Porque no busco vuestras cosas, sino a vosotros" (2 Corintios 12:14). En el momento en que siento orgullo o trato de manipular a Dios para obligarlo a darme *"casa, auto y beca"*, estoy en peligro de elegir lo que está en segundo lugar. En cuanto a esto, la acción de Giezi me advierte - y me asusta. Él apreció las posesiones de Naamán más que a Naamán mismo (2 Reyes 5:20-27).

Si Dios es mi todo en todo, entonces no pondré precio a mis ofrendas, así como él no lo hizo cuando dio a su Hijo por mí, el mejor sacrificio de todo tiempo.

"Enséñame, oh Jehovah, tu camino, y yo caminaré en tu verdad. Concentra mi corazón para que tema tu nombre. Te alabaré, oh Jehovah, Dios mío, con todo mi corazón; glorificaré tu nombre para siempre" (Salmo 86:11-12).

Himno: **"Alabad al gran Rey"** CSG # 20, FA 11, VC 8, HB 22

Los quebrantamientos de Dios

Debo distinguir entre el umbral que tiene Dios para los pecadores y el que mantiene para sus discípulos. Para los pecadores, Dios mantiene el umbral tan bajo que cualquier persona puede entrar a la casa de salvación. En cambio el discípulo encuentra un umbral alto para el servicio cristiano, tan alto que nadie sino los calificados pueden entrar. Por ejemplo, nadie que tuviera una mano o un pie roto podía servir como sacerdote en la casa de Dios (Levítico 21:19). Eso era un recordatorio para Aarón y todos sus hijos de que la cojera en el caminar y la flojera en el servicio no podían ser tolerados por el Altísimo.

Sin embargo, ¿no es necesario quebrantarse para servir a Dios? ¿No es cierto que Dios dio cojera a Jacob y lo convirtió de Jacob en Israel, y lo hizo un príncipe de Dios? (Génesis 32:24-32). ¿No fue el cuerpo del Hijo de Dios quebrantado en el Calvario a fin de proveer salvación para todos los que creyeran?

Creo que la diferencia radica en esto: los desórdenes del hombre "natural", tales como el ojo lujurioso o un temperamento irascible, nunca deben ser permitidos en nuestro servicio a Dios. Pero el "quebrantamiento" de parte de Dios es esencial. Un hombre quebrantado por Dios es un hombre obediente. Más aun, es un hombre vulnerable, vulnerable al dolor de las heridas, los sufrimientos, y las aflicciones de las personas a quienes él debe servir. Dios quebranta a una persona, no para dejar *salir* la bondad de él, sino para que la bondad le sature. El Espíritu Santo obra dentro de esta persona y "sazona" todo su ser, enternece su corazón, y la hace capaz de identificarse con los demás.

Pienso en el corazón quebrantado de Isaías (Isaías 6) con su consecuente limpieza y el inicio de su ministerio. ¡Un gran siervo comenzó un gran servicio con un gran quebrantamiento! Si voy a conocer el éxito en el servicio a mi Señor, debo saber lo que significa el ser quebrantado por su mano. Mi pan debe ser partido y mi vino exprimido de la Vid si voy a alimentar a una multitud para la gloria de mi Dios.

"Entonces dije: 'He aquí, yo vengo. En el rollo de pergamino está escrito acerca de mí: el hacer tu voluntad, oh Dios mío me ha agradado; y tu ley está en medio de mi corazón'" (Salmo 40:7-8).

Himno: **"¿Has oído, Señor?"** CSG # 496, FA 202, VC 126

Viviendo en el cuartel general

Como discípulo debo estar correctamente conectado en todo tiempo con mi cuartel general. ¿Dónde queda? Pablo me da las coordenadas: "Buscad las cosas de arriba...ocupad la mente en las cosas de arriba" (Colosenses 3:1-2). El cielo es la cabina de control para mi vida y la vida de la iglesia, y aun emite señales para el mundo. Así como un soldado "vive" según le agrada a la mente de su oficial al mando, yo debo vivir pendiente de la mente de Jesucristo. Frases como "operación independiente", "acción unilateral", y "plan auto- ideado" nunca se dan en el vocabulario del hombre militar. Él espera la señal de la autoridad correspondiente, y entonces se moviliza.

Fallo en muchas áreas de mi discipulado por *malinterpretar* las señales desde el puesto de comando. Algunas veces he "leído" mis propios deseos en algún comunicado y he actuado como si el comando fuera mío. Otras veces no podía oír la señal por la interferencia del mundo. Sólo existe un remedio para el fracaso: ¡estar muy en sintonía con el puesto de comando! No debo ser distraído por actividades terrenales, rumores ni temores. Ni siquiera debo permitir que lo que esté sucediendo en la línea de fuego dicte mi siguiente movimiento.

Si vivo pendiente de mi cuartel general, esto es, si mantengo en mente el cielo y lo que allí pasa, eso afectará grandemente mi comportamiento en la tierra. Me pregunto, ¿cuántas cosas "importantes" en la tierra son realmente importantes en el cielo? ¿Cuántas cosas que considero esenciales son realmente insignificantes? ¿Se preocupa el cielo por las cosas pasajeras que me afligen y me preocupan? ¿Serán de máxima prioridad para Dios? Si sólo pudiera visitar el puesto de mi Comandante y ver en forma visible lo que está en primer orden, creo que volvería con mis prioridades totalmente transformadas. Tengo que revisar mis prioridades, por cuanto soy un hombre "bajo autoridad", la autoridad de mi comandante y jefe, Jesucristo.

"Por esto dice: 'Subiendo a lo alto, llevó cautiva la cautividad y dio dones a los hombres'" (Efesios 4:8).

Himno: **"El es Señor"** CSG # 146

Sin áreas privadas

El deseo de Dios para sus hijos es que seamos totalmente apartados para él. "Toda olla en Jerusalén...estará consagrada a Jehovah de los ejércitos" (Zacarías 14:21). Así, cada momento y todo aspecto de mi vida es de Dios. No debo limitarlo a los domingos, a los momentos devocionales, ni únicamente a las conferencias sobre una vida cristiana más profunda. Él es el Dios de todos los días, en la cocina al igual que en el santuario, en la cancha del deporte, así como también en el altar. De manera similar, en mi vida no puede haber áreas privadas a las cuales el Señor no tenga acceso. Si hago una separación entre mi Dios y mi negocio, estoy cometiendo un lamentable error.

No debo repetir el error de Saúl de mantener una parte de la propiedad de Dios para mí mismo (1 Samuel 15:9). La santificación debe ser total, completa, llegando incluso hasta las "ollas y sartenes" de la cocina. No puedo decir, "Señor salva mi alma, pero deja mi mente y mi corazón en paz". No puedo ofrecerle mi espíritu, pero retener el derecho de usar mi cuerpo como yo desee. No puedo sentar a Jesús en la sala de mi vida, pero cerrarle el acceso a mi estudio, a mi estancia familiar, o a mi dormitorio.

Pablo oró por los creyentes de Tesalónica: "Que todo vuestro ser - tanto espíritu, como alma y cuerpo - sean guardados sin mancha" (1 Tesalonicenses 5:23). ¡Eso significa toda nuestra vida, completa y total! El escritor F. B. Meyer confesó que durante un tiempo se quedó con la llave de un área en su vida sin permitirle acceso a Dios. No fue hasta que "entregó la llave" que él experimentó *paz*, y no fue hasta que esa área fue limpiada que él disfrutó de *poder*.

Dios quiere tener una amistad íntima conmigo. Él quiere compartir conmigo, tal y como Jesús vivió y comió con la gente. Él quiere hacer de cada área de mi vida algo *asombroso* tal y como hizo que fuera Betel para Jacob (Génesis 28:17). Él quiere ser el amo de mis pensamientos, así como también de mis emociones, instintos, y aun de mi subconsciente. Cuando se cumple todo eso, mi vida será radiante con su presencia abundante.

"'Pero aun ahora', dice Jehovah, 'Volveos a mí con todo vuestro corazón, con ayuno, llanto y lamento'" (Joel 2:12).

Himno: **"Celebremos el amor de Dios"** CSG # 625

La persona que es *normal* para Dios

Cuanto más me esfuerce en convertirme en un verdadero discípulo de Jesucristo, tanto más se me opondrá el mundo. El mundo utilizará términos tales como *fanático* o *religioso* si busco convertirme en una de las personas *normales* de Dios. Jesucristo fue la más grande expresión de Dios de lo que es ser normal; sin embargo, el mundo no quiso tener nada que ver con él porque afirmaba que estaba "fuera de sí" (Marcos 3:21). Alexander Whyte dice, "O él estaba fuera de sí, o ellos [sus críticos] lo estaban". No hay término medio, por cuanto la mente de Jesús y la mente del mundo son exactamente opuestas. Para Jesús, Dios su Padre era el centro de su vida, el *determinador* de cada pensamiento y acto. Para el mundo, Dios es un barniz placentero, una linda envoltura, un perfume fragante, pero nunca el corazón y alma de su vida y acción.

¿Es normal disfrutar de Dios y buscar una relación cercana con él? El mundo diría, "muy bien, pero seamos razonables". Se siente incómodo al estar en presencia de una persona que pasa mucho tiempo con Dios. ¿Es normal resistir a los deseos de la carne y estar muerto a las atracciones del mundo? El mundo dice "no" y mira con ojos incrédulos al hombre que no está de acuerdo con eso. Él es "diferente".

El mundo nunca es anti-Dios; más bien quiere conformarse con un dios pequeño. Quiere lo suficiente de Dios como para llegar a ser "agradable", pero nunca lo suficiente como para que tenga que exponer su corazón. Las personas mundanas adoran "al Dios que no interfiere". La Biblia me da una elección: ¿voy a ser un hombre "normal" a los ojos de Dios, o a los ojos del mundo? Sea lo que yo elija, voy a complacer por un lado y a ofender por el otro. La eterna pregunta es: ¿quién es digno de ser complacido? A Moisés no le tomó mucho tiempo el contestar: "Escoge, pues, la vida para que vivas" (Deuteronomio 30:19).

"Porque si estamos fuera de nosotros, es para Dios; o si estamos en nuestro juicio, es para vosotros. Porque el amor de Cristo nos impulsa" (2 Corintios 5:13-14).

Himno: **"Hay una senda"** CSG # 330, FA 172, VC 271

La ventaja de ir hacia atrás

Cuando era un cristiano más joven tenía un amigo que me aconsejó, "¡nunca mires hacia atrás, siempre mira hacia adelante!". Fue un buen consejo entonces, pero ahora me pregunto, ¿acaso *nunca* debemos mirar hacia atrás? Creo que siempre debemos mirar atrás en lo tocante a nuestras raíces. Cuando Pablo dijo, "olvidando lo que queda atrás" (Fil. 3:13), se refería a sus defectos o faltas. La persona que nunca mira hacia atrás anda despistada.

Cuando Dios le dijo a Jacob, "levántate, sube a Betel" (Génesis 35:1), quiso decir, "vuelve al lugar donde yo te visité por primera vez" (capítulo 28:16-22). Jacob y su familia estaban en gran peligro y su única seguridad era volver al lugar donde Dios había sido su defensor. Para Jacob, Betel era el lugar de su primer compromiso con Dios. Yo necesito volver una y otra vez a visitar el lugar donde Dios y yo nos encontramos, donde por primera vez hicimos nuestras promesas eternas el uno al otro. Este revivir personal es una defensa contra cualquier "cananeo" que pretenda destruirme.

Jeremías les recordó a los judíos que si querían "descanso para [sus] almas" ellos tendrían que "preguntar por las sendas *antiguas*" (Jeremías 6:16). El progreso espiritual no implica el desligarnos de nuestras raíces espirituales. Es cierto que existe un riesgo al mirar atrás, tal y como Jesús lo señaló (Lucas 9:62); pero también hay un riesgo al mantener nuestros ojos fijos únicamente hacia adelante.

El regreso a nuestras raíces es para renovar nuestro primer amor a Dios. La decadencia de la fe comienza cuando se empieza a no dar vital importancia a Dios. "Vuelve a Betel" es la invitación del corazón de un Dios que sabe que el amor puede enfriarse, que la fe puede encogerse, y las promesas se pueden olvidar. Aquél que recapacita encuentra descanso, fuerza y liberación (Isaías 30:15). Dios espera cualquier señal de mi regreso y promete "tener piedad" (vs 18).

"'Sin embargo, tengo contra ti que has dejado tu primer amor. Recuerda, por tanto, de dónde has caído. ¡Arrepiéntete! y haz las primeras obras'" (Apocalipsis 2:4-5).

Himno: **"Grandes y maravillosas son"** CSG # 47

La franqueza con Dios

No debo olvidar que el conocimiento que Dios tiene de mí es *completo*. "Todos mis caminos te son conocidos" (Salmo 139:3). Esto significa que Dios conoce mi subconsciente, así como también mi vida consciente. Él me conoce desde el vientre (versículos 15-16), lo cual significa que conoció mis genes, mis rasgos hereditarios y todas mis futuras habilidades para el bien y el mal. En las manos de un ser maligno, tal conocimiento sería fácilmente mi ruina. Pero en las manos de un Dios de amor infinito, tal conocimiento es mi seguridad y mi salvación.

Dios me aceptará como soy, con defectos incluidos, siempre que no trate de aparentar. El aparentar es la marca de la costumbre social, el medio por el cual los seres humanos pueden tolerarse unos a otros. El ser total e inflexiblemente abiertos unos con otros convertiría a la raza humana en un gran manicomio. Pero Dios, que nos conoce totalmente, nunca utiliza su conocimiento para tomar ventaja de nosotros. Sin embargo, Dios espera mi máxima honestidad y sinceridad con él. Esto significa que debo ser honesto conmigo mismo. Si me engaño a mí mismo, nunca podré ser abierto y honesto con Dios.

A pesar del completo conocimiento que Dios tiene de mí, no puede hacer nada por ayudarme a menos que yo le rinda mi voluntad. "Pruébame y conoce mis pensamientos" (Salmo 139:23) es un ruego. Una vez que me rindo ante su ayuda, Dios utilizará su total conocimiento de mí para guiarme "por el camino eterno" (vs. 24). Esto significa que controlará mi subconsciente, en donde existen áreas de las cuales no recuerdo nada, y las utilizará para ayudarme en vez de perjudicarme. Cuando Jesús le dijo a Simón, "Tú eres Simón...tú serás...Cefas" (Juan 1:42), él comenzaba a cambiar a un hombre: de una masa de instintos naturales en una refinada copia de sí mismo. Dios sabía por dónde tenía que comenzar con Pedro. Él lo sabe conmigo. Pero también conoce el final al cual quiere llevarme, pulido y glorificado.

"No existe cosa creada que no sea manifiesta en su presencia. Más bien, todas están desnudas y expuestas ante los ojos de aquél a quien tenemos que dar cuenta" (Hebreos 4:13).

Himno: **"Creo en ti, Señor"** CSG # 34

Mi asombroso Dios es también realista

Creo que Dios es el gran romántico. Pero también creo que es muy realista. Si excluyo a Dios de las minucias y trivialidades de mi vida, me perjudico a mí mismo - y le desprecio a él - grandemente. El salmista dice que la golondrina halla una casa y un nido en donde poner sus polluelos cerca de los altares de Dios (Salmo 84:3). Mientras que poderosas transacciones se llevaban a cabo *sobre* el altar, Dios estaba haciendo provisión para un pajarito *debajo del mismo.*

Esto me toca el corazón. Uno de mis grandes pecados es concebir a Dios tan majestuoso e infinito que olvido su trato ordinario o realista. He elevado su obra a tal punto que he llegado a pensar que los detalles monótonos de la vida diaria rondan como intrusos, como algo que oculta su presencia y poder. He mirado las tareas diarias como algo ajeno a la manera como Dios hace las cosas, en vez de percatarme que ese detalle aburrido está tan lleno de la gloria de Dios como lo estaba la zarza ardiente.

Dios se da cuenta cuando los pajaritos caen; él viste a las flores. El cuenta los pelos de mi cabeza, mide mi estatura (Lucas 12:6, 7, 25, 27). Dios no tan sólo obra con las cosas triviales y se deleita en ellas, sino que casi se podría decir que Dios se especializa en ellas. Él ideó la minucia masiva del universo y la maneja. También es el arquitecto de los pormenores de mi vida - los vaivenes de mi humor, mis ciclos, mis interrupciones, la pregunta imprevista de mi amigo, y las miles de cosas que consumen mi fuerza y energía. Dios se preocupa por *una* oveja perdida, *una* moneda perdida, y *un* hijo rebelde. Cuando éstos son encontrados, ¡él se regocija!

Como un Padre amoroso, Dios está interesado en los rasguños y contusiones que afectan mi vida diaria. Lo que me preocupa le interesa también a él (1 Pedro 5:7). Le encanta lo que los humanos detestan - el ser "molestado". No le es molesto cuando derramo las trivialidades de mi corazón delante de él, por cuanto él "cuida" de mí.

"Mi caminar y mi acostarme has considerado; todos mis caminos te son conocidos" (Salmo 139:3).

Himno: **"Oh, criaturas del Señor"** CSG # 33, FA 57

Las nodrizas de Dios

Se dice que Dios no tiene nietos, y eso es verdad; ¡pero sí tiene muchas nodrizas! Cuando Dios llamó a Aarón para que ayudara a Moisés en la liberación de los hijos de Israel, le dijo a Moisés, "Tú serás para él como Dios" (Éxodo 4:16). Aarón era demasiado inmaduro para esa gran responsabilidad, así que Moisés debía ser su mentor y guía espiritual.

La mayor parte del tiempo tenemos que ver a Dios en *alguien* antes de que veamos a Dios mismo. La base de la fe de Timoteo fue una transmisión, una fe que él había visto operar en su abuela Loida, y su madre Eunice, y que ahora estaba operando en él (2 Tim. 1:5). No quiero decir que Timoteo no tuvo que ejercitar una fe personal; quiero decir que él expresó su fe personal en Dios cuando vio esa fe obrando en otros. Cuando criaron a Timoteo, Loida y Eunice fueron como Dios para él; ellas fueron las nodrizas de Dios.

En términos generales, el rebaño de Dios puede ser dividido en dos grupos: Las nodrizas y los bebés que son cuidados por ellas. Dios procura conseguir el mayor número posible de nodrizas con el fin de atender las muchas personas en todas partes, que necesitan cuidados. Le tomó a Dios ochenta años el hacer de Moisés un asistente; así de valioso es ese rol para él. Andrés pastoreó a Pedro, pero no pasó mucho tiempo antes que Simón mismo se convirtiera en un pastor, pues así de entusiasta fue al seguir a Jesús.

No puedo designarme un guardián yo mismo, sólo Dios puede hacerlo. Pero sí puedo prometer formalmente seguir "de lleno" al Señor, tal y como lo hizo Caleb, y ponerme bajo su disciplina con tanto rigor que él me aprobará. Una cosa es cierta: nadie sigue al Señor sin que alguien lo esté observando, y a menudo los que observan se unen y empiezan a seguirlo también. El gran gozo del discípulo es el expresado por Juan: "No tengo mayor gozo que el de oír que mis hijos andan en la verdad" (3 Juan 4).

"Pero yo he rogado por ti, que tu fe no falle. Y tú, cuando hayas vuelto, confirma a tus hermanos" (Lucas 22:32).

Himno: **"Un solo cuerpo"** CSG # 458

Un dolor como el de Dios

Hay momentos en que un discípulo de Jesucristo sufre dolor indescriptible, como el de Jeremías. "Mirad y ved si hay dolor como el dolor que me ha sobrevenido" (Lamentaciones 1:12). Este no es el pesar del luto o del fracaso, sino un dolor que refleja el corazón de la expiación de Cristo, un dolor como el *de Dios*. Es una aflicción directamente relacionada con el pecado; de hecho, es producido por el pecado.

Jeremías no era responsable por los pecados de Jerusalén (ni de su castigo). Sin embargo, él sintió angustia por aquellos pecados, así como Jesús sintió angustia por nuestros pecados en el Calvario. Esa terrible angustia es señal de que Dios está obrando, por cuanto el conflicto entre el pecado y la santidad siempre da como resultado un amargo dolor. La convicción de pecado es en realidad "pesar" por el pecado, el pesar que se siente cuando hay maldad en el corazón humano. Todo discípulo experimentará este pesar, no una vez sino muchas veces, algunas veces por su propio pecado, otras por los pecados ajenos. Cada vez que aparece este pesar, vendrá un avivamiento, ya sea que dicho avivamiento sea personal y local, o que abarque por completo a una iglesia o comunidad.

Como discípulo, debo reconocer la diferencia entre el dolor por el *pecado* y otros tipos de dolor. Un sentimiento de pesadez interna puede ser una simple indigestión o depresión o falta de éxito. Puede ser el aviso del espíritu concerniente a un pecado no detectado en mi vida o en la vida de mi familia espiritual. Así como Jeremías, puedo ser llamado para sentir el dolor de los pecados de otros, como si yo fuera la causa, a fin de ser un intercesor apropiado para ellos. Ese es el poder redentor del dolor, y siempre es un preludio de la bendición venidera de Dios. Esos son los dolores de parto de un nuevo día o de una nueva bendición proveniente de Dios. "Pues en cuanto Sion estuvo de parto, dio a luz sus hijos" (Isaías 66:8).

"Justo es Jehovah, aunque yo me rebelé contra su palabra. Oíd, pues, todos los pueblos, y ved mi dolor" (Lam. 1:18).

Himno: **"La iglesia sin mancha"** CSG # 448, GD 142

La plenitud en Cristo

Debo evitar a toda costa esa fatal y falsa ilusión de la auto-realización. Me siento obligado por todos lados a ser la persona destinada a ser, a realizar todo mi potencial, y explorar las habilidades de mi posible yo. Aun los cristianos han sucumbido ante esta idea, y ahora me dicen que en Cristo podré llegar a auto-realizarme como Dios quiere, en contraste con la auto- realización del mundo.

El error en todo esto es que la Biblia jamás habla de la *auto-realización*. La única plenitud que la Biblia conoce es la llenura de Cristo. Él es la plenitud de Dios (Colosenses 1:19; 2:9); la plenitud de la iglesia (Efesios 1:22-23); y la plenitud de todo aquél que toma su llenura de él.

La auto-realización es sólo otra forma de orgullo, y apenas diferente del ignominioso pecado de Lucifer (Isaías 14:12). Sin embargo, nosotros que somos modernos y progresistas, hemos cubierto el término con una envoltura atractiva que oculta su pecaminosidad, para considerarlo como un inherente derecho de la personalidad. La auto-realización es la expresión de mi yo en forma total, es alcanzar toda mi gloria, es conseguir todo lo que me merezco en la vida. Su objetivo final es la coronación del yo. Más aun, es una contradicción fatal. ¿Cómo podrán *todos* realizarse a la vez? La total exaltación de todas las personas según sus antojos crearía un verdadero manicomio. La realización de todos mis deseos generalmente significa la negación de los deseos de otra persona.

Como discípulo no debo hablar de *plenitud personal*; debo hablar de *vivir en plenitud*. Cuando recibí a Cristo, recibí su llenura. Como vivo de su plenitud, encarno su presencia en esta tierra y hago plena su manifestación a los hombres (Efesios 4:13). En vez de realizarme a mí mismo, realizo a Cristo; quien es el "Hombre sobre todos los demás", el Rey legítimamente coronado, "para que *en todo él sea preeminente*" (Colosenses 1:18).

"Porque en él habita corporalmente toda la plenitud de la deidad; y vosotros estáis completos en él, quien es la cabeza de todo principado y autoridad" (Colosenses 2:9-10).

Himno: **"Gloria a tu nombre, oh Dios"** CSG # 18, HB 36

La actitud de disponibilidad

Dios nunca trata nuestra santificación superficialmente, sino la pone a prueba. Él se colocará entre nosotros y aquello que amamos hasta que podamos amarlo con la perspectiva correcta. "Toma a tu hijo, a tu único, a Isaac a quien amas" (Génesis 22:2). Dios nos demandará a nuestro Isaac tan a menudo como sea necesario para reducirlo a algo *prescindible*. A veces nos probará sobre aquello que *odiamos*, pero la prueba parece más frecuente sobre lo que amamos, porque puede fácilmente alejarnos de hacer su voluntad.

Nunca debo olvidar el *objeto* de mi santificación: son *los demás*, las personas a mi alrededor. Jesús dijo, "Por ellos yo me santifico a mí mismo" (Juan 17:19). Cuando decidí confiar en Cristo para mi salvación, fue por *mi* causa. Pero Dios nunca deja de seguir obrando hasta que estemos listos para una segunda decisión: ¿estamos dispuestos a santificarnos por causa de *ellos*? En el mismo momento en que decimos que sí, Dios comienza a perfeccionar nuestra santificación apartándonos de todo deseo egoísta que pudiera estorbar el proceso. Dios sabe que la santificación frustrada nos puede descarrilar, y que la santificación no probada lleva a la carnalidad.

La santificación siempre exige un espíritu de disponibilidad. Nuestras lámparas deben estar constantemente limpias y encendidas (Mateo 25:1-13). Al estar listo, estoy preparando el camino del Señor (Isaías 40:3), quien anhela intervenir de manera redentora en toda situación humana. Mi santificación y disponibilidad me convierten en un conductor accesible, que Dios usará para hacer llegar su poder a la necesidad humana. La santificación nunca es algo interno y subjetivo, ni tampoco se trata de preguntarse a diario, "¿Seré más santo hoy que ayer?" La verdadera santidad se ocupa más bien en el bienestar espiritual de otros, preguntándose, "¿de qué manera puedo llevarles (a ellos) el poder y el amor de mi Padre Celestial?". En ese sentido la santidad de Jesús fue su carta más grande de amor divino al mundo. Estoy bien en camino a la santificación cuando soy fiel copia de esa Carta de amor.

"Porque el Hijo del Hombre tampoco vino para ser servido, sino para servir y dar su vida en rescate por muchos" (Marcos 10:45).

Himno: **"Dios es amor"** CSG # 64

El servicio: no se trata de un espectáculo

Siempre debo mantener una visión elevada del servicio cristiano. Mucho de lo que se hace hoy día como servicio cristiano carece de profundidad y hasta se podría calificar de "chambón". El servicio a Dios es descrito en Isaías 58 como algo total. El versículo 10 alaba la actitud y la acción generosa con que se atiende al prójimo, tanto en su hambre física como en su hambre espiritual: *"Si tu alma provee para el hambriento y sacias al alma humillada, tu luz irradiará en las tinieblas, y tu oscuridad será como el mediodía" (58:10).* Mucho "servicio cristiano" no alcanza esa medida o ideal de consagración.

La mayor parte del servicio cristiano actual gira alrededor de dos cosas: primero, nuestros dones y talentos, y segundo, nuestra preparación. A los jóvenes se les recuerda constantemente que utilicen los dones que el Señor les ha dado y que por todos los medios "obtengan una buena educación". ¡Dignas sugerencias! Pero si eso es todo lo que significa el servicio cristiano, nos hemos olvidado de lo más importante: el fervor de amar a Dios con todo nuestro ser. Cuando utilizamos nuestros dones y capacitación académica como instrumentos para servir en amor, vamos mucho más allá que simplemente ejercer lo que podemos y sabemos hacer.

El verdadero servicio exige derramar nuestra alma. ¡Cuán grande significado hay en esas palabras! Jesús no vino ostentando sus dones, luciendo sus talentos, haciendo un espectáculo egocéntrico. Ciertamente no tuvo títulos universitarios que pregonar. Pero el suyo fue el servicio modelo de un alma vertida hacia los demás, el compartir las riquezas de su interior. Él era la perfecta personificación del sacrificio del Antiguo Testamento, una ofrenda *a* Dios *por* otros. El servicio es ofrecer a Dios todo lo que somos, para ser utilizados para el bien de otros según la dirección divina. Los ingredientes para satisfacer esas necesidades son tomados de este sacrificio total, según Dios los va necesitando.

El "derramar nuestra alma" es el equivalente a "poner nuestras vidas por los hermanos" (ver 1 Juan 3:16). Hasta que esté disponible para hacer eso, no seré capaz de dar un servicio efectivo, ni me será posible imitar a Jesús en su encarnación del Siervo perfecto. Gracias Dios, por el ejemplo de Cristo y más aun, por la gracia que nos da de ser almas derramadas para él.

"Al contrario, aunque haya de ser derramado como libación como sacrificio y servicio de vuestra fe, me gozo y me regocijo con todos vosotros" (Filipenses 2:17).

Himno: **"Para siempre es su bondad"** CSG # 506

Diversión versus placer

No debo despreciar el placer como si fuera malo en sí. Sí debo asegurarme de que disfruto del placer dentro de los límites de principios bíblicos y no como el mundo nos indica. El placer para el mundo únicamente es diversión, entretenimiento. Sin preocuparse de valores, puede darse una escala, desde un concierto de Beethoven hasta una exhibición pornográfica. El placer bíblico por otro lado, incluye la satisfacción de contribuir al crecimiento de una persona.

Jesucristo experimentó el placer. "Por el gozo que tenía por delante [él] sufrió la cruz" (Hebreos 12:2). El placer de Jesús no fue el resultado de algo hecho para o por él, sino de algo hecho a favor de otros. El placer piadoso es eterno porque el bien que crea continúa sin fin, como las ondas concéntricas en una laguna cuando se le arroja una piedrecita. Al contrario, la diversión es pasajera y termina en sí misma.

La diversión empaña temporalmente la dura realidad de la vida, pero el placer correctamente disfrutado forma parte de una sintonía espiritual y es duradera.

La clave para el placer bíblico es que "cada uno de nosotros agrade a su prójimo en lo que es bueno, para edificación, porque ni aun Cristo se agradó a sí mismo" (Rom. 15:1-3 RVR). En la maravillosa fórmula de Dios, aun la pasión de Cristo en sacrificarse en nuestro favor dio como resultado el ver más allá de "la angustia de su alma" y sentirse "satisfecho" (Isaías 53:11).

Si busco tener una vida, y hasta un ministerio egocéntrico, tratando de satisfacerme a mí mismo primero y en primer lugar, eventualmente me agotaré. El continuar "haciendo mis devociones" y "manteniéndome en sintonía con Dios" sólo para mi propio beneficio y satisfacción es arriesgar el fracaso. Hasta puedo caer en el error de tratar de cultivar un éxtasis "espiritual" que da sensaciones subjetivas de supuesto placer. Pero alimentar una relación fuerte con Dios para beneficio de otros es la única manera de mantenerme fortalecido en el Señor. Aun los cristianos más devotos pueden terminar desechados si olvidan que el servicio a otros es la forma segura de ministrarse a sí mismos. Complazco a mi Padre Celestial cuando él ve en mí la misma cualidad de auto- sacrificio que vio en Jesús, la cual le permitió decir, "Este es mi Hijo amado, en quien tengo complacencia" (Mateo 3:17).

"Y él murió por todos para que los que viven ya no vivan más para sí, sino para aquél que murió y resucitó por ellos" (2 Cor. 5:15).

Himno: **"Canten con alegría"** CSG # 360, FA 166, HB 462 y "Nuestra Patria" CSG # 613, FA 370

La persona "intoxicada" de Dios

Cuanto más cerca viva de Dios, tanto más sensible seré a las necesidades de las personas. ¿Acaso hay mayor sensibilidad respecto de las necesidades humanas que la resumida en: "Dios amó *tanto* al mundo"? La tragedia es que a pesar de ser creyentes en Dios, a menudo nos "endurecemos" hacia las personas. Cuando eso sucede, algo está muy mal. Aún después de haber caminado con Jesús por más de dos años, Juan quiso que lloviera fuego sobre las cabezas de los samaritanos (Lucas 9:51-56). No debo de pensar que el simple hecho de estar en compañía de Jesús me hará sentir ternura por la humanidad.

Era al terminar sus deberes oficiales que el sacerdote del Antiguo Testamento debía vestirse nuevamente con la ropa común del pueblo (Ezequiel 42:14). Asimismo, mi servicio a Dios debe acercarme a las personas, de otro modo será un servicio vacío. Debo bajar del santuario al nivel de las personas. Jesús vino de su Padre vestido en carne humana y eso establece el modelo para mí.

Al "caminar" con Dios puedo hacerme intolerante, exigente, y considerarme más "santo" que los demás. Esto significa que parte de mi naturaleza no ha captado la mente de Dios. Algo en mi corazón no se ha suavizado al toque de su mano. He recibido lo suficiente de Dios para estimularme, pero no para "intoxicarme" o llenarme. Debo ser más que simplemente "tocado por Dios".

Las personas llenas de Dios son maravillosamente cálidas y sensibles a las necesidades humanas. Juan, el "hijo del trueno", más adelante se convirtió en el "apóstol del amor", pero sólo después de que Dios lo había poseído en tal forma que el amor brotaba por todos sus poros. Debo ser como Pablo: "Entre vosotros fuimos tiernos, como la nodriza que cría y cuida a sus propios hijos" (1 Tes. 2:7). Él fue un discípulo "consumido", y su corazón latía tan tiernamente como el de aquél que consumía a Pablo mismo. Sólo así comienzo a acercarme al ministerio de siervo que demostró Jesucristo.

"Más bien, entre vosotros fuimos tiernos, como la nodriza que cría y cuida a sus propios hijos" (1 Tes. 2:7).

Himno: **"Gozo da servir a Cristo"** CSG # 511, FA 164, VC 111

Cuando nos cansamos de Dios

Existen dos tipos de cansancio en la vida de un discípulo. El primer cansancio ocurre cuando damos más rápido de lo que recibimos. Ese es el cansancio del compromiso en exceso; es la fatiga por trabajar en demasía en mi servicio a Dios para con otras personas. El segundo tipo de cansancio es más sutil, y es cuando nos cansamos de Dios mismo. Miqueas se refiere a esto cuando Dios acusa a los israelitas: "Pueblo mío, ...¿En qué te he molestado?" (6:3 RVR).

Como discípulo descubriré que mi vida será un continuo derramarse y llenarse. Cuando me vacío en el servicio, debo volverme a llenar, echando mano de los recursos infinitos de Dios. Si fallo en volverme a llenar, me quedaré sin fuerzas y surgirá el agotamiento. Una de las razones principales por las que fallo es porque me he cansado de Dios. En otras palabras, he perdido mi deseo de ser llenado por Dios.

Es algo inconcebible que yo pueda agotar a un Dios infinito. Por lo tanto, el cansancio debe ser un síntoma de que algo ha ido mal en mi conducto hacia el cielo. Ya sea que se ha obstruido con algo, está rota o simplemente no me esfuerzo en abrir la llave de la fuente. Lo último ocurre cuando me he dejado distraer o interesar, al menos por el momento, en algo diferente a Dios.

El cansarme de Dios puede comenzar con alguna distracción visual. Eso da lugar al extravío del corazón y pronto estoy a la deriva, cazando ilusiones que parecen momentáneamente maravillosas. Es en ese estado de cosas cuando me canso de Dios. El ha perdido su color, su riqueza y encanto para mi corazón. Por encontrarme en terreno tan peligroso, Dios hace sus más urgentes llamados para volver a despertar mi amor por él. Me pide que deliberadamente deje las baratijas por el oro; me ruega que abandone las cisternas rotas y que vuelva a la fuente de aguas vivas (ver Jeremías 2:13).

"Porque dos males ha hecho mi pueblo: Me han abandonado a mí, que soy fuente de aguas vivas, y han cavado para sí cisternas, cisternas rotas que no retienen el agua" (Jeremías 2:13).

Himno: **"Dios mío eres tú"** CSG # 583

La disciplina para tomar decisiones

El proceso que me llevó a Jesús en un principio, continúa llevándose a cabo mucho después de que yo confiara en él como Salvador. La diferencia no está en la naturaleza de la decisión, sino en la naturaleza de lo que se sacrifica. Cuando acepté la salvación de Cristo, sacrifiqué mis pecados; ahora en mi caminar cristiano debo seguir sacrificando aquellas cosas que me impiden ser todo lo que puedo ser para él. Descubrimos esta enseñanza en la parábola de la "perla de gran precio". El mercader vendió sus bienes a fin de obtener lo mejor (Mateo 13:45-46).

Debo aprender a negociar en mi vida cristiana, en el sentido de "intercambiar" cosas tal y como Jesús lo hizo. El "sufrió la cruz" *en contraprestación* por el gozo que tenía por delante (Hebreos 12:2). Jesús vio lo que era infinitamente bueno y lo entregó a cambio de algo infinitamente mejor. Diariamente seré confrontado por algo "bueno" que deberá ser cambiado por algo "mejor". De otro modo, me expongo al estancamiento espiritual. La disciplina de hacer decisiones no termina en el momento en que acepto a Cristo como mi Salvador. Es en este proceso de hacer decisiones que Dios me separa más y más de lo que yo soy, llevándome hacia lo que él tiene destinado para mí.

Necesito discernimiento y fuerza de voluntad para poder ejercer lo que es mejor. El discernimiento me aclara la diferencia entre lo "común" y lo "santo" (Ezequiel 22:26); la fuerza de voluntad me compromete a ello. Es por esta razón que mi vida cristiana seguirá siendo una serie de crisis, tanto grandes como pequeñas, que se parecerán mucho a las crisis que me llevaron hacia Cristo. Debo recordar que tanto el nacimiento como el crecimiento son procesos traumáticos; ¡sin embargo ese trauma lleva hacia una aventura espiritual que definitivamente es emocionante! Las "COSAS...QUE DIOS HA PREPARADO PARA LOS QUE LE AMAN" (1 Corintios 2:9) son también para *esta* vida, no tan sólo para la vida más allá, y hacen de la aventura cristiana una experiencia más rica que ninguna otra vista u oída por el hombre natural.

"Elías se acercó a todo el pueblo y dijo: '¿Hasta cuándo vacilaréis entre dos opiniones? Si Jehovah es Dios ¡seguidle! y si Baal, ¡seguidle!'" (1 Reyes 18:21).

Himno: **"He decidido"** CSG # 413, HB 474

Moldeado por las circunstancias

Como discípulo de Cristo no debo sentirme como el último responsable de mí mismo en ninguna circunstancia. Eso se revela claramente en el proceso a Jesús ante Pilato. "¿No sabes que tengo autoridad para soltarte y tengo autoridad para crucificarte?" (Juan 19:10), dijo Pilato. Esa fue una deducción fatal por parte del procurador. El poder no estaba en *él,* sino en Dios (Juan 19:11). Es cierto que Pilato ejerció el poder de crucifixión contra Jesús. Pero sólo fue el instrumento, no la fuente de dicha autoridad.

No me toca llevar toda la responsabilidad de mi destino. Tampoco todo lo que me suceda son caprichos de la enfermedad, de accidentes, de mi patrón, de algún ser amado, o de una cadena de circunstancias. No se me garantiza comodidad en esto (la cruz de Jesús no fue cómoda). Pero sí se me garantizan certidumbre, seguridad y el cumplimiento exacto de la voluntad de Dios en mí como persona.

Soy afectado, mas no controlado por mis circunstancias. Dios puede modificar mis circunstancias al instante. Habrá momentos en que los causantes de difíciles circunstancias estarán sumidos en la confusión. ¿Puedes acaso imaginar la cara de Senaquerib cuando supo que había perdido 185,000 de sus mejores soldados en una noche (Isaías 37:36)? ¿Puedes imaginar el horror de la corte de Herodes cuando supieron que su monarca había sido comido por gusanos (Hechos 12:23)? ¡Esos son recordatorios de que Dios está vivo y activo!

No tengo que temer la mano del hombre en tanto que esté en las manos de Dios. En cierto sentido, Pilato fue sólo una circunstancia más en la vida de Cristo. Así es como yo debo considerad a mis "Pilatos". Son integrantes necesarios en el patrón que Dios tiene para mí, pero no soy una víctima de sus voluntades, actitudes, o decisiones más de lo que Cristo fue victima de Poncio Pilato. "Hijitos, vosotros sois de Dios, y los habéis vencido, porque el que está en vosotros es mayor que el que está en el mundo" (1 Juan 4:4).

"Humillaos delante del Señor, y el os exaltará" (Santiago 4:10).

Himno: **"Del amor divino"** CSG # 346, FA 240, HB 376

Queriendo algo más

Una de las tentaciones más sutiles de Satanás es hacerme creer que Dios se niega a darme todo lo que yo merezco. Esa fue su táctica con Adán y Eva. Debo entender que el simple hecho de ser un cristiano no hace terminar sus ataques. Soy bombardeado con todo tipo de sugerencias de que hay "algo más" en el cristianismo y que yo no lo he recibido. Satanás siempre susurra, "Cristo no es suficiente; necesitas algo adicional".

Sin embargo, la Biblia claramente me dice, "y vosotros estáis completos en él" (Colosenses 2:10). No hay absolutamente nada, ni nadie, que Dios pueda darme adicionalmente a Jesucristo. Todo lo que necesito se encuentra en él y en él solamente. Si Cristo no es suficiente, entonces nada es suficiente, y en ese caso estoy condenado eternamente al desasosiego. Pero el problema no está de parte de Dios. El problema está conmigo. Si Cristo no es suficiente, es porque yo he cerrado la puerta de la fe a lo que él puede hacer en mí. Si Cristo no me está satisfaciendo, es porque hay "mugre" en algún lugar de mi maquinaria espiritual que me está frenando. Si me encuentro en ese plan de estar ansiando "algo más", estoy pisando terreno muy peligroso. Me estoy exponiendo a cualquier sugerencia tentadora de Satanás. Comienzo a ensayar cosas, esperando encontrar el "algo más" que pienso que no se encuentra en Jesucristo.

El querer "algo más" es un indicador de que el conducto está obstruido. Existe una abundancia en Cristo que escasamente hemos soñado, y no hemos experimentado. Si no experimento aún esa plenitud, debo abrirle un mayor lugar en mi corazón. Dios no puede darme más de Cristo del que ya me ha dado. El sólo espera que yo le conceda más espacio a él para potencializar lo que ya he estado disfrutando. "De la manera que habéis recibido a Cristo Jesús el Señor, así andad en él, firmemente arraigados y sobreedificados en él, y confirmados por la fe,...abundando en acciones de gracias" (Colosenses 2:6-7).

"Porque de su plenitud todos nosotros recibimos, y gracia sobre gracia" (Juan 1:16).

Himno: **"Ya pertenezco a Cristo"** CSG # 352, VC 163, HB 459

Fortaleciendo la voluntad

Como cristiano, me expongo a una gran cantidad de problemas cuando elijo vivir según mis *emociones*. Dios quiere que todos sus hijos vivan según la *voluntad*. Las emociones son a mi espíritu lo que los postres a mi cuerpo - *sabrosos* pero *no muy sustanciosos* ni *alimenticios*. La voluntad es el *plato fuerte*, "la carne y las papas" de la vida cristiana. Muchas veces seré confrontado con un dilema espiritual que puede ser resuelto sólo por un acto de voluntad. La Biblia no dice, "¿sientes que debes hacer esto?". Más bien dice, "¡no pequéis!" (ver 1 Juan 2:1). Si consulto con mis emociones nunca avanzaré un paso hacia la santidad, porque el pecado es demasiado placentero a la luz de las emociones.

Uno de los salmistas fue librado de una grave enfermedad. En gratitud a Dios, decidió rendir su vida al Señor por el resto de sus días (Salmo 116:2). ¿Cómo pudo cumplir con esta entrega? Por medio de un acto de la voluntad. El Salmo describe cinco acciones de la voluntad que me gustaría llamar las "Acciones Voluntarias" de la dedicación (Versículos 2, 9, 13, 17, 18). Sin duda, este hombre había atravesado por una experiencia emocional que estremeció su alma; sin embargo, basó su nueva dirección sobre el fundamento correcto - su voluntad.

Muchos de los problemas emocionales que nosotros confrontamos hoy en día pueden ser curados, no por medio de la consejería o la predicación, sino por una sencilla decisión. Debido a que no tomamos una decisión moral, estamos bajo la amonestación de la Palabra de Dios por *vivir egoístamente*. ¡Nos convertimos en infantes e inválidos emocionales porque simplemente no fortalecemos la voluntad para hacer lo que Dios claramente nos está mandando! Por supuesto que la enfermedad emocional debe ser reconocida como lo que es, para darle un tierno y amoroso cuidado; pero el malestar espiritual por la falta de voluntad o la debilidad sólo tiene una receta: *¡haré su voluntad*! "Si queréis y obedecéis, comeréis de lo mejor de la tierra" (Isaías 1:19).

"Ten cuidado de ti mismo y de la doctrina; persiste en ello, pues haciendo esto te salvarás a ti mismo y a los que te escuchan" (1 Timoteo 4:16).

Himno: **"Nunca se apartará"** CSG # 275

Invirtiendo en lo eterno

Tarde o temprano el discípulo de Jesucristo tiene que definir claramente su posición en cuanto al mundo. Al utilizar la frase "definir...su posición" no quiero decir que exista lugar para transigir o ceder. Me refiero a un *modus operandi* definido en mi trato con el mundo. Primero debo reconocer lo que el mundo es para que pueda aprender cómo conquistarlo. Lo que el mundo *es* se describe mejor al definir lo que *no es*. "No proviene del Padre" (1 Juan 2:16). Las motivaciones, instintos y actitudes básicas del mundo no se originan en Dios. El *comportamiento* del mundo, por lo tanto, no puede ser de Dios. Si he nacido de nuevo en la familia de Dios, no debo sorprenderme al encontrar que este mundo no es "amigo de la gracia".

En lo que concierne a conquistar al mundo, debo recordar que "el mundo está pasando, y sus deseos" (1 Juan 2:17). Esa falta de durabilidad es una característica del mundo. Muchos aspectos del mundo material son pecaminosos y temporales, pero muchos otros aspectos son buenos aunque también temporales. Aun las cosas buenas de esta vida, como la casa, la comida, etc., son inversiones pasajeras. La única manera en que puedo conquistar al mundo e invertir en lo eterno, es si dedico mi energía a algo que sea perdurable.

La "vida eterna" de la Biblia es más que una existencia sin fin; es también una existencia eterna de gran calidad. El tener la vida eterna es "conocer...a Dios" (Juan 17:3). Pero conocer a Dios en el sentido bíblico es estar personalmente familiarizado con sus cualidades, tales como amor, misericordia y justicia. Esas son las cualidades que no tienen límites, no tienen fin. El hecho de que sea dueño de tres casas significa que algún día tendré que dejarlas; pero el hecho de que esté lleno del amor de Dios significa que tengo algo que durará para siempre. La Biblia siempre me recomienda encarecidamente poseer aquello que no puedo dejar o perder. El "tonto" según la Biblia es siempre el hombre que sacrifica lo que "está aún lejos" por lo que está cerca, a la mano. Lo opuesto es una brillante victoria. "Al que venza [al mundo], le daré de comer del árbol de la vida que está en medio del paraíso de Dios" (Apoc. 2:7).

"Mediante ella nos han sido dadas preciosas y grandísimas promesas, para que por ellas seáis hechos participantes de la naturaleza divina, después de haber huido de la corrupción que hay en el mundo debido a las bajas pasiones" (2 Pedro 1:4).

Himno: **"El cielo y la tierra pasarán"** CSG # 547

Un cristiano debe gozar de credibilidad

Señor, como discípulo tuyo no sólo debo *creer*, sino también *gozar de credibilidad*. No sirve de nada señalar la gracia de Dios a menos que dicha gracia haya estado operando en mí. Un hombre de negocios dijo una vez a sus empleados "mi reputación está en sus manos". Así también, la reputación del Señor está en nuestras manos.

Ahora veo por qué Jesús dijo esas palabras difíciles de entender acerca de los pecados que son "remitidos" y de los pecados que son "retenidos" (Juan 20:23). Existe un sentido en el que el destino de los demás está en las manos de los seguidores de Jesucristo; no en el sentido absoluto, sino en el sentido funcional. Es en ese sentido, creo yo, que Pablo quiso decir: "Sed vosotros imitadores de mí; así como yo lo soy de Cristo" (1 Cor. 11:1). Sólo en cuanto sea un seguidor de Cristo digno de credibilidad, podré entonces persuadir a otros a que también lo sigan.

Mi influencia sobre otras personas para que sigan a Cristo debe comenzar con el hecho de que yo *crea en ellos*. Esto es, debo convencerlos de que creo que ellos son dignos del amor de Dios y del sacrificio redentor de Cristo. Me corresponde persuadirles de que son en sí mismos de infinito valor e importancia para Dios, y que Dios garantizará todo esfuerzo para salvarlos, si sólo se vuelven a él.

La verdad sea dicha, un discípulo será fructífero para su Señor en la medida en que él es creíble para la gente que lo escucha. Pedro encontró a Jesús por medio de Andrés, Pablo, por medio de Esteban, y así sucesivamente. Tuvieron que ser primero convencidos por hombres. *Creyeron en la veracidad del cambio en ellos* primero; y luego, ellos a su vez *creyeron*.

No puedo creer en el potencial de la gente, y por lo tanto, no puedo persuadirlos, a menos que ellos vean en mí el amor sincero y transparente que caracteriza al discípulo lleno del Espíritu. Soy digno de credibilidad únicamente si el amor de Dios aparece inequívocamente en mí. Ese debe ser mi objetivo. "Hermanos, os rogamos y exhortamos.. que conforme aprendisteis de nosotros acerca de cómo conviene andar y agradar a Dios,.. así sigáis progresando cada vez más" (1 Tes. 4:1).

"Así que, habiendo recibido un reino que no puede ser sacudido, retengamos la gracia, y mediante ella sirvamos a Dios, agradándole con temor y reverencia" (Hebreos 12:28).

Himno: **"Proclamad, juventud redimida"** CSG # 582, FA 321, VC 335

Dejando el control al Espíritu

El cristiano tiene una inclinación instintiva hacia la santidad debido a su nueva naturaleza. Así como su vieja naturaleza lo lleva hacia la tentación y la maldad, su nueva naturaleza lo lleva hacia la bondad. Creo que algunos creyentes tienden a darle demasiado espacio y atención a la vieja naturaleza. Es como si estuvieran *a la expectativa de* pecar y caer, y de seguir haciéndolo. Pero también debemos *esperar* tener éxito y ser victoriosos sobre el pecado, porque esa es la tendencia del nuevo hombre.

La semilla de Dios está en nosotros (1 Juan 3:9). La semilla significa crecimiento y expresión, y Dios siempre se expresa en forma santa. Comprendo que muchos creyentes tropiezan y caen, y sin embargo se espera de nosotros "cosas mejores" que "conducen a la salvación" (Hebreos 6:9). El bello y anhelado "fruto del espíritu" (Gálatas 5:22) se encuentra justamente enfrentado al "fruto de la carne". Sin embargo, ambos son instintivos y, si se les da una oportunidad, serán abundantes en nosotros. ¿Cuál fruto será? Pablo dice que Dios "comenzó la buena obra" en nosotros y que seguirá perfeccionándola en nosotros hasta el día de Cristo (Filipenses 1:6). ¡Existe una decisión o firmeza en el nuevo hombre que es difícil de refutar!

Como sabe todo jardinero, hay que darle tiempo y condiciones óptimas a las semillas que se siembran. Debe quitarse la mala hierba, prepararse la tierra, y aplicarse suficiente humedad y sol. ¡Hagan eso por el nuevo hombre, - exclama la Biblia -, y vean lo que sucederá! Los frutos de la nueva naturaleza, dice Pedro, son muchos y atractivos (2 Pedro 1:1-9). Pero tenemos que hacerlos "abundar", esto es dejarlos *multiplicarse* en nosotros (vs 8). Si los dejamos *resecar* o si falta fruto (vs 9) somos ciegos y olvidadizos.

En pocas palabras, tengo todo el equipo, de parte de Dios, que necesito para una vida triunfante, santa y fructífera. A mí me corresponde cederle espacio, limpiar el terreno, y dejar que mi instinto espiritual tome el control de allí en adelante.

"Porque cuando estas cosas están en vosotros y abundan, no os dejarán estar ociosos ni estériles en el conocimiento de nuestro Señor Jesucristo" (2 Pedro 1:8).

Himno: **"Fuisteis Sellados"** CSG # 252

Comenzando donde comienza Dios

Como discípulo, reconozco que para terminar bien, debo comenzar bien. En palabras de Jesús, debo "calcular el costo" antes de comenzar.

¿Pero cómo comienzo? Jesús dijo, "Sed, pues, vosotros perfectos, como vuestro Padre que está en los cielos es perfecto" (Mateo 5:48). ¿Qué clase de comienzo me capacita para lograr *ese* objetivo? Me gustaría mucho recibir el elogio del Señor, "Bien, siervo bueno y fiel" (Mateo 25:21). ¿Cómo merecer esto?

Cuanto más comprendo cuáles son los objetivos y las expectativas que Dios tiene para mí, y cuanto más entiendo lo inadecuado de mis propios recursos, tanto más estoy tentado a desesperarme y quedarme por el camino - excepto por una cosa. Debo comenzar donde comienza Dios. Mi parte en ese comienzo puede que sólo sea una pequeña llama de fe y voluntad, pero la contribución de Dios es una enorme explosión de poder que me llevará en triunfo hasta el final. La Biblia dice que Abraham "creyó a Jehovah y le fue contado por justicia" (Génesis 15:6). La pequeñísima y vacilante fe de Abraham más el poder de Dios terminaron exitosamente para la Gloria de Dios en una vida santa y llena de los frutos del Espíritu.

¡Cuán a menudo veo eso en la Biblia! Un hombre paralítico y sin esperanza alguna ve a Jesús, y con su ayuda, recobra la fe, la voluntad y el propósito; y pronto está de camino a su casa llevando la camilla sobre el hombro (Juan 5:8-9). ¡Qué comienzo! El poder de Dios vibró por todo su ser en respuesta a la débil, pero sincera y buena disposición de un hombre! Ahora comprendo que las exigencias, expectativas y propósitos que la Biblia propone y desea de mí son realmente posibles de lograr. También veo que Dios no se burla de nosotros ofreciendo un paraíso fuera de nuestro alcance o posibilidad. El imposible Sermón del Monte, el imposible fruto del espíritu y el imposible carácter del amor de 1 Corintios 13 son todos gloriosamente posibles - si comienzo con Dios. "Para que conozcáis...la inmensurable grandeza de su poder para con nosotros los que creemos" (Efesios 1:18-19).

"Y sin fe es imposible agradar a Dios, porque es necesario que el que se acerca a Dios crea que él existe y que es galardonador de los que le buscan" (Hebreos 11:6).

Himno: **"Eterno Rey"** CSG # 629

Caminando a solas con Dios

Existe un sentido en el que el llamado de Dios será para mí solamente. Dios no llama a grupos; él llama a individuos para que formen un grupo. Pero el llamado en sí es indudablemente personal. Debo responder personalmente; no puedo enviar un representante o sustituto.

Dios llamó a Abraham "cuando no era más que uno solo" (Isaías 51:2 RVR). Ese llamado particular llevó a experiencias solitarias: el caminar en la noche bajo las estrellas, con la promesa de bendición para sus descendientes (Génesis 13:14-18); el solitario altar de oración donde intercedió por Sodoma (18:22); y finalmente el solitario caminar hacia el Monte Moriah para sacrificar a Isaac (22:5). Sin embargo, toda esa soledad lo llevaría a ser aquél en que "todas las familias de la tierra" (Génesis 12:3) habrían de ser bendecidas.

Esa parece ser una ley del mundo espiritual así como del mundo natural: Comienzo solo con Dios, y termino con muchos. Como dijo George Matheson, "el arroyo se convierte en un mar". Jesucristo fue solo a la cruz, fue sepultado solo, y resucitó solo. Sin embargo, su soledad fue la semilla que le permitió regresar con un gran ejército de seguidores. Su generación continuará ensanchándose hasta que finalmente cubra totalmente la tierra.

La fe es certeza de algo futuro;
es firme su amor porque Cristo le guía.
A ciegas le sigue sin un paso en falso
por sierra aislada y desconocida,
por senda de un solitario llano.
Tomando la mano del Padre, el hijo
camina por fe y con gran alegría.
Sus huellas alumbran, de pronto se ven
muchos pies caminando camino de fe.

Gerhard Tersteegen y L.J.A.

"Y por lo tanto, de uno solo, y estando éste muerto en cuanto a estas cosas, nacieron hijos como las estrellas del cielo en multitud, y como la arena innumerable que está a la orilla del mar" (Hebreos 11:12).

"Como Jesús entendió que iban a venir para tomarle por la fuerza y hacerle rey, se retiró de nuevo al monte, él solo" (Juan 6:15)

Himno: **"Solo no estoy"** CSG # 362, FA 228

Las irrupciones de Dios

No pasará mucho tiempo en mi vida como discípulo antes de que me dé cuenta que Dios es un Dios de "irrupciones". Sólo hay que mirar cómo irrumpió en la vida de Abraham: "El Dios de la gloria apareció a...Abraham" (Hechos 7:2). La vida normal, corriente y cotidiana del patriarca fue interrumpida. Cada vez que Dios hace eso, siempre significa una nueva dirección para las cosas, así como después del momento en que irrumpió en la vida de Pablo.

Las *apariciones* de Dios, ya sean visibles o internas, siempre siguen la línea de una interrupción o cambio. A menudo no entendemos el cambio. "Y salió sin saber a dónde iba" (Hebreos 11:8). Abraham no entendió que Dios iba a hacer de él un hombre universal, un verdadero "padre de la fe". Como discípulo debo seguir el ejemplo de Abraham de tener fe, sin entender el alcance de nuevas direcciones de parte del Señor. Dios se reserva para sí el derecho de la iniciativa, el derecho de irrumpir en mi vida sin preguntas ni explicaciones. Esa demoledora llamada telefónica, esa carta perturbadora, esa visión que acaba con la tranquilidad, pueden de hecho ser la primera etapa de una irrupción de Dios en mi vida. Debo estar listo y nunca dudoso o vacilante.

Ya que Dios toma la iniciativa, él es responsable por las consecuencias. Dios jamás comienza algo para después decir, "¡Bueno, el resto es cosa tuya!" Las consecuencias de las acciones divinas son tan ordenadas como el origen de dichas acciones. Esa es una advertencia para mí - no interferir con las consecuencias que Dios ya ha designado para mí. Pero eso también es mi consuelo; no necesito preocuparme por algo que está fuera de mis manos.

Mi respuesta siempre debe ser el estar en todo tiempo atento a Dios para obedecer su palabra de manera implícita. ¡Entonces él me sorprenderá con delicias! "Prepárate para la mañana, sube de mañana...y preséntate...delante de mí sobre la cumbre...entonces descendió Jehovah en la nube y se presentó allí a Moisés" (Éxodo 34:2-5).

"Porque esta noche estuvo conmigo un ángel de Dios de quien soy y a quien sirvo, y me dijo: 'No temas, Pablo'" (Hechos 27:23-24).

Himno: **"Del santo amor de Cristo"** CSG # 349, VC 115, HB 90, LL 249, GD 113, GT 87

La aprobación social es condicional

El ser un discípulo de Jesucristo no me hace un proscrito social. Cristo no niega mis inclinaciones humanas naturales; las realza. La aprobación social es necesaria para la salud emocional, y Jesucristo no tiene como objetivo excluirme de la familia humana. La pregunta básica es: ¿aprobación social a qué precio?

En una parábola, Jesús dijo en efecto, "Ve y siéntate en el último lugar; para que cuando venga el que te invitó, diga: 'amigo, sube más arriba'. Entonces tendrás gloria delante de los que se sientan contigo a la mesa" (Lucas 14:10). El respeto social no está prohibido para el discípulo, pero es condicionado. Se basa en la humilde disposición de Cristo.

Son sin número los problemas que se nos vienen encima por ese afán del hombre natural por lograr "estatus" o lugar. Éste busca posición e influencia sin importar el precio que pague o la gente que destruya por llegar allí. Nunca debo dejarme arrastrar por tales impulsos o inclinaciones. Jesús no vino buscando la aprobación social; pero debido a que vino con una disposición humilde, la aprobación social fue su recompensa. Al eludir la aprobación social de manera directa, Jesús hizo precisamente lo que la atrae con mayor seguridad.

La aprobación social es necesaria para mi bienestar. Pero esta aprobación no está limitada a lo terrenal. Una gran "nube de testigos" (Hebreos 12:1) está *anhelantemente* interesada en todo lo que me pasa, y en un sentido son "los animadores" de los santos. Si me va *bien,* esto es, si hago la voluntad de Dios, contaré con su entusiasta y calurosa aprobación. Por lo tanto, el caminar del peregrino está repleto de conmovedores estímulos. Si mi caminar parece solitario y aislado, será sólo por un momento. "Pero Dios, que consuela a los humildes [desanimados], nos consoló con la venida de Tito. Y no sólo con su venida, sino también con la consolación que él recibió en cuanto a vosotros" (2 Cor. 7:6-7).

"Y el mismo Señor nuestro Jesucristo, y nuestro Padre Dios quien nos amó y por gracia nos dio eterno consuelo y buena esperanza, anime vuestros corazones y os confirme en toda obra y palabra buena" (2 Tes. 2:16-17).

Himno: **"Un día Cristo volverá"** CSG # 546, LL 133, GT 112

El día del examen final

Debo reconocer Señor, que el único registro existente de mi vida es el que yo mismo estoy "escribiendo". Ahora comprendo lo que es el tribunal de Cristo - sólo una grabación de lo ya acontecido. Es allí donde recibimos "*según lo que [cada uno] haya hecho* por medio del cuerpo" (2 Cor. 5:10).

Volveré a encontrarme con mis acciones, como una película que se vuelve atrás. Pero esta vez las veré con el lente divino, según el punto de vista de Dios, así cómo él las *vio* y las *oyó*. Nada puede añadirse ni quitarse, con excepción del pecado perdonado, a lo que yo *fui* e *hice*.

El libro memorial de Dios (Malaquías 3:16) aparentemente es su sistema de grabación. ¡Señor, tu ojo y oído recuerdan todo lo que hago en tu nombre! El "día de mi examen" será el día en que volveré a leer mi historia, y tú me mostrarás las páginas escritas a diario por mi propia vida. En un sentido, el cielo y el infierno son *ahora mismo*, justo aquí. No en el sentido de cumplimiento, sino en el sentido de posibilidad. Mi destino no se decide más adelante, en la eternidad, sino ahora mientras estoy viviendo en esta tierra. El destino es sólo el eco de mi decisión actual.

Asimismo, no sólo el destino en sí, sino la *calidad* de dicho destino se decide aquí, sea de hojarasca o de piedras preciosas (1 Cor. 3:12).

¡Señor, qué responsabilidad! ¡Tan sólo una vez se camina a lo largo de la vida y sin embargo toda una eternidad depende de ello! Qué feliz estoy por mi Predecesor y Redentor, tan lleno de gracia, quien primero quitó mis pecados por medio de su obra en el Calvario, y luego promete andar conmigo para ayudarme. Él quiere ayudarme a escribir la historia de mi vida, para que algún día me otorgue su sonrisa de aprobación. ¡Después de todo, Jesús está en el negocio de producir santos "aprobados"! El quiere encontrarme en condiciones para poder decirme, "Bien, siervo bueno y fiel...entra en el gozo de tu Señor" (Mateo 25:21).

"Así que vosotros, oh amados, sabiendo esto de antemano, guardaos; no sea que, siendo desviados por el engaño de los malvados, caigáis de vuestra firmeza" (2 Pedro 3:17).

Himno: **"Cuando anuncie el arcángel"** CSG # 551, FA 316, VC 214, HB 504, LL 21, GD 87, GT 20

Presentando nuestras credenciales

Como tu discípulo Señor, debo estar consciente de los derechos y privilegios del *ministerio.* Los utensilios santos del tabernáculo fueron dedicados con sangre porque eran un "ministerio" (Hebreos 9:21). Así como no puede haber remisión de pecados sin sangre, tampoco puede haber ministerio sin sangre. Ninguna persona tiene el derecho de hablar (ni a hacer ninguna otra cosa) para Dios, a menos que haya sido limpiada por sangre, o sea que se le haya sido otorgado el "derecho" de hablar en base a la muerte de Cristo en el Calvario.

Siempre que Dios trata con los hombres lo hace en base a los derechos que Jesucristo logró a nuestro favor en el Calvario. Así como un embajador debe presentar sus credenciales, toda persona que sirve a Dios debe mostrar que ha sido tocado por la sangre del Calvario. Fuera de eso, no tiene ningún derecho a servir. ¿Tengo mis credenciales en orden, o soy un "profeta falso"?

Pero está el otro lado de la moneda. El simple hecho de tener el derecho a hablar no significa que acepto el *privilegio.* Muchos han acudido al Calvario y han recibido el derecho, pero luego han rechazado el privilegio. El cuerpo de Cristo está lleno de miembros sub-privilegiados; sub-privilegiados debido a su propio egoísmo, temor, o indiferencia. Tanto la sangre como el aceite son necesarios para ser un siervo de Dios. La sangre representa el llamado; el aceite representa el poder. Ambos son necesarios para un servicio efectivo y fructífero.

El sumo sacerdote aplicaba la sangre y el aceite *continuamente.* Del mismo modo, continuamente debo revisar mi llamado y los dones y talentos de los cuales estoy dotado. Los utensilios de mi ministerio para Dios deben ser puestos a diario ante sus ojos. Sólo entonces "presento mis credenciales". "Con todo, tenemos este tesoro en vasos de barro, para que la excelencia del poder sea de Dios y no de nosotros" (2 Corintios 4:7).

"Devuélveme el gozo de tu salvación, y un espíritu generoso me sustente. Entonces enseñaré a los transgresores tus caminos, y los pecadores se convertirán a ti" (Salmo 51:12-13).

Himno: **"Sed fieles, hermanos"** CSG # 502

Estando "en misión"

Un discípulo de Cristo debe aprender a distinguir entre su *misión* y su *llamado*. Su misión es la de todo cristiano - esparcir las buenas nuevas de Jesucristo en todo lugar; pero su llamado es la designación de Dios hacia un lugar específico en un momento específico. La misión es general y fundamental, el llamado es específico y personal. Mi principal responsabilidad en la vida es estar *en misión* por Jesucristo; mi principal respuesta en la vida es llenar ese lugar de trabajo personal al cual Dios me llama.

Puede suceder que piense en la obra misionera y diga, "no estoy llamado a ser misionero". ¡Estás equivocado! Todo cristiano debe ser un misionero, esto es, estar "en misión". Mi función particular en esa misión puede diferir de la de otra persona; pero la categoría general en que encaja cada función o llamado es: ¡todos somos misioneros!

Algunas veces he escuchado que se da un consejo equivocado: "No te hagas misionero a menos que Dios te llame para ello". El consejo acertado sería: "Eres misionero porque Dios ha ordenado que todos sus hijos lo sean". En cuanto a la función que deba cumplirse, es simplemente el llamado personal que hace Dios según sus planes. Hay que esperar hasta que él indique con claridad dónde y cuándo servir. Eso significa que puedo ser gerente de negocios, médico(a), maestro(a), carpintero(a), ama de hogar o lo que sea, y estar "en misión".

Lo importante en cuanto a estar "en misión" no es si soy un misionero extranjero, un misionero local o un laico. Radica en que si estoy o no dispuesto a aceptar la misión de Dios como mi misión. Debo reconocer que es allí donde Dios está actuando hoy. Si afirmo conocer, amar y obedecer a Dios, no puedo evitar estar "en misión". "La predicación de Jesucristo...ha sido manifestada ahora; y...según el mandamiento del Dios eterno se ha dado a conocer a todas las naciones para la obediencia de la fe" (Romanos 16:25-26).

Gracias, Señor, por ayudarme a ser un verdadero discípulo.

"Y les dijo: 'Id por todo el mundo y predicad el evangelio a toda criatura'" (Marcos 16:15).

Himno: **"Oh, cumple tu ministerio"** CSG # 507

La batalla por el cuerpo

Señor, debo desarrollar una teología correcta acerca del cuerpo. Somos dados a pensar en nuestros cuerpos como "casas del alma" y, hasta cierto punto, estamos en lo correcto. Pero nuestros cuerpos también son "campos de batalla del destino". La parábola del espíritu desalojado aclara esto (Mateo 12:43-45). El afán (podría llamarse "pasión") de Satanás es poseer nuestros cuerpos como vehículos para llevar a cabo sus propósitos en este mundo. Tan intenso es este deseo que se atreve a llamar al cuerpo que ha dominado, "mi casa" (vs 44).

Pero Dios también tiene designios en cuanto al cuerpo. El necesita carne y huesos para llevar a cabo sus propósitos en este mundo (Rom. 12:1-2), de otra manera fracasará su programa. Él anhela habitar en el cuerpo humano con la misma intensidad que lo desea Satanás. Así que una intensa lucha se lleva a cabo para la posesión de nuestros cuerpos. Aún cuando Satanás es echado fuera de nosotros, busca volver a entrar; y, si es necesario, trae refuerzos a fin de lograrlo (vv 44-45).

No hay ningún terreno neutral en esta batalla por el cuerpo. Ya sea Dios o Satanás que tiene el control, el control de uno desplaza el control del otro. Su reino es ensanchado o menguado por el control que tiene sobre nuestros cuerpos. En un sentido, nuestros cuerpos son pequeños "Montes Calvario" donde el conflicto todavía arrecia. La lucha no es para decidir quién es el victorioso, porque Cristo lo es según Colosenses 2:14 y 15, sino para decidir si la victoria de Dios prevalecerá en nosotros como individuos.

Me guste o no, estoy en medio de la batalla. No puedo excusarme de ella. Mi participación es resultado de mi decisión de que Jesucristo es el Salvador de mi cuerpo (Efesios 5:23). Ese Salvador puede "[santificarme] por completo...espíritu como alma y cuerpo [y mantenerme] guardado sin mancha en la venida de nuestro señor Jesucristo. Fiel es el que os llama, quien también lo logrará" (1 Tes. 5:23-24).

"¿O no sabéis que vuestro cuerpo es templo del Espíritu Santo, que mora en vosotros, el cual tenéis de Dios, y que no sois vuestros?" (1 Cor. 6:19).

Himno: **"Despertad, Despertad"** CSG # 503, FA 301, LL 186, GD 162, GT 317

La ofrenda abundante

Existen niveles para la ofrenda cristiana y, como discípulo, debo dar el nivel de discípulo. El nivel mínimo de contribución es el diezmo (Mateo 23:23). Esta es la contribución obligatoria, el monto que le debo a Dios, y el negarme a devolver esto a Dios es robo (Malaquías 3:8).

El segundo nivel de participación es la "ofrenda" (Éxodo 25:2). La ofrenda va más allá del diezmo y está diseñada para propósitos especiales. Puede ser una simple ofrenda de agradecimiento al Señor o una contribución a un proyecto o lo que sea.

El tercer y más alto nivel de participación es la contribución "generosa" (2 Cor. 9:6). Rees Howells la llamaba la "contribución espléndida". Es el tipo de ofrenda a la que Jesús hizo que sus discípulos prestasen atención cuando observaron a la viuda dar una blanca, la cual era "todo su sustento" (Marcos 12:44). Este tipo de ofrenda reconoce un principio fundamental en nuestra relación con Dios, el principio del "nuevo huésped". Una vez que nos comprometemos totalmente con Dios, el nuevo arrendatario toma posesión y de allí en adelante dicta la política de nuestra vida, aun en el modo en que vamos a gastar nuestro dinero. O en realidad, *su* dinero. Nosotros no utilizamos nuestro dinero a menos que primero le hayamos hecho a él una solicitud.

La ofrenda generosa está siempre ligada al ministerio. Es la expresión natural del sobreabundante amor de Dios a través de nosotros hacia otros. Es la sustancia que le recuerda a las personas de manera tangible que Dios está vivo y que nos cuida. Como discípulo, debo poner mi cuenta bancaria, así como mis talentos, en las manos de Dios. Una vez en sus manos, debo permitirle retirar todo lo que él desea; luego me hago hacia atrás y observo mientras que él me devuelve con gran liberalidad y abundancia todo aquello que había tomado. Ustedes "glorificarán a Dios...por vuestra liberalidad en la contribución para con ellos...a causa de la sobreabundante gracia de Dios en vosotros" (2 Corintios 9:13-14).

"Como está escrito: El que recogió mucho no tuvo más y el que recogió poco no tuvo menos" (2 Cor. 8:15).

Himno: **"Los talentos"** CSG # 508

Ministrando a otros

¿Cómo puedo distinguir entre el ministerio a mí mismo y el ministerio a otros? Ciertamente la Biblia aclara que el buey que trilla tiene derecho a comer del grano que ha sido trillado (1 Cor. 9:9), y los sacerdotes comían los sobrantes del pan y los sacrificios. Pero he aquí algo importante para recordar: se me permite participar sólo al ejercer mi servicio a otros. En ninguna parte de la Biblia dice que yo puedo sentarme a hacer nada, y seguir gozando de los frutos del servicio.

Cuando leo nuevamente la declaración de Jesús acerca de la vid y las ramas (Juan 15), me llama la atención el hecho de que la rama no participó del *fruto;* más bien participó de la *misma vid.* La rama existe para el ministerio, para transmitir la vida de la vid hasta que el fruto se forme en sus extremos, y así los necesitados que están alrededor puedan ser satisfechos. La "satisfacción" de la rama depende de la vid y su misma raíz.

No debo utilizar a Dios con fines egoístas. La vida del discipulado es exactamente lo contrario: Dios, utilizándome para él mismo. Mis oraciones no se enfocarán exclusivamente en algo que sólo me beneficia personalmente, cosas tales como salud, dinero, o éxito. Es importante recordar que Dios es mi Amo, cuyo derecho es usarme para sus propósitos. Jamás debo tratarle como si fuera mi siervo (alguien que está en la obligación de satisfacer todos mis antojos). Mi vida es como una rama que simplemente transmite el fruto de la vid al que lo come. Cuanto más fruto lleve y tanto más sean los necesitados satisfechos, mayor será la gloria de Dios (Juan 15:8).

Entonces seré como José, quien fue "un retoño fructífero, retoño fructífero junto a un manantial; sus ramas [treparon] sobre el muro" (Génesis 49:22). Las "bendiciones de [su] padre sobrepasan a las de las montañas eternas, y a los deleites de las colinas antiguas" (vs 26).

"Vosotros no me elegisteis a mí; más bien, yo os elegí a vosotros, y os he puesto para que vayáis y llevéis fruto, y para que vuestro fruto permanezca" (Juan 15:16).

Himno: **"La vid y los pámpanos"** CSG # 402, FA 223

Mirando a la muerte

La relación de un cristiano con la muerte cambia cuando recibe a Cristo como su Salvador. La muerte reina en la mente del hombre natural (Romanos 5:14); pero en la mente del creyente comprometido, la muerte se desvanece en las sombras. Ahora el creyente puede ocuparse con la nueva "vida e inmortalidad" que han surgido dentro de él por causa del evangelio (2 Timoteo 1:10). Para decir la verdad, la muerte no deja de ser un hecho, pero sí deja de ser un hecho relevante. Al igual que Cristo, quien después que murió encontró que la muerte no tenía ya más poder sobre él (Romanos 6:9), así el creyente, que está en Cristo, encuentra a la muerte débil e insignificante.

Los griegos solían decir, "un hombre no puede mirar a la muerte o al sol durante mucho tiempo". Bastante cierto, pero el creyente ya no mira a la muerte como una amenaza (o mejor dicho, ya no *necesita* hacerlo). Ahora él posee la vida eterna, que es más que la inmortalidad. La inmortalidad es la existencia sin fin, el atributo de toda persona; pero la vida eterna es una relación personal sin fin con Dios, una cualidad que le pertenece sólo a aquellos que conocen a Dios a través de Jesucristo. Por lo tanto, ya no tengo que ocuparme con la muerte, sino con la vida; esto es, con un conocimiento cada vez mayor de Dios que enriquece mi vida con una abundancia que florecerá por siempre.

Un creyente en Cristo ya tiene las semillas de la eternidad en su corazón; por lo tanto, no hay necesidad de darle importancia a la muerte. Después de todo, es sólo una pausa momentánea durante su gozoso peregrinaje hacia la gloria.

"No fijando nosotros la vista en las cosas que se ven, sino en las que no se ven; porque las que se ven son temporales, mientras que las que no se ven son eternas" (2 Corintios 4:18). Una persona que ha pasado toda su vida diciéndole "no" a su yo y "sí" a Cristo, encontrará que la muerte no le es amenaza. El "no" final a la muerte ya ha sido satisfecho hace mucho tiempo, y el "sí" final a Cristo será un salto gozoso de bienvenida hacia la eternidad.

"Jesús le dijo: 'Yo soy la resurrección y la vida. El que cree en mí, aunque muera vivirá. Y todo aquél que vive y cree en mí no morirá para siempre. ¿Crees esto?'" (Juan 11:25-26).

Himno: **"La mañana gloriosa"** CSG # 549, FA 312, VC 218, HB 492

Los derechos de Dios y los nuestros

No pasará mucho tiempo en mi caminar con Dios sin tener que enfrentarme al asunto de los *derechos*. Necesito tener en cuenta tres de tales derechos: el derecho de Dios sobre mí; mi derecho a Dios; y el derecho del mundo sobre mí.

Un derecho es algo legalmente innegable, y el primer derecho que siempre debo de cuidar es el que Dios tiene sobre mí. Ese derecho se basa en que él me creó; y yo soy su hechura. También tiene derecho sobre mí porque me redimió (Isaías 43:1); soy suyo porque él me ha librado de la esclavitud (1 Corintios 6:19-20). Ahora bien, es cierto que el universo entero pertenece a Dios; pero sólo hasta donde alcance *conciencia* de que soy de su propiedad, seré responsable de honrar ese derecho divino. Dios nunca me dejará descansar en este aspecto de mi vida hasta que reconozca su derecho sobre mí.

El derecho de Dios no es meramente teórico; es práctico, en un sentido mayor del que me imagino. Pensemos en ello por un momento. Si soy totalmente de Dios y lo reconozco, entonces ¡él tiene el derecho de utilizar cualquier parte de mí o de mis posesiones en cualquier momento! ¿Hay por ahí alguna persona pobre a quien Dios quiere ayudar? Él puede utilizar mi cuenta bancaria para ese propósito, por cuanto mi dinero es suyo. ¿Existe alguna tribu de salvajes que todavía no han oído de Jesucristo? Dios puede apropiarse de mi vida para comunicarles las buenas nuevas en su propio dialecto. Después de todo, mi lengua también le pertenece a él.

En un sentido práctico, en el momento en que yo reconozco el derecho de Dios sobre mi vida, dejo de tener derechos propios. Estoy a la disposición de las necesidades a mi alrededor, estando sujeto por supuesto, a la dirección del Señor. Nunca más puedo existir en el aislamiento. El mundo, como decía John Wesley, se convertirá realmente en mi parroquia. "Y él murió por todos para que los que viven ya no vivan más para sí, sino para aquél que murió y resucitó por ellos" (2 Corintios 5:15).

"Reconoced que Jehovah es Dios; él nos hizo, y no nosotros a nosotros mismos. Pueblo suyo somos y ovejas de su prado" (Salmo 100:3).

Himno: **"La familia de Dios"** CSG # 457

Aprovechando los recursos de Dios

El segundo derecho que debo reconocer es *mi derecho sobre Dios.* Mi derecho sobre él es un privilegio legal que Dios no puede rechazar, el derecho a utilizar y aprovechar los recursos divinos cuando mis propios medios han llegado a sus límites. Por ejemplo, no tiene sentido el pedirle fuerzas para ir a la iglesia los domingos en la mañana cuando mis dos buenas piernas pueden fácilmente llevarme allá. Pero si yo estuviera *paralizado* y fuera la voluntad de Dios que yo vaya, entonces tendría el derecho de apelar al poder divino para ayudarme a llegar allá. En ese caso Dios no podría rehusarse de manera legítima, y su poder en esa situación me daría los medios necesarios.

El método para hacer uso de mis derechos ante Dios es el de reclamar sus promesas. A propósito, las promesas de Dios no son para todo el mundo, y me haré mucho daño si las reclamo al azar. No tiene sentido citar Filipenses 4:19 exigiéndole a Dios mi derecho de recibir dinero de él si tengo en ese momento una cuenta a nombre mío y con buenas reservas en el banco. Puedo "cobrar" mi derecho de recibir ayuda económica de Dios sólo cuando estoy en el centro de su voluntad y cuando me he quedado sin recursos. Entonces puedo dirigirme al Señor con su promesa, citando el derecho que es mío. Su promesa es un cheque mucho mejor que cualquier giro bancario; su poder tiene propiedades de sanidad muchísimo más grandes que cualquier otra medicina.

Pienso en Moisés, quien aprovechó el poder de Dios para abrir paso por el Mar Rojo; en Eliseo, quien aprovechó las reservas divinas de aceite para el beneficio de la viuda empobrecida; en Daniel, quien aprovechó la sabiduría de Dios para resolver misterios. Luego me doy cuenta que estos hombres fueron lo suficientemente valientes como para exigirle a Dios sus "derechos" en situaciones apremiantes, y lo consiguieron. ¡Que Dios me dé una gracia igual para hacerme igualmente victorioso! "Su divino poder nos ha concedido todas las cosas que pertenecen a la vida y a la piedad... mediante ellas nos han sido dadas preciosas y grandísimas promesas" (2 Pedro 1:3-4).

"Porque todas las promesas de Dios son en él 'sí'; por lo tanto, también por medio de él, decimos 'amén' a Dios, para su gloria por medio nuestro" (2 Cor. 1:20).

Himno: **"Jehová es mi luz y salvación"** CSG # 52

Los derechos del mundo sobre nosotros

El tercer derecho que me tocará confrontar como discípulo es *el derecho del mundo sobre mí*. Es el derecho que Pablo tenía en mente cuando dijo, "soy deudor" (Romanos 1:14). Toda persona adquiere ese derecho con base en la obra que Jesucristo terminó en el Calvario. Como Dios ama al mundo y busca redimirlo, entonces el mundo tiene derecho a participar del regalo de la redención que nos ha sido brindado por medio del Dios-hombre Jesucristo. Ya que Cristo murió por "todo el mundo" (1 Juan 2:2), el derecho a ser salvo no puede ser negado a nadie que verdaderamente lo desea. Esto significa que mi función en este mundo es esencialmente la de un misionero, hablando a otros acerca de la salvación en Cristo.

Pero más aun, el mundo tiene el derecho de *encontrar a Dios* en mí. Uno de los propósitos de la encarnación de Cristo, entre otros, fue el de mostrar en forma visible cómo es Dios. El ver a Dios en Cristo fue más que un privilegio; fue un derecho adquirido con la encarnación.

Ahora que Cristo no está en el mundo físicamente, se manifiesta a través de sus seguidores, tú y yo. Eso significa que los amigos que no conocen personalmente a Jesucristo tienen el derecho a verlo en forma patente a través de nosotros. Participan por medio de su contacto con nosotros del amor de Dios cuando sus cualidades, tales como la verdad y la misericordia, fluyen de nuestra vida. Es como si Dios los hubiese invitado a una reunión - en mí - y no tengo el derecho de expulsarlos ni correrlos. Tampoco puedo hacer algo que afecte el derecho de alguna persona a poder disfrutar de ese banquete. Debo de tratar a la persona que no conoce a Dios como *yo* quisiera ser tratado si también fuera un extraño. ¿Cómo me sentiría, si estando hambriento y sediento me fuera negado el acceso a Dios, que es mi derecho básico?

Señor, ayúdame a ser sensible a los derechos de los demás, quienes necesitan de la herencia que les pertenece: Dios, y su gran amor sin medida en Cristo. Que pueda yo decir con el apóstol Pablo, "porque el amor de Cristo nos impulsa...y él...nos ha dado el ministerio de la reconciliación...rogamos en nombre de Cristo: ¡Reconciliaos con Dios!" (2 Cor. 5:14-20).

"Pero recibiréis poder cuando el Espíritu Santo haya venido sobre vosotros, y me seréis testigos en Jerusalén, en toda Judea, en Samaria y hasta lo último de la tierra" (Hechos 1:8).

Himno: **"Te alabarán, oh Jehová"** CSG # 55

Dios busca intercesores

Uno de los mejores propósitos que Dios tiene para mí como cristiano, es que yo me convierta en un intercesor. La intercesión es un ministerio valorado por Dios y necesitado por la humanidad. Un intercesor es alguien por cuya causa otros son bendecidos. Toda bendición espiritual que Dios otorga a las personas se debe en primera instancia a la intercesión de Cristo por nosotros (Efesios 1:3).

A ti y a mí se nos perdonan nuestros pecados en virtud de estar "en Cristo" (Efesios 4:32). Jesucristo es el Intercesor perfecto, cuya vida y sacrificio le hicieron galardonador del derecho a interceder ante Dios por otros. Pero el privilegio de interceder por otros también les pertenece a los seguidores de Cristo. Moisés intercedió una y otra vez por su pueblo Israel, y por causa de él Israel fue absuelto y bendecido como nación (Éxodo 32:11- 15).

La cualidad sobresaliente que Dios requiere de todo intercesor, no es la impecabilidad (de otro modo nadie estaría apto), sino un completo desprendimiento de todo egoísmo. Moisés estuvo dispuesto a ser borrado, a fin de que Israel pudiera ser preservado de su destrucción (Éxodo 32:32). Pablo estaba dispuesto a ser "separado" a fin de que Israel fuera salvo (Romanos 9:3). ¿Soy yo esa clase de intercesor?

La intercesión no necesita ser un ministerio portentoso, sino sencillo y sincero, como el que se hace entre los miembros de la familia. Lot fue bendecido por causa de Abraham (Génesis 19:29) y la familia de Jacob fue exaltada por causa de José (Génesis 47:6). ¿Soy yo esa clase de discípulo por cuya causa otros alrededor de mí son favorecidos por Dios?

Dios busca intercesores (Isaías 59:16) y se deleita cuando encuentra a una persona en condiciones de bendecir a otros. Dios quiere que yo tenga un corazón de intercesor, uno que sienta intensamente el dolor y el pecado de otros. ¡Entonces, por mi causa, él los bendecirá! Mi actitud siempre debe ser la de Samuel, "¡Lejos esté de mí pecar contra Jehovah dejando de rogar por vosotros! Al contrario, os instruiré en el camino bueno y recto" (1 Samuel 12:23).

"Hermanos, el deseo de mi corazón y mi oración a Dios por Israel es para salvación" (Romanos 10:1).

Himno: **"Sagrado es el amor"** CSG # 645, FA 32, HB 260, GD 335, GT 286

El discípulo intercesor

Para ser uno de los intercesores de Dios, necesito recordar que Jesucristo "hizo intercesión por los transgresores" (Isaías 53:12). Esa declaración significa más que el hecho de que Jesús oró por aquéllos que lo crucificaron, y más que el hecho de la expiación por nosotros. Significa que creó el oficio o función de intercesión. El hizo *posible* la intercesión. Si él no hubiese venido como el gran Salvador intercesor, nadie más habría podido jamás interceder por otra persona .

Por tal razón, si yo voy a ser un intercesor, estaré cumpliendo una función que Jesucristo creó, y la haré *por su causa* y *siguiendo su ejemplo.* También significa que habré obtenido confianza en mi relación con Dios, al punto de gozar de cierta *autoridad* para la intercesión. Norman P. Grubb llama a esto "la gracia de la fe". Esta gracia abarca más de una sola respuesta a la oración; es la gracia y autoridad en una serie de respuestas, basadas en mi posición definitiva como intercesor con Dios. Por ejemplo, Moisés alcanzó tal intimidad con Dios, que hablaba con él "cara a cara" (Éxodo 33:11). Como resultado de este alto privilegio, Moisés pudo utilizar su autoridad como intercesor para salvar a Israel de la extinción que merecía por el episodio pecaminoso del becerro de oro (Éxodo 32:10). Si Moisés no hubiese estado *allí,* en tan alta y santa posición como intercesor de Israel, la nación habría sido destruida.

Pienso en otras personas que han ocupado un papel crucial en tiempo de crisis, ¡y sus ejemplos son un desafío! ¿Qué decimos de Isaías, Jeremías, Ezequiel, Oseas, Pablo, Lutero, Wesley, y muchísimos otros, cuyo ministerio de intercesión dio como resultado que muchas personas recibieran el don de la vida? ¡Señor, yo quiero ser un discípulo *intercesor*, en función de salvar de la muerte y traer a la vida a aquéllos por quienes Jesucristo murió! No puedo designarme, a mí mismo, para este ministerio (ni siquiera Jesús hizo tal cosa, Hebreos 5:5), pero puedo vivir una vida dedicada a él, para que no me pase por alto la próxima vez que necesite un intercesor.

"Porque hay un solo Dios y un solo mediador entre Dios y los hombres, Jesucristo hombre" (1 Timoteo 2:5).

Himno: **"¡Vamos!"** CSG # 470

Dios ve el producto final

A pesar de mis pecados, Dios puede tratar conmigo porque me ve completo en Cristo (Col. 2:10). Esta verdad no sólo es una posición teológica, sino también es un medio para relacionarme con todos mis hermanos y hermanas en Cristo. A menudo fracaso en mis relaciones interpersonales porque veo a las personas como son, no como son *en Cristo.* El anhelo de Pablo para todos era el de "presentar a (toda persona) perfecta, madura, totalmente desarrollada en Cristo Jesús" (Colosenses 1:28). Al predicar el evangelio, Pablo tenía que ver a sus oyentes como ya completos en Cristo Jesús.

He oído a cristianos decir, "no sé por qué Dios me soporta, soy tan débil y pecador". En verdad lo somos. Pero Dios nos soporta porque ve el producto final como si ya estuviera realizado. La diferencia entre lo que somos y lo que seremos está en el proceso de lograr el ideal, que a los ojos de Dios ya ha sido logrado. Dios es paciente con nosotros porque nos ve ya perfeccionados, y ninguno se impacienta con la perfección.

Lo mismo ocurre con mis hermanos en la fe. La razón por la cual soy impaciente con ellos, es porque veo sus faltas crudas e imperfectas, no "la medida de la estatura de la llenura de Cristo" en ellos (Efesios 4:13). Apenas logre verlos "perfectos en Cristo", desaparecerá mi irritación, desaliento, y exasperación en relacionarme con mis hermanos. El sentir molestia por mi compañero cristiano no es realmente *su* falta, sino la mía, debido a mi miopía en lo concerniente a la redención obrada por Cristo. En ese caso desconozco para mi hermano la obra de Jesucristo en el Calvario. Siempre debo recordar las reconfortantes palabras de Juan, "Aún no se ha manifestado lo que seremos. Pero sabemos que cuando él sea manifestado, seremos semejantes a él, porque lo veremos tal como él es" (1 Juan 3:2). ¡Gracias a Dios por la perfección que él prevé - para mi hermano y para mi!

"Entonces él les dijo: '¿Por qué me buscabais? ¿No sabíais que en los asuntos de mi Padre me es necesario estar?'. Pero ellos no entendieron el dicho que les habló" (Lucas 2:49-50).

Himno: **"Ardan nuestros corazones"** CSG # 454

El pecado afecta a todos

Así como hay una acción comunitaria en cuanto a lo santo (recibo perdón de mis pecados "en Cristo", Efesios 4:32), también el pecado afecta a toda la comunidad. El pecado de Acán dio como resultado la muerte de muchos de sus compatriotas (Josué 7:5). Por esa razón, Acán fue descubierto en su pecado de robar lo que le pertenecía a Dios, y toda su familia fue destruida (7:24-25). Su familia sufrió juicio con él como ejemplo de que nadie peca únicamente para sí mismo, así como tampoco puede morir alguien sin que afecte a otros.

El pecado comunitario comenzó con Adán en el huerto de Edén. Yo soy un pecador porque él lo fue. Pero si yo fuera el único pecador en el mundo, otras personas seguirían sufriendo por mi causa. De hecho, cuanto más santos sean mis conocidos y compañeros cristianos, tanto más ellos sufrirán por causa de mi pecado. Ya que no soy un cristiano solitario sino miembro de un cuerpo de hermanos, mi pecado infecta al cuerpo, y las células más cercanas a mí son las que más sufren. La Biblia me advierte del peligro de albergar una "raíz de amargura", por la cual "muchos sean contaminados" (Hebreos 12:15). Pablo advierte que el pecado, como la levadura, leuda toda la masa (1 Corintios 5:6).

Tan grave es el efecto que puedo causar sobre mis compañeros creyentes, que aun la apariencia de pecado (1 Tes. 5:22) debe ser evitada por su causa. Hasta donde sea posible, es necesario vivir libre de la ambigüedad. Sobre todo, nunca debo repetir el comportamiento de Jeroboam, quien "hizo pecar a Israel" (1 Reyes 14:16). La tragedia de Jeroboam fue que él no se percató de la acción comunitaria del pecado. El pecó y toda una nación pecó con él.

Me anima y me alienta poder contar con el poder "protector" de Dios, quien me asegura que "Jehovah es tu protector" (Salmo 121:5). Si él es mi protector, me guardará de *todo* daño, el daño *a* otros, así como también el daño *de* otros.

"De manera que si un miembro padece, todos los miembros se conduelen con él; y si un miembro recibe honra, todos los miembros se gozan con él. Ahora bien, vosotros sois el cuerpo de Cristo, y miembros suyos individualmente" (1 Corintios 12:26-27).

Himno: **"Dios de gracia, Dios de gloria"** CSG # 455, HB 266

El testimonio de Dios en cuanto a la salvación

Cuando se trata de dar testimonio, Dios tiene dos deseos: quiere que demos testimonio de él, y quiere poder testificar él en cuanto a nosotros. Así que el dar testimonio es una espada de dos filos que corta tanto hacia el cielo como hacia la tierra. He escuchado mucho acerca de *nuestro* testimonio por Dios, pero poco o nada he escuchado acerca del testimonio de Dios en cuanto a *nosotros*.

¿Qué es dar testimonio? Es afirmar un hecho. Cuando yo doy testimonio de Jesucristo, simplemente estoy confirmando que él es lo que afirma ser: el Hijo de Dios y el Salvador de los hombres. Por otro lado, cuando Jesucristo da testimonio de nosotros, afirma una o dos cosas acerca de nosotros. La primera se puede ilustrar con Abel, quien ofreció su ofrenda por fe, y "recibió testimonio de ser justo" (Hebreos 11:4). Cuando Abel ofreció su sacrificio, Dios inmediatamente dio testimonio a todo el universo de que él era entonces "justo". Estaba afirmando el hecho de que Abel había sido declarado santo (justificado) en el libro de registros del cielo.

Lo mismo sucede a cada uno de nosotros que "ofrece la ofrenda de fe", esto es, acepta el sacrificio del Calvario como suyo propio. ¿Cómo lo sabemos? Por el testimonio que Dios da de nosotros; él afirma el hecho de que ahora estamos en Cristo, y testifica a favor nuestro delante de todo el universo. Por lo tanto, la seguridad de la salvación no depende de nuestros sentimientos, los cuales tienen altibajos de acuerdo con el ritmo del cuerpo, la salud, las circunstancias, y aun el clima. Nuestra salvación depende del testimonio de Dios, quien manifiesta habernos declarado justificados en el libro celestial de cuentas, en base a nuestra fe en él.

¡Gracias a Dios por esa palabra segura de testimonio! ¡Y gracias a Dios porque el juez mismo ya dio su veredicto y me ha vindicado! "Ahora pues, ninguna condenación hay para los que están en Cristo Jesús" (Romanos 8:1).

"Por tanto, a todo el que me confiese delante de los hombres, yo también le confesaré delante de mi Padre que está en los cielos" (Mateo 10:32).

Himno: **"Nuevas Alegres"** CSG # 464, FA 187

El placer de Dios en nosotros

El otro aspecto del testimonio de Dios en nosotros concierne a nuestra *manera de vivir.* Enoc es nuestro ejemplo en este caso. "Antes de su traslado (al cielo), recibió testimonio de haber agradado a Dios" (Hebreos 11:5). ¿Qué clase de vida fue la que vivió Enoc, que hizo que Dios diera tan excelente testimonio a favor de él? La Biblia registra dos veces esta declaración, "Enoc caminó con Dios" (Génesis 5:22, 24). Este caminar con Dios por fe es un comportamiento que complace tanto a Dios, que él mismo da testimonio de ello, le hace un reconocimiento público, y lo afirma como un hecho delante de los hombres.

Una cosa es recibir el testimonio de Dios acerca de mi salvación, y es algo fácil de obtener; pero recibir el elogio de Dios cuando él considera mi *vida*, se gana sólo por obediencia a su palabra. Nadie puede andar en forma descuidada, egoísta, o indulgente y esperar que Dios le diga, "estoy complacido contigo". Dios no entrega certificaciones ni diplomas a la ligera. Él no reparte aplausos frívolamente. Debemos recordar que el testimonio de Dios es siempre la afirmación de un hecho, ya que él siempre dice la verdad.

El placer de Dios en nosotros es algo reflexivo. Creo que Dios está complacido cuando ve su propia semejanza reflejada en nosotros. Es como un padre que se ve en su hijo, o un maestro que se ve en su alumno. Cuando camino con Dios por fe, realmente estoy afirmando que Dios es lo más grande del universo. Dios se complace conmigo, porque he elegido el más perfecto mentor que un humano pueda elegir - Dios mismo.

¿Está Dios complacido conmigo o todavía encuentra en mí manchas de duda e incredulidad? Cuando Dios está complacido con nosotros, es porque puede testificar algo en nosotros con lo cual está de acuerdo, algo que le entusiasma mucho. Cuánto anhelo escuchar este testimonio: "¡Él complació a Dios!". Mi gran destino es ser "hecho conforme a la imagen de su Hijo" (Romanos 8:29), y mi gran privilegio es que ese proceso puede comenzar ahora mismo.

"Para que andéis como es digno del Señor, a fin de agradarle en todo; de manera que produzcáis fruto en toda buena obra y que crezcáis en el conocimiento de Dios" (Colosenses 1:10).

Himno: **"Oh, bondad tan infinita"** CSG # 293, FA 153, LL 162, GT 185

¿Ser un "castillo" o un "bazar"?

En mi servicio a Jesucristo experimentaré la tensión de ser atraído hacia cualquiera de dos extremos, el de la sobreprotección y el de la adaptación exagerada. El primero es el "complejo de castillo" en el que la persona se aisla y se distancia de los demás. El segundo lleva a tal extremo las palabras de Pablo, cuando dijo "a todos he llegado a ser todo", que al fin la persona no tiene personalidad ni mensaje.

La persona tipo "castillo" es motivada por el temor o por el egoísmo. Job no poseía ninguna de estas cosas. Job afirmaba que no había "comido (su) bocado...solo" (Job 31:17), lo que significa que no se había negado a compartir su vida y posesiones con otros. Tampoco debo negarme yo, al enfrentar un mundo agitado de gente insatisfecha. Ni en Dios Padre ni en Jesucristo se ve una personalidad tipo "castillo". Y en tanto que su Espíritu gobierne libremente en el corazón humano, no habrá ni aislamiento helado ni rechazo frío hacia los débiles.

Por otro lado, tampoco debo ser tan abierto, tan libre, y tan falto de principios que me convierta en un "bazar" espiritual. Si me dejo llevar por todo viento de doctrina e ideas, no pasará mucho tiempo antes de que no tenga *ninguna* doctrina, y eso también acabará con mi ministerio e identidad.

En resumen, la tendencia de ser una persona "castillo" limita el *ministerio*, y la de ser una persona "bazar" puede destruir la *identidad*. ¡No puedo permitirme el lujo de perder ninguna de las dos cosas!

¿Cuál es la solución? ¿Cómo evito cualquiera de estos dos penosos extremos? Creo que siguiendo el ejemplo de Jesucristo durante su ministerio terrenal. El fue absolutamente abierto para ministrar a personas en necesidad, pero absolutamente cerrado en cuanto a hacer cualquier cosa que no fuera la voluntad de su Padre. Una vez que dispongo mi corazón para hacer sólo su voluntad, no tendré que preocuparme acerca de las consecuencias. Agustín dijo esto de manera sublime: "En su voluntad está nuestra paz".

"Id, comed ricos manjares, bebed bebidas dulces y enviad porciones a los que no tienen nada preparado, porque este es un día santo para nuestro Señor. No os entristezcáis, porque el gozo de Jehovah es vuestra fortaleza" (Nehemías 8:10).

Himno: **"Visión Pastoral"** CSG # 315

Discípulos Modelos

Siempre debo recordar que Dios no busca simplemente personas, sino personas modelos; no simplemente discípulos, sino discípulos modelos. Por ejemplo, cuando Dios quiso mostrar al mundo cómo era él, envió a Jesucristo al mundo en carne humana. Jesucristo representaba fielmente la Persona de Dios. ¿No es eso lo que le dijo a Felipe? "El que me ha visto, ha visto al Padre" (Juan 14:9).

El "modelaje" es el método utilizado por Dios, en el cual una vida demuestra un principio o una verdad. En ninguna parte de la Biblia existe un libro de texto sobre la fe. Pero la Biblia presenta la forma como vivieron Abel, Enoc, Noé, Abraham y otros, para mostrar lo que es la fe. Hebreos 11 podría fácilmente ser llamado "el modelaje de la fe". Cuando Dios quiso mostrarnos cómo es su amor, nos presentó su Modelo en la muerte de su Hijo en el Calvario.

Se espera que nosotros que somos cristianos vivamos el modelo del evangelio ante el mundo. Para el mundo, el evangelio no pasa de ser una colección de palabras y frases, siendo todas ellas difíciles de entender, a menos que se hagan claras por medio de la vida de alguien. Al mirarnos, las personas que no conocen al Señor deben ver de inmediato una relación entre lo que somos y lo que el evangelio está afirmando. Pablo insta, a "que vuestra conducta como ciudadanos sea digna del evangelio de Cristo" (Fil. 1:27).

Más aun, se espera que entre cristianos mostremos unos a otros, un modelo fiel de pertinentes y maravillosas verdades de Dios. Son verdades difíciles de entender, tales como la intercesión, identificación, y crucifixión, que se manifiestan de manera maravillosamente nítida cuando nosotros mismos las modelamos en nuestras vidas. Mi vida debe ser como la de Pablo: un "modelo" de la forma como Dios obra con las personas. ¡Qué emocionante es ser un educador escogido por Dios! ¡Dios, ayúdame a ser un cristiano modelo!

"Y os insistíamos a que anduvieseis como es digno de Dios, que os llama a su propio reino y gloria" (1 Tes. 2:12).

Himno: **"La gente de nuestro tiempo"** CSG # 355, HB 304

Pagando el voto de la vida

Debo reconocer que a menudo es fácil hacer un voto o una promesa a Dios, pero que no siempre es fácil pagarlo. Un hombre moribundo le hizo una promesa a Dios con la condición de que Dios lo sanara. Dios lo hizo, así que el salmista dijo, "cumpliré mis votos a Jehovah delante de todo su pueblo" (Salmo 116:14).

El mejor voto que puedo hacer es prometer mi vida a Dios. Él trata dicho voto con la máxima seriedad, y pronto me probará para ver qué tan en serio hablo *yo*. Si prometo "ir con él a través del huerto", no pasará mucho tiempo antes de que Dios me lleve a Getsemaní. Allí mi promesa debe mantenerse; si ocurre lo contrario seré un farsante. Mis aspiraciones a una vida crucificada son rápidamente echadas en el crisol y pronto sabré si estoy muerto al mundo, o si todavía abrigo unas chispas de atracción a la vida mundana.

Después de leer Isaías 20, me asombra ver cuán dispuesto estaba Isaías a ser humillado, con tal de obedecer la palabra de Dios. Durante tres años el profeta vivió, "desnudo y descalzo" porque Dios quería mostrar la vergüenza de Egipto a través de su comportamiento. ¡Siento alivio y agradecimiento de que Dios nunca me haya pedido andar "desnudo y descalzo" entre mi pueblo! ¿Podría yo estar muerto *hasta tal punto* al orgullo, la crítica y la presión social?

La cruz de Cristo fue lo máximo de la desgracia y la repugnancia. Sin embargo, en ese lugar de horrible deshumanización, Jesús pagó su voto a su Padre, el cual había hecho en los tiempos pasados de la eternidad (1 P. 1:20). ¿Acaso me quejo porque tengo que cumplir con mi compromiso, o porque tengo la obligación de invertir mi tiempo cada semana para beneficio de otros? Ojalá pueda decir honestamente junto con Pablo, que gracias a Dios puedo "gloriarme...en la cruz de...Jesucristo" (Gálatas 6:14), porque es en la cruz donde encuentro la fuerza para pagar todos mis votos a aquél que cumplió el voto de sufrir la cruz por mí.

"Haced votos y pagadlos a Jehovah, vuestro Dios; todos los que están alrededor traerán obsequios al Temible" (Salmo 76:11).

Himno: **"Bendito el Señor"** CSG # 425

Amando a otros de manera redentora

Dios me manda amar a otros. Sin embargo, con esto él no quiere decir que deba amarlos de manera natural, sino *de manera redentora.* El amor redentor es la manera como Dios nos ama, y fue expresado de modo convincente en la vida de Oseas, el profeta. Su mujer lo abandonó y se fue a vivir con otro hombre; luego Oseas tuvo la humillante experiencia de tener que comprarla de su adulterio (Oseas 3:1-3). ¡Piensa en el hecho de tener que volver a comprar algo que ya es tuyo! Sin embargo, eso es lo que Oseas hizo respecto de Gomer; y con mayor transcendencia, es lo que Dios hizo por nosotros.

El amor redentor no conoce vergüenza; está preocupado por el amado, no por sus propios sentimientos. Jesús no exclamó en un acto de auto-compasión, "pobre de mí" cuando estaba colgado en la cruz. Oseas no pensó en escatimar medios cuando dio el dinero por su esposa. Él tomó el pecado y desgracia de ella como si fueran suyos, y por causa de ella voluntariamente pagó sus deudas y la trajo de vuelta al hogar.

El amor redentor une de manera permanente. Gomer nunca volvió a dejar a su esposo. ¿Cómo podría, ante un amor como ese? Realmente soy un "digno de lástima" si después de mirar al Calvario y ser reconciliado con mi Creador, quiero escabullirme para continuar asociándome con el mundo. El amor redentor es la fuerza unificadora más poderosa en el mundo.

No puedo imitar al amor redentor de Dios lejos de él, no importa qué tanto me esfuerce. Pablo dice que el amor del esposo por la esposa debe ser "Como...Cristo amó a la iglesia" (Efesios 5:25). Las reservas para dar esa clase de amor sobrenatural se acaban en el momento en que se vuelve a depender de la capacidad emocional, hasta en las relaciones más cercanas. Mi única esperanza es *recibir* y *expresar* el amor redentor de Dios. Ese amor se difunde en todo mi corazón por medio del Espíritu Santo, y facilita las relaciones, aun con mi familia inmediata, porque vivo expresando ese amor espiritual y redentor (Tito 2:1-6, 11-14). "Amados, ya que Dios nos amó así, también nosotros debemos amarnos unos a otros. Nosotros amamos, porque él nos amó primero" (1 Juan 4:11, 19).

"Y nosotros hemos conocido y creído el amor que Dios tiene para con nosotros. Dios es amor. Y el que permanece en el amor permanece en Dios, y Dios permanece en él" (1 Juan 4:16).

Himno: **"Amémonos, Hermanos"** CSG # 460, HB 256

Creando un legado espiritual

Dios no sólo está interesado en mi vida, sino también en "la vida después de mi muerte". No me refiero a mi vida en el cielo, sino a la influencia de mi vida que continúa en esta tierra. La posición que Dios quiere que yo alcance es la de Abel, quien "aunque murió, habla todavía" (Hebreos 11:4).

Existen muchas maneras de "vivir después", pero una de ellas es a través de mis hijos y nietos. La Biblia dice que es posible que deje para el futuro una herencia para mis hijos y nietos (Salmos 103:17-18). Esa herencia es espiritual, y consta de la "misericordia" y "justicia" del Señor para un largo tiempo por venir.

El hombre natural también quiere proveer para sus hijos, pero usualmente lo hace a través de medios financieros. ¿Cuánta gente rica le deja "misericordia" y "justicia" a sus descendientes? ¿Y qué es más importante, dinero o misericordia y justicia?

¿Pero cómo puedo dejar esa clase de herencia espiritual? Eso depende de *mí*. Dios está dispuesto a establecer una herencia para mí si yo le temo, guardo su pacto, y obedezco sus mandamientos (Salmo 103:17-18). En pocas palabras, si vivo una vida temerosa de Dios, y que honra a Dios ahora, los resultados de esa vida se acumularán bajo el fideicomiso de Dios para beneficio de mis hijos y nietos. Eso no significa que ellos serán hijos de Dios en forma automática, pero sí significa que siempre sentirán la influencia de la misericordia y justicia de Dios. Además, tendrán el buen ejemplo de quien se acordó de los mandamientos de Dios "para ponerlos por obra".

¿Habrá mejor provisión que pueda hacer para mis hijos? ¿Qué mejor manera para seguir hablando y honrando a Dios, mucho después de que yo haya muerto? Esa fue la promesa a Caleb: "La tierra que pisó tu pie será para ti y para tus hijos como heredad perpetua, porque seguiste a Jehovah [tu] Dios con integridad" (Josué 14:9).

"Yo soy Jehová, tu Dios, fuerte, celoso, que visito la maldad de los padres sobre los hijos hasta la tercera y cuarta generación de los que me aborrecen, y hago misericordia por millares a los que me aman y guardan mis mandamientos" (Ex. 20:5-6).

"El bueno dejará herencia a los hijos de sus hijos, pero lo que posee el pecador está guardado para los justos" (Proverbios 13:22).

Himno: **"Un feliz hogar"** CSG # 597

Negando nuestra humanidad

La prueba de que se es un verdadero discípulo de Jesucristo se logra al saber qué tan dispuesto está a negar su humanidad por causa del Señor. Es cierto que el conocer a Dios de manera personal normalmente no significa que neguemos nuestra humanidad, sino que la cumplamos. Sin embargo, hay momentos en los que Dios me llama a dejar a un lado aquello que es lo normal para un humano, a fin de cumplir su voluntad.

Ezequiel es un buen ejemplo de ello. Dios se llevó a su esposa, "la delicia" de sus ojos, con una muerte súbita. Sin embargo, Ezequiel no debía llorar ni hacer duelo ni comer pan de duelo ni cubrir sus labios (Ezequiel 24:15-18). Dios prohibió la expresión de dolor en este caso particular. ¡Qué falta de sentimientos! ¡Qué crueldad! ¡Imposible que Dios haya sido tan exigente! Es que lo sucedido sirvió como una amonestación profética para el rebelde pueblo de Israel, y Ezequiel comprendió la importancia de comunicar el mensaje.

Todavía hay casos que exigen la negación de nuestra humanidad. Los misioneros dejan a sus seres amados para ir a lejanas tierras por Cristo. A algunos les toca dejar a sus hijos en otro país para que se eduquen, sacrificando así la convivencia diaria con ellos a gran costo personal. ¿Dónde estaría la iglesia de Jesucristo sin esos humanos sobrenaturales, aquéllos que dejan todo por causa de él? Hay momentos en que Dios debe pedirnos que sacrifiquemos nuestros deseos e instintos humanos elementales, que no son malos en sí, por causa de su obra. La pregunta es: ¿estoy dispuesto a ser un humano sobrenatural para Cristo?

Los más grandes sermones jamás predicados para ti, Señor, no son del tipo verbal dados desde un púlpito. Son aquellos en que la palabra se encarna en la experiencia diaria. Sólo tú pudiste dar a Ezequiel la gracia *para no llorar*. Ese es el tipo de gracia que nos hace no *menos*, sino *más que humanos*. Señor, confieso que yo no tengo ese tipo de gracia por mi cuenta. Pero gracias Señor, porque tú sí das "gracia sobre gracia" (Juan 1:16).

"Buscad a Jehovah y su poder; buscad continuamente su rostro. Acordaos de las maravillas que ha hecho, de sus prodigios y de los juicios de su boca" (Salmo 105:4-5).

Himno: **"Demos con alegría"** CSG # 505 y "¿Qué quiero, mi Jesús? CSG # 191

El perfecto amor de Dios

Señor, es tu voluntad que yo aprenda el camino del *amor perfecto*. El amor humano, estimulante como es, no puede compararse con el perfecto amor de Dios. Ese tipo de amor se describe en 1 Corintios 13. Se demuestra en la vida y muerte de Jesucristo. El amor humano es la desesperada búsqueda por un buen trueque o cambalache - yo te amaré si tú me amas. Pero el amor divino es filantrópico - yo te amaré no importa el costo o beneficio.

No debo amar a mis congéneres humanos menos de lo que Jesucristo me amó a mí. De igual modo como él amó a esas mismas personas que clavaron sus manos, así debo amar a mi compañero que me apuñala por la espalda, a mi vecino que esparce mentiras y forma escándalos acerca de mí, y al miembro de mi familia que devuelve mi amor con áspera desobediencia y rebelión. El amor perfecto vive por encima de los ultrajes (Salmos 23:5). La gente critica este tipo de amor diciendo, “sí, ¡pero se aprovecharán de ti!” ¿Es acaso eso el peor escenario, de que se aprovechen de uno? ¿Es una grave tragedia? Todo hombre o mujer que se ha atrevido a seguir a Cristo ha experimentado que se aprovechen de él o ella, lo mismo qué ya le sucedió a su Señor y Maestro.

Pero también consideremos esto: cuando la gente se aprovecha de mí, Dios llena el vacío. Si me dan el peor cuarto en el hotel, Dios llenará esa habitación con su gloria. Si me dan al peor de los compañeros para soportarlo, Dios lo transformará en bendición. En pocas palabras, cuando obedezco a Dios y dejo que su perfecto amor llene mi corazón, él se hace cargo de hacer su voluntad *más rentable* que la voluntad del mundo.

El amor perfecto no es una fórmula; es una Persona. A medida que deje que el Espíritu Santo me llene, el amor perfecto se convertirá en mi regla, y no en mi excepción. Andaré en amor, “como Cristo también nos amó y se entregó a sí mismo por nosotros como ofrenda y sacrificio en olor fragante a Dios” (Efesios 5:2).

“Si alguno me sirve, sígame; y donde yo estoy, allí también estará mi servidor. Si alguno me sirve, el Padre le honrará” (Juan 12:26).

Himno: **“Grato es decir la historia”** CSG # 468, VC 295, HB 464, LL 104, GD 173, GT 18

¿Seguidor o discípulo de Jesús?

Debo reconocer el peligro de seguir a Jesucristo. Ese peligro se observa claramente en el comportamiento de las multitudes que siguieron a Cristo en su "entrada triunfal" y gritaron "Hosanna...bendito el que viene en nombre del Señor" (Mateo 21:9). Cuando las multitudes llegaron a Jerusalén, rápidamente fueron desanimadas por los iracundos fariseos, y después se dispersaron en desinterés y derrota.

Es muy fácil unirme al populacho cuando se le antoja seguir a Jesús. A menudo él es popular y ampliamente aclamado, y en ese momento tengo la fuerte tentación de aprovecharme de su popularidad. Muchos de nuestros programas, cruzadas, y misiones tienen un toque de Jesús, pero también pueden ser despliegues publicitarios del ego que promociona un líder espiritual, un notable "hombre de Dios". Jesús no me llamó para ser un líder; me llamó para ser un siervo. El concepto de servidumbre no debe entenderse como el de un funcionario cuyo trabajo es insignificante, pero quien es a la vez de corazón creído, orgulloso y caprichoso. Más bien es aquella persona dispuesta a servir de puente sobre el cual todos caminen. No es en mis victorias donde se genera el poder espiritual, sino en mis derrotas; como Pablo dice, "porque cuando soy débil (estoy indefenso), entonces soy fuerte (dinamita)" (2 Corintios 12:10).

La tragedia de los que gritaron "hosanna" fue que su discipulado y compromiso eran demasiado débiles, demasiado precarios. Los fariseos los asustaron fácilmente y lo que es peor, los amedrentaron y los obligaron a que gritaran, "crucifícale, crucifícale" tan sólo unos días después. El discipulado débil puede fácilmente ser engañado al punto de degenerar en una oposición al Cristo que una vez siguió.

Señor, que nunca te utilice como mi garrocha para saltar al éxito, que nunca grite "hosanna" a menos que lo pueda hacer al pie de la cruz. Gracias Señor, porque tú "(eres) poderoso para [guardarme]" de caer en un discipulado falso y vacío, y finalmente para presentarme al Padre "con grande alegría" (Judas 24).

"¿Qué haré contigo, oh Efraín? ¿Qué haré contigo, oh Judá? Vuestra lealtad es como la nube de la mañana y como el rocío que muy temprano se desvanece" (Oseas 6:4).

Himno: **"¡Oh, cuánto le amo!"** CSG # 245, FA 177, HB 49, LL 192, GD 305, GT 144

Haciendo reverdecer al mundo

¿Cuál es el resultado principal de la vida de un discípulo? Es el mismo resultado que caracterizó la vida de Cristo - él hizo que las cosas tomaran vida. El Río Nilo se conoce como la "canasta de pan" de Egipto porque transforma lo estéril y árido en verdor viviente. Dios manda a sus discípulos, a una tierra espiritualmente árida con el fin de que la dejemos espiritualmente fértil y verde. El río de bendición de Ezequiel comenzó en el altar y fluyó a lo largo de oscura aridez, ¡pero con qué resultado! A donde quiera que iba el río, todo revivió (Ezequiel 47:9).

¿Alguna vez has notado el gran contraste de Hebreos 11? Teniendo como fondo una lúgubre desolación, aquellos hombres y mujeres de fe fueron instrumentos de vida. Veamos a Abraham: "De uno solo, y estando éste muerto en cuanto a estas cosas, nacieron hijos como las estrellas del cielo en multitud" (Hebreos 11:12). De la infecunda esterilidad del cuerpo de Abraham comenzó un gran milagro - por fe. Jesucristo es el gran vivificador. Constantemente se acercaba a gente "muerta", tanto espiritual como físicamente, y los volvía a la vida.

El verdor es la prueba de un discípulo. ¿Está mi vida como una hermosa pradera que comparte abundante crecimiento, cultivando un plantío espiritual en muchos a mi alrededor? Los mundanos pueden obligar a otros a la conformidad, pero el creyente en Dios puede sembrar en otros la semilla que al tiempo resultará en una obediencia espontánea y viva. Pero únicamente - ¡y qué importante condición! - si el discípulo mismo está en contacto directo con Aquél que es la vida. ¿Me siguen acaso los signos de la vida - heridas sanadas, mentes alumbradas, "egos" equilibrados, almas renacidas, relaciones purificadas, maldad contenida, y un ambiente cargado con la gloria de Dios?

Señor, mi responsabilidad en la vida es hacer que la "tierra viva", ¡pero sólo en tanto que tú, el Príncipe de la vida, vivas dentro de mí! Gracias por esa promesa confortante, "pondré mi Espíritu en vosotros, y viviréis" (Ezequiel 37:14). Entonces Señor, haz que la tierra alrededor de mí viva también.

"Será como un árbol plantado junto a corrientes de agua, que da su fruto a su tiempo y cuya hoja no cae. Todo lo que hace prosperará" (Salmo 1:3).

Himno: **"Glorioso Cristo"** CSG # 244, FA 37, HB 53

El profundo y permanente llamado de Dios

Como discípulo de Jesucristo mi objetivo es glorificar a Dios. Mi función es dar testimonio de él, y el área específica en la que debo testificar debe depender del *llamado* de Dios. Isaías fue llamado y dirigido de manera específica (Isaías 6:8-9). Del mismo modo me debe suceder, ya sea como un misionero al otro lado del mar, como un pastor local, o como un laico que ocupa un puesto en el trabajo secular. El llamado puede ser para atender a *una* familia, y ese puede ser mi ministerio para Dios a lo largo de toda mi vida. Mucha gente dice, "la necesidad constituye el llamado". Pero la necesidad no es el llamado; el llamado es una directiva de Dios para que yo trabaje en el área escogida por él. Puede que tenga que ignorar muchas otras necesidades en el camino a fin de ministrar a la necesidad para la que Dios me ha llamado. Si la necesidad fuese el llamado, me distraería de manera total y continua.

Mucha gente argumenta, "no siento el llamado para ninguna obra en particular". ¿Pudiera acaso ser que Dios se haya jubilado? ¿Se terminó ya todo lo que tiene que ver con la redención? La razón por la que no "siento un llamado" es porque no estoy escuchando con suficiente cuidado; estoy demasiado distraído con los sonidos de la vida a mi alrededor. Dios llama a cada uno de sus hijos para que sea su embajador ante *alguien*. Aun el siervo de Dios más aislado, restringido y con menos capacidades tiene algún auditorio. Es mucha terquedad negar que Dios puede utilizarnos cuando vivimos en circunstancias limitadas.

El llamado de Dios va directamente en contra de todas nuestras comodidades, nuestros planes, y nuestra seguridad. ¿Puedes acaso imaginarte a Jesús con actitud de apatía hacia la voluntad de Dios, y planeando su jubilación? No hay marcha atrás para los soldados que son lanzados al frente para rescatar almas de las garras del pecado. "Heme aquí, envíame a mí" es la respuesta de aquéllos que han sido tocados por el fuego del Calvario, no de aquéllos que buscan una religión cómoda. "Doy gracias al que me fortaleció, a Cristo Jesús nuestro Señor, porque me tuvo por fiel al ponerme en el ministerio" (1 Tim. 1:12).

"Porque si anuncio el evangelio, no tengo de qué jactarme, porque me es impuesta necesidad; pues ¡ay de mí si no anuncio el evangelio!" (1 Corintios 9:16).

Himno: **"A ti la gloria"** CSG # 220, HB 124

La necesidad no constituye el llamado

Cuando respondo al llamado de Dios, "¿quién irá por nosotros?" (Isaías 6:8), debo de tener la certeza de que no soy motivado por los sentimientos. El corazón del creyente es tierno y puede ser fácilmente tocado por "cuadros" de miles que mueren de hambre, o de multitudes ansiosas por el evangelio. Si el sentimiento es mi razón para someterme al llamado de Dios, no pasará mucho tiempo antes de que mis impulsos humanitarios se transformen en duda, crítica y finalmente desesperación.

Mis impulsos humanos pueden ser compasivos, pero no son redentores. La situación de un mundo dominado totalmente por el pecado es demasiado fuerte para mi débil compasión. Excepto por aquellos a quienes el Espíritu ha tocado, la gente no ruega por el evangelio; ellos ruegan porque se les deje solos. Necesito más que un compromiso emocional para hacer retroceder el reino de Satanás; necesito el poder invencible de Dios. Jesucristo fue motivado por dos cosas poderosas: el **amor sacrificial y redentor**, y el **llamado de Dios**, que requería de su obediencia. A menos que estas mismas dos fuerzas estén activas en mí, mi respuesta al llamado de Dios terminará en fracaso dentro de muy corto tiempo.

Tampoco debo responder a un supuesto llamado de Dios dependiente de alguna *manipulación humana*. Si respondo al llamado de mi pastor, de un misionero, o de mi amigo, simplemente me estoy exponiendo a ser víctima de las limitaciones de ellos. Pero si respondo al llamado de Dios, podré contar con todos los recursos sin límite de él. ¿Cómo puedo saber si es Dios u otra persona quien emite el llamado? El llamado se prueba por medio del *tiempo*. Si es Dios quién está llamando, el llamado se hará más fuerte con cada día que pasa.

Sólo existe una manera para estar listo para el llamado de Dios: Ser tocado por un carbón tomado del altar (Isaías 6:6-7). Mi respuesta implica llegar hasta "el altar". Dios responde purificándome y haciéndome llegar el llamado. El resultado será una cosecha continua de almas que son conducidas a la gloria (Hebreos 2:10).

"¿Y cómo predicarán sin que sean enviados? Como está escrito: ¡Cuán hermosos son los pies de los que anuncian el evangelio de las cosas buenas!" (Romanos 10:15).

Himno: **"Himno a la Trinidad"** CSG # 70

Aprendiendo a depender(*) de Dios

Mi vida Señor, debe ser una copia de la vida de tu Hijo en esta tierra. No debo necesariamente copiar sus *actos* - levantar a los muertos, alimentar a cinco mil - sino copiarlo a *él*. "Como él es, así somos nosotros en este mundo" (1 Juan 4:17). Así como Jesús vivió bajo un cierto patrón, yo debo duplicar ese patrón en mi vida.

Este es un patrón de *dependencia*. "Yo no puedo hacer nada de mí mismo" (Juan 5:30). Esas no son palabras de un cristiano desvalido, sino del poderoso Hijo de Dios. ¿Qué hubiera pasado si Jesucristo se hubiese independizado de su Padre Celestial? Deliberadamente, él escogió vivir una vida en total dependencia de su Padre Celestial, y como resultado obró nuestra salvación. Sólo enseñó lo que el Padre le permitió enseñar; comunicó como verdades sólo lo que el Padre permitió; caminó sólo hacia donde el Padre señalaba. Ninguna otra vida en esta tierra ha sido vivida en tal y tan total dependencia del Padre, como la vida de Jesús. Es en ese sentido que yo debo copiarlo. "Separados de mí nada podéis hacer" (Juan 15:5). El aceptar a Cristo como Salvador y Amo es hacerme dependiente.

¿Qué sucede cuando yo trato de actuar independiente de él? El resultado es confusión completa y miseria total. Un fracaso en la obediencia significa mi fracaso como instrumento de salvación para otros. La obediencia de Jesús fue necesaria para cumplir el plan de salvación del Padre para la humanidad; y la obediencia nuestra también es necesaria para la continuación de dicha salvación hoy.

¡Qué responsabilidad, pero aún así, qué gozo! ¿Quién más en el mundo nos ofrece la oportunidad de unirnos a un plan eterno, en el que lo que hagamos ahora tiene consecuencias que nunca acabarán? Jesucristo nos llama a seguir "sus pisadas" (1 Pedro 2:21). Esto es, vivir la vida de total dependencia en nuestro Padre Celestial, que él vivió en esta tierra. ¡Qué honor!

"Porque el que me envió, conmigo está. El Padre no me ha dejado solo, porque yo hago siempre lo que le agrada a él" (Juan 8:29).

(*) Diccionario - "Depender" = Confiar, creer

Himno: **"A los pies de Jesucristo"** CSG # 393, FA 195, VC 145, GD 409, GT 100

Triunfando en el poder del Espíritu

La segunda área a moldear, siguiendo el modelo de Jesucristo, está en mi relación con el Espíritu Santo. ¿Cuál fue la relación de Cristo con el Espíritu? También fue una relación de total dependencia. En ninguna parte leemos que Jesucristo encarnado haya hecho milagros o pronunciado enseñanzas maravillosas *antes* de haber sido llenado por el Espíritu. Fue en la ocasión de su bautismo, a la edad de treinta años, que Dios lo llenó con su Espíritu "sin medida" (Juan 3:34) para cumplir su ministerio público, es de allí en adelante que vemos a Jesús obrando como fuente de poder, sanidad y enseñanza. Las Escrituras lo muestran arrebatando a la gente de la muerte y de la posesión demoníaca. Aun su capacidad de morir por nosotros en el Calvario fue realizada a través del Espíritu Santo (Hebreos 9:14).

Esa simple dependencia del Espíritu Santo fue necesaria por parte de Jesús, para hacer la voluntad del Padre. También es necesaria de parte *mía*, si la voluntad de Dios se va a realizar a través de mí. Dios no construye su obra en base a mi personalidad, dones o habilidades; él la levanta sobre el Espíritu Santo dentro de mí, con o sin mis habilidades.

El mundo llama a Jesucristo un "genio religioso", lo cual no tiene sentido alguno. Jesucristo, el Hijo de Dios, permitió al Espíritu Santo obrar plenamente a través de él, y el aspecto "genial" de la vida de Cristo es simplemente el Espíritu Santo haciendo la voluntad del Padre a través del Hijo obediente.

El vivir una vida cristiana victoriosa no es "auto-realizarme"; por el contrario, es dejar que el Espíritu Santo realice su obra en mí. Si Jesucristo, el perfecto Hijo de Dios, sintió que era necesario rendirse completamente al Espíritu Santo, entonces ciertamente yo, débil y lisiado como estoy por el pecado, debo sentir de la misma manera.

Pero, gracias a Dios, ¡es posible! El ser lleno del Espíritu no es un privilegio del Hijo que no pueda ser compartido. ¡"Sed llenos del Espíritu" (Efesios 5:18) es también mi privilegio!

"El Espíritu del Señor Jehovah está sobre mí, porque me ha ungido Jehovah. Me ha enviado para anunciar buenas nuevas a los pobres, para vendar a los quebrantados de corazón, para proclamar libertad a los cautivos y a los prisioneros apertura de la cárcel" (Isaías 61:1).

Himno: **"Himno al Espíritu Santo"** CSG # 249

Terminando la obra que Cristo comenzó

Una tercera área en la que debo moldear mi vida según Jesucristo es el área de *misión.* Esto se establece de manera explícita en la palabra de Cristo a sus discípulos después de la resurrección: "Como me ha enviado el Padre, así también yo os envío a vosotros" (Juan 20:21). A lo largo de toda su vida terrenal, Jesucristo se consideró a sí mismo un mensajero enviado por el Padre (Juan 17:3). Él vino a dar testimonio de su Padre Celestial, a representarlo ante los hombres. Vino a poner a la humanidad en comunicación con el constante raudal de verdad proveniente de su Padre. El amor que mostró fue el amor del Padre revelado en forma humana. El dio a conocer al Padre (Juan 1:18).

En el mismo sentido, pero en una escala menor, yo debo dar testimonio de Jesucristo. Mi función en la vida es dar las buenas nuevas concernientes a él, revelar su personalidad en mí, y compartir su muerte y resurrección con otros a fin de que ellos también puedan compartir la salvación que está disponible. Pero no puedo hacer eso con mis propias fuerzas, por mi propia voluntad, ni como resultado de mis propias capacidades y talentos. Debo ser autorizado y facultado por Otro, del mismo modo como aun Jesucristo lo fue por su Padre.

Juan 17 es el gran capítulo de "transición". Allí, Jesucristo estaba regresando al Padre, y haciendo transferencia de su obra a sus discípulos (y a nosotros). No puedo leer los versículos 11-19 sin sentir la emoción de la continuidad; soy parte de una misión que sigue en vigencia. Jesucristo comenzó la explosión misionera, y se espera que todos sus discípulos la continúen. Toda la autoridad y poder del cielo me respaldan en mi actividad, ya sea que ese campo de misión sea mi entorno inmediato o algún país remoto de la tierra (Mateo 28:18-20). Como mi Señor Jesucristo, ¡yo también soy un *enviado*!

"Así como tú me enviaste al mundo, también yo los he enviado al mundo" (Juan 17:18).

Himno: **"Hasta lo último"** CSG # 475

Sufriendo con Cristo

La cuarta área en la que mi vida debe ser un modelo de Jesucristo es el área del *sufrimiento*. "Cristo sufrió por vosotros, dejándoos ejemplo para que sigáis sus pisadas" (1 Pedro 2:21). Así como Jesucristo sufrió por mí, yo también debo sufrir por él y por otros. Ese sufrimiento no es el que los seres humanos experimentan *normalmente*; es el sufrimiento "por causa de Cristo" y se relaciona con el hecho de que yo soy su discípulo y enviado especial. Es el sufrir "injustamente" de que habla Pedro (1 Pedro 2:19), como un cordero sufre sin haber ofendido a otros.

Jesucristo no sufrió por ser un malhechor, ni porque quería poder político, ni porque abusó de su cuerpo, ni porque era travieso. Sufrió porque la luz que trajo está en conflicto con las tinieblas. Siempre que alguien busca hacer la voluntad de Dios y vivir de manera justa, sufrirá porque esa es la naturaleza de la relación entre el bien y el mal. Cuando trate de hacer la voluntad de Cristo y representarle fielmente en esta tierra, sufriré por ello.

Existe un regocijo para aquellos que sufren por seguir el modelo de Cristo. Cristo encontró "gozo" en su cruz (Hebreos 12:2); Pablo se regocijó porque pudo ser sacrificado como libación por su Señor (Fil. 2:17); los primeros cristianos se regocijaron por ser contados dignos de sufrir por causa del Señor (Hechos 5:41). Ese gozo es el desborde del gozo divino en el cielo, ante el éxito de su obra en el mundo.

¿He sufrido por Cristo? Si él es mi modelo y patrón, no pasará mucho tiempo antes de que sienta los clavos y espinas, por cuanto ése es el llamado de aquéllos a quienes Dios llama sus "hijos amados" (Efesios 5:1-2).

"Tened buena conciencia, para que en lo que hablan mal sean avergonzados los que se burlan de vuestra manera de vivir en Cristo" (1 Pedro 3:16).

Himno: **"El varón de gran dolor"** CSG # 196, FA 124, VC 54, HB 169, GD 395 y **"Sale a la lucha"** CSG 540

Viviendo en un mundo imperfecto

Si tomo en serio el ser un discípulo para ti Señor, experimentaré la tensión de vivir en un mundo imperfecto. El *Sermón del monte* despierta bellos sentimientos en el hombre natural; pero de acuerdo a su manera de ver, es algo irremediablemente imposible. La razón para esto es que el hombre natural lucha a lo largo de su vida con armas carnales, y justifica sus métodos diciendo: "¡tienes que combatir el fuego con fuego, porque si no, serás liquidado!" Pero como tu discípulo, Señor, no puedo aceptar esa forma de vida. En un mundo imperfecto debo emplear principios espirituales, no carnales. Para el hombre natural, el ser carnal es vivir; pero para mí significa la muerte.

Pablo fue específico en indicar algunas situaciones en las cuales un discípulo de Cristo debe vivir según principios espirituales, y la siguiente es una de ellas: "Siervos, obedeced a los que son vuestros amos en la tierra" (Efesios 6:5). Debo ser obediente, sin importar si sirvo a un amo perfecto o no. La Biblia nunca dice "sé perfecto *si,* o sé perfecto *excepto cuando*". Dios sabe lo imperfecto, egoísta y cruel que es el mundo; y aun así me dice, "no importa *cómo sean ellos;* haz lo que yo te digo".

La gran tentación para un discípulo es volverse *complaciente.* Así que tiende a bajar sus modelos de comportamiento para hacerse aceptable al mundo. Demanda un gran valor el ser "el dedo en la llaga" por Jesucristo, y eso es lo que seré si insisto en tratar al mundo de acuerdo al modelo de Cristo. Pero no hay otra forma en que Dios pueda obrar de manera redentora en el hombre natural; éste necesita ver una *alternativa* para la vida sin sentido que lleva. Jesucristo ha puesto a sus discípulos entre personas incrédulas como verdaderos ejemplos de una vida de verdad y virtud, que es lo que el hombre natural anhela en su interior. Debo ser "perfecto" por su causa, así como también para la gloria eterna de Dios. Cuando vivimos ese tipo de vida, nos mostramos como "hijos (en comportamiento) de (nuestro) Padre Celestial" (Mateo 5:45), porque esa es la forma en que vive nuestro Padre.

"Hasta la hora presente sufrimos hambre y sed, nos falta ropa, andamos heridos de golpes y sin dónde morar. Nos fatigamos trabajando con nuestras propias manos. Cuando somos insultados, bendecimos; cuando somos perseguidos, lo soportamos" (1 Corintios 4:11-12).

Himno: **"¿Con qué pagaremos?"** CSG # 171, VC 341

El precio del poder

Nunca seré un discípulo victorioso para el Señor a menos que reconozca lo que es el fracaso. Se me ha enseñado que el fracaso ocurre cuando no oro, no leo mi Biblia, o no testifico a otros diariamente. Pero el no hacer estas cosas no constituye el fracaso, a pesar de su importancia; son apenas *síntomas* del fracaso. El fracaso cristiano va directo a la base de mi relación con Dios, y puede resumirse en una sola palabra: *soberanía*.

La soberanía es el derecho de Dios a pedir "sometimiento incondicional" por parte mía. Ese fue el problema de Job. Muchos enseñan que el tema del libro de Job es "¿por qué sufren los justos?". A la luz de la soberanía de Dios, esa pregunta no tiene ningún sentido. El conflicto básico entre Job y Dios fue en cuanto a la autoridad. ¿Tenía acaso Dios el *derecho* de infligir sufrimiento o cualquier otra cosa a Job? Es bello observar cómo Job finalmente llega a entender por qué Dios lo llevó a través del oscuro laberinto; y ver cómo Job, una vez que comprende que Dios desea soberanía, se le entrega con alegría (Job 40:1-5; 42:1-6).

Los fracasos humanos de la Biblia, tales como el rey Saúl y Judas, no tropezaron con lo concerniente a la dedicación, compromiso, o celo, sino con lo que tenía que ver con la soberanía. Ellos anhelaban desesperadamente a Dios y su poder, pero no al precio del sometimiento incondicional. A menos que tenga cuidado, será fácil que yo repita su error. El cristianismo no es mi utilización de Dios, sino el privilegio de que Dios me utilice a mí. No es mi disputa para lograr el mejor acuerdo por tiempo y eternidad; sino es el proceso en que Dios haga una bella vasija, comenzando con un pobre trozo de arcilla. Sea florero o jarro de agua, ¿cuál es la diferencia en tanto que Dios decida lo que debo ser, y que me dé el poder para hacerlo posible? Mi respuesta a esta gloriosa verdad debe ser la de Elí: "¡El es Jehovah! Que haga lo que le parezca bien" (1 Samuel 3:18).

"¿O no tiene autoridad el alfarero sobre el barro para hacer de la misma masa un vaso para uso honroso y otro para uso común?" (Romanos 9:21).

Himno: **"Himno al Padre"** CSG # 28

La intransigencia con el mal: clave del éxito espiritual

Debo de tener cuidado, Señor, en lo que respecta a la transigencia con la maldad a mi alrededor. La transigencia hace de la política un arte posible, pero en mi relación con Jesucristo se convierte en obstáculo principal para que él sea manifestado a través de mí.

La transigencia es siempre señal de algún acomodo previo. Cuando Lot escogió Sodoma para vivir en vez de las montañas de Canaán, se decidió basándose en su deseo de ser rico y de tener influencia. Como resultado de su acomodo a la avaricia, hizo lo que le parecía conveniente. La transigencia fue el método para lograr una decisión aceptable para sí mismo; pero nunca fue aceptable para Dios.

Transigir espiritualmente es "suavizar" la palabra de Dios. Se trata de hacer ciertas concesiones con las normas que nos parecen tan absolutas y severas. El rey Saúl tomó el mandamiento de Dios: "Ataca a Amalec; destruye completamente todo lo que le pertenece", y lo redujo diciendo, "el pueblo perdonó la vida a lo mejor de las ovejas y de las vacas, para ofrecerlas en sacrificio a Jehovah" (1 Samuel 15:3-15). A pesar de haber tergiversado en forma tan grosera el mandamiento de Dios, Saúl tuvo la osadía de decir, "He cumplido la palabra de Jehovah" (versículo 13). Por lo tanto, su transigencia le dio a Saúl la facilidad de poder darle una *apariencia* de obediencia, al mismo tiempo que le permitió obtener sus objetivos egoístas.

La transigencia significa que no he querido tratar de frente con las bases esenciales de la verdadera espiritualidad. Sigo albergando "ovejas que balan", y ocultando al "viejo hombre" no crucificado dentro de mí. La transigencia es una señal de dicotomía espiritual; me hace falta una dedicación clara y definida.

La persona que hace lo que le conviene, tarde o temprano se enreda y tropieza con sus propias artimañas. Eso le sucedió a David en lo concerniente con Urías (2 Samuel 12:5-9). Quiero evitar la transigencia espiritual, Señor; ayúdame a hacer lo único necesario, tal y como lo hizo María, ofreciéndote mi *todo*. Si lo hago, me convertiré en un dulce aroma para ti, una ofrenda que durará por la eternidad (Mateo 26:12-13).

"No améis al mundo ni las cosas que están en el mundo. Si alguno ama al mundo el amor del Padre no está en el" (1 Juan 2:15).

Himno: **"Nunca, Dios mío"** CSG # 104, FA 56, VC 16, HB 15

Exhibido por Dios

Me guste o no (¡y me gusta!), estoy vinculado al mundo del "espectáculo". El Señor le dijo a Satanás, "¿no te has fijado en mi siervo Job, que no hay otro como él en la tierra?" (Job 1:8). Los discípulos están para ser exhibidos; los santos son puestos para ser vistos por espectadores. Dios, el Maestro artista, no invierte su artesanía en un pecador raso, sin luego exhibir su obra. El quiere que el mundo engañado por su principal enemigo, Satanás, observe y comprenda lo que le sucede a una persona cuando se deja moldear en las manos de Dios - lo cual es exactamente lo contrario a lo que ha resultado con Satanás y sus seguidores en rebeldía.

Pero es Dios quien debe exhibirme; yo no puedo exhibirme a mí mismo. El fin supremo de su obra maestra en mí no se reserva sólo para las edades venideras (Ef. 2:7-10), sino también se demuestra *ahora* en medio de esta "generación torcida y perversa" (Fil. 2:15). La calcomanía que dice - "por favor sé paciente, Dios todavía no ha terminado conmigo" es cierta, pero sólo *parcialmente*. Ya existen elementos de un producto terminado dentro de mí, y Dios quiere que esos elementos sean exhibidos para que otros los vean.

Daniel es un buen ejemplo. El foso de los leones no fue para beneficio de Daniel, sino para beneficio del rey. "Daniel,...tu Dios...¿te ha podido librar de los leones?" (Daniel 6:19-20). Al mirar en el foso, el rey pagano Darío vio en Daniel la exhibición de una victoria contundente sobre los leones, que la fe de ese siervo de Dios había hecho posible. El rey estaba tan atónito e impactado que emitió un decreto: "El Dios de Daniel...es el Dios viviente (quien) salva y libra; él hace señales y milagros" (6:25-27). Daniel fue protagonista en un drama viviente, y como resultado hubo aplausos para el Dios Todopoderoso.

¿Has visto a mi siervo ______________? ¿Me atrevería a poner mi nombre aquí como el de un creyente que Dios puede exhibir? Ahora comprendo lo que pensaba Pablo al verse como un trofeo exhibido por Dios en su "espectáculo" para el mundo (1 Cor. 4:9). ¡Qué gloria el ser un ejemplo sobresaliente elegido por Dios!

"Porque somos hechura de Dios, creados en Cristo Jesús para hacer las buenas obras que Dios preparó de antemano para que anduviésemos en ellas" (Efesios 2:10).

Himno: **"Alabanzas dad a Cristo"** CSG # 570, VC 302, HB 498, LL 148, GD 230, GT 245

Las explicaciones diferidas de Dios

Un discípulo de Jesucristo debe aprender a comprender los silencios de Dios. Una de las características paradójicas del libro de Job fue el silencio de Dios hacia Job, aunque Dios mismo no guardaba silencio ante Satanás. Tampoco los amigos de Job permanecían todo el tiempo en silencio ante él. En medio de tantos discursos, Dios no entró en diálogo con Job sino hasta el final del libro (Capitulo 38); y aún entonces nunca le dio explicación del por qué lo llevó a través del valle de la humillación.

En el caso de Job, su conocimiento de la voluntad de Dios fue *diferido* e *indirecto*. Esa es la forma en que Dios generalmente trata con nosotros. El mismo Jesucristo no contaba con un conocimiento total y perfecto de los planes del Padre (Mateo 24:36). El método pedagógico de Dios usualmente es dejar que las circunstancias nos cuenten la historia. Ese es el por qué Job no logró comprender el plan de Dios hasta después del transcurso de la prueba, cuando contempló el pasado. Sucedió algo muy similar al Peregrino de Bunyan, quien *sólo al final* pudo darse cuenta de todas las razones de su ruta zigzagueante. Jesús les dijo a sus discípulos, "Lo que yo hago tú no lo entiendes ahora, pero lo comprenderás después" (Juan 13:7).

Cuando Dios guarda silencio ante mí, significa que me toca caminar en la ignorancia, y que debo de confiar en él de manera implícita; de otro modo me extraviaré del camino. La vida por fe se acabaría por completo si Dios nos explicara cada uno de sus movimientos. El hombre natural vive según su razón, así que exige una explicación para todo. Pero el hombre espiritual vive por fe. Le honra a Dios su derecho a guardar silencio, porque tiene fe implícita en la honestidad e integridad de Dios.

"Entenderemos nuestras angustias, entenderemos nuestro pesar" dice un himno conocido, y es verdad. Pero ese "algún día" no necesita esperar hasta el cielo. Un "después" maravilloso para los discípulos fue en el Pentecostés. "Después" para ti y para mí puede ser lo que ocurre mañana o en el siguiente evento dramático en nuestras vidas. "Sin embargo, él conoce el camino en que ando; cuando él me haya probado (a través de caminos oscuros, y vagos), saldré como oro". (Job 23:10).

"Ahora vemos oscuramente por medio de un espejo, pero entonces veremos cara a cara. Ahora conozco en parte, pero entonces conoceré plenamente, así como fui conocido" (1 Corintios 13:12).

Himno: **"Entenderemos"** CSG # 430, FA 231 y **"El conoce mi camino"** CSG 442

El Señor como nuestro Protector

Te agradezco, Señor, porque la persona que te obedece vive una vida privilegiada. Una vida privilegiada para un discípulo significa una vida protegida. Tan completa es esa protección, que mi vida está a salvo aun en manos del enemigo. "El que...se pase a los caldeos [el enemigo]...vivirá; su vida le será por botín" (Jeremías 21:9). La protección de Dios significa que mi vida física no puede ser quitada por otra persona, excepto con permiso de él.

Dios entregó a Job en manos de Satanás, pero con esta condición: "Respeta su vida" (Job 2:6). Un cerco protector en la persona de Dios, se interpuso entre Job y Satanás para que el maligno no lo pudiera destruir. El discípulo obediente vive bajo la sombra de la vida y no de la muerte, sin importar sus circunstancias o peligros. Nada puede *tocarlo*, ¡mucho menos *tomarlo!* Sólo cuando Dios determina que la carrera terrenal de su discípulo ha terminado, cruza éste entonces la frontera y se encuentra momentáneamente bajo la sombra de la muerte; pero aún allí, "Tú estarás conmigo" (Salmo 23:4).

En otro sentido, mi alma es la fortaleza interna de mi ser, mi verdadero yo, y la protección de Dios se extiende hasta allí también. "El guardará tu alma". (Salmo 121:7 RVR). Se trata de la inmortalidad. Esa clase de protección es eterna, ni aun la muerte la puede tocar. El cuerpo del discípulo puede ser atacado, su mente y corazón pueden sufrir angustia, pero Dios añadirá todos sus refuerzos con el fin de que el alma del discípulo perdure en su presencia. El Señor es mi Protector, y ha prometido librar mi alma y ponerla a salvo por siempre.

El poder protector de Dios significa que puedo vivir libre de temor (aunque ese hecho no es motivo para vivir de manera irresponsable). Cuando el miedo amenace mi tranquilidad, diré, "El día en que tengo temor, yo en ti confío" (Salmo 56:3).

"Pero aun los cabellos de vuestra cabeza están todos contados. No temáis; más valéis vosotros que muchos pajaritos" (Lucas 12:7).

Himno: **"Eres mi protector"** CSG # 62

Siguiendo el conducto regular

Señor, debo tener cuidado en cuanto a mi relación con los ungidos según tu organigrama. Los ungidos en mi vida son aquellos colocados sobre mí en autoridad. Por su posición de autoridad, esas personas interpretan tu voluntad para mí en ciertas circunstancias (Heb. 13:17). Tú eres específico en cuanto al respeto por las líneas de autoridad - esposos/padres en el hogar, pastores y ancianos en la iglesia, reyes, profetas, y otros ante pueblos, así como los jefes en las jerarquías de la organización celestial. No hay lugar para el irrespeto ni la soberbia ni, por supuesto, para la maldición. Vemos que aun en el caso de los ángeles, el arcángel Miguel no se atrevió a maldecir a Satanás, quien había gozado de alto rango angelical sirviendo a Dios antes de su caída (Judas 9).

David tuvo varias oportunidades de matar a Saúl, su rival; sin embargo se negó a hacerlo porque éste era "el ungido de Jehovah" (1 Sam. 24:1-7). En vez de ello, David encomendó a Saúl en las manos del Señor para juicio (1 Sam. 26:10-11) (Lo mismo hizo el arcángel Miguel con el diablo en la situación anteriormente citada). Debido a su amor por Dios y su respeto hacia la voluntad de Dios, David no actuaría en venganza por sí solo ni usurparía el trono de Saúl. Esto mostraba la sensibilidad de David hacia la línea de autoridad para la nación de Israel; y Dios honró a David y enjuició a Saúl (1 Sam. 28:17,18).

El respetar a los ungidos no sólo es una forma eficiente para que opere el reino de Dios, sino también es en nosotros una señal de confianza y dependencia de Dios. Debo de confiar en él *más,* porque su voluntad para mí llega filtrada a través de un humano; por lo tanto, Dios tendrá que tratar los posibles "errores", encaminándolos en bien (como le pasó a José según Gen. 50:20) o aumentando las opciones (como les sucedió a Daniel y sus compañeros, según Dan. 1:8-16).

Así como David tenía que confiar en Dios para que obrara *a través* de Saúl, y no sin él, también yo debo confiar en que Dios obrará a través de mi superior, sea sensible o insensible a la Palabra de Dios. Él está en las manos de Dios, y yo debo aprender a confiar y a agradecer aquello. Diré junto con David, "En Dios he confiado. ¡No temeré lo que me pueda hacer ningún mortal!" (Sal. 56:4).

"No permitió que nadie los oprimiese; más bien, por causa de ellos castigó a reyes. Dijo: '¡no toquéis a mis ungidos, ni hagáis mal a mis profetas!'" (Salmo 105:14-15).

Himno: **"Rey Exaltado"** CSG # 226

Amando al enemigo

David me da el ejemplo de cómo amar a mis enemigos. Él llamó al hombre que persistentemente trató de matarlo: "amado y amable" (2 Samuel 1:23). Mi verdadero enemigo no es un vecino irritante, ni un jefe de lengua mordaz, ni una persona de diferente color de piel e idioma. Así como le sucedía a David, mi enemigo es cualquiera que se interfiere en mi cumplimiento de la voluntad de Dios. En tanto que Saúl estuviera vivo, David no podía ascender al trono de Israel. La muerte de Saúl, por lo tanto, representaba la vida para David. Sin embargo, ni siquiera una vez hizo David algún esfuerzo para eliminar el obstáculo para su propia monarquía.

El amar al enemigo es el fin supremo de la negación de la ambición y el deseo. El amar al enemigo es aceptar el obstáculo que éste representa como parte del propósito de Dios. Es estar sereno hacia mi opositor, y reconocer que el que intenta hacerme un mal (como obró Judas con Jesús), sólo me lleva hacia la victoria final.

El hombre natural busca la guerra y lucha contra su enemigo. Trata de eliminarlo como obstáculo, haciéndole daño físico y causándole aun la muerte. Lo inconveniente de esta manera de actuar es que por cada enemigo que yo destruya, se levantarán diez más. La única manera como puedo "conquistar" a mi enemigo es amándolo. Eso no significa que él "me guste"; simplemente significa que le tengo buena voluntad, que lo coloco en las manos de Dios para su disposición, y que anhelo su bendición espiritual en Cristo.

El discípulo de Jesucristo es la única persona que puede permitirse el lujo de tener enemigos, porque sabe cómo tratarlos. El hacer la voluntad de Cristo significa que nunca careceré de enemigos; pero tampoco careceré jamás del apoyo de mi Señor, de quien 1 Corintios 13 es una descripción perfecta. A medida que yo confíe en Dios, quien es el perfecto amor, él desarrollará ese perfecto amor en mí.

"Amados no os venguéis vosotros mismos, sino dejad lugar a la ira de Dios, porque está escrito: MIA ES LA VENGANZA; YO PAGARÉ, dice él Señor" (Romanos 12:19).

Himno: **"Iglesia de Cristo"** CSG # 451, FA 307, VC 221, HB 241, GD 71, GT 193

El ambiente de incredulidad

Señor, debo estar consciente del poder negativo de la incredulidad y, más aun, del poder negativo que crea un *ambiente* de incredulidad. "Y no hizo allí muchos milagros a causa de la incredulidad de ellos" (Mateo 13:58). El estado de mi salud espiritual afecta a otros, e incluso a ti, Señor. Fácilmente puedo ver cómo el oscuro temperamento del rey Saúl causó una gran tragedia en la nación (1 Sam. 22:6-8,17-19).

En el tiempo presente evitaremos tragedias, al tomar con seriedad nuestro andar en el Espíritu, que es contrario a las actitudes negativas de la "carne" (Gálatas 5:14,15,25,26). ¡Cuán a menudo se ha destruido una reunión de la iglesia debido a una actitud negativa y la crítica maliciosa por parte de uno de los miembros! ¡Y cuán a menudo el poder de Dios ha sido revelado por el simple hecho de que *una persona* estaba en sintonía con el Espíritu!

Señor, siempre oro por el predicador; pero ahora me doy cuenta que tengo la obligación de orar por la congregación con el mismo celo. La iglesia necesita ser un canal del poder del Señor, y no debe permitir que un espíritu maligno de duda, desconfianza, amargura, o crítica ahogue la presencia del Señor. ¡Cuántas veces echamos la culpa al predicador, cuando realmente es la tibieza de los oyentes la que inhibe la obra del Espíritu! Si abandono una reunión sin ser bendecido, es porque yo *llegué* en ese estado y no estaba dispuesto a cambiar.

En cualquier reunión de tu pueblo Señor, debo estar en sintonía contigo, pero también debo estar en sintonía con mis hermanos. Porque si no estoy en paz con ellos, eso afectará mi paz contigo. Señor, enséñame mi responsabilidad dentro de la congregación. Quiero ser ferviente en fe y amor cuando vaya a adorarte. De otro modo, seré un destructor de bendiciones. Te agradezco Señor, que Jesucristo fuera "ungido" por el Espíritu (Isaías 61:1) para hacer muchas cosas, las cuales incluyen el guardarme de mis momentos y rasgos negativos. El me da "gloria en lugar de ceniza" (versículo 3b RVR) y "aceite de regocijo en lugar de luto y manto de alabanza en lugar de espíritu desalentado" (versículo 3cd).

"Pero yo andaré en mi integridad; redímeme y ten misericordia de mí. Mis pies se han afirmado en suelo llano; en las congregaciones te bendeciré, oh Jehovah" (Salmo 26:11-12).

Himno: **"Engrandecido sea Dios"** CSG # 632, FA 30, HB 16

El problema de los derechos

Jesucristo está llamando a hombres y mujeres hoy, tal y como lo hizo hace dos mil años. Él hace tres tipos de llamados: el llamado general, el llamado del discipulado, y el llamado especial.

Su llamado general se expresa a través de "venid a mí, todos los que estáis fatigados y cargados, y yo os haré descansar" (Mateo 11:28). Ese llamado tiene que ver con la *carga del pecado*, y se hace a todos. Una vez que una persona responde a este llamado y recibe a Jesucristo como aquél que cargó con sus pecados, se soluciona para siempre el problema del pecado y de la culpabilidad por el mismo.

El llamado del discipulado se expresa en las palabras de Jesús a los pescadores junto al Mar de Galilea, "Venid en pos de mí, y os haré pescadores de hombres" (Mateo 4:19). Este llamado tiene que ver con la *posesión de derechos*. Se dirige sólo a aquellos que han respondido al primer llamado. Fuera del problema del pecado, el problema de los derechos es el más difícil. La batalla aquí puede ser más fiera y la lucha más larga. Sin embargo, Jesucristo insiste en que todos los cristianos se inscriban lo más rápidamente posible como sus discípulos. Algunas veces las personas se inscriben de manera simultánea con su conversión. Otras veces pasan meses o aun años, dependiendo de la comprensión de lo que Cristo exige y de la terquedad de la voluntad. El ser un discípulo significa que renuncio al derecho de pertenecer a mí mismo, y rindo mi soberanía personal a Jesucristo. De allí en adelante, él es mi comandante y yo estoy bajo sus órdenes.

¡Qué difícil es esta decisión! Jesucristo enseñó a miles y sanó a centenares; sin embargo, ¿cuántos llegaron a ser sus *discípulos*? ¿Cuántos cristianos hay, hoy en día, que sean verdaderos discípulos? Dios, ayúdame a decir, "¡*cuéntame* entre ellos!". Ayúdame a decir junto con aquel siervo dedicado cuya oreja fue horadada, "yo amo a mi Señor,...no quiero salir libre" (Éxodo 21:2-5).

"Así que, somos embajadores en nombre de Cristo; y como Dios os exhorta por medio nuestro, rogamos en nombre de Cristo: ¡reconciliaos con Dios!" (2 Corintios 5:20).

Himno: **"Te amo, Rey"** CSG # 98

Escogido por Jesús

El tercer tipo de llamado que Jesucristo hace hoy es el llamado especial. El primer llamado incluía a todas las personas, el segundo se dirigía a todos los cristianos, pero el tercer llamado se hace sólo a aquellos que son especialmente seleccionados por Jesucristo para ciertas tareas. Dichas tareas pueden incluir ministerio de tiempo completo, tales como trabajo pastoral o misionero. Otros llamados especiales pueden ser tan breves y directos como el llamado de Ananías, "El Señor Jesús...me ha enviado" (Hechos 9:17). ¿Con qué fin? "Para que [tú, Saulo de Tarso] recuperes la vista y seas lleno del Espíritu Santo" (vs 17). Una vez que terminó su ministerio tan necesario, Ananías se ausentó silenciosamente.

El llamado especial tiene que ver con la *dirección y el uso de la vida*. Jesús mismo es un ejemplo perfecto de dicho llamado. El dijo del Padre, "él *(personalmente)* me envió" (Juan 7:29). Mientras que los dos primeros llamados son generales, éste es un llamado altamente especializado en el que tanto la tarea como la selección se deciden en el cielo y no en la tierra, y se le es dado a entender al elegido la importancia que tiene su participación. Pablo recibió este tipo especial de llamado (Hechos 9:15), y lo mismo sucedió con Simón Pedro (Juan 21:19). Y así lo han entendido miles de otros discípulos. ¡Ciertamente un gran honor!

La Biblia me advierte acerca del peligro de seleccionarme en nombre propio. La "rebelión de Coré" (Judas 11) nació durante un intento por derrocar a Moisés y asumir su lugar de liderazgo. Eso despertó la ira de Dios porque Coré trataba de hacer lo que sólo Dios debe hacer: seleccionar a las personas para ciertas tareas. Debo tener cuidado en no empujar a la gente hacia el servicio a tiempo completo; sólo Dios puede encaminarlos.

¿Dónde me encuentro hoy dentro del "programa de llamados especiales" de Dios? ¿Habré encontrado descanso al creer? ¿Habré renunciado a mis derechos para convertirme en su discípulo? Si es así, le oiré decir, "¿No te he mandado que te esfuerces y seas valiente? No temas ni desmayes, porque Jehovah tu Dios estará contigo donde quiera que vayas" (Josué 1:9).

"Doy gracias al que me fortaleció, a Cristo Jesús nuestro Señor, porque me tuvo por fiel al ponerme en el ministerio" (1 Timoteo 1:12).

Himno: **"Sembraré la simiente preciosa"** CSG # 282, FA 269, LL 102, GT 8

El corazón de la tentación

He aprendido, Señor, que el objetivo de Satanás al tentarme es destruir mi voluntad. Eso se ve claramente cuando tentó a Jesús, quien es mi modelo. Apenas Jesús había aceptado la voluntad del Padre en su bautismo, esa voluntad fue inmediatamente puesta a prueba en el desierto (Mateo 4:1-11). Cada una de las tres tentaciones fue cuidadosamente diseñada con el fin de debilitar la unión de Cristo con la voluntad de su Padre Celestial. Una vez que esa unión se logra debilitar, es sólo cuestión de tiempo antes de que toda la defensa se desmorone en pecado.

Jesús estaba hambriento y cansado cuando Satanás lo buscó en el desierto. Las necesidades del cuerpo a menudo son utilizadas como apertura para un ataque a la voluntad, ya sea que la necesidad sea de alimento, descanso, recreo, o lo que sea. Sin embargo, cometo un error si pienso que Satanás quedará conforme con el simple hecho de hacerme caer por medio de una necesidad física. El está detrás de mi voluntad para convertirla en suya. La manera como trato a mi cuerpo es sólo el síntoma del compromiso fundamental de mi voluntad. Satanás no busca únicamente enseñorearse de síntomas; él va en pos de lo que crea dichos síntomas.

La respuesta al ataque de Satanás a través del cuerpo es una reafirmación de mi voluntad. "Al Señor tu Dios adorarás y a él solo servirás" (Mateo 4:10). ¡Hay decisión, firmeza y resolución en ello! Sólo puedo ser victorioso sobre Satanás y sus encantos si clavo la estaca de mi compromiso cada vez más profundamente en mi corazón. Me fortalece la respuesta de Nehemías, cuando se le instó a dialogar y transigir con el enemigo, "Estoy realizando una gran obra. No puedo ir" (Nehemías 6:3). Cuatro veces vino la tentación, y cuatro veces Nehemías reafirmó su compromiso a la voluntad de Dios para con él. Así es que debo enfrentar a Satanás, de frente y no por las ramas. Debo correrlo tomando nuevamente determinación de hacer la voluntad de Dios y permanecer firme en él a pesar de todo. ¡Esa clase de decisión significó la victoria para Jesús, para Nehemías, para innumerables otras personas, y para mí!

"Sed sobrios y velad. Vuestro adversario, el diablo, como león rugiente, anda alrededor buscando a quién devorar" (1 Pedro 5:8).

Himno: **"Todas las promesas"** CSG # 273, FA 273, VC 156, HB 331, LL 88, GD 321, GT 126

El yo bajo tentación

Una vez que Jesús había determinado públicamente hacer la voluntad de su Padre, Satanás estuvo implacablemente tras él. El engañador fracasó en destruir el compromiso del Señor a través de las necesidades del *cuerpo,* así que probó con otra táctica. Atacó las necesidades del *yo.* Después del asombroso ministerio de Jesús de enseñanza, sanidad, y milagros, las multitudes quisieron hacerlo rey (Juan 6:15). ¡Y aquí estaba - el reino, la meta del Padre - ofrecido a él en bandeja de plata!

Pero Jesús reconoció a la serpiente como el instigador, y rechazó la oferta. Él era lo suficientemente fuerte para resistir el llamado de la popularidad, la gratificación del yo. Nada nos distrae tan rápidamente, o debilita tanto la voluntad, como la aclamación y los aplausos de la multitud. Jesús no permitió que Satanás alimentara su yo, lo cual hubiera llevado a la catástrofe; en vez de ello, sometió su yo a la voluntad del Padre, lo cual dio lugar al triunfo.

Así también es como debo caminar. Mi *yo* es más frágil que mi cuerpo. Si el engañador no logra quebrar mi voluntad al tentar mi cuerpo, tratará de quebrantarla tentando mi yo. El rey David fue engañado de ambas maneras. Primero a través de las necesidades sexuales del cuerpo, lo cual resultó en adulterio con Betsabé (2 Samuel 11). Después fue seducido a través de los anhelos del orgullo, lo cual dio como resultado la toma del censo del pueblo (2 Samuel 24). ¡Qué resultados tan tristes y dolorosos surgieron de ambos eventos!

Jesús venció la tentación del *yo* retirándose en silencio, y al entrar en comunión con su Padre, logró fortalecer su decisión. Debo actuar del mismo modo, una y otra vez, tan a menudo como el engañador me tiente. Mi voluntad sólo será fortalecida si la cultivo cuidadosamente en la presencia de mi Padre Celestial. "Orando en todo tiempo en el Espíritu" (Efesios 6:18), es la única manera de "vestirnos de toda la armadura de Dios" y por lo tanto poder "hacer frente a las intrigas del diablo" (vs 11).

"Y ellos lo han vencido por causa de la sangre del Cordero y de la palabra del testimonio de ellos, porque no amaron sus vidas hasta la muerte" (Apocalipsis 12:11).

Himno: **"Dame de vida el pan"** CSG # 274, FA 347, HB 248

La tentación mental

La tercera manera en la que Satanás trató de quebrantar la decisión de Cristo para servir a su Padre fue por medio de la *mente.* Al haber fracasado en hacer caer al Hijo apelando a sus necesidades corporales y del yo, entonces decidió atacar las bases de su raciocinio. Eso ocurrió en el Getsemaní. Allí Jesús fue enfrentado con la total visión futura de la cruz y todo lo que él soportaría. Jesús vio que lo que tendría que sobrellevar era una contradicción; él, quien no conocía pecado tendría que convertirse en pecado (2 Cor. 5:21). La presión de tener que convertirse en lo que más odiaba fue una carga casi intolerable para el Hijo del Hombre.

Él mostró todos los síntomas de la presión: gemidos, lágrimas, sudor, y agonía interna. Su mente fue sacudida como en una tormenta mientras que se debatía entre dos principios contradictorios. Tres veces tuvo que acercarse con insistencia a su Padre en oración, buscando ayuda, y durante todo ese tiempo Satanás esperaba que su mente se quebrara, dejándolo quebrantado y desvalido. Pero una vez más, Jesús volvió a su determinación para hacer la voluntad de su Padre, sin importar cuán contradictoria esta pareciera. "Pero no se haga mi voluntad, sino la tuya" (Lucas 22:42). La victoria se logró y luego la paz, cuando su voluntad se mantuvo firme ante la tormenta.

Satanás sabe muy bien cómo puedo ser destruido a través de la conmoción mental. El ser llamado "loco" fue una de las críticas que a Pablo le tocó que enfrentar (Hechos 26:24; 2 Corintios 5:13). La protección de la mente no se da al tratar de resolver las cosas usando la razón, sino al estar dispuesto a mantenerse sujeto a Dios y dejarle resolver los problemas como a él le parezca. "Hágase tu voluntad" (Mateo 26:42) es más que una simple oración; es la terapia mental que el engañador no puede deshacer. Si mantengo mi voluntad intacta, Dios me dará el espíritu de "Poder,...amor, y...dominio propio" (2 Tim. 1:7).

"Porque los tales son falsos apóstoles, obreros fraudulentos disfrazados como apóstoles de Cristo. Y no es de maravillarse, porque Satanás mismo se disfraza como ángel de luz" (2 Cor. 11:13-14).

Himno: **"Por fe contemplo redención"** CSG # 299, FA 150, VC 282, LL 158, GD 106, GT 123

La tentación de las emociones

La prueba final del compromiso de Jesucristo a la voluntad de su Padre tuvo lugar en el Calvario. "¡Desciende de la cruz!" (Mateo 27:40), fue el desafío proclamado por los principales sacerdotes, los soldados, y el pueblo; pero detrás de ellos estaba el engañador mismo. Al haber fallado en engatusar a Jesús a través de su cuerpo, su yo, y su mente, Satanás trató de quebrantar su voluntad por medio de sus *emociones*.

La tensión emocional de la cruz fue pasmosa. El ingrediente principal fue el *abandono*. El abandono de Jesús fue total - de la gente, los discípulos, y aun (aunque sólo por un breve momento) de parte de su Padre. Cuando sus emociones estaban en un punto culminante de tensión, Satanás le susurró, "Todos están en contra tuya; ¿ya para qué más? Ya has soportado lo suficiente; pónle fin a todo esto con un rápido golpe de poder y bájate de ese trono de dolor. ¿Para qué sufres más?".

Esa fue la más engañosa de todas las tácticas de Satanás, por cuanto allí estaba en el rol de consolador, aliviador y libertador. ¡Cuán a menudo las tentaciones de Satanás vienen disfrazadas de *liberación*! Pero Jesús captó que era un engaño; se dio cuenta que no podía salvarse a sí mismo y aún así salvar a otros. Él se negó a abandonar su compromiso; no renunciaría a la voluntad de su Padre, y así fue que triunfó.

Debo reconocer que siempre soy emocionalmente vulnerable a Satanás. ¡Cuán rápidamente puede quebrantar mi voluntad al llevarme a la *auto-compasión*! Sin embargo, mi victoria no está en reforzar mis emociones sino en reforzar mi voluntad. Las emociones fluctuarán; pero si mi dedicación a Dios es firme, mi voluntad se mantendrá en equilibrio.

"Señor, ayúdame a no distraerme con el vaivén fluctuante de mis emociones". El apóstol Pedro me alienta: "Por medio de él creéis en Dios,...de modo que vuestra fe y esperanza estén en Dios" (1 Pedro 1:21).

"Pues aunque andamos en la carne, no militamos según la carne; porque las armas de nuestra milicia no son carnales, sino poderosas en Dios para la destrucción de fortalezas" (2 Cor. 10:3-4).

Himno: **"La visión de la cruz"** CSG # 206, FA 127, VC 52

Ganado por amor y no por la fuerza

Jesucristo reclama su derecho sobre mí desde tres puntos de vista: el *natural,* el *legal,* y el *personal.* Me reclama de manera natural simplemente porque él me creó, "Él nos hizo, y no nosotros a nosotros mismos" (Salmos 100:3). No nos pertenecemos a nosotros mismos. El mundo y todo lo que hay dentro de él le pertenecen al Señor, incluyendo aquellos "que lo habitan" (Salmo 24:1).

Pero él también me reclama porque me redimió, añadiendo por tanto un derecho legal al derecho natural. "No sois vuestros...habéis sido comprados por precio" (1 Cor. 6:19-20). El derecho de redención soluciona para siempre cualquier alteración por parte de Satanás de los derechos naturales que tiene Cristo sobre mí. Soy suyo dos veces; y si el primer derecho no es suficiente, ciertamente el segundo lo es.

Además de estas dos claras tenencias que tiene Jesucristo sobre mí, él aún aplica el llamado personal: "Hermanos, os ruego por las misericordias de Dios que presentéis vuestros cuerpos" (Romanos 12:1). ¡Eso me sorprende, Señor! Un Dios que ya es mi dueño dos veces aún ruega por mi amor, lealtad y servicio. El solicita mi sumisión, no con base en sus derechos, sino en sus sufrimientos.

Dios es omnisciente. Él sabe que los golpes por la fuerza sólo endurecen, mientras que los llamados por medio de la misericordia y el amor quebrantan la más dura de las voluntades y crean el más duradero de los compromisos. "Tal y como soy, tu amor desconocido ha roto toda barrera". Así es. Y así, a todo lo largo de la Biblia, esos llamados tiernos y amorosos se escuchan de un Dios que fácilmente podría a la fuerza abrirse paso para lograr nuestro sometimiento. ¡Gracias Señor, por respetarme lo suficiente como para ganarme por amor y no por la fuerza! Tú me persuades con amor: "Ante mis ojos tú eres de gran estima,...y yo te amo" (Isaías 43:4).

"Pero ahora, así ha dicho Jehovah, el que te creó, oh Jacob; el que te formó, oh Israel: 'No temas, porque yo te he redimido. Te he llamado por tu nombre; tú eres mío'" (Isaías 43:1).

Himno: **"Cuán profundo es tu amor"** CSG # 294

La medida apropiada de mi devoción

La marca de un discípulo se da cuando éste dice, "hágase tu voluntad", pero la marca de un discípulo maduro se dará cuando éste diga, "amo tu voluntad". No puedo gozarme en haber alcanzado el pináculo hasta que pueda decir junto con Pablo, "la voluntad de Dios, buena, agradable y perfecta" (Romanos 12:2).

Reconozco la bondad de la voluntad de Dios en el hecho de que puedo ver que él no se está aprovechando de mí. El comienzo de todo pecado está en la idea de que no se puede confiar del todo en Dios, que él es tramposo y engañoso. Veo eso en la insinuación diabólica: "¿De veras Dios os ha dicho...?" (Génesis 3:1). En tanto que vea a Dios bajo esa luz, nunca podré decir que su voluntad es *buena*.

Comprendo la aceptabilidad de la voluntad de Dios por el deleite que esta me da. Las palabras de Jesús son: "El hacer tu voluntad, oh Dios mío, me ha agradado" (Salmo 40:8). No puedo decir que la voluntad de Dios es aceptable para mí hasta que disfrute de ella y encuentre gran gozo en recibirla. El placer de la voluntad de Dios no es variable sino invariable; esto es, debo encontrar gozo en ella no importa si significa pena o placer.

Veo la perfección de la voluntad de Dios cuando reconozco que ni yo ni nadie más puede hacerlo mejor. Cuando acepto la voluntad de Dios como perfecta, estoy diciendo, "Esto es lo mejor de Dios; no hay mejor manera".

Mi respuesta a la voluntad de Dios es la medida apropiada de mi devoción hacia él. ¿Rechazo su voluntad? Entonces estoy actuando como el hombre natural. ¿Hago su voluntad, pero de mala gana y quejándome? Entonces estoy actuando como el cristiano carnal. ¿Recibo su voluntad con gozo y me deleito en hacerla? Entonces estoy actuando como un creyente espiritual.

Señor, ayúdame a examinarme, a mí mismo, en este día, y a deleitarme en tu voluntad, porque puedo decir, "Tu ley está en *medio* de mi corazón" (Salmo 40:8).

"¡Cuánto amo tu ley! Todo el día ella es mi meditación. Por tus mandamientos me has hecho más sabio que mis enemigos, porque para siempre son míos" (Salmo 119:97-98).

Himno: **"Lámpara es tu Palabra"** CSG # 268

Viviendo de manera positiva

Debo evitar ese tipo de cristianismo popular y superficial que está tan de moda hoy en día. Hay varias fórmulas para la vida triunfante que son pregonadas en todas partes, y en las cuales Jesús es simplemente el instigador o incitador de un flujo de pensamientos e ideas positivas que aseguran el éxito personal y material.

Ese tipo de cristianismo dice que soy un manojo de actitudes tanto positivas como negativas. Basta con alentar las positivas y desalentar las negativas, y ¡miren! soy una persona victoriosa. Sin embargo, el problema está en que ese tipo de victoria es simplemente la victoria del *hombre natural*. No hay nada redentor, curativo, o santificador en ella.

Antes de poder hablar de victoria, un creyente debe hablar acerca de *morir*. Como dice cierto escritor, el primer lugar donde tenemos que ir es a la cruz. Si es verdad que quiero encontrar a Jesús, debo encontrarlo "fuera del campamento"; y si quiero disfrutar de su victoria tengo que soportar "su afrenta" (Hebreos 13:13). Una vez que llego a la cruz y experimento la crucifixión de las codicias, deseos y actitudes egoístas de mi vieja naturaleza, entonces estoy en posición para levantarme con Cristo "en novedad de vida" (Romanos 6:4) y permitir que su nueva vida se convierta en lo *positivo* que mi yo natural jamás podría llegar a ser. Eso es más que pensar en forma positiva; es vivir en forma positiva.

Jesucristo no murió en la cruz con el fin de convertirme en un magnífico vendedor lleno de confianza. El murió para que este pedazo de arcilla ordinaria que soy yo, reflejara su poder, gloria y personalidad. Eso no significa que pierdo mi identidad; por el contrario, la confirmo. La vida de Cristo fluyendo a través de mi personalidad se transforma en un milagro personal en el reino de Dios. Soy una obra singular y auténtica elaborada por Jesucristo. Por lo tanto, Jesucristo no es sólo quien me salva; es también quien establece y define mi verdadero yo. Entonces se convierte en una verdad sublime y personal la afirmación del Apóstol Pablo de que "en él vivimos, nos movemos y somos" (Hechos 17:28).

"Y juntamente con Cristo Jesús, nos resucitó y nos hizo sentar en los lugares celestiales, para mostrar en las edades venideras las superabundantes riquezas de su gracia por su bondad hacia nosotros en Cristo Jesús" (Efesios 2:6-7).

Himno: **"En el monte Calvario"** CSG # 325, HB 100

Venciendo al mundo

Se me recuerda, Señor, que tu Palabra tiene mucho que decir acerca *de vencer.* Una cosa es ser cristiano y otra es ser un cristiano vencedor. El ser un vencedor es de vital importancia, ya que Jesús menciona la necesidad de vencer en cada una de las cartas a las iglesias de Asia (Apoc. 2-3).

El ser un vencedor significa que he estado en conflicto. Se trata de un término militar. De hecho, la palabra *vencedor* se traduce como "aquél que es victorioso" en varias versiones de la Biblia. Se aplica al cristiano que ha emergido del fragor y la tensión de la batalla sin desaliento en su fe, ni amilanamiento en su determinación de vivir obediente a su Dios.

Jesús es el primer gran Vencedor. "En el mundo tendréis aflicción, pero ¡tened valor; yo he vencido al mundo!" (Juan 16:33). Vencer al mundo significa rechazar la seducción de su *popularidad* y también resistirse a ser intimidado por sus *amenazas* (de la cruz). El mundo siempre sigue el mismo patrón, primero engatusando y después, si eso no funciona, crucificando. El deseo del mundo es siempre hacerme "conformar a este mundo" (Romanos 12:2). La voluntad del mundo y la voluntad divina están en oposición directa. Si insisto en seguir a Jesús, entonces debo seguirlo a la batalla, contra el deseo apasionado del mundo de impedir mi paso para "vivir de manera.. sobria, justa y **piadosa** en la edad presente" (Tito 2:12).

Señor, la Biblia me hace recordar a muchos que fueron a la batalla por ti, y *no* vencieron - Lot, Saúl, Giezi, Demas, Diótrefes y otros. Eso es suficiente para hacerme reconocer que la victoria no está garantizada - a menos que me aferre a Jesús, quien maravillosamente venció por mi causa. Entonces el Señor mismo peleará por mí "como combatió en el día de la batalla" (Zacarías 14:3).

"'No prosperará ninguna herramienta que sea fabricada contra ti. Tú condenarás toda lengua que se levante contra ti en el juicio. Esta es la heredad de los siervos de Jehovah, y su vindicación de parte mía', dice Jehovah" (Isaías 54:17).

Himno: **"Gloria, gloria al Vencedor"** CSG # 217

Venciendo a Satanás

Como cristiano, debo buscar vencer no sólo al mundo sino también a Satanás. Él es un enemigo más mortal que el mundo, porque el mundo es simplemente un instrumento en su mano (1 Juan 5:19). El mundo me atormentará y me incitará, pero Satanás me acusará (Apoc. 12:10). Las acusaciones de Satanás me golpean en mi punto más vulnerable: mi pasado pecaminoso. Él está totalmente consciente de la vida que he vivido y, como un perro con un hueso enterrado, continuamente excava lo que hace tiempo confesé a Dios. No es que Satán pueda deshacer mi salvación, de ningún modo. Pero trabaja como una peste moral, cuyo principal deleite es trastornar la mente simplemente con apuntar hacia hechos y acciones de los que estoy consciente. Si puede zarandearme lo suficiente (Lucas 22:31) para mantenerme desequilibrado, debilitará mi capacidad para servir a Dios de manera fructífera.

El remedio para estos ataques molestos, es "la sangre del Cordero" y el "testimonio" de la eficacia de esa sangre derramada (Apoc. 12:11). Ya que el perdón de mis pecados tiene sus raíces en lo que Cristo hizo por mí en el Calvario, mi único recurso es *señalarlo* tan a menudo como Satanás apunte hacia mis *pecados*. Lo esencial de todo este asunto es la Palabra de Dios: ¿Creo en el testimonio de Dios referente a la muerte de su Hijo en el Calvario? Si es así, todo está resuelto. Pero si no, entonces hago de Dios un mentiroso (1 Juan 5:10). Todo se reduce a esto: ¿Quién está mintiendo, Dios o Satanás? Venzo a Satanás en el momento en que ato mi fe a la Palabra de Dios, de que mis "pecados han sido perdonados por causa de su nombre" (1 Juan 2:12).

Si me aferro a la Palabra de Dios en cuanto a la eficacia del Calvario, puedo reprender y correr a Satanás en su papel de acusador. Debo tratar con él de manera enérgica y no darle lugar, tiempo ni permiso para que haga su obra. Si soy molestado por Satanás, ¡debo ponerle fin con firmeza! Si le "resisto", "huirá" (Santiago 4:7).

"Invócame en el día de la angustia; yo te libraré, y tú me glorificarás" (Salmo 50:15).

Himno: **"¡Victoria, Victoria!"** CSG # 227, FA 142

Recibiendo Honores

Como discípulo, debo aprender qué hacer en cuanto a los *honores*. Jesús es mi ejemplo. Cuando Satanás lo honró (de una manera ambigua) al decir, "Si eres Hijo de Dios, di que estas piedras se conviertan en pan", Jesús respondió que era más importante vivir por medio del pan de la Palabra de Dios (Mateo 4:3-4). Jesús ignoró el honor rechazando su implicación. Eligió permanecer fiel a su misión.

Simón Pedro también honró a Jesús, declarando que era "el Cristo, el Hijo del Dios viviente" (Mateo 16:16). Jesús agradeció a Pedro por el honor, y de allí anunció inmediatamente que el Hijo honrado marchaba hacia la crucifixión (vs 21).

Dios el Padre honró a Jesús colocando "todas las cosas en sus manos", una muestra de la más alta exaltación (Juan 13:3). La respuesta del Hijo fue tomar una toalla y una vasija y proceder a lavar los pies de los discípulos (vs 4).

Esos tres ejemplos me muestran cómo debo tratar los honores. No debo *buscarlos*. Ciertamente, jamás debo *gloriarme* en ellos, y nunca debo permitir que los honores me *desvíen* de hacer lo que Dios me ha llamado a hacer. En ningún modo rechazó Jesús los honores dados; sin embargo, jamás permitió que estos le impidieran inclinarse y servir a sus discípulos, y a su debido tiempo sufrir en el Calvario.

Jesús dijo, "Es inevitable que haya tropiezos" (Mateo 18:7). También es necesario que vengan los honores. Pero, en cualquiera de los casos - ofensa u honor - lo importante es no ser desviado de hacer la voluntad de Dios, en cuyas manos está mi honra final. Como Jeremías, no "buscaré grandezas" para mí mismo (Jeremías 45:5). Si estas vienen sin habérselas pedido, las colocaré amorosamente a los pies de Aquél que caminó la vía del Calvario por mí.

"Así ha dicho Jehovah, tu Redentor, el Santo de Israel: 'Yo soy Jehovah tu Dios que te enseña provechosamente, y que te conduce por el camino en que has de andar'" (Isaías 48:17).

Himno: **"A Cristo coronad"** CSG # 235, FA 6, VC 68, HB 103, GD 394

La joya del contentamiento

Señor, cultivaré lo que Jeremías Burroughs, un puritano del siglo XVII, llamó "la rara joya del contentamiento cristiano". El contentamiento no es virtud de los mensos ni de los perezosos, sino simplemente virtud del creyente en la aceptación de sus circunstancias personales como la provisión de Dios para su vida. Esa aceptación es "santidad con contentamiento", lo que Pablo dice que resulta en "grande ganancia" o beneficio (1 Timoteo 6:6). El contentamiento no se trata simplemente de mirar el lado positivo de las cosas ni de hacer balances de los activos positivos a nuestro favor; se trata de aceptar todo el paquete actual para luego decir "He aprendido a contentarme, cualquiera que sea mi situación" (Fil. 4:11 RVR).

Lo opuesto al contentamiento, algo que debo superar en todo tiempo, es el espíritu de murmuración, queja y crítica. Un poderoso ejemplo negativo de ello es el pueblo de Israel en su camino de Egipto a Canaán. No menos de doce veces, en los capítulos 16 y 17 del Éxodo, la gente "murmuró" o "se quejó" contra Moisés y Aarón por la falta de comida o agua. Sus murmuraciones fueron en realidad expresiones de desconfianza en Dios, como Moisés claramente lo dijo, "Vuestras murmuraciones no son contra nosotros, sino contra Jehovah" (Éxodo 16:8). La reacción de Dios hacia aquellas protestas multiplicadas fue de ira (Salmo 95:8-11).

¿Por qué debo estar siempre contento? ¿Acaso no debo esforzarme para mejorar mis circunstancias y las de mi familia? Sí puedo hacerlo, *siempre y cuando* esté dentro de mis medios y posibilidades, y si es con el permiso de Dios, y si no es por orgullo ni gloria. El contentamiento es esencialmente una negación de mi avaricia y codicia, y una reafirmación del derecho de Dios a otorgarme sencillez o abundancia según le plazca. Sobre todo, así estaré contento con Dios, mi porción principal, y viviré de tal manera que refleje mi agradecimiento de su bondad.

"Por eso te bendeciré en mi vida, y en tu nombre alzaré mis manos. Como de sebo y de gordura se saciará mi alma; mi boca te alabará con labios de júbilo " (Salmo 63:4-5).

Himno: **"Loores dad a Cristo el Rey"** CSG # 241, FA 10, VC 66, HB 33, LL 1, GD 4 y "Regocijad" CSG # 446.

Manteniendo el resplandor de la victoria

Todo discípulo de Jesucristo tendrá que abordar el problema de la *permanencia*. Como discípulo he conocido momentos de éxtasis y gloria, pero también momentos de lamentable fracaso y derrota. ¿Cómo puedo continuar victorioso en vez de disfrutar de la victoria sólo de vez en cuando? En palabras de J. Taylor Smith, un obispo de la Iglesia Anglicana de Inglaterra, ¿cómo puedo "aguantar y reposar a la vez"?

Isaías me enseña que la victoria no viene por mirar dentro de mí, sino de mirar hacia *afuera*. Primero, hay que mirar más allá de mí mismo para ver a la persona "hambrienta" y "afligida" que tengo cerca, y entonces proveer para ella (Isaías 58:10 RVR). Las almas hambrientas y afligidas me rodean constantemente, así que debo desarrollar en mi estilo de vida, una manera de compartir mis bendiciones espirituales. Al compartirlas, Dios multiplicará y magnificará mis recursos más allá de lo que yo pueda soñar. Como resultado de compartir mi porción con otros, Dios hará que mi luz resplandezca como el mediodía, me guiará continuamente, satisfará mi alma en medio de los sequedales, me hará como un jardín de regadío, y me convertirá en un sanador de gente quebrantada (Isaías 58:10-12). Si Isaías no ha descrito una victoria continua aquí, ¡entonces no sé lo que es la victoria continua!

A través de Isaías Dios me está enseñando que un requisito para poder deleitarme con los *frutos* de la victoria en mi propia vida, es prestar atención a los *derechos* de la victoria en favor de otros. En otras palabras, mi victoria no es algo personal para disfrutarla yo solo, sino es algo que únicamente se disfruta en relación con otras personas. Si soy instrumento para satisfacer sus necesidades espirituales, disfrutaré de victoria espiritual sobre una base firme y continua. ¡Señor, ayúdame a dejar de aderezar y adornar mi propia alma, y más bien alimentar a otros con el pan de Cristo, lo que necesitan de manera tan desesperada! Entonces disfrutaremos juntos de la victoria.

"Así que, hermanos míos amados, estad firmes y constantes, abundando siempre en la obra del Señor, sabiendo que vuestro arduo trabajo en el Señor no es en vano" (1 Cor. 15:58).

Himno: **"Fuente de la vida eterna"** CSG # 329, FA 35, HB 35, LL 44, GD 390, GT 148

Cabalgando sobre las cumbres de la tierra

La segunda cosa que dice Isaías que debo hacer si voy a caminar en continua victoria, es prestar atención a los *derechos de Dios*. Él dice que si honro el día de reposo y no lo uso para mi "propia conveniencia" (Isaías 58:13), entonces ciertos grandes beneficios serán míos: me deleitaré en el Señor, cabalgaré sobre las alturas de la tierra, y seré alimentado de la heredad del Señor (vs 14).

¿Qué es lo que eso significa para mí en este año de nuestro Señor? ¿Acaso tengo que guardar el sábado con la exactitud del Antiguo Testamento, hasta en la más mínima jota y tilde? No creo que sea así. Jesucristo mismo enseñó que él es Señor del día de reposo y nos dejó ejemplo al cumplir el espíritu de la Ley en vez de "la letra" distorsionada por los hombres (Lucas 6:5,9; Juan 5:8-18).

El capítulo 58 de Isaías habla de derechos, los derechos de los hambrientos y afligidos. El alma hambrienta tiene derecho al pan de Jesucristo; tiene ese derecho tanto en su nacimiento y en la cruz de nuestro Señor. Si voy a disfrutar de victoria continua, debo respetar los derechos del hambriento. Pero Dios también tiene derechos. Él tiene el derecho a esperar de mí una obediencia absoluta y continua a su voluntad y una fidelidad constante a todo mandamiento que me da. El sábado fue una expresión de la voluntad de Dios hacia Israel; hoy en el "nuevo pacto", también debo obedecer a Dios en *cada* expresión de su voluntad, a medida que él hace que esa voluntad sea clara para mí por medio de su Palabra (2 Cor. 3:3-6; 1 Cor. 16:1,2,14).

En un sentido, no debo *preocuparme por la victoria,* por cuanto la victoria es el resultado de haber cumplido con algunas condiciones previas. Si pienso en la victoria, se me escapará como una nube. Pero si pienso en servir a otros y en obedecer completamente la voluntad del Padre, la victoria será tan automática y diaria como el amanecer de cada día.

Señor, deseo ser un jardín de regadío y cabalgar sobre las cumbres de la tierra; pero ayúdame a ver que no puedo lograr estas cosas *buscándolas*, sino haciendo tu voluntad y buscando alimentar el alma afligida.

"A Jehovah invoqué desde la angustia, y Jehovah me respondió poniéndome en lugar espacioso. Jehovah está conmigo; no temeré lo que me pueda hacer el hombre" (Salmo 118:5-6).

Himno: **"Tu pueblo jubiloso"** CSG # 639, VC 224 y **"Quiero Alabarte"** CSG # 99

¿Acaso quiere Jesús que estemos vivos y saludables?

Señor, ¿tengo el derecho a la sanidad automática? ¿Es la enfermedad siempre un ataque de Satanás que puedo expulsar por medio de la cruz? Existen algunas enfermedades debido al pecado (1 Cor. 11:30), otras debido a Satanás (Job 2:7), y otras para las cuales no hay causa atribuible (Juan 9:3). Pero *todas* las enfermedades, si se aprovechan de manera apropiada, están diseñadas para ser utilizadas para la gloria de Dios (Juan 11:4).

Para un discípulo de Jesucristo, la enfermedad se convierte en una herramienta en las manos de Dios. Job llegó a conocer mejor a Dios a través de su enfermedad. Pablo disfrutó más de la gracia de Dios a través del aguijón en su carne. Mi primera reacción al enfermarme siempre debe ser, "Señor, ¿cuál es tu mensaje en todo esto?"

La sanidad por fe no significa exigir de manera imponente que Dios me obedezca. Por el contrario, le pide a Dios que muestre su voluntad. En otras palabras, debo orar pidiendo sabiduría en cuanto a cómo hacerlo. Pablo le pidió a Dios tres veces que le quitara su aguijón. Dios se negó, así que Pablo dejó de orar por ese asunto. Si Dios me revela que desea curarme, entonces la fe toma el control y cesa la súplica. O al contrario, si Dios me revela que la enfermedad será mi porción con el fin de crecer espiritualmente, entonces la obediencia toma el control y dejo de rogar por sanidad física.

¿Acaso Jesús quiere que *siempre* esté de buena salud? No, hasta que él haya completado sus propósitos a través de mi enfermedad. El tener cuerpos fuertes y saludables no es el *primer* objetivo de Dios para sus hijos, sino lo es la santidad (1 Tim. 4:8). Por supuesto, el cuerpo no deja de tener su valor, pero debo presentarlo a Dios como un "sacrificio vivo" (Romanos 12:1), para que haga conmigo como mejor le plazca. Si él permite que mi cuerpo padezca de "debilidad", también me dará la "gracia" necesaria para soportarlo (2 Cor. 12:9).

"Antes que fuera humillado, yo erraba; pero ahora guardo tu Palabra. Tú eres bueno y bienhechor; enséñame tus leyes" (Salmo 119:67-68).

Himno: **"Dulce Oración"** CSG # 493, FA 196, VC 120, HB 413, LL 182, GD 78, GT 13

Fiel copia del Modelo

Mi vida debe ser una *fiel copia* de mi Modelo en tanto me sea posible. Jesucristo vivió ese tipo de vida. "El Hijo no puede hacer nada de sí mismo, sino lo que ve hacer al Padre. Porque todo lo que él hace, esto también lo hace el Hijo" (Juan 5:19). No debo interpretar esta enseñanza de manera equivocada - el ser fiel copia de mi Modelo no es un mandamiento rígido, sino más bien una obediencia voluntaria. Jesucristo tenía la libertad de vivir su propia vida, de otro modo no hubiera sido completamente humano. Pero él eligió vivir según el plano trazado porque amaba al Padre de manera absoluta, y porque sólo poniéndole mucho cuidado al *original* podría lograr todo lo que el Padre quería para él y para otros a través de él.

Al imitar fielmente el plano matriz dibujado por Dios, estoy asegurado de *la mejor realización* de lo que yo puedo hacer, porque cuento con su dirección y su poder. Así que no es un instrumento que limita sino por el contrario, uno que me libera: poder lograr mi máximo potencial. La ilusión de la libertad es: "puedo hacerlo mejor". Pero la miseria de la libertad es: "¡desearía tener otra oportunidad!"

Los delineamientos divinos no son caprichos o exigencias de algún déspota, sino más bien me ofrecen la oportunidad de emular fielmente a mi Modelo, el Dios Todopoderoso y Omnisciente quien tanto me ama. Su corazón anhelante concibe todo lo que es mejor para mí; sin embargo, su equidad y justicia me permiten rechazar el emularlo, si insisto en ello.

Jesucristo encontró inmensa satisfacción en cumplir la voluntad de Dios Padre por medio de su encarnación: "Yo te he glorificado en la tierra, habiendo acabado la obra que me has dado que hiciera" (Juan 17:4). Jesús jamás se deshizo de su plano directriz, por lo tanto, su obra fue "terminada" y perfecta. Puede ser que yo me haya extraviado muchas veces en mi copiada y que no termine mi trabajo de manera tan perfecta como Jesús lo hizo. Pero si confío en mi Padre y me apoyo en su poder, "culminaré" mi vida mucho mejor que si la hubiera hecho sin seguir ningún plano original. Mi gozo está en la afirmación del salmista: "Te haré entender y te enseñaré el camino en que debes andar. Sobre ti fijaré mis ojos" (Salmo 32:8).

"¿No te he mandado que te esfuerces y seas valiente? No temas ni desmayes, porque Jehovah tu Dios estará contigo donde quiera que vayas" (Josué 1:9).

Himno: **"Dime la historia de Cristo"** CSG # 173, VC 287, HB 456, GD 168 y **"A servir a Cristo"** CSG # 500, FA 289, VC 177, GT 47

Encontrando nuestro lugar

El ser feliz y útil en este mundo depende de encontrar y permanecer en el lugar preciso que Dios me ha asignado en su Plan perfecto. Todo lo que Dios ha hecho tiene su lugar, hasta las mismas estrellas. "Alababan todas las estrellas del alba, y se regocijaban los hijos de Dios" (Job 38:7). Así también yo debo descubrir mi lugar. Dios me promete suficiente fuerza y poder para realizar lo correspondiente a ese papel que me ha asignado. "Mas los que te aman, sean como el sol cuando sale en su fuerza" (Jueces 5:31). En cambio, si salgo de ese plan o quiero ir más allá de lo que Dios ha pensado para mi vida, entonces tendré que arreglármelas como pueda, porque ya no cuento con su provisión de poder. Quedaré exhausto y me sentiré acabado cada vez que permito que mi orgullo o ambición me impulsen más allá de lo que Dios ha diseñado para mí.

No es difícil descubrir el plan de Dios para mi vida. Lo complicado a veces, es mantenerme dentro de sus límites. Fallo en no cumplir su alcance o en ampliar el plan según mi capricho. San Pablo dijo: "el amor no busca imponer su propio plan" (vea 1 Cor. 13:5). Con frecuencia tengo el problema de querer imponer mi plan, o de querer agregar más a lo que Dios ha prometido. Esto sólo termina en frustración y dificultades. Otras veces mi rendimiento está muy por debajo de ese plan divino para mi vida. En esos casos otras personas tienen que llenar el vacío y hacer lo que a mí me correspondía. Cada parte del cuerpo tiene su función, y cuando falla algún miembro, todo el cuerpo resulta obligado a esforzarse para compensar el fracaso de ese miembro.

Si voy a lograr el plan de Dios para mi vida, debo poseer dos habilidades: primera, ver los límites que Dios me ha asignado con el fin de no sobrepasarlos, y segunda, ser obediente y sumiso al Señor, quien preparó ese plan especialmente para mí. Ponerle atención a mis propios caprichos o a los de otros y no a la voluntad de Dios, es sólo fomentar la inconformidad, la cual termina en rebelión. Vale recordar la bendición de Moisés sobre Benjamín, "El amado de Jehovah habitará confiado cerca de él. El lo protegerá todo el día, y entre sus hombros morará" (Deut. 33:12). Ese es el secreto: "habitará confiado *¡cerca* de él!" Permanecer en mi lugar como hijo(a) amado(a) es quedar allí por amor a Dios y sin anhelar nada diferente.

"Sea bueno o malo, obedeceremos la voz de Jehovah nuestro Dios, a quien nosotros te enviamos. Para que nos vaya bien, ciertamente obedeceremos la voz de Jehovah nuestro Dios" (Jer. 42:6).

Himno: **"En tu presencia"** CSG # 167

Disfrutando del plan divino

Una evidencia de buena salud espiritual es la facilidad con la cual acepto los *planes de Dios* para mi vida. Una cosa es aceptar la *Palabra* de Dios, y otra más difícil es aceptar sus planes. La razón por eso es muy sencilla: sus planes tienen que ver directamente con *mi* vida y con frecuencia parecen contrariar a lo que yo tengo pensado. Gusten o no, "los caminos de Jehovah son rectos" (Oseas 14:9). Esa frase significa que Dios *siempre* me trata justa e imparcialmente. Si no me gustan los planes divinos, el problema está en que él es santo y yo soy pecador. Hasta tal punto que yo permita que la santidad que caracteriza a Dios controle mi vida, encontraré que los planes divinos son un deleite. En cambio si los planes divinos me caen mal, es porque existe algún elemento de pecado en mi vida que no he permitido que él santifique.

Debo recordar que aunque Dios siempre me santifica *según su justicia*, lo hace también *con amor*. "Yo los sanaré de su infidelidad. Los amaré generosamente" (Oseas 14:4). El amor hace posible que un Dios santo y un pueblo pecaminoso tengan base de acercamiento. Sabiendo que Dios me ama, puedo confiar en sus planes, aun cuando parezcan fastidiosos, dolorosos y ajenos a mi naturaleza. Por medio de su amor, Dios me comunica que sus planes no son para aplastarme, sino para que yo salga adelante. Sin ese tierno amor, vivir bajo los planes divinos sería una esclavitud terrible.

Pero es cierto que todos los detalles de sus planes para mi vida reflejan el amor de Dios, aunque todos no sean iguales de dulces. Pueden parecer amargos y pesados, pero el amor me asegura que no importa cuán difíciles sean, esos planes me llevan hacia algo mejor y glorioso en los días venideros. Así que el amor no sólo es mi protector; es mi esperanza e inspiración. ¡Qué dicha saber que sirvo a un Dios quien acierta *siempre* en todo lo que hace, sin dejar de ser amoroso y tierno en *cómo* lo hace! ¡Alabado sea su nombre!

"Cuando los caminos del hombre le agradan a Jehovah, aun a sus enemigos reconciliará con él" (Prov. 16:7).

Himno: **"Grande amor, sublime eterno"** CSG # 160, FA 236, VC 209, HB 177

El poder multiplicador de Dios

Debo aprender a no medir, nunca, los recursos de Dios basándome en los míos. Alguien dijo, "lo poquito es mucho cuando Dios está en ello". Entre las amistades de Eliseo había una viuda que tenía sólo una jarra de aceite (2 Reyes 4:1-7). En vez de decirle que *conservara con cuidado el aceite*, le ordenó hacer exactamente lo opuesto: debía verterlo. En vez de agotar su provisión, ella continuó vertiendo un chorro continuo de aceite hasta que al final se quedó sin vasijas vacías. ¡Solo entonces el chorro paró!

¿Cómo hizo posible Dios que el aceite se multiplicara? Está más allá de mi entendimiento, pero así sucede también con mucho de lo que existe en el mundo espiritual. De todas maneras: ¿Cuánto tiempo hubiese durado el aceite de la jarrita si se le hubiese conservado solo? ¿Cuánto tiempo habría vivido la viuda si se le hubiese dejado a merced de sus propios recursos? Estas preguntas me hacen pensar en mi necesidad de no depender de mis propios medios para el abastecimiento espiritual. Creo que es aquí donde fracaso tan a menudo. Lucho por suplir las abrumadoras necesidades que están a mi alrededor, y sin la gracia multiplicadora de Dios, termino quebrantado.

Al entregar mi obra a la dirección de Dios, él comienza con mi pequeña jarrita, pero no se detiene allí. Él añade su sorprendente poder multiplicador a mis palabras, pensamientos, oraciones y servicios hasta que difícilmente puedo reconocerme en ellos. Así como con el aceite de la viuda, él ha transformado la jarrita en un barril de sustento. Los relatos bíblicos confirman este principio de multiplicación por adición. El cuerpo "muerto" de Abraham - y Dios; el cayado de pastor de Moisés - y Dios; la honda de David - y Dios; el pequeño almuerzo del niño - y Dios; los doce discípulos - y Dios. ¡Es la adición de "y Dios" la que hace toda la diferencia!

Si existe alguna falla, es esta: no le doy a Dios una oportunidad con lo que tengo. Pero si lo hago, Dios se convierte en mi gran proveedor y multiplicador. Mi ancla es la propia promesa de Dios: "El más pequeño equivaldrá a mil; y el menor, a una nación poderosa. Yo, Jehovah, a su tiempo lo apresuraré" (Isaías 60:22).

"Ensancha el sitio de tu tienda, y sean extendidos los tapices de tus moradas. No te limites; alarga tus cuerdas y afirma tus estacas" (Isaías 54:2).

Himno: **"Gracia Admirable"** CSG # 165, HB 184

Un "instrumento negativo" de gracia

Necesito entender que como discípulo de Cristo, Dios designará a un "trastornador" para mí. El rey Acab le dijo a Elías, "¿Eres tú, el que está trastornando a Israel?" (1 Reyes 18:17). Elías era el *trastornador* de Acab, su aguijón en la carne. Sin embargo, ya sea que lo reconociera o no, Elías era el mejor amigo de Acab.

Mi *trastornador* puede ser cualquier persona: mi esposa, mi jefe, mi pastor, mi vecino, mi hijo. El *quién* no es tan importante como *lo que es*. Es el mensajero diseñado por Dios para revelarme realidades que ignoro, algunas veces dolorosas, acerca de mi caminar con él. Mi *trastornador* tiene una responsabilidad especial para conmigo, pero yo también tengo una responsabilidad especial para con él. Lo peor que puedo hacer es ser indiferente con mi *trastornador*, y así no beneficiarme de su obra refinadora. La segunda reacción negativa es entrar en conflicto con él y tratar de hacerlo desaparecer. Esas son dos reacciones muy naturales porque mi trastornador es una amenaza para mi yo y mi orgullo; sin embargo, al satisfacer a mi *yo* y mi *orgullo* me estoy haciendo aún más daño.

No todo el crecimiento en gracia resulta de *cosas positivas* - sermones, libros, folletos, conferencias. Una parte de mi crecimiento espiritual resulta de *las cosas negativas* - una riña explosiva, una humillación devastadora, una penetrante convicción de pecado, algo que me exaspera todos los días. Es ahí donde mi *trastornador* entra en escena. Él me lleva hasta los límites de mi orgullo, altanería y autosuficiencia, obligándome a refugiarme en los brazos abiertos de mi Paracleto. En vez de atacar desesperadamente a mi *trastornador*, debo repetir, "mi trastornador, mi gozo; mi trastornador, mi gozo". Esa fue la actitud de David hacia Simei, el hombre que lo maldijo en su cara. Dijo David, "Dejadle que maldiga, porque Jehovah se lo ha dicho. Quizás Jehovah... me concederá...bienestar a cambio de sus maldiciones del día de hoy" (2 Samuel 16:11-12). El Señor me restituirá con bien por todos los "Simeis" que pueda encontrar a lo largo de mi vida.

"Yo sé que Jehovah amparará la causa del pobre y el derecho de los necesitados. Ciertamente los justos darán gracias a tu nombre; los rectos morarán en tu presencia" (Salmo 140:12-13).

Himno: **"Gracias dad a Jesucristo"** CSG # 172, HB 48

La Biblia es fuego y martillo

La Biblia no sólo es mi manantial de consuelo, sino también es mi fuente de *heridas*. "'¿No es mi palabra como el fuego y como el martillo que despedaza la roca?', dice Jehovah" (Jeremías 23:29). Si nunca he experimentado el ardor de la Biblia, ni he sentido su golpe destrozando algo en mi vida que no agrada a Dios, no estoy progresando como discípulo. La Biblia es un instrumento cortante: penetra, divide, discierne y alcanza hasta las profundidades de mi personalidad. La Palabra de Dios revela los pensamientos e intenciones de mi naturaleza (Hebreos 4:12).

Hay predicadores que únicamente citan los versículos confortantes y no los inquietantes; sin embargo es necesario tener cuidado del hombre que predica una fe cubierta de azúcar. Debo evitar, como si fuera una plaga, al hombre que predica "paz, paz", continuamente. Hay momentos cuando la Biblia *no* me dará paz; momentos cuando el consolarme y darme seguridad serían absolutamente dañinos para mí. Por ejemplo: ¿Cómo puedo pecar y no sentir el fuego ardiente de la Palabra?

El profeta falso se reconoce con facilidad. Es el hombre que no ofrece otra cosa sino miel, paz, gozo, seguridad y tranquilidad. Por supuesto, hace esto porque es lo que el hombre natural anhela. Es un mensaje incompleto que fácilmente consigue un auditorio de miles. La fe en Dios no es una lámpara de Aladino que concede todos mis deseos. Necesito entender que un consejero que me ofrece un futuro prometedor, pero que nunca menciona el camino doloroso y tormentoso para llegar allí, no es mi amigo.

Jesucristo es mi verdadero Amigo. Él me ofrece un futuro glorioso, pero "con persecuciones" (Marcos 10:29-30). Él quiere que llegue al final a salvo, sano y *santo*. Con este propósito su Palabra algunas veces debe hacerme sentir dolor y gemir con tristeza. El sabe a dónde conduce todo esto - a producir hombres y mujeres teñidos de gloria. Quiero responder adecuadamente a la Palabra de Dios en obediencia. Recuerdo la sincera humildad de María cuando dijo: "He aquí la sierva del Señor; hágase conmigo conforme a tu palabra"; y me identifico con su gozosa exclamación: "engrandece mi alma al Señor; y mi espíritu se alegra en Dios, mi Salvador" (Lucas 1:38, 46).

"Por eso amo tus mandamientos más que el oro, más que el oro puro. Por eso he guardado todas tus ordenanzas; aborrezco todo camino de mentira" (Salmo 119:127-128).

Himno: **"Tu Palabra es mi cántico"** CSG # 277

Las marcas de los clavos en el corazón

La fuerza de mi devoción a Jesucristo no se mide por mis palabras sino por mis *sufrimientos.* Cuando Pablo instó a los colosenses a tener un mayor celo por Dios, no discutió con ellos; más bien señaló con su vida. "Acordaos de mis prisiones [cadenas de cárcel]", les escribió (Col. 4:18). Si sus sufrimientos por Cristo no pudieron convencerlos, nada más lo haría. Pablo mismo (cuando aún se llamaba Saulo) había presenciado el testimonio impactante de Esteban. ¿Qué fue lo que le hizo pensar en Cristo - el discurso de Esteban o su muerte? (Hechos 7:60- 8:1).

Pablo nos ha dejado muchas evidencias de su devoción a Cristo - cartas, viajes, sermones, milagros - pero no dejó nada más grande que sus cadenas, el símbolo de sus sufrimientos por causa de Cristo. La medida de la devoción de una persona para cualquier causa, correcta o errada, es la profundidad del sufrimiento que está dispuesta a experimentar. Por esa razón Pablo pudo decir, "Llevo en mi cuerpo las marcas de Jesús" (Gálatas 6:17).

¿Cuáles cicatrices llevo yo por Cristo? Las cicatrices no son un fin en sí, sino son los signos de una dedicación interna. Tampoco debo buscar llevar cicatrices en el *cuerpo*, porque son más importantes las cicatrices en el *espíritu.* Las cicatrices del espíritu son resultado de la abnegación y el sometimiento por la causa de Cristo. No es condición esencial el haber sufrido cicatrices físicas por Cristo; lo que resulta absolutamente fundamental son las cicatrices espirituales por él.

Un cristiano dijo una vez, "No hay marcas de clavos en mis manos". Tal vez no. Pero una pregunta más pertinente sería: ¿Hay marcas de clavos en tu corazón? Pablo se regocijó en sus cicatrices, porque así podía decir, "Que habite en mí el poder de Cristo" (2 Cor. 12:9-10). El estaba dispuesto a recibir cicatrices por el privilegio de llevar fruto. Así sucederá también a todo aquél que siga al Cordero dondequiera que vaya.

"En toda la angustia de ellos, él fue angustiado; y el ángel de su Presencia lo salvó. En su amor y en su compasión los redimió. Los alzó y los llevó todos los días de la antigüedad" (Isaías 63:9).

Himno: **"Manos Cariñosas"** CSG # 209, FA 114, VC 56, HB 107

El dolor que siente Dios

Debo evitar a toda costa dos ideas equivocadas que se tiene de Dios y que prevalecen en nuestros tiempos: Primero, que Dios está *por encima del dolor*, y segundo, que Dios puede ser manejado como un títere bajo *manipulación*. Está claro en la Biblia que Dios no es ajeno al dolor; sin embargo, tengo compañeros cristianos que creen que Dios es tan impenetrable al dolor como lo es al pecado. ¡Qué error tan grande! Se trata de dos cosas muy diferentes. Dios siente el dolor profundamente. Él puede estar "afligido", "entristecido" y "apesadumbrado" por la desobediencia de sus hijos. ¿Y qué se dice en cuanto al dolor del Calvario, el dolor no sólo del Hijo sino también del Padre? Fue allí donde la sangre de *Dios* (Hechos 20:28) fue derramada.

Dios sufre dolor sólo al hacer contacto con el pecado. Cuanto más cercana esté la persona a Dios, tanto más penetrante será el dolor en el corazón de Dios por cualquier pecado en ella. Jesús fue conmovido por la traición de Judas, uno de los doce (Juan 13:21). Él hirió a Jesús mucho más profundamente de lo que se hirió a sí mismo. Así también tengo yo la capacidad de herir y hacer doler a Aquél que significa más que todo el universo para mí. En mi jugueteo con el pecado, posiblemente no me dé cuenta de cuán profundamente hiero el corazón de Quien me compró por tan grande precio.

Dios no es el juez distante y frío que a menudo hacemos de él. Si es eso para nosotros, entonces también estamos equivocados en cuanto a la gravedad del pecado. Si tengo una idea permisiva del pecado, entonces el dolor de Dios se convierte en una mera irritación trivial que fácilmente pierde importancia. Para ver lo que es el pecado, debo mirar al Calvario, por cuanto fue allí donde Dios logró medir y juzgar la odiosa y repulsiva inmensidad de la maldad, una vez y para siempre. Para comprender lo que es la salvación del pecado, debo ver a mi Intercesor viviente como capaz de "compadecerse de nuestras debilidades". ¡Qué maravilla que ha provisto un trono de gracia donde mi carga de pecado es tratada hasta que su dolor - y el mío - desaparecen! (Hebreos 4:15-16).

"Y cuando Jesús salió, vio una gran multitud y tuvo compasión de ellos, porque eran como ovejas que no tenían pastor. Entonces comenzó a enseñarles muchas cosas" (Marcos 6:34).

Himno: **"Ven a los pies de Jesús"** CSG # 305, FA 339 y **"En la cruz"** CSG # 210, FA 133, VC 299, HB 110, LL 174, GD 107, GT 53

El humanismo evangélico

La segunda mala interpretación que debo evitar en cuanto a Dios es la de que él puede ser manipulado. El intento moderno de manipular a Dios es extremadamente sutil, pero el corazón de la misma se encuentra en cierto tipo de humanismo evangélico. Se considera que Dios existe para servir a *mis* propósitos; y no se enseña la verdad de que yo existo para servir a los propósitos de Dios. Hay dos ejemplos bíblicos de esto: Simón, el mago, y Micaías, de la tribu de Efraín.

Simón quería comprar al Espíritu Santo con dinero, para añadirlo a su arsenal de poderes mágicos. Tan ofendido quedó Simón Pedro por esto que le respondió: "Estás destinado a hiel de amargura y a cadenas de maldad" (Hechos 8:23). Esa insólita utilización de Dios tuvo una motivación comercial; Simón simplemente quería hacerse rico utilizando a Dios. La misma motivación llevo a Micaías, de la tribu de Efraín, a construir un santuario en su hogar y a contratar a un levita para que fuera su sacerdote, diciendo: "¡Ahora sé que Jehovah me prosperará, porque un levita ha venido a ser mi sacerdote!" (Jueces 17:10-13). Esa manipulación de Dios no hacía ninguna alusión a la obediencia, adoración, o glorificación de Dios; era igual que la adoración a ídolos.

Tal vez mi uso o explotación de Dios no alcance a parecerse al de Simón y Micaías, pero la presión para regatear y sobornar a Dios siempre existe. ¿Acaso oro, voy a la iglesia, y diezmo de mis ingresos, a fin de recibir favores especiales? ¿Hago esas cosas basándome en mi conocimiento de quién es Dios y por el gozo de obedecer al majestuoso y glorioso Dios del universo? ¿Busco complacerlo, a fin de que un ser amado pueda ser sanado, o porque lo amo tanto que no podría hacer otra cosa? ¿Pongo el sello de "para mi provecho" o "para la gloria de Dios" debajo de todo lo que hago para él? La diferencia está en manipular a Dios o en dedicar mi canción de alabanza a su dignidad.

"Digno eres tú, oh Señor y Dios nuestro, de recibir la gloria, la honra y el poder; porque tú has creado todas las cosas, y por tu voluntad tienen ser y fueron creadas" (Apoc. 4:11).

"¡Oh Jehovah, tú eres mi Dios! Te exaltaré; alabaré tu nombre, porque has hecho maravillas. Desde antaño tus designios son fieles y verdaderos" (Isaías 25:1).

Himno: **"Al que está sentado"** CSG # 652

El peligro de la distracción

Señor, quiero evitar en todo tiempo el peligro de la distracción.

¿Qué haré cuando la tierra tiemble, los montes se derrumben, y el mar ruja y eche espuma? (Salmo 46:2-3). Debo "estar quieto y reconocer que...[Dios es] Dios" (versículo 10). Algunas veces mi pequeño reino se tambalea, mi familia se agita violentamente, y mi mente se descalabra hasta el borde del abismo. Entonces debo estar quieto y saber que Dios es mi Dios. Mi refugio debe siempre ser Dios, mi roca, mi defensa, y mi fortaleza.

Tengo que evitar la tentación de "correr a Egipto" en busca de ayuda. Esto es lo que hizo Israel cuando fue confrontado por un temible enemigo (Isaías 30:1-2). El problema de correr a Egipto es que ofrece, cuando mucho una "ayudita", y una ayudita puede convertirse en un desastre. Mejor es confiar totalmente en el Señor y ser completamente liberado, que confiar en Egipto y ser, si acaso, liberado de manera parcial (versículos 12-13). Egipto era una ilusión, un tigre de papel, un árbol comido por gusanos en su interior. Se veía formidable, pero su apariencia era engañosa. Era pura apariencia. Si Israel (o yo) confiara en Egipto, sería para "vergüenza y...confusión" (versículo 3 RVR).

Cuán a menudo en mi desesperación he puesto mis ojos en una persona rica, sabia, madura y con experiencia, y le he dicho, "tú eres mi libertador", sólo para descubrir que las tales riquezas, sabiduría, y madurez no han pasado de ser cenizas frías. ¡No he encontrado ninguna ayuda en absoluto! Me ha tocado regresar humillado a la fuente de mi fortaleza y sabiduría, de vuelta a Dios mismo y a sus brazos eternos.

No es pecado *tener* un "Egipto" (después de todo, soy humano). Pero ciertamente es un pecado descansar todo mi peso sobre ese Egipto, apoyándome en él, en vez de hacerlo en mi Dios. El "estar quieto" significa "descansar", pero debo descansar en la roca sólida, no en las arenas movedizas de una confianza efímera y pasajera. Me animan las palabras de Nahum acerca de esto: "¡Bueno es Jehovah! es una fortaleza en el día de la angustia, y conoce a los que en él se refugian [confían]" (Nahum 1:7).

"A ti, oh Jehovah, levantaré mi alma. ¡Dios mío, en ti confío! No sea yo avergonzado, no triunfen sobre mí mis enemigos" (Salmo 25:1-2).

Himnos: **"Cristo es la peña de Horeb"** CSG # 150, FA 101 y **"A ti, oh Señor"** CSG # 529 y **"El Señor es bueno"** CSG # 443

Conquistando el temor

Necesito aprender las lecciones de Getsemaní, donde Jesús hizo la oración más significativa que una persona pueda hacer, "Pero no se haga mi voluntad, sino la tuya" (Lucas 22:42). Una de esas lecciones es en cuanto a lo que debo hacer con respecto al *temor*.

No hay duda que Jesús quiso retroceder ante la perspectiva de convertirse en pecado por nosotros. La "agonía" y el "sudor... como gotas de sangre" eran síntomas de una lucha interna a medida que él enfrentaba a las imponentes fuerzas del infierno en el Calvario (Lucas 22:44). No es pecado tener miedo. Admiramos al médico que le teme a la enfermedad, al banquero que le teme a las deudas morosas, al cristiano que le teme al pecado. No existe un mandamiento generalizado que diga "No temerás". No tiene sentido procurar que la gente deje de tener miedo. Después de todo, ¿no es el miedo parte de nuestra conservación? ¿No se protegen los animales al tener miedo?

Jesús en el Getsemaní me mostró qué hacer con respecto al temor. No debo *rechazarlo* sino *conquistarlo.* El temor no puede ser conquistado a menos que le entablemos batalla y lo combatamos. Jesús sintió confusión ante lo que vio en el Calvario, y aun le pidió a su Padre que eliminara el motivo de ese temor. Pero cuando comprendió que el Padre no podía eliminar la cruz (para nuestra salvación), Jesús rindió su voluntad a la del Padre, y puso su confianza en él, en medio de su más grande temor. Él fue oído por "su temor reverente" (Hebreos 5:7) y fue librado "de la muerte", así como también nosotros, del temor ante ella (Hebreos 2:14,15).

Ese es mi remedio para el miedo, uno bellamente expresado por el salmista: "El día en que tengo temor, yo en ti confío" (Salmo 56:3). El momento en que siento temor debe ser la señal para confiar; y una vez que pongo mi confianza en Dios, debo desechar el miedo y seguir con calma hacia adelante. Eso es lo que hizo Jesús, mi ejemplo y modelo siempre perfecto.

"El día que yo clame a ti, mis enemigos retrocederán. Esto sé: que Dios está a mi lado. En Dios he confiado. No temeré lo que me pueda hacer el hombre" (Salmo 56:9, 11).

Himno: **"Fue de Dios la santa voluntad"** CSG # 193, FA 121

El Getsemaní lleva al Calvario

El Getsemaní no sólo me muestra cómo vencer al temor, sino cómo triunfar en mi vida cristiana. En Getsemaní, Jesús hizo una oración, "No se haga mi voluntad, sino la tuya" (Lucas 22:42); en el Calvario, Jesús exclamó con grito de triunfo, "¡Consumado [completado] es [satisfactoriamente]!" (Juan 19:30). Fue en Getsemaní donde Jesús sembró las semillas de la victoria en el Calvario. Enfrentaré innumerables "Calvarios", y la única forma en que puedo prepararme para ellos es pasando a través del Getsemaní.

Debo ser un discípulo caracterizado por mi Getsemaní. El Getsemaní no fue una experiencia aislada para Jesús; él estuvo allí "como solía" (Lucas 22:39). Desde el punto de vista espiritual, su vida entera era un Getsemaní. Enfrentando a diario las alternativas del enemigo, tomaba continuamente la decisión de hacer la voluntad del Padre. Cuanto más egoísta es una persona, tanto menos experimentará el Getsemaní. No tiene crisis, ni agonías, y por lo tanto, no disfruta de victorias. Los creyentes que viven en el ambiente de Getsemaní constantemente cosechan victorias.

El Getsemaní divide a los discípulos en tres grupos: aquellos que deciden *ignorar* la voluntad de Dios, aquellos que deciden *considerar* la voluntad de Dios, y aquellos que deciden *hacer* la voluntad de Dios. La victoria sólo viene para aquél que elige hacer la voluntad de Dios.

Puedo evitar el Getsemaní si así lo elijo, pero no puedo evitar el Calvario. La tragedia es que si evito el Getsemaní, estaré en muy malas condiciones para enfrentar mi Calvario. La secuencia gloriosa de "Calvario, resurrección y ascensión" comienza en el Getsemaní. Señor, permíteme decir con honestidad, "¡iré con él a través del huerto!" Entonces Cristo responderá diciendo, "Al que venza, yo le daré que se siente conmigo en mi trono; así como yo también he vencido y me he sentado con mi Padre en su trono" (Apoc. 3:21).

"Y el Dios de paz, que por la sangre del pacto eterno levantó de entre los muertos a nuestro Señor Jesús, el gran Pastor de las ovejas, os haga aptos en todo lo bueno para hacer su voluntad" (Hebreos 13:20-21).

Himno: **"Rey de mi vida"** CSG # 518, HB 105, GD 58

La fe debe ser algo práctico

Mi fe debe ser algo práctico. De hecho, mi fe no es fe a menos que sea práctica, por cuanto "la fe sin obras está muerta" (Santiago 2:26).

Jeremías me muestra lo que es la fe práctica. A pesar de que el ejército babilónico estuviera a las puertas de Jerusalén sitiándola, Dios le dijo a Jeremías que vendría el día cuando él restauraría de la cautividad a su pueblo, devolviéndole a su tierra. Como prueba de dicha restauración, Dios le dijo a Jeremías que comprara un campo de su tío y que guardara la escritura legal en un lugar seguro, para que fuera usado cuando los judíos estuviesen de vuelta nuevamente en su propia tierra (Jer. 32:6-15). Jeremías lo hizo así, mostrando de esta manera su total confianza en la Palabra de Dios.

Se considera a la fe bíblica como un resorte de acción, un activador espiritual, una represa abierta que permite que las bendiciones de Dios abunden como lluvias copiosas. No significa simplemente cantar acerca de la fe, o gloriarme en ella, sino que debo hacer lo que mi fe requiere. Los héroes de la Biblia demostraron una fe activa, no meramente teórica: una fe fundada en un compromiso con Dios lo suficientemente firme como para aceptar las consecuencias de esa decisión en su vida diaria. Me impacta el gran número de verbos que encontramos en Hebreos 11, el capítulo de la fe: Abel *ofreció*; Enoc *caminó*; Noé *preparó*; Abraham *salió*; Sara *concibió*; Isaac *bendijo*; Jacob *adoró*; José *dio mandamiento*; los padres de Moisés *lo escondieron*; Moisés *rehusó, prefirió, consideró, abandonó, se mantuvo*, y *celebró* la Pascua; y Rahab *recibió*. ¡Qué avalancha de acciones!

¡No puedo evitar el ser juzgado por mis *obras*! El juicio de Dios no se basará en mi **fe teórica** sino en mi **fe activa**. La fe que se manifiesta en mi vida diaria será para la gloria de Dios y para mi alabanza. Entonces, como Enoc, tendré este testimonio: "De haber agradado a Dios" (Hebreos 11:5).

"Y se cumplió la escritura que dice: 'Abraham creyó a Dios, y le fue contado por justicia'; y fue llamado amigo de Dios. Veis, pues, que el hombre es justificado por las obras y no solamente por la fe" (Santiago 2:23-24).

Himno: **"Grande gozo hay en mi alma"** CSG # 361, FA 165, VC 273, HB 465, LL 57, GD 350, GT 33 y **"Solamente temed"** CSG # 501

La religión del vigilado

Tengo que evitar a toda costa la religión del "vigilado". Dios enfocó esta clase de respuesta religiosa cuando le dijo a Jeremías, "¿Acaso soy yo Dios de cerca y no Dios de lejos?" (Jer. 23:23). No debo tener dos clases de fe en relación con Dios. La fe no es correr hacia él cuando estoy en problemas, para después olvidarlo cuando todo va bien.

Es fácil para mí ser un *buen* cristiano cuando me están vigilando. Pero, ¿me sigo comportando como discípulo cuando estoy en una ciudad extraña, donde soy un desconocido, y Dios está "lejos"? ¿Cuánto de mi cristianismo simplemente se acomoda o se conforma ante la presión social o familiar? ¿Soy simplemente como un camaleón, que cambia de color de acuerdo a su alrededor, sin la estabilidad de la transformación esencial en mi impulso interno?

La religión del vigilado está sentenciada a fracasar. Dios pregunta, "¿acaso podrá alguien ocultarse en escondrijos para que yo no lo vea?" (Jer. 23:24). No debo jugar con Dios tal y como lo hicieron los israelitas, buscándolo sólo en los momentos de peligro e ignorando *totalmente* su derecho sobre ellos. La idolatría de Israel fue síntoma de una vida espiritual que se había deteriorado hasta tener que depender de ser vigilada. Ciertamente, yo tampoco soy mejor que un idólatra si pretendo que Dios no tiene ojos para ver ni oídos para oír.

En cambio, mi actitud debe ser como la de aquella mujer que estaba tan desesperada por llegar a Cristo que le "tocó el borde del manto" (Lucas 8:43- 48). La diferencia entre la mujer y las multitudes que apretaban a Jesús es que ella actuó con necesidad y con fe. El resultado - ¡sanidad y renovación! Debo caracterizarme por estar recurriendo continuamente a Jesús por fe, y no contentarme con un conocimiento lejano acerca de él. Una relación que depende de ser "vigilado" mantiene a Jesús a raya, pero actuar con fe libera el todopoderoso poder de Dios en mi vida con resultados eternos. La fe reconoce que Dios siempre está presente, y siempre es mi ancla y esperanza para toda situación.

"Más bien, santificad en vuestros corazones a Cristo como Señor y estad siempre listos para responder a todo el que os pida razón de la esperanza que hay en vosotros, pero hacedlo con mansedumbre y reverencia" (1 Pedro 3:15).

Himno: **"En la iglesia"** CSG # 453

El yugo de Cristo

Jesús dijo, "Llevad mi yugo sobre vosotros,...porque mi yugo es fácil, [tolerable], y ligera mi carga" (Mateo 11:29-30). Debo aprender las lecciones del yugo: **Primero**, un yugo no es la carga; el yugo me facilita *llevar* mi carga. Mi carga es el "cargamento" normal que todo ser humano debe llevar (Gálatas 6:5). En efecto, Jesús dice, "Si te conviertes en mi discípulo, aun las cargas inevitables de la vida se harán tolerables".

Segundo, el yugo es *personal*. Así como cada persona cuenta con una carga que es única y personal, lo mismo sucede con el yugo. Los indios de Norteamérica diseñaban yugos para ser usados sobre sus hombros, hechos a la medida para el uso personal de cada uno. Así también Jesús se convierte en mi yugo, ajustado a mi medida y para mi carga particular. Su yugo no propone *añadir* nada más a mi carga, sino por el contrario, aliviarla. A menudo alguien dirá, "¿Cómo puede vivir la gente que no tiene al Señor?" Eso significa: "¿Cómo puede la gente llevar su carga sin el yugo ayudador del Señor?"

Tercero, el yugo es *de Cristo*. Él lo llama "mi yugo". Él mismo tuvo que doblarse bajo la carga que el Padre le dio, y al hacerlo, aprendió cómo usar su yugo. Su yugo no es una cosa, sino una actitud de sumisión, con el consecuente flujo de poder. Así como Jesús se inclinó ante el yugo del Padre, a fin de levantar la carga del Calvario, nosotros nos sometemos al yugo de Cristo y él nos capacita para poder levantar nuestra cruz y poder avanzar hacia la diaria victoria.

Jesús dice, "Aprended de mí" (Mateo 11:29). Sí, Señor, déjame aprender de ti para que mi carga no me haga polvo; déjame llevar tu yugo Señor, para mi desahogo y victoria.

"Venid a mí, todos los que estáis fatigados y cargados, y yo os haré descansar. Llevad mi yugo sobre vosotros, y aprended de mí, que soy manso y humilde de corazón; y HALLARÉIS DESCANSO PARA VUESTRAS ALMAS" (Mateo 11:28-29).

Himno: **"Débil soy"** CSG # 435, FA 222

Mi yugo personal

El yugo no sólo pone a mi alcance el modo de vida triunfante de Cristo, sino que es, también, un signo de posesión. Jeremías hizo y usó un yugo como señal de que Judá, su amada nación, se pondría el yugo del rey de Babilonia (Jeremías 27:2,12). Ya que Judá había adorado a los *ídolos* de Babilonia, tenía ahora que ponerse el *yugo* de Babilonia.

No puedo evitar las consecuencias de someterme al amo equivocado. Pablo dice que soy esclavo, ya sea del pecado o de la justicia (Romanos 6:15-16). También da a entender que no importa el amo a quién sirva, debo ponerme su yugo (o marca de propiedad). No puedo complacer al pecado sin rendirle algo de mi soberanía. Así como no puedo estar parcialmente casado, tampoco puedo ser parcialmente justo (o santificado).

La única manera de escapar de mi yugo del pecado, el mundo o Satanás, es *rompiéndolo.* Claro que no puedo romperlo por mi propio poder, pero Dios dice que me ayudará: "Ahora quebraré su yugo de sobre ti y romperé tus coyundas" (Nahum 1:13). ¡Alabado sea Dios por el recurso de su poder! Sin embargo, ese poder no puede hacerse operativo en mí sino cuando yo quiera que así sea. En pocas palabras, mi deseo porque el yugo se rompa debe ser tan intenso que libremente invite a Dios a que lo haga pedazos por mí. A pesar de la fuerza del yugo, o del tiempo en que yo haya servido bajo el mismo, Dios es lo suficientemente poderoso para redimirme de su autoridad y dominio.

Jeremías lamentó que su pueblo hubiese roto *el yugo de Dios* sobre ellos (Jeremías 2:20; 5:5). Dios quiera que nunca yo encuentre su yugo tan limitante, tan esclavizante y tan desagradable que llegue a pensar en separarme por completo de él. El ponerme el yugo de Jesucristo es el más alto de los honores, y la más duradera y satisfactoria de las vocaciones.

"Pelea la buena batalla de la fe; echa mano de la vida eterna, a la cual fuiste llamado y confesaste la buena confesión delante de muchos testigos" (1 Timoteo 6:12).

Himno: **"Victoria en Cristo"** CSG # 434, HB 466, GD 156

Las órdenes especiales de Dios

Debo recordar que como discípulo de Jesucristo siempre estoy bajo "órdenes especiales". "Pues a sus ángeles dará órdenes [especiales] acerca de ti, para que te guarden en todos tus caminos" (Salmo 91:11). Esas órdenes especiales son tan exactas que (hasta) evitan que mi pie tropiece *en piedra* (versículo 12). Según esto, puedo concluir que si Dios ha dado órdenes para protegerme de *piedrecitas*, ciertamente me protegerá de fuentes de mayor peligro.

El mundo me aconseja constantemente, "¡no pierdas la cabeza!". Buen consejo, sin duda. Pero Dios me aconseja, "¡no pierdas tus pies!" e incluso me provee de los recursos para que pueda protegerlos. Si yo hago del Señor mi "socorro" (Salmo 121:2) entonces se me garantiza la promesa, "No permitirá que resbale tu pie" (versículo 3). Como dice Oswald Chambers, "Dios irá hasta lo último del universo, con tal de cumplir su promesa", e incluso utilizará cualquier medio para guardar mis pies de caer.

Estar bajo órdenes especiales no es lo mismo que estar bajo órdenes "selladas". La orden especial significa que alguien vela por mi bienestar; la orden sellada tiene que ver con mi responsabilidad de cumplir el mandamiento de Cristo. Las órdenes especiales son asignadas a los ángeles o a seres humanos. Por ejemplo, los ángeles son asignados para protegerme del daño físico, mientras que el Espíritu Santo me protege del daño espiritual. Hay veces en que Dios asignará a un ser humano para protegerme y consolarme, tal y como Bernabé lo hizo con Pablo.

Estoy rodeado de protección; no estoy solo; vivo bajo el constante "cuidado vigilante" de mil ojos y corazones tiernos, todos con la tarea asignada de hacerme llegar a salvo a mi destino. Ellos acampan a mi alrededor y tienen en mente un sólo objetivo - mi liberación segura (Salmo 34:7).

"Los rescatados de Jehovah volverán y entrarán en Sion con cánticos. Y sobre sus cabezas habrá alegría perpetua. Alcanzarán gozo y alegría, y huirán la tristeza y el gemido" (Isaías 35:10).

Himno: **"Bajo sus alas"** CSG # 347, GD 99

Jesucristo nos representa

"De tal sacerdote, tal pueblo" no sólo es un refrán, sino una declaración sólida de la verdad bíblica. Aarón llevaba los nombres de las tribus de Israel sobre sus hombros y su pecho (Éxodo 28:9-30). El simbolismo es bello y profundo. La representación de Israel ante Dios dependía efectivamente de la *fuerza* y el *amor* del sumo sacerdote.

La fuerza y el amor son los pilares gemelos del ministerio intercesor actual de Cristo por mí. Así como Aarón representó a Israel en la presencia de Dios, Jesucristo me representa a mí. Todas las bendiciones que Dios ha derramado, y está derramando sobre su Hijo son también para mí. Él me ha "bendecido... con toda bendición espiritual" no por quién soy, sino porque estoy en Cristo y Cristo está en mí (Efesios 1:3). Es a través de Cristo que estoy facultado para recibir del Padre todo lo que necesito para un peregrinaje victorioso. En ese sentido, él es mi fuerza, mi boleto para ser aceptado, mi derecho a ser favorecido por el Dios Altísimo.

No sólo soy sostenido por su fuerza, sino también por su amor. ¿Cuánto tiempo toleraría yo a un sumo sacerdote resentido, haciendo su labor de manera cruel y sin compasión? Aarón llevaba sobre su pecho los nombres de las tribus como signo de que su intercesión se fundaba en el amor, con el fin de que no fuera una intercesión muerta. Jesucristo intercede por mí porque me ama; e intercede exitosamente por mí porque murió por mí. Mi felicidad ante el trono de Dios es buscada con la intensidad de una madre por su hijo, de un rey por su hijo. Cuando la fuerza y el amor se unen en la persona de Jesucristo, estoy perfectamente representado, perfectamente defendido. Nadie podría defender mi caso mejor que aquél que murió para darme vida.

"Pero ahora Jesús ha alcanzado un ministerio sacerdotal tanto más excelente por cuanto él es mediador de un pacto superior, que ha sido establecido sobre promesas superiores" (Hebreos 8:6).

Himno: **"Confío en Jesús"** CSG # 350

Las ruedas de la providencia de Dios

Hay momentos en mi vida cristiana en que siento el silencio de Dios, pero él nunca estará *inactivo*. Debo tener cuidado en diferenciar ambos estados. El salmista dice, "Dios es... nuestro pronto auxilio en las tribulaciones" (Salmo 46:1). Eso significa que no importa si Dios no me está diciendo nada en un momento dado. Lo cierto es que está haciendo mucho.

Es el profeta Daniel quien me ayuda a comprender esa verdad. Él había orado por el retorno de su pueblo desde la cautividad, pero ni una palabra vino de Dios en respuesta a esa oración. Finalmente, después de tres semanas de esperar, le vino la contestación. ¿La respuesta? Dios había comenzado a responder a la oración de Daniel desde el momento en que él comenzó a orar, pero la respuesta fue estorbada por el "príncipe del reino de Persia" (Daniel 10:13). Y sólo hasta 21 días después, cuando desapareció el obstáculo, fue dada la respuesta. Lo importante es: Dios estaba trabajando mientras Daniel estaba esperando.

Ahora rememoro lo que otro profeta, Ezequiel, vio cuando Dios le reveló la visión de ruedas dentro de las ruedas (Ezequiel 1). Poco a poco las ruedas de Israel habían dejado de funcionar debido a la idolatría. Pero las ruedas de Dios seguían trabajando día y noche por el pueblo de Dios, el remanente fiel, aquellos que intercedían por su amada tierra. ¡Eso me habla en forma muy contundente! Al contemplar las ruedas rotas de mi vida, no debo decir, "¡Dios se ha olvidado; a Dios no le importa!". Al contrario, debería comprender que Dios está trabajando arduamente en mi vida interior.

Si sólo puedo creer que ahora, en medio de mi duda y confusión, Dios ya ha planeado y está ejecutando mi rescate, entonces podré decir, "Él es mi *pronto* auxilio en las tribulaciones". Y así como en toda liberación, nunca es demasiado tarde a la luz de su plan eterno. La *continuidad* del ministerio de liberación de Dios está afirmada por Pablo: Él "nos libró.. nos libra, y.. aún nos librará" (2 Corintios 1:10).

"Los apacentó con íntegro corazón; los pastoreó con la pericia de sus manos" (Salmo 78:72).

Himno: **"Jehová está en medio de ti"** CSG # 53

Los obsequios especiales de Dios

Nunca debo asumir que Dios me tratará del mismo modo todo el tiempo. Su trato dependerá de los propósitos que él tenga en mente, y el estado de mi compromiso en ese momento. David expresa ese variado tipo de tratamiento en el Salmo 23. Por un lado, Dios "junto a aguas tranquilas me *conduce*" (versículo 2), la figura de un trato suave y amoroso. Pero también "me *guiará* por sendas de justicia" (versículo 3). Estas dos palabras tan distintas muestran que Dios utiliza métodos diferentes para producir los resultados que desea para mí.

"Me conduce". Algunas veces Dios les brinda "obsequios especiales" a sus hijos. Un "obsequio" espiritual es una señal inesperada del amor y cuidado divino. Puede venir en la forma de una carta de un amigo, un obsequio en dinero, un pasaje de las Escrituras que me ilumina en forma espectacular, una llamada telefónica, o algunas veces simplemente una sonrisa cálida y resplandeciente. El "obsequio" viene justo en el momento preciso (su misma oportunidad es parte de lo **especial** del "obsequio"); cuando llega, sencillamente debo aceptarlo con agradecimiento a Dios, por cuanto tal "obsequio" a menudo aquieta y trae calma a las aguas turbulentas de mi corazón.

"Me guiará". La única razón por la que Dios alguna vez utiliza la fuerza con nosotros es para hacernos caminar por sendas correctas "por causa de su nombre". Nunca es señal de dureza. Algunas veces la coerción viene por parte de amigos, familiares, circunstancias, la familia de la iglesia o la estructura política. No debo rechazar a la autoridad secundaria, esto es, el agente por medio del cual Dios presiona, como si fuera algo extraño y ajeno. El sufrimiento es uno de los grandes agentes guiadores de Dios, y debo aceptarlo como tal. Puedo estar seguro de esto: Todos los instrumentos que Dios usa para guiarme me llevan hacia una vida más santa - la cual a su vez me capacita cada vez más para glorificar su nombre. Así que ya sea que me *conduzca* o me *guíe*, debo regocijarme en un Dios que es más grande de lo que merezco.

"Como el Padre se compadece de los hijos, así se compadece Jehovah de los que le temen. Porque él conoce nuestra condición; se acuerda de que somos polvo" (Salmos 103:13-14).

Himno: **"El Señor es mi pastor"** CSG # 61

Dios nuestro Pastor

Debo recordar que, *en lo que respecta a mi posición,* Dios me ve perfecto en Cristo; *y en lo que respecta a la práctica,* me ve como una oveja. Algunas veces estoy fuerte y otras débil, algunas veces obediente y otras vacilante. Veo esto en el salmo de la oveja, el Salmo 23.

Mientras Dios el Pastor aparece como competente y capaz en el Salmo, no sucede lo mismo con la oveja. A menudo la oveja es obediente y sigue el camino junto al pastor y así disfruta de los verdes pastos y las aguas quietas. Pero algunas veces soy una oveja desobediente y debo ser "guiada" hacia las sendas correctas. Algunas veces necesito de la vara y el cayado y la disciplina que estos representan. Esto es doloroso en el momento, pero al final trae su "aliento" (versículo 4). Algunas veces estoy temeroso, especialmente al acercarme a cualquier caverna, grieta o valle. Mientras que todo valle trae consigo sus temores, el valle de la muerte trae consigo el mayor temor de todos, y así necesito de la seguridad adicional de la presencia de mi Pastor, la cual me hace capaz de "no temer mal alguno" (versículo 4).

Algunas veces estoy rodeado por enemigos, pero aún entonces Dios arregla las cosas de tal manera que a la vista de *ellos* estoy provisto de mesa, provisión y vigilancia por parte de mi Pastor atento y preocupado. Él quiere demostrar a mis enemigos que no cometí error alguno al poner mi confianza enteramente en él.

También hay momentos en que mi copa simplemente se rebosa, momentos que me hacen exclamar maravillado "¿Por qué yo Señor? ¿Por qué yo?". Cuando experimento esos momentos de inmenso gozo, no es porque soy bueno, sino porque él es mi Pastor y simplemente desea compartir su bondad conmigo. De hecho, él me asedia con "bien y misericordia" (versículo 6), hasta que me traiga a salvo a su hogar eterno.

¿Qué diré de un Dios que me comprende de manera tan total y provee para mí de manera tan completa? "Grande es Jehovah, y [merece ser] digno de suprema alabanza" (Salmo 96:4).

"Porque sabía que tú eres un Dios clemente y compasivo, lento para la ira, grande en misericordia y que desistes de hacer el mal" (Jonás 4:2).

Himno: **"Ciertamente el bien de Dios"** CSG # 391, FA 232

Jesús vino a salvar a las personas

Debo tener cuidado, Señor, de no subvalorar tu salvación. A menudo he subestimado la salvación, considerándola simplemente como el perdón de mis pecados. La verdad es que significa mucho más que eso. "Lo saciaré de larga vida y le mostraré mi salvación" (Salmo 91:16). Señor, mi salvación es algo intensamente personal y tu propósito para mí es mostrarme cómo tu salvación ha obrado en mi vida.

Mi vida no sólo está afligida con el pecado sino con los *resultados* del mismo. Esos resultados han penetrado en cada rincón de mi personalidad, infectando hasta mis sentimientos, actitudes e instintos. El ser perdonado del *castigo* de mis pecados es algo primario y básico; pero el ser librado de todo el daño que el pecado me ha hecho, es el propósito que Dios tiene para mí hasta cuando me lleve al lugar donde pueda *mostrarme* su salvación. El gozo de la salvación de Dios es que envió a su Hijo no sólo para salvar a los pecadores sino para "salvar a su *pueblo* de sus pecados" (Mateo 1:21).

El concepto bíblico de la salvación es básicamente liberación. El evangelio de Jesús incluye el "Proclamar libertad a los cautivos y a los prisioneros apertura de la cárcel" (Isaías 61:1). Él no sólo rompe las cadenas que me atan, sino también me saca de la prisión hacia la luz del sol y la libertad. Me libra de los enredos de mi propio engaño, del malhumor y el egoísmo, del prejuicio y el odio, de la duda e incredulidad fatal. Me libera de la opresión por parte de Satanás y de mi propio yo, y de mis malos deseos y conflictos internos. Para cuando Dios haya terminado conmigo al final de mi vida, reconoceré que ha hecho una obra sorprendente en mí. "Veré" su salvación. Eso hará que yo alabe su nombre por toda la eternidad, y me dará el gozo de su salvación. Señor, en ese día "mi lengua hablará de tu justicia y de tu alabanza, todo el día" (Salmo 35:28).

"Y esto erais algunos de vosotros, pero ya habéis sido lavados, pero ya sois santificados, pero ya habéis sido justificados en el nombre del Señor Jesucristo y en el Espíritu de nuestro Dios" (1 Corintios 6:11).

Himno: **"El vino a mi corazón"** CSG # 337, FA 162, VC 263, LL 72, GD 314, GT 97

Las decisiones sencillas

Un cristiano me dijo una vez, "La vida cristiana es la más sencilla en el mundo - sólo hay una Persona a quién complacer y una cosa qué hacer". ¡Cierto! Y Moisés, ese gran siervo de Dios, lo dijo de manera explícita, "Mira, pues, yo pongo hoy delante de ti la vida y el bien, la muerte y el mal" (Deuteronomio 30:15). Las alternativas son sorprendentemente obvias; sin embargo, los resultados van mucho más allá. Si elijo obedecer a Dios, el resultado será "bendición" (versículo 19); pero si le desobedezco el resultado será una "maldición" (versículo 19).

A menudo he escuchado decir a la gente, "¡la vida cristiana es demasiado dura!". Y en ocasiones yo mismo la he sentido de esa manera. Sin embargo, Moisés dice, "Ciertamente muy cerca de ti está la palabra, en tu boca y en tu corazón, *para que la cumplas*" (versículo 14). Demasiado a menudo he sido abrumado por las *metas* de la vida cristiana en vez de preocuparme por sus *condiciones*. Basta simplemente cumplir con las condiciones, para que las metas se cumplan por sí solas.

La Biblia no sabe nada del éxito instantáneo. ¿Cuánto tiempo le tomó a Dios librar a los israelitas de Egipto? ¿Para construir y ejecutar el plan de salvación? Hay momentos en que la salvación parece ser inmediata. Pero las condiciones que hicieron posibles los milagros, estuvieron operando mucho tiempo antes del producto terminado.

Debo ocuparme de lo elemental: ¿Estoy dispuesto a hacer la voluntad de Dios de manera inmediata y completa, sin considerar las consecuencias? Si es así, la bendición de Dios será mía con toda seguridad. Si no es así, seré afligido por los frutos de la negligencia. Nada regocija más el corazón de Dios que mi disposición a seguirlo: "Jehovah...salvará. Con alegría se regocijará a causa de ti...por causa de ti se regocijará con cánticos" (Sofonías 3:17).

"¡Bendecid, oh pueblos, a nuestro Dios! Haced que se escuche la voz de su alabanza. Él es quien preservó la vida a nuestra alma y no permitió que resbalasen nuestros pies" (Salmo 66:8-9).

Himno: **"Oh Dios, revélame tu voluntad"** CSG # 403

El ser útil y el servir con nobleza y dedicación

No debo servirle a Dios como si yo fuera apenas herramienta disponible, sino más bien como un siervo entregado y dedicado. Dios ha usado a mucha gente en su servicio, algunos de ellos porque estaban "a mano" y otros porque eran siervos de corazón. Dios llamó a Nabucodonosor "mi siervo" (Jeremías 25:9), pero porque Nabucodonosor era una *"vara de ira"* a quien Dios utilizó para castigar a su nación llena de idolatría. El servicio por parte de Nabucodonosor a Dios fue una distinción dudosa; él fue simplemente una herramienta útil que Dios necesitó, no un siervo dedicado y ansioso por servir a Dios.

Servir como "herramienta útil" simplemente por estar "a la mano" es la medida más pobre en la escala del servicio. Es verdad que él nos puede utilizar para algún propósito especial, aun cuando hay insensibilidad de corazón y perversidad de vida. "¿Cómo puede Dios utilizar a tal hombre?" podemos preguntar. Pues él lo hace porque es soberano y tiene el derecho de utilizar cualquier instrumento que elija, aunque ese instrumento sea débil o averiado.

El simple hecho de ser utilizado por Dios no significa calidad de vida a menos que Dios pueda sentirse complacido por mi servicio. Noé fue utilizado por Dios porque tuvo "gracia", esto es, Dios encontró cualidades espirituales en él que le complacieron. Jesús fue un Siervo de tanto agrado que Dios lo presentó al mundo entero como "este es mi Hijo amado, en quien tengo complacencia" (Mateo 3:17).

Nunca debo mostrar lo que Dios ha hecho a través de mí como señal de mi devoción a él. ¡Dios ha utilizado gente que, ciertamente, podía considerarse despreciable! Pero debo seguir tras él hasta que me utilice, no como una herramienta "a mano", sino por causa de su propio Hijo, cuya imagen irradia en mí. Mi deseo es que Dios me haga "digno de su llamamiento" y que "cumpla todo buen propósito" en mí para la gloria de Jesucristo (2 Tesalonicenses 1:11-12).

"Porque yo he descendido del cielo, no para hacer la voluntad mía sino la voluntad del que me envió" (Juan 6:38).

Himno: **"Haz lo que quieras"** CSG # 384, FA 291 VC 133, HB 359, GD 283

Desarrollando la sensibilidad al pecado

Si soy especialmente terco en cuanto a una debilidad o pecado, Dios puede obligarme a tomar "el remedio". El tratamiento curativo está descrito en Jeremías 27:17, "Servid al rey de Babilonia y vivid". Un mensaje muy extraño proveniente de un verdadero siervo de Dios, como lo era Jeremías. Más bien esperaríamos escuchar, "Servid al Señor y vivid". Pero no, en este caso lo que parecía ser lo indicado estaba equivocado; y hacer lo "equivocado" estaba en orden.

Hay momentos en que Dios permite, y aun manda que yo haga, lo que él terminantemente ha prohibido. "El que es impuro, sea impuro todavía" (Apocalipsis 22:11). "¡Id a Betel [la casa de Dios], y *rebelaos*!" (Amos 4:4). ¡Estoy horrorizado! ¿Es esto acaso porque Dios es impío? ¡No, en lo más mínimo! Él nos impulsa hacia esa dirección porque es santo; simplemente quiere que me llene de pecado a tal punto que el sólo pensar en ello me produzca náuseas. Ninguno de los profetas pudo convencer a Israel de dejar sus pecados; sin embargo, setenta años en Babilonia hicieron lo que ningún profeta pudo lograr. Él los mandó cautivos hacia la mismísima fuente de la idolatría y, después de siete décadas, salieron como una nación limpiada y purificada.

¿Tendrá que valerse Dios de tales extremos conmigo? ¿Por mi terquedad, será imprescindible que me permita sumerigirme en el pecado a fin de convencerme de lo aborrecible que es? Señor, mi oración es: ¡hazme tan sensible al pecado que su más tenue presencia me haga correr hacia la fuente del Calvario para mi protección! La característica que distingue a todo verdadero discípulo de Cristo es su sensibilidad a flor de piel hacia el pecado. Noto esto al leer las biografías de los santos - el más tenue pecado los hacía lamentarse, gemir y agonizar. Señor, hazme así de enemigo al pecado, pues cuando me repugna y siento tal animadversión hacia el pecado, significa que el Espíritu Santo está perfeccionándome deliberadamente en la imagen divina; el nuevo corazón está reemplazando al viejo, y el espíritu correcto está reemplazando al equivocado (Salmo 51:10).

"Por tanto, nosotros también, teniendo en derredor nuestro tan grande nube de testigos, despojémonos de todo peso y del pecado que tan fácilmente nos enreda, y corramos con perseverancia la carrera que tenemos por delante" (Hebreos 12:1).

Himno: **"Si fui motivo de dolor"** CSG # 383, FA 303, HB 396

El recipiente de lágrimas de Dios

Me consuela saber que Dios no es una enorme computadora sino una Persona con sentimientos y emociones, una imagen de mí mismo, pero infinitamente más grande y perfecta. Él ama, odia, se apiada, y se compadece. Nada da mayor prueba de su gran corazón compasivo que las palabras de David, "Pon mis lágrimas en tu redoma (odre). ¿No están ellas (escritas) en tu libro?" (Salmo 56:8 - RVR). Dios tiene un recipiente personal de lágrimas para cada uno de sus hijos; por lo tanto, no experimentamos pena que él no vea ni lágrima que no registre. Algunas veces lloro en público y otras en privado, pero ya sea en privado o en público, Dios recoge mis lágrimas y las guarda.

¿Por qué conserva Dios mis lágrimas y anota mis penas? Sólo puedo llegar a una conclusión - las guarda para un mañana. Debe haber algún día en el futuro cuando Dios dejará de recoger mis penas y comenzará a recompensarme por ellas. Mi sufrimiento tiene un propósito. El "odre" de lágrimas es un recipiente con marcas de medición para indicar qué tan lleno y completo ha sido mi sufrimiento.

¿Qué tan lleno está mi recipiente personal de lágrimas y que ahora está en las manos del Señor? Tal vez nunca llegue a estar tan lleno como el de Jeremías, quien se preguntaba si "hay dolor como el dolor que me ha sobrevenido" (Lamentaciones 1:12); o como el de Pablo, quien se "gloriaba" en sus sufrimientos por causa de Cristo (2 Corintios 11:18, 23); y ciertamente no como el de Cristo, cuyo recipiente de lágrimas fue lo suficientemente grande como para contener las lágrimas de todo el mundo. ¿Acaso lloro sobre mis propios pecados como lo hizo Job? ¿Acaso se ha roto mi corazón por la dureza de los hombres como le sucedió a Ezequiel?

Un día, Dios me devolverá mi recipiente de lágrimas - ya sea que esté lleno o a medias - y entonces tendré el privilegio de hacer lo que hizo aquella mujer: derramarlo sobre los pies de aquél que recoge y recompensa mis lágrimas (Lucas 7:36-38). Entonces él enjugará toda lágrima de mis ojos para siempre (Apocalipsis 21:4).

"Jehovah tu Dios está en medio de ti: ¡es poderoso; él salvará! Con alegría se regocijará por causa de ti. Te renovará en su amor; por causa de ti se regocijará con cánticos" (Sofonías 3:17).

Himno: **"Los que con lágrimas"** CSG # 471, FA 323

Obedeciéndole a Dios en cuanto a los asuntos básicos

Como discípulo genuino de Jesucristo debo utilizar los bloques de construcción para el crecimiento en su debido orden. El primero y más importante componente es la *obediencia*. Debo descartar la idea de que la fe, ingrediente muy importante, existe por sí misma. "La fe, si no tiene obras, está muerta" (Santiago 2:17). La obediencia es la fe actuando, la evidencia tangible de que la fe genuina existe dentro de mí. Aun cuando es difícil decir cuál viene primero, fe u obediencia, sin obediencia mi fe nunca crecerá.

La obediencia también es esencial para el conocimiento. Mi plegaria por comprensión y esclarecimiento no llegará más arriba de mi cabeza hasta que ponga en práctica lo que Dios ya me ha enseñado. Es al *usar* mis dones que Dios los multiplica. Si no obedezco a Dios en los puntos fundamentales, él nunca me llevará más allá. Dios nunca quiso que la verdad fuera *almacenada* en mi mente, sino que fuera *utilizada* en mi vida como un poder. No recibiré más luz de la que estoy usando momento a momento para andar en el camino de Dios en medio de las tinieblas de este mundo.

La obediencia es el paso necesario para ser fructífero y tener poder. A menudo nos quejamos de nuestra falta de poder y rogamos a Dios para que nos oiga y nos mande una bendición. Él no nos mandará ninguna bendición hasta que obedezcamos los mandamientos que ya nos ha dado. Charles G. Finney solía decir que las iglesias podrían tener avivamiento en el momento que *quisieran*. El poder abundante de Dios acompaña inmediatamente a aquél que le obedece. Debo regresar a los puntos básicos del discipulado con el fin de verificar si el primer componente está en su sitio. Una vez que comience a obedecer, Dios comenzará a bendecir y me llevará hasta que su "gran diseño" esté culminado. "Así tendrás éxito y todo te saldrá bien" (Josué 1:8).

"Ocupaos en vuestra salvación con temor y temblor; porque Dios es el que produce en vosotros tanto el querer como el hacer, para cumplir su buena voluntad" (Filipenses 2:12-13).

Himno: **"Cristo es Guía de mi vida"** CSG # 408, VC 189

Los apagones de Dios

La vida cristiana nunca se mueve sobre una línea recta. Lo seguro es que no es una línea recta y *hacia arriba*. Muy a menudo es una serie de aparentes contradicciones que me pueden dejar confundido y desconcertado. Eso es *cristianismo bipolar*, el cristianismo que no me da oportunidad para presumir ni dar por sentado que sé todo en cuanto a Dios. En cambio, sí me permite confiar, depender, y aferrarme a Dios en busca de su apoyo.

Existen experiencias contradictorias que algunas veces me dejan sin aliento. Por ejemplo, Dios me asegura: "Nunca te abandonaré ni jamás te desampararé" (Hebreos 13:5); sin embargo, a menudo mi experiencia es, "¿Por qué te has olvidado de mí?" (Salmos 42:9), o "Siendo tú el Dios de mi fortaleza, ¿por qué me has desechado?" (Salmo 43:2). Veo a los personajes de la Biblia - José, por ejemplo - y veo los *aparentes* "apagones" que se presentaron durante algunas épocas de su vida. Fue sólo "más tarde" que José vio algo de sentido en la manera cómo Dios lo había guiado.

¡Esas fueron experiencias bipolares! Aquellos hombres, así como todos nosotros, experimentaron una serie de *aparentes* "apagones" a través de su peregrinaje espiritual, como si Dios hubiese abandonado o se olvidara de su diseño original. Parecía no haber ningún patrón de continuidad en todo ello. Sin embargo, ese es el eterno proceder de Dios para con las personas pecadoras. Esos sacudones constantes nos mantienen siempre aferrados a él en busca de su comprensión, guía y apoyo. ¡Dios sabe lo que está haciendo! No debo juzgarlo como tonto, y mucho menos como cruel. Debo honrarlo con mi confianza y complacerlo al aceptar con alegría los *aparentes* "apagones" que experimento. Nada deleita más el corazón de Dios que mi confianza en él aun cuando camine en penumbras. En tiempos como esos debo apoyarme en Dios (Isaías 50:10).

"Ya no os llamo más siervos, porque el siervo no sabe lo que hace su señor. Pero os he llamado amigos, porque os he dado a conocer todas las cosas que oí de mi Padre" (Juan 15:15).

Himno: **"Cristo mi camino guió"** CSG # 409, FA 229

El dispensador de recompensas

No debo equivocarme acerca de las *recompensas*. Por lo general los cristianos cometen dos errores en cuanto a ellas: Creen que todas las recompensas son *espirituales*, y que todas son *futuras*. No es así, sino que Dios ha prometido muchas recompensas que deben ser reclamadas en esta vida, y algunas de ellas son materiales.

Cuando los discípulos preguntaron cuáles serían sus recompensas, Jesús les respondió que nadie que hubiese renunciado a todo por él sería pasado por alto. "Recibirá cien veces más ahora en este tiempo...y en la edad venidera, la vida eterna" (Marcos 10:28-30). Algunas de las recompensas, posibles en esta vida, pueden ser cosas materiales.

Eso me confunde, Señor; sin embargo, entiendo lo que quieres decir. No quieres que confunda mis *metas* con mis *recompensas*. Jamás debo buscar casas, propiedades y dinero como metas; mi meta siempre debe ser hacer la voluntad de Dios, no importa las consecuencias. Sin embargo, hacer la voluntad de Dios trae sus recompensas, tanto espirituales como materiales, tanto para el tiempo actual como para la edad venidera. A los israelitas se les instó a obedecer a Dios y caminar en sus caminos para que pudieran vivir, multiplicarse y prosperar en la tierra que Dios les había dado (Deuteronomio 30:15-16). Sin embargo, como discípulo debo tener una actitud ligeramente diferente. Debo mantener en forma consciente cierta indiferencia hacia las recompensas materiales; y, si estas vienen, debo estar humildemente agradecido por ellas y utilizarlas sólo para la mayor gloria de Dios, no para fines u objetivos egoístas.

¡Señor, déjame buscarte como fuente de mis necesidades así como de mis recompensas. Me anima aprender que tú recompensas a aquellos que te "buscan diligentemente" (Hebreos 11:6). Pero si la recompensa se demora, ¡que todavía te glorifique con un corazón agradecido y una alabanza rebosante!

"He aquí vengo pronto, y mi recompensa conmigo, para pagar a cada uno según sean sus obras" (Apocalipsis 22:12).

Himno: **"La venida de Cristo"** CSG # 544, FA 148

El objetivo del discipulado

Un soldado se prepara para la batalla, un doctor se capacita para sanar, pero ¿para qué se prepara un discípulo? Se prepara para muchas cosas, pero todas ellas se enfocan en dos expresiones principales: Él lleva la *imagen* de Dios, y declara el *mensaje* de Dios.

A fin de promulgar el mensaje de Dios el discípulo debe convertirse en profeta. Un profeta no es primordialmente alguien que predice, sino alguien que pregona, uno que escucha lo que dice Dios y entrega el mensaje al pueblo de Dios. Moisés es un ejemplo. Los israelitas le decían, "Acércate tú, y...nos dirás todo lo que Jehovah nuestro Dios te haya dicho" (Deuteronomio 5:27). Moisés era un íntimo de Dios, y partiendo de esa intimidad, aprendió la voluntad de Dios para la nación; su profesión de profeta era simplemente decirle a su pueblo lo que Dios quería que hicieran y escucharan.

Jesucristo fue el profeta perfecto. "Este es mi Hijo amado [muestra de la intimidad], a él oíd [muestra de la profesión de profeta]" (Lucas 9:35 RVR). No puedo esperar hablar por Dios a menos que lo conozca de una manera íntima. No puedo hablar por Dios simplemente por ser un teólogo; debo hablar por Dios por ser su "amigo" que habla con él "cara a cara" (Deuteronomio 34:10). Por lo tanto, puedo ser un maestro de escuela dominical, un vendedor, o un ama de casa, y hablar por Dios con más autoridad que un teólogo, un pastor, o un misionero.

Nadie debe presumir de ser profeta; necesita ser llamado para ello por Dios mismo. Sin embargo, puedo "desear" el don de la profecía (1 Corintios 14:1) y prepararme lo más completamente posible para esa función con base en una ávida búsqueda de Dios y su persona. Una persona hambrienta de Dios pronto se convierte en una persona llena de Dios y quien luego resulta en una persona que habla y explica en cuanto a Dios. Qué gozo ser una persona que expone en cuanto a Dios, uno que pregona de manera atractiva: "Probad y ved que Jehovah es *bueno*" *(Salmo 34:8).*

"Pero vosotros sois LINAJE ESCOGIDO, REAL SACERDOCIO, NACION SANTA, PUEBLO ADQUIRIDO, PARA QUE ANUNCIÉIS LAS VIRTUDES de ***AQUEL*** *que os ha llamado de las tinieblas a su luz admirable" (1 Pedro 2:9).*

Himno: **"En el nombre del Señor Jesús"** CSG # 469

Orando por resultados espirituales

No debo desanimarme ni pensar que es inútil orar, aun en las circunstancias más sombrías y desalentadoras. Debo comprender que la oración es un reto a mi fe, una especie de desafío espiritual que el Señor pone en mi camino. Pensemos en Ismael, el hijo de Abraham y Agar. Dios le dijo, "Él será como un asno montes, un hombre cuya mano estará contra todos, y las manos de todos estarán contra él" (Génesis 16:12). ¡Qué futuro más lúgubre! ¡Qué desafío por el cual orar!

¿Acaso Abraham, se sentó, se cruzó de brazos y aceptó que no había nada más que hacer? ¡No! Durante trece largos y pesados años oró a Dios. Oró por que lo que Dios había pronosticado como el futuro *natural* de Ismael no llegara a suceder. Oró pidiendo que Dios cambiara el curso natural de los eventos en la vida de su hijo e hiciera uno de sus dulces milagros: un Ismael transformado. Dios contestó esta ferviente oración en favor del primer hijo de Abraham. "Y en cuanto a Ismael, también te he *oído*: he aquí que le bendeciré, le haré fecundo y le multiplicaré en gran manera" (Génesis 17:20a). Ya no sería más un asno salvaje de hombre, Ismael sería "bendecido". Ya no sería una espina para todos, sería "el padre de doce príncipes" y el padre de una "gran nación" (versículo 20b).

Confieso Señor, mi pecado de apresurada impaciencia y de fácil desaliento en la oración. Cuán a menudo me he rendido en cuanto a alguien diciendo, "es un caso sin remedio; está más allá de toda ayuda". O me he rendido porque los resultados no fueron inmediatos. Perdóname Señor, por el pecado de dejar que los resultados naturales se den, sin interceder fervorosa y pacientemente, en oración tenaz porque lo mundano se convierta en espiritual, y que "los asnos salvajes" lleguen a ser "príncipes". Miro el corazón de padre que tenía Abraham y digo, "Señor, dame un corazón como ese; ¡deja que mi Ismael se convierta en un príncipe!".

"Pero pida con fe, no dudando nada. Porque el que duda es semejante a una ola del mar movida por el viento y echada de un lado a otro. No piense tal hombre que recibirá cosa alguna del Señor" (Santiago 1:6-7).

Himno: **"Transfórmame, Espíritu"** CSG # 260, VC 86

Lo que el amor necesita

Desde mi juventud me han enseñado que Dios es auto-existente y auto-suficiente. Y sí que lo es. Sin embargo, la Biblia me dice que "Dios es amor" (1 Juan 4:16), y en el acto me encuentro confrontado con una profunda verdad. Si Dios es amor, entonces Dios anhela relacionarse con nosotros, los seres humanos, ya que quien ama, necesita de un amado. Esa necesidad se cumple ciertamente en Dios mismo, por cuanto Dios es una Trinidad y cada Persona de la Trinidad es amada por las otras. Sin embargo, la Biblia dice que Dios ama al mundo (Juan 3:16). Él no se ama sólo a sí mismo; también ama a la raza humana ¡y me ama a *mí*!

Si Dios me ama, me necesita, por cuanto el objeto del amor es necesario para la felicidad y bienestar del que ama. Él que ama las almas de los hombres necesita quienes lo amen; el que es adorado necesita adoradores. Cuando Jesús le dijo a la mujer de Samaria, "Dame de beber" (Juan 4:7), estaba expresando más que la mera necesidad física; tenía un anhelo de corazón, así como lo revela el desenlace de la historia. Jesús conocía su estado de pecadora, y buscó entablar una conversación para poder establecer una relación: Dios—hija. El amor necesitaba de amor; el Agua de Vida necesitaba saciar una sed espiritual. ¿De qué otro modo puedo explicar el llanto conmovido de Jesús cuando contempló la ciudad de Jerusalén desde una de sus colinas, sabiendo que sus habitantes lo habían rechazado? Era amor frustrado y atormentado, amor al cual se le había negado sus legítimos objetos.

Cuán a menudo he desaprovechado mi tiempo devocional con sólo peticiones, cuando he estado preocupado con **mi** vacío interior, **mi** debilidad, **mi** abatimiento y **mi** pecado. ¡Mi, mi, mi! Fallo en no ver que Jesucristo también tiene un anhelo: Él necesita de mi amor, adoración, obediencia, y sobre todo, de mi compañía. Necesito sentarme a su lado como un amigo querido, compartiendo los secretos de su corazón, así como él comparte los míos, regocijándonos en el mutuo deleite de nuestro amor. Señor, no dejes que te rechace ese vaso de agua, y esa sencilla invitación de "¡Dame de beber!".

"Jesús le dijo, 'Amarás al Señor tu Dios con todo tu corazón y con toda tu alma y con toda tu mente'" (Mateo 22:37).

Himno: **"La mujer samaritana"** CSG # 180, FA 84

La pureza del amor

Es una verdad reconfortante que "Jehovah es mi porción" (Lamentaciones 3:24), pero es igualmente cierto que "la porción de Jehovah es su pueblo" (Deuteronomio 32:9). A menudo me he gloriado en el hecho de que Dios es mi gozo, mi herencia, mi futuro. Pero he olvidado que yo también soy su gozo, su herencia, su futuro. Él le dijo a Moisés y a los israelitas que le construyeran un hogar en el desierto del Sinaí "Y yo habitaré en medio de ellos" (Éxodo 25:8). A Dios le gusta estar en medio de su pueblo, compartiendo sus gozos y penas, y recibiendo su amor y alabanza.

Cuando Jesús estaba sentado con sus discípulos la noche anterior a su crucifixión, les pidió que lo recordaran (Lucas 22:19). La tristeza de un corazón que ama profundamente se evidencia en esa petición. A Dios le duele la alienación o el rechazo. Jesús no censuró a María por derramar un perfume costoso sobre sus pies. Fue la largueza, la amplitud y liberalidad del amor. Cuando nos manifestamos ante él en esa manera, él se regocija con gran alegría de corazón.

Jesús le hizo una pregunta pertinente a Simón Pedro, "¿Me amas tú más que éstos?" (Juan 21:15). El amor se entristece al ser reemplazado por un rival. Jesús me llama a amar sin límites, dudas, ni condiciones. Así es él: "De *tal manera* amó Dios al mundo" (Juan 3:16). ¡*De tal manera* debo amarle! Él mide mi amor por el suyo, no en cantidad sino en calidad. No puede soportar un amor dividido, desperfecto o tibio. Él sólo se complace por su forma de amar reflejada en mí. No me dejes dudar o reprimirme ante tan elevado modelo del amor, por cuanto "¡El Señor dirija [nuestros] corazones hacia el amor de Dios!" (2 Tesalonicenses 3:5). Su ayuda me es garantizada cuando la fuerza de mi amor espiritual se debilita.

"Entonces Jesús dijo a los doce: '¿Queréis acaso iros vosotros también?' Le respondió Simón Pedro: 'Señor, ¿a quién iremos? Tú tienes palabras de vida eterna'" (Juan 6:67-68).

Himno: **"A nuestro Padre Dios"** CSG # 68, FA 31, VC 7, HB 5, GD 17, GT 194

Lo que Dios hace con las cosas arruinadas

Debo reconocer que los caminos de Dios no son mis caminos, y eso es especialmente cierto al tratar con las cosas arruinadas. Mi primera reacción al enfrentarme con la ruina, es decir "todo está terminado, se acabó, ya no hay nada más que hacer". Pero Dios nunca se rinde ante una ruina; de hecho, él comienza con ruinas y obra en ellas hasta que las transforma en objetos de belleza, "gloria en lugar de ceniza" (Isaías 61:3 RVR). Las cosas arruinadas significan para mí la derrota, pero para Dios son una oportunidad.

Cuando la tierra estaba "desordenada y vacía" (Génesis 1:2 RVR), Dios envió a su Espíritu y luz para traer orden del caos y belleza de la oscuridad. Lo que hizo de manera física para la tierra original, lo hace de manera espiritual para las personas. Es una verdad - no hay personas categóricamente arruinadas, sólo son oportunidades para que Dios demuestre su poder creativo. No hay aspectos sin solución en mi personalidad, sólo aspectos que están esperando ser tocados por los poderosos dedos de Dios.

El Calvario fue la mayor de todas las ruinas, y vea cómo Dios convirtió esa horrible pesadilla en la cuna de la salvación para todos los hombres. ¿Es acaso peor mi problema que el Calvario? ¿Acaso hay *alguna* dificultad que sea más sombría, o más preocupante que esa? Los discípulos - así como todos nosotros - creyeron que el Calvario destruyó todos sus planes y sueños, sin esperanza alguna de solución. Ellos abandonaron a Cristo, huyeron, y consideraron toda su obra como escombros. Sin embargo, al tercer día su noche se convirtió en mañana y hubo una completa restauración de su ruina. ¡Qué gran Dios tenemos! ¡Así es como él trata las ruinas, ya sean las de su Hijo o las mías! Si se lo permito, tomará las porciones destrozadas de mi vida y las reconstruirá convirtiéndolas en un ornamento de impresionante belleza. ¡Ese es nuestro gran Dios!

"No temas, porque no serás avergonzada; no seas confundida porque no serás afrentada. Pues te olvidarás de la vergüenza de tu juventud, y de la afrenta de tu viudez no tendrás más memoria" (Isaías 54:4).

Himno: **"La hermosa visión de la cruz"** CSG # 326

Dios bendice nuestras intenciones

La diferencia entre triunfar o fracasar como discípulo no depende del número de talentos que posea, sino en qué tan dispuesto estoy en permitir que Dios me ayude en aquello que *no puedo* hacer. El hombre paralítico fue curado porque permitió que el poder que brotaba abundantemente de Jesucristo hiciera lo que él no podía hacer (Juan 5:8-9). Es cierto que su anhelo de ser sanado inició el proceso sanador al comenzar a levantarse, pero fue el poder de Cristo que completó la diferencia entre su falta de poder y la sanidad total.

Si Dios me bendijera sólo por lo que hago, sería un discípulo digno de lástima. Pero él me bendice por lo que *me propongo* hacer y lo que *anhelo* hacer por él, aunque carezco del poder para lograrlo. Es allí cuando Dios entra en escena, añadiendo su poder ilimitado a mi intención limitada, y los resultados son estupendos.

Pensemos en Abraham e Isaac en el Monte Moriah. En obediencia a Dios Abraham tuvo la total intención de ofrecer a su hijo en el altar del sacrificio. Pero Dios detuvo la ofrenda antes de que Abraham pudiera hundir el cuchillo en su hijo. Sin embargo, asombrosamente, Dios le dijo a Abraham, "Porque has hecho esto y no me has rehusado tu hijo, tu único, de cierto te bendeciré" (Génesis 22:16-17). Abraham *sí* dejó de sacrificar a su hijo, pero debido al anhelo e intención de su corazón que estuvieron tan dispuestos a obedecer los mandamientos de Dios, el Señor aceptó su intención y premió a Abraham como si hubiera realizado de hecho, el sacrificio de su hijo.

Ahora comprendo a David cuando dijo que Dios le daría "los anhelos de (su) corazón" (Salmo 37:4). Dios me capacitará para poder realizar mis deseos espirituales mucho más allá de mi propia capacidad; y aun así me recompensará como si los hubiese cumplido por mí mismo. La gloria de la vida cristiana no es la del "yo - luchando", sino la de "¡Dios y yo - venciendo!" ¡Qué Dios tan maravilloso!

"Has hecho bien a tu siervo, oh Jehovah, conforme a tu palabra. Enséñame buen sentido y sabiduría, porque tus mandamientos he creído" (Salmo 119:65-66).

Himno: **"Oh Cristo, anhelo agradarte"** CSG # 414, FA 280

Exigiendo la porción

Es con la parábola del "Hijo Pródigo" (Lucas 15) que Dios me hace recordar lo que sucede cuando le digo, "¡Déjame quieto!". Aquel hijo infortunado, al tomar su herencia y marcharse, le estaba diciendo a su padre, "De ahora en adelante yo seré mi propio amo". Le negó a su padre el derecho a dirigirlo, lo cual en esencia era negar su amor e integridad.

Todo cristiano desobediente es un blasfemo sin saberlo. En el mismo momento en que me alejo de Dios, he declarado maldito su carácter ante el mundo. Lo penoso es que, a la larga, no le hago daño a Dios, sino solamente a mí mismo. La reputación del padre no sufrió, sino que fue el hijo quien acabó en la pocilga. Si tomo mi vida en mis propias manos, también seré un candidato para el chiquero. La elección es mía: o el calor de la casa del padre, o en su lugar, la fría y desolada humedad de la porqueriza.

El hijo pródigo cometió otro error: exigir su herencia *inmediatamente* en vez de esperar el tiempo de su padre. Por su impaciencia, el hijo arrebató su herencia antes del momento propicio y produjo dolor en las expectativas de su padre. ¡Cuán a menudo he hecho eso! Mi naturaleza ansiosa ha gemido, "¡ahora Señor, ahora mismo!" Luego descubría mi error y no disfrutaba para nada de mi porción. ¡Si tan sólo hubiese esperado!

Es necesario aprender a no arrebatar de las manos de Dios su cuidado, guía y provisión para mi vida diaria. No debo decir, "Señor, dame lo que es mío", sino, "Señor, dame sólo lo que es tuyo". La diferencia es la paz, paz total. Más aún, cuando "espero" en el Señor, nunca seré "avergonzado" - ni sentiré defraudado con su porción (Salmo 25:3).

"Con el rostro a tierra se postrarán ante ti y lamerán el polvo de tus pies. Así sabrás que yo soy Jehovah, y que los que esperan en mí no serán avergonzados" (Isaías 49:23).

Himno: **"Confiad en Jehová"** CSG # 376

Cuando Dios se cansa

El profeta Isaías me recuerda que el Dios que nunca se cansa *puede llegar a cansarse*. ¿Una contradicción? No. Dios nunca "se cansa" *físicamente* (Isaías 40:28). Pero puede "cansarse" *moralmente* (Isaías 1:14). Nada puede agotar la energía del Todopoderoso, pero mi entrega superficial o parcial puede llevarlo a exclamar: "Hastiado estoy" (1:11); "No deseo" (versículo 11); "¡No puedo soportar[los]!" (versículo 13); "Me son una carga" (versículo 14).

¡Palabras fuertes! Pero no más fuertes que los sentimientos que Dios tiene hacia cualquier hipocresía que él encuentra en mí. Él no puede soportar que se le ofrezca un supuestamente excelente sacrificio (legalmente hablando), con el fin de disimular un corazón malo (espiritualmente hablando). Tampoco puede soportar la tensión creada entre una profesión clara de fe y compromiso, seguido por una vida mediocre. El "cansancio" de Dios es su disgusto, su indignación ante la manera fría y superficial en que le presento mis ofrendas. Él nunca se cansa de recibir a pecadores contritos, pero se cansa rápidamente de mi cristianismo "mecánico" y sin amor.

El cansar a Dios es un asunto serio; puede significar la muerte de mi vida de oración. "Aunque multipliquéis las oraciones, yo no escucharé". (Isaías 1:15). Dios rehusa formar parte de nuestro juego. Si jugamos con él y lo tratamos como una dependencia innecesaria, romperá sus líneas de comunicación con nosotros y nuestras oraciones se convertirán en tiempo desperdiciado. Por lo tanto, al ser frío y superficial, inconscientemente puedo provocar el aborto de muchas bendiciones que Dios había planeado darme. No puedo arriesgarme a estar sin sus bendiciones; por lo tanto, no debo ofrecerle un amor mediocre o una devoción defectuosa. El anhela una ofrenda de tipo "voluntario": "Te ofreceré sacrificios voluntarios. Daré gracias a tu nombre, oh Jehovah, porque es bueno" (Salmo 54:6).

"Lavaos, limpiaos, quitad la maldad de vuestras acciones de delante de mis ojos. Dejad de hacer el mal. Aprended a hacer el bien, buscad el derecho, reprended al opresor, defended al huérfano, amparad a la viuda" (Isaías 1:16- 17).

Himno: **"Señor, ¿Quién entrará?"** CSG # 91, HB 9

Exhibiendo la luz

Todo discípulo es llamado a ser un exhibicionista, en el correcto sentido de la palabra. Moisés instruyó a Aarón, el sumo sacerdote, para que dispusiera las siete lámparas del candelero en el tabernáculo para que la luz brillara "hacia adelante" (Números 8:3 VIV). El propósito de las lámparas era proveer de la luz con la que los sacerdotes pudieran llevar a cabo su trabajo.

Estoy seguro que eso es lo que Jesús tenía en mente cuando dijo, "Así alumbre vuestra luz delante de los hombres, de modo que vean vuestras buenas obras y glorifiquen a vuestro Padre que está en los cielos" (Mateo 5:16). Debo exhibir la gloria de Dios, y la única forma en que puedo hacerlo es dejando que esa gloria sea transmitida a través de mí.

Pero la luz puede ser *escondida*. Jesús nos exhortó a no poner nuestra luz "debajo de un almud" (Mateo 5:15 RVR). Mi luz debe ser expuesta; debe ser liberada para que brille en público. Debo evitar una "vida de monasterio" o de separación que limitaría mi contacto con el mundo para quien debo ser luz. Aun mi iglesia puede servir como claustro para un selecto grupo de compinches que no comparten la luz, sin la guardan para sí, intentando escapar de su mundo. Las "lámparas" deben ser puestas "hacia adelante" para que su beneficio no se pierda para aquellos que más lo necesitan.

La luz también puede ser *extinguida*. El enemigo natural de la llama no es la oscuridad, sino el viento y el agua, que pueden apagarla. No debo "apagar el Espíritu" (1 Tesalonicenses 5:19) que es otra forma de decir que debo mantener mi luz abastecida con aceite; no debo permitir que esta sea apagada por los vientos de desobediencia a la voluntad de Dios, y no debo apagarla con oposición y rebelión.

"Coloca las lámparas hacia adelante". El mundo afuera, lleno de oscuridad necesita de la luz; por lo tanto, me necesita a mí. No precisa de una persona llena de dudas, vacilante y atemorizada, sino de alguien controlado por el Espíritu, gozoso y servicial. Quiero ser esa persona. Me convertiré en un hijo de Dios "irreprensible" y brillaré como una luz en un mundo oscuro (Filipenses 2:15).

"La obra de cada uno será evidente, pues el día la dejará manifiesta. Porque por el fuego será revelada; y a la obra de cada uno, sea la que sea, el fuego la probará" (1 Corintios 3:13).

Himno: **"No te de temor"** CSG # 465, FA 327, VC 262, HB 395, GT 177

Creando divisiones por Cristo

Debo recordar que Jesucristo no sólo es un gran *liberador* de tensiones, sino también un *generador* de las mismas. Si espero que él ponga en libertad todas mis tensiones, tengo una esperanza vana. El simple hecho de conocer y seguir a Jesús me creará todo tipo de problemas. María, su madre, recibió esa palabra cuando lo trajo al mundo; "Y una espada traspasará tu misma alma" (Lucas 2:35).

¿He sentido cómo mi alma es traspasada debido a mi dedicación a Cristo? ¿He perdido amigos, visto a mi familia dividida, o he observado una mayor amargura entre mis conocidos porque determiné hacer de él mi todo? María debe haber pasado por miles de agonías una vez que Cristo nació. Debe haber experimentado tensión en el hogar. "Pues ni aun sus hermanos creían en él" (Juan 7:5). ¿Cómo se las arregló María para ser mediadora entre su Hijo santo y su demás familia? ¿Cómo podía soportar el odio de ellos hacia Jesús, sabiendo todo el tiempo quién era él? Cuando Jesús más tarde dijo, "Al profeta nunca lo aceptan en su propia tierra ni entre su propia gente" (Mateo 13:57 VIV), ¿estaba refiriéndose a los desaires diarios de su propia familia?

Jesús dijo, "No he venido para traer paz, sino espada" (Mateo 10:34); vino a hacer de madres e hijas y de padres e hijos enemigos unos de los otros (versículo 35). Verdaderamente soy un discípulo digno de lamentar si no puedo nombrar a una sola persona que se haya ofendido porque yo elegí seguir a Jesús. Pero ¡cuidado! Debo hacer enemigos por *su* causa, y no por la mía. Cuando se trata de mis propios derechos y privilegios, debo ser tan manso como una paloma; pero cuando se trata de sus derechos y privilegios, debo ser un guerrero activo. Señor, dame la sabiduría para discernir cuándo debo combatir; y entonces dame la seguridad de Jeremías: "Pero Jehovah está conmigo como poderoso adalid. Por eso los que me persiguen tropezarán y no prevalecerán" (Jeremías 20:11).

"Cuando sois injuriados en el nombre de Cristo, sois bienaventurados; porque el glorioso Espíritu de Dios reposa sobre vosotros" (1 Pedro 4:14).

Himno: **"Siervos de Jesús"** CSG # 528, FA 254, VC 197

Perdiendo el poder de Cristo

Debo distinguir entre mi *unión* con Cristo, la cual es segura, y mi *comunión* con Cristo, la cual es extremadamente frágil. No debo engañarme creyendo que mientras mi relación con Cristo sea segura, lo mismo sucede con mi percepción de su presencia y poder. Sí hay cosas que puedo perder.

Puedo extrañar la presencia y poder de Cristo, así como María y José lo extrañaron en la Caravana de vuelta a casa desde Jerusalén (Lucas 2:41-49). Por descuido, puede crecer maleza en nuestra relación, ahogando los frutos de un caminar con él, dulce y cercano. No se necesita una acción abierta ni una clara desobediencia, basta un enfriamiento en la relación estrecha que alguna vez tuvimos. ¡Y así, él se aleja!

O puedo perderlo como María Magdalena lo sintió, en la frenética cadena de circunstancias que lo llevaron a su muerte en la cruz. Ella no comprendió el remolino de eventos, pero la experiencia de su pérdida fue igual de real y dolorosa. Así Dios puede enviar una serie de pérdidas devastadoras hacia mi vida, involucrando mis amigos, seres amados, oportunidades, o lo que sea. Si le pongo atención a mis pérdidas y quito mis ojos de él, perderé la comunión con él por el camino.

También puedo perder esa comunión por mi pecado e indiferencia, y no lo escucharé decir, "Vuestras iniquidades...hacen separación entre vosotros y vuestro Dios" (Isaías 59:2). De todas las razones para perder el poder de Cristo, esa es la más reprensible, porque indica una evaluación y elección deliberada: quiero pecar, no quiero a Jesús. Si elijo pecar, Jesús se hace a un lado y me quedo con mi elección inmoral.

Gracias, Dios, porque nunca dejarás de ser conmovido por mis lágrimas de arrepentimiento; "Al corazón contrito y humillado no desprecias tú, oh Dios" (Salmo 51:17). Rápidamente me devuelves el "gozo de tu salvación" (versículo 12).

"Tú has examinado mi corazón; me has visitado de noche. Me has probado y nada infame has hallado, porque me he propuesto que mi boca no se exceda" (Salmo 17:3).

Himno: **"Cristo fiel te quiero ser"** CSG # 416, FA 281, VC 140, HB 333

Afinando nuestra percepción de Cristo

Hay otra forma de perder mi percepción de la presencia de Cristo, que es difícil de entender y aceptar. Es el retiro por voluntad de Cristo mismo. Hay momentos en que él parece alejarse de nosotros sin ninguna razón que podamos discernir. Sin embargo, podamos hallarla en el Cantar de los Cantares, donde la novia sulamita de Salomón se lamenta en dos ocasiones por la ausencia de su amado. "Buscaba al que ama mi alma. Lo busqué, pero no lo hallé" (Cantares 3:1). La novia no había hecho nada que ofendiera a su esposo; y aun así, éste se había ausentado y no podía ser encontrado. Otra vez ella dice, "Mi amado se había ido; había desaparecido" (5:6). De nuevo lo buscó, pero él no contestó.

¿Qué me está diciendo el Señor en estos pasajes? Que el amor de Cristo hacia mí se hace evidente tanto en las *separaciones* como en los *encuentros*, tanto en su presencia como en su aparente ausencia. Puedo comprender cómo su presencia realza la relación de amor entre nosotros, ¿pero cómo puede hacerlo su silencio? Tal vez nunca sepamos todas las respuestas, pero su ausencia aparente agudiza nuestra percepción de él, y apreciamos aun más el íntimo encuentro con él.

Muy pocos (de hecho, creo que ninguno) de los discípulos de Jesucristo disfrutan de una percepción continua e ininterrumpida de su presencia y poder en sus vidas. Muchas veces llamamos pero él no contesta; lo buscamos, pero se retira de nosotros. La razón no siempre se debe al pecado, el descuido, o la indiferencia, por cuanto algunas veces él esconde su rostro para hacernos anhelarlo aun más. La ausencia hará que nuestro amor crezca en fuerza y ternura. Si no siento su presencia, debo simplemente buscarlo con todo mi corazón hasta volverlo a sentir. Debo hacer lo que hizo la sulamita, "Buscar al que ama mi alma" (Cantares 3:2), y pronto podré decir junto con ella, "Hallé al que ama mi alma" (versículo 4).

"Oh Dios, no guardes silencio. No calles, oh Dios, ni permanezcas inmóvil" (Salmo 83:1).

Himno: **"Cristo es mi dulce Salvador"** CSG # 386, FA 224, VC 112, HB 457, LL 166, GD 307, GT 31

Cuando Dios nos separa

Cuando comencé mi vida cristiana se me enseñó que debo estar "separado". Esto es, debo cortar toda atadura que me asocie con lo malo y mundano. Basándonos en la amonestación de Pablo, es necesario hacerlo (2 Corintios 6:14-18). Pero pronto descubrí que Dios hacía algunas "separaciones" por su cuenta, me separaba de mis propios hermanos y hermanas en Cristo. De José se dijo que fue "separado de sus hermanos" (Deuteronomio 33:16). Esa separación resultó porque Dios determinó que José sería el "príncipe" de la familia, y esto tomó lugar cuando sus hermanos lo vendieron como esclavo a Egipto. El hombre separado por Dios fue entonces alejado de su familia, y todo debido a una importante razón.

La separación de José de su familia fue necesaria a fin de hacer posible su surgimiento ante el trono egipcio, y a su vez, el acunamiento y crecimiento de la naciente nación de Israel. Si José no hubiese sido "separado", Israel hubiera sido destruida por enemigos poderosos.

Inmediatamente después de su conversión, Pablo "no luchó contra sangre ni carne" sino que fue al desierto de Arabia, separado de sus hermanos. Esta fue otra de las separaciones de Dios, y Pablo salió íntegro para ser un mensajero fresco y transparente a los gentiles (Gálatas 1:15-17).

Debo separarme del mal. La responsabilidad es mía. Pero sólo Dios me puede separar de mis "hermanos", una separación diseñada para crear un mensajero sin igual, una voz singular para comunicar su mensaje en una situación especial, y algunas veces crucial. Si Dios me separa, debo aceptarlo sin preguntas, sabiendo que esa separación de mis hermanos es una fase transitoria de mi ministerio para Dios y que siempre resulta "para bien" (Génesis 50:20), tanto para mis hermanos como para mí.

"Mientras ellos ministraban al Señor y ayunaban, el Espíritu Santo dijo: 'Apartadme a Bernabé y a Saulo para la obra a la que los he llamado'" (Hechos 13:2).

Himno: **"Heme Aquí"** CSG # 479

La Auto-separación

Las separaciones de Dios, aunque necesarias, pueden ser dolorosas, pero nunca tanto como las separaciones por mi propia culpa. Moisés tuvo que huir de sus hermanos en Egipto porque había matado a un capataz egipcio (Éxodo 2:11-15). Esta fue una separación por culpa propia, violencia y temor. Si trato de hacer la voluntad de Dios de la misma manera, también encontraré que estoy "separado", pero será una separación dolorosa.

Lot, el sobrino de Abraham, sufrió la misma suerte. Incapaz de controlar a sus pastores que reñían, eligió dejar a Abraham y establecerse en el valle del Jordán "hasta Sodoma" (Génesis 13:8-13). Los resultados son bien conocidos.

Sin embargo, a pesar de mis separaciones precipitadas y egoístas, Dios sigue siendo el amo soberano de todas las separaciones. Él utilizó la separación de Moisés para prepararlo, tanto a él como a la nación, para el poderoso Éxodo de Egipto. Y a pesar del deplorable intento de Lot de ser un testigo de Dios en medio de un ambiente pecaminoso, Dios lo libró del holocausto como testigo permanente de su fidelidad en contestar la oración.

Durante mi vida de discipulado para Cristo, tendré que enfrentar muchas separaciones. Algunas tendré que iniciarlas yo mismo, por cuanto no debo tener compañerismo con las obras de las tinieblas. Otras serán iniciadas por Dios, en tanto que me separa de mis hermanos por un tiempo y con un fin especial. Y aun tendré que tropezar con otras debido a mi impetuosidad y desacierto. Aunque resultarán en dolor y vergüenza, también producirán liberación y triunfo cuando le entrego los escombros de estas situaciones a Dios para que él las solucione.

¡Qué maravilloso es nuestro Dios, quien de toda separación penosa y dolorosa, provee un "éxodo" para nosotros! "Ciertamente cercana [a la mano] está su salvación [liberación] para los que le temen" (Salmo 85:9).

"Surgió tal desacuerdo entre ellos que se separaron el uno del otro. Bernabé tomó a Marcos y navegó a Chipre" (Hechos 15:39).

Himno: **"Amarte es lo mejor"** CSG # 389

La separación por causa de otros

Mi ejemplo perfecto de separación es Jesucristo, quien dijo, "por ellos yo me santifico [separo] a mí mismo" (Juan 17:19). Él mismo se separó de su ambiente, a fin de poder entrar en este mundo y reconciliar con su Padre a todas aquellas personas cuyo pecado les había separado de él.

La separación de Jesús fue voluntaria: "Yo me santifico a mí mismo". Su motivación única fue el amor. No vino "interesadamente" como si fuera algún comerciante buscando beneficio propio; sólo buscaba *el nuestro*. Se separó en una libre respuesta a la voluntad de su Padre, buscando comportarse y actuar únicamente dentro de los límites y pautas de dicha voluntad. Por supuesto, al hacer la voluntad de su Padre, fue "apartado de los pecadores" (Hebreos 7:26), esto es, separado de sus planes, propósitos y hechos. Pero no fue separado de la *sociedad* de los pecadores. Fue separado de la *naturaleza humana* en el sentido pecaminoso, pero no de los seres humanos en sí.

La separación de Jesús fue positiva en su propósito, "Para que ellos...sean santificados [separados] en la verdad" (Juan 17:19). Él no consideró la separación como un fin en sí mismo. El objetivo era acercar la humanidad alienada a su Creador, a sus propias raíces. Por lo tanto, el dolor de la separación fue todo suyo, pero la bendición de ella fue toda nuestra.

Dios a menudo me llamará a una separación, porque tiene gente a quien alcanzar y con quien reconciliarse. Quiera yo negarme a mí mismo tanto como Jesús lo hizo, y que esté lleno de amor como él lo estuvo. Quiera yo estar dispuesto a dejar a mi familia, estilo de vida, y metas personales en favor de los perdidos que necesitan ser atraídos. Y quiera yo siempre tener claridad entre lo que es estar alejado de las personas y estar separado de sus naturalezas caídas. El mayor gozo de la auto-separación es: "Ellos han creído" (Juan 17:8). A la luz de eso, todo habrá valido la pena.

"Porque conocéis la gracia de nuestro Señor Jesucristo, que siendo rico, por amor de vosotros se hizo pobre, para que vosotros con su pobreza fueseis enriquecidos" (2 Corintios 8:9).

Himno: **"De su trono a un pesebre"** CSG # 168, HB 168

La inmortalidad por obras

Hay varios tipos de inmortalidad. Primero está la inmortalidad *natural:* la existencia sin fin de todos los seres humanos en su esencia, ya sean salvos o perdidos. Segundo, está la *vida eterna*, a la cual la Biblia se refiere como vida cualitativa, más que de simple duración. Ese es el tipo de inmortalidad que todo creyente en Jesucristo recibe al momento que es "nacido" de nuevo (Juan 3:3). Es un "don de Dios", no algo merecido por buenas obras humanas (Efesios 2:8-9).

El tercer tipo de inmortalidad es la *inmortalidad de obras*. Ese tipo de inmortalidad es el resultado de mi propio esfuerzo. Debido a que Abel ofreció su sacrificio por fe, aunque muerto, "habla todavía" (Hebreos 11:4). Los hombres sin fe cometen actos que tienen transcendencia eterna: obras que son violentas, crueles y sin misericordia. Pero los hombres de Dios alcanzan inmortalidad de obras por su fe. La vida que se vive dependiendo eternamente de Dios lleva consigo las semillas de su propia inmortalidad. Dios "dará testimonio" de esa vida sencilla por siempre. Las buenas obras hechas con base en la sincera dependencia de Dios perdurarán para siempre. Es a ese tipo de "para siempre" al que Juan se refirió cuando dijo, "El que hace la voluntad de Dios permanece para siempre" (1 Juan 2:17). Ese tipo de inmortalidad es superior a la inmortalidad natural o eterna porque se hace distinguir por la honra especial de Dios; es "mejor" (Hebreos 11:35).

No debo simplemente vivir; Debo vivir de tal modo que sea recordado después de muerto. La única manera de hacerlo es del modo que lo hizo Abel, un hombre que vivió por fe y que es recordado con honra - la honra de Dios y de los hombres. De ese modo ganaré otra de las bienaventuranzas: "¡Bienaventurados los muertos que de aquí en adelante [guardan los mandamientos de Dios y] mueren en el Señor!...Pues sus obras les seguirán" (Apocalipsis 14:12-13).

"A Jehovah he puesto siempre adelante de mí; porque está a mi lado derecho, no seré movido. Por tanto, se alegró mi corazón, y se gozó mi lengua. También mi cuerpo descansará en seguridad" (Salmo 16:8-9).

Himno: **"Cuando mis luchas"** CSG # 568, VC 211, HB 494, LL 147, GB 81, GT 9

El Salvador de nuestros cuerpos

Mi cuerpo está incluido en la redención que Cristo tiene para mí. La "redención del cuerpo" tiene dos aspectos: *la glorificación,* la cual ocurrirá cuando Cristo vuelva, y la *liberación*, la cual sucede ahora en esta vida. Demasiado me he ocupado de la glorificación futura de mi cuerpo, que no le he prestado la suficiente atención a su presente necesidad de liberación.

El Espíritu Santo está a cargo de mi cuerpo (Romanos 8:11). Él "aviva" (le da vida) a mi cuerpo cuando flaquea y se hunde bajo la carga de la mala salud, la fatiga, la oposición satánica o la vejez. El Espíritu Santo tiene órdenes de mantener funcionando mi cuerpo hasta que haya terminado mi obra en la tierra. También tiene el deber de darle a mi cuerpo el nivel de vida que necesita para cumplir cada plan que Dios tiene para mí. Abraham y Sara tenían cuerpos "viejos", cuerpos que por naturaleza habían cesado de producir hijos. Sin embargo, Dios les había prometido un hijo, Isaac. Su fe en la palabra revelada por Dios, más el poder vivificador del Espíritu Santo, hicieron rejuvenecer sus cuerpos a tal punto que Isaac fue concebido y traído al mundo (Hebreos 11:11-12).

La liberación del cuerpo no es automática; debe ser pedida por fe y luego apropiada. Siempre que me sienta físicamente abrumado, debo "esperar en el Señor" (Isaías 40:31). El entonces renueva mi fuerza y me hace remontar como un águila. Sin embargo, debo reconocer que algunas veces Dios no concede la liberación, sino que permite que mi cuerpo sufra, a fin de que yo tenga una nueva idea o entendimiento en cuanto a sus caminos. En cualquiera de los casos, debo permitir que el Amo de mi cuerpo haga conmigo según sus propósitos. De esto puedo estar seguro, mi cuerpo es tan importante para él como lo es mi espíritu. Siempre que sea necesario, el mismo Salvador que fue fortalecido en su más severa agonía (Lucas 22:43) jamás faltará en fortalecerme también a mí.

"Él transformará nuestro cuerpo de humillación para que tenga la misma forma de su cuerpo de gloria, según la operación de su poder, para sujetar también a sí mismo todas las cosas" (Filipenses 3:21).

Himno: **"El ciego Bartimeo"** CSG # 181, FA 89

El gran enigma

Cuando pido a Dios que me ayude, debo dejarle elegir el método. Mucho tiempo atrás él dijo que liberaría a Judá “No..con arco, ni con espada, ni con guerra, ni con caballos y jinetes” (Oseas 1:7). ¡Extraña manera de ganar una guerra, sin armas! Y aún así, Dios en su poder soberano elige su propia manera de luchar. Así lo hizo una noche en los alrededores de Jerusalén, venciendo los ciento ochenta y cinco mil hombres del ejército de Senaquerib (Isaías 37:36). ¿Cómo lo hizo? Hasta el día de hoy nadie lo sabe.

Dios debe ser Dios, y a su propia manera. Juan el Bautista le dijo a Jesús, “¿Eres tú aquél que ha de venir, o esperaremos a otro?” (Mateo 11:3). ¡Qué pregunta tan sorprendente del hombre que presentó a Jesús al pueblo judío como su Mesías! Debido a que Jesús no había aún establecido su reino ni había ascendido al trono, Juan pensó que tal vez éste no era el Mesías tan largamente esperado. Pero fue Juan quien se equivocó. A él le tocaba *anunciar* al Mesías, mas no *explicarlo*. Jesús es el gran enigma que obra en la voluntad divina.

Cualquiera puede comprar a un “Jesús de porcelana” en una tienda de novedades, pero nunca encontrará ese tipo de Jesús en la Biblia. Allí se describe como alguien viviente quien se mueve, es vital y soberano. El no se hace presente si tratamos de reducirlo a porcelana o yeso.

Su mensaje para mí es siempre “*sígueme*”, y eso es exactamente lo que debo hacer - seguir, seguir, y seguir siguiendo. Si trato de desviarlo hacia mi camino, y a cumplir mis propósitos, no prestará atención alguna. Debo aprender cuidadosamente esta lección y decir, “A donde quiera que *tú* vayas, yo iré” (Rut 1:16). Hacer menos que eso sería una pérdida dolorosa. Pero hacerlo me concede el gran logro de la vida, que no necesariamente es comprender a Jesús, sino estar correctamente relacionado con él (Juan 12:26). Eso significa que cuando sirvo y obedezco, él me garantiza su compañía y alabanza.

“Bendito sea el Dios y Padre de nuestro Señor Jesucristo, quien según su grande misericordia nos ha hecho nacer de nuevo para una esperanza viva por medio de la resurrección de Jesucristo de entre los muertos” (1 Pedro 1:3).

Himno: **“Cabalga Majestuoso”** CSG # 187

Crisis y discipulado

La vida de victoria comienza, no con un sentido de llenura, sino con un sentido de vacío. Demasiado a menudo me ocupo de la victoria en vez de la necesidad. Nunca desarrollaré una fe fuerte y vibrante sin experimentar y reconocer primero mi debilidad, y algunas veces, hasta la desesperación. Al censurar Jesús a sus discípulos con la frase "Hombres de poca fe" (Mateo 8:26), dio a entender que ellos habían fallado en reconocer su gran necesidad. No sintieron impulso alguno de rogar a Dios. La gente que está satisfecha consigo misma nunca tiene gran fe.

¿Cómo puedo llegar a ser lleno de justicia? Teniendo hambre y sed de ella (Mateo 5:6). Si me ocupo de la necesidad, Dios se encargará del suministro. Los hombres que se unieron al ejército rebelde de David eran hombres "oprimidos,...endeudados y...amargados de espíritu" (1 Samuel 22:2). Ellos anhelaban victoria, triunfo y justicia; pero para alcanzar aquellas aspiraciones debían reconocer primero su verdadera situación. Así tampoco puedo lograr victoria en mi discipulado personal para Jesucristo hasta no llegar al final de mí mismo. En ese sentido soy un "discípulo en crisis" que será librado de caer al precipicio, para ser hecho victorioso por su poder.

Percibo una necesidad al examinarme cuidadosamente - desde luego un examen realista y no idealista. Soy amonestado a "mirar dentro de mí y angustiarme". Es porque *necesito* angustiarme; ¿de qué otro modo podría "mirar a Jesús para luego disfrutar de su paz"? Debo ver mi pecado, mi vacío, mi corrupción. Una vez que los vea *realmente* no pasará mucho tiempo antes de que clame al cielo por ayuda, y ésta no tardará en venir. El vacío creado por el reconocimiento de mi necesidad traerá del cielo todos los suministros que anhelo tan desesperadamente. ¡El comienzo de la sed es el comienzo de la bendición!

"¿Por qué te abates, oh alma mía, y por qué te turbas dentro de mí? Espera a Dios, porque aún le he de alabar. ¡Él es la salvación de mi ser, y mi Dios!" (Salmo 43:5).

Himno: **"Cautívame, Señor"** CSG # 411

La amistad con Dios

No debo conformarme con ser un *seguidor* de Dios; debo llegar a ser un *amigo* de Dios. La amistad es un catalizador, que me obliga a ir más allá de la utilización de Dios como una póliza de seguros o un preservador de la vida. Los verdaderos amigos no se explotan para conseguir ventaja y nunca debo utilizar mi relación con Dios como un boleto a mano para conseguir el éxito o un medio fácil para salir de apuros.

"¿Andarán dos juntos a menos que se pongan de acuerdo?" (Amós 3:3). Es posible que un hombre y una mujer se relacionen de manera física (una carne) en el matrimonio y aún así no ser amigos. Es posible que dos personas estén relacionadas económicamente (amo y siervo) y no ser amigos. Fue por eso que Jesús les dijo a sus discípulos, "Ya no os llamo más siervos,.. pero.. amigos" (Juan 15:15). Ya no iban simplemente a seguir órdenes, sino que les serían compartidos hasta los mismos planes y propósitos del Padre. Ahora sus intereses serían los del Padre celestial. Jesús aclaró que la amistad con él no es automática; no todos los creyentes son sus "amigos". Sólo aquellos que están dispuestos a darle prioridad a los intereses divinos podrán formar parte de ese grupo especial de "amigos".

La amistad con Dios conlleva su propio honor. Israel era el "siervo" de Dios, Jacob fue el "escogido" de Dios, pero Abraham fue el "amigo de Dios" (Isaías 41:8). La diferencia no está en la relación, ya que todos pertenecían a Dios, sino en la intimidad, por cuanto sólo Abraham fue admitido a ese grupo especial de amigos de Dios. Debo convencer a Dios de que sus intereses son míos, su felicidad es mi felicidad, y sus planes y propósitos para este mundo son también míos. Si Dios premia la santidad, yo también debo hacerlo. Si él se deleita en su Hijo, yo también debo deleitarme en él. En pocas palabras, todo lo que sea de interés, peso e importancia para Dios debe serlo también para mí. Entonces, y sólo entonces, me convertiré en *amigo* de Dios.

"Acercaos a Dios, y él se acercará a vosotros. Limpiad vuestras manos, pecadores; y purificad vuestros corazones, vosotros de doble ánimo" (Santiago 4:8).

Himno: **"Oh qué amigo nos es Cristo"** CSG # 482, FA 201, VC 121, HB 409, LL 10, GD 200, GT 14

La amistad con el mundo

La amistad es una elección, y el acto de elegir es una espada que crea división. No puedo elegir un amigo sin al mismo tiempo elegir un enemigo. Si elijo la santidad, rechazo el pecado, y viceversa. Ahora comprendo lo que Santiago quiso decir cuando dijo, "¿No sabéis que la amistad con el mundo es enemistad con Dios? Por tanto, cualquiera que quiere ser amigo del mundo se constituye enemigo de Dios" (Santiago 4:4).

Los judíos le dijeron a Pilato, "si sueltas a éste [Jesús], no eres amigo del César" (Juan 19:12). Soy conocido no sólo por mis amigos, sino por mis enemigos. Pilato y Herodes eran enemigos encarnizados hasta que ambos rechazaron a Jesús. El rechazar a su enemigo común, Jesús, los llevó a hacerse amigos (Lucas 23:12).

Ahora comprendo por qué Dios se molesta tanto cuando su pueblo se torna amigable con el mundo o con los ídolos o con el vicio de la injusticia. El *aceptarlos* es *rechazarlo* a él. La amistad, por su misma naturaleza, precluye un abarcamiento universal que incluye a todos. La amistad es selectiva. Prospera con base en elecciones exclusivas. Así, es natural que Dios, quien desea el calor y amor de mi corazón, se ponga "celoso" cuando me vea "de amores" con aquellos que lo odian.

Jesucristo está constantemente buscando amigos. Al llamar "amigo" a Judas en el momento de su traición, estaba revelando un anhelo innato. Aun para aquellos que se le opongan, la puerta de la amistad está siempre abierta, pero siempre, por supuesto, bajo las condiciones que él exija. Judas fue un amigo de invitación solamente. Yo debo ir mucho más allá. Debo ser un amigo para él en realidad. La *condición* de ser amigo de Cristo es cumplir con sus instrucciones de "hacer lo que yo [Jesús] os mande" (Juan 15:14). El *honor* de ser su amigo es hablar con él "cara a cara" en sublime intimidad (Éxodo 33:11).

"¿Os suponéis que en vano dice la escritura: 'El Espíritu que él hizo morar en nosotros nos anhela celosamente'?" (Santiago 4:5).

Himno: **"Lejos de mi Padre Dios"** CSG # 323, VC 157, HB 356, GD 206, GT 184

Aptos para servir

Señor, necesito comprender la diferencia entre ser *llamado* al servicio y *ser apto* para el mismo. No tengo nada que ver con el llamado. Va más allá de mí y se encuentra en lo más profundo de la voluntad de Dios. Cuando se trata de la aptitud para el servicio debo recordar dos aspectos: primero, la provisión de Dios para mi aptitud es el equipamiento con los dones del Espíritu (1 Corintios 12:4-11). Estos dones, como el llamado, son prerrogativa exclusiva de Dios. Yo soy simplemente su canal. Segundo, de mí depende que yo esté en la mejor condición espiritual posible en todo tiempo, con el fin de que los dones del Espíritu puedan obrar plenamente a través mío.

Sigo el ejemplo del sacerdote del Antiguo Testamento. Éste no podía ser *ciego* (Levítico 21:18). Ningún hombre privado de la vista era permitido ministrar en el lugar santo, y las implicaciones de ello son pertinentes para *mí*. No puedo ministrar la verdad de Dios a otros a menos que yo *vea* - a Dios, a ellos, y a la verdad. No tengo ningún derecho de hablar acerca de algo que en realidad no forma parte de mí. No puedo ser un discípulo "profesional". Me encanta la palabra dada en los Salmos de ascenso gradual, "Vestiré de salvación a sus sacerdotes" (Salmo 132:16). Todo mi trabajo como sacerdote de Dios tiene que ver con la "salvación". Debo estar ocupado en rescatar a las personas de sus pecados, sus fallas, sus malos deseos, y sus hábitos corruptos. Pero debo recordar que el ser un portavoz de la salvación significa ser un ejemplo de ella, hasta en mis "vestiduras".

No puedo adjudicar o conferirme el llamado a ministrar. Tampoco puedo dotarme de los ingredientes espirituales esenciales. Pero sí puedo hacerme apto por medio de mi conocimiento de Dios, caminando con él, y manteniéndome espiritualmente limpio y efectivo. ¿Quién es adecuado para estas cosas? ¡Nadie! Pero, "nuestra suficiencia proviene de Dios. Él mismo nos capacitó como ministros del nuevo pacto" (2 Corintios 3:5-6).

"Quien se dio a sí mismo por nosotros para redimirnos de toda iniquidad y purificar para sí mismo un pueblo propio, celoso de buenas obras" (Tito 2:14).

Himno: **"Fiel mayordomo seré"** CSG # 510, HB 428

Desarrollando el oído para Dios

Oro para que Dios me dé la capacidad de ser un buen *oidor*. Debo entender que Dios no me habla en el viento, el terremoto, o el fuego, sino en el "sonido apacible y delicado" (1 Reyes 19:9-12). Esa es otra forma de decir que Dios no me habla a través de circunstancias o de otros, *a menos que* haya una confirmación interna y una explicación de lo que viene desde afuera. Elí, el anciano sacerdote, fue lo suficientemente sensato para saber que la voluntad de Dios respecto de Samuel, su ayudante, había de venir directamente de Dios hacia aquél: "Habla, que tu siervo escucha" (1 Samuel 3:9).

La vida complicada de hoy es el enemigo más mortal del oír. El resultado de nuestra complejidad es la fragmentación, la superficialidad, y la incapacidad de concentrarnos o de profundizar sobre cosa alguna. Satanás es el heredero más feliz de nuestra era tecnológica, y disfruta tirándonos de un lado a otro como si fuéramos una pelota. Debo resistirlo, lo mismo que las tácticas huecas y frenéticas de sus manipulaciones, escogiendo de manera deliberada los elementos esenciales de mi vida, y rechazando todas esas actividades vacías que me distraen y me hacen inefectivo.

¿Cómo aprendo a ser un buen oidor de Dios? Debo comenzar dándole el suficiente *tiempo* y *atención* a él. Esa es la parte crucial de la batalla, lo cual me obliga a rechazar los llamados de sirena que me dicen que sea todo para todos, con el fin de concentrarme en Dios. Luego debo desarrollar un sentido de *asombro* y *reverencia* hacia Dios, que es una preparación natural para el silencio, esencial para oír de manera apropiada. Una vez que desarrolle el oído para Dios, seré capaz de oírle aun en medio de las multitudes y, como escribió hace siglos el Hermano Lorenzo, "avanzar aun en el reposo".

El escuchar a Dios es un arte difícil de dominar, pero los resultados se verán más allá de mis más grandes anhelos. El dice, "Oídme atentamente y comed del bien, y vuestra alma se deleitará con manjares" (Isaías 55:2). Dios sabe que el escuchar no es sino el primer paso de un proceso que terminará en mi eterno bien.

"En mi guardia estaré en pie y sobre la fortaleza estaré firme. Vigilaré para ver qué dirá y qué tiene que responder a mi queja" (Habacuc 2:1).

Himno: **"Abre mis ojos a la luz"** CSG # 267, FA 259, VC 141, HB 357, GD 27, GT 313

El tierno cuidado de Dios por nosotros

Estoy maravillado Señor, por la ternura de tu cuidado para con tus siervos abrumados con exceso de trabajo. ¡Con cuánta claridad conoces la diferencia entre la flojera y la fatiga! El tratamiento que le diste a tu siervo Elías es una revelación y a la vez un gran consuelo para mí.

Después de su tensa confrontación con los sacerdotes de Baal en el Monte Carmelo, Elías huyó por su vida ante las amenazas de Jezabel. Con sus injurias aún retumbando en sus oídos, "él tuvo miedo" (1 Reyes 19:3). Abatimiento y fatiga habían invadido su espíritu haciendo desvanecer su fe. Eso lo llevó a la depresión: "¡Quítame la vida!" (versículo 4). El profeta intenso y estresado estaba en medio de un colapso emocional. Se había extra-limitado en la obra de Dios.

¿Cómo respondió Dios a la fe quebrantada, la ansiedad y depresión del profeta? "Levántate, come" (versículo 5). Dos veces le dijo el Señor que comiera, "porque el camino es demasiado largo para ti" (versículo 7). Dios comenzó su ministerio para con Elías ministrando a su cuerpo. Cuán a menudo es mi cuerpo, en vez de mi espíritu, el que necesita ayuda. Debo mirarlos a ambos - cuerpo y espíritu - como un equipo integral y fuertemente unido. Cuando uno de ellos sufre, también sufre el otro. Y cuando ocurre el fracaso debo preguntar ¿Dónde comenzó? Desde luego que no debo dejar que mi cuerpo se convierta en tirano exigente ante el cual todo debe sujetarse. Por otro lado, no debo abandonar mi cuerpo como si fuera un manojo de harapos sin importancia.

Dios comenzó con el cuerpo de Elías - con su energía gastada, sus nervios tensos y sus músculos fatigados. Una vez que la copa de fortaleza física comenzó a llenarse, Dios pudo continuar ministrando a sus demás necesidades.

¡Dios, el aya! (Isaías 66:12,13) ¿Y por qué no? ¿Acaso no es llamado *El Shaddai,* el "Dios Todopoderoso" (quien nos nutre con la ternura de una madre lactante? (Génesis 17:1). ¡Cuán a menudo necesito disfrutar de los tiernos cuidados de Dios cuando el cuerpo o el espíritu se fatigan en su servicio!

"Jacob llamó el nombre de aquel lugar Peniel, diciendo: 'Porque vi a Dios cara a cara y salí con vida'" (Génesis 32:30).

Himno: **"Dios cuidará de ti"** CSG # 427, FA 227, VC 339, HB 229, GD 76

Disfrutando de la presencia divina

El tierno cuidado de Dios para con Elías cubrió más que el cuerpo. El ministerio a su cuerpo fue la primera necesidad atendida. Dios también ministró a su espíritu. La voz del Señor, ese "sonido apacible y delicado", vino a él para garantizarle la continua presencia de Dios. Uno de los resultados de la depresión emocional en los siervos de Dios es sentirse *aislados* de Dios. Es como si el espíritu fuera incapaz de percibir la presencia de Dios, a pesar de estar tan cercano como siempre. Se siente como un reloj cuyo resorte principal está roto y, por cierto, la función del espíritu, de comunión con Dios, ha quedado temporalmente afectada.

El remedio es una cantidad adicional de atención por parte de Dios, quien se presenta de manera más evidente a su pueblo en tiempos de angustia. A propósito, vino a Elías varias veces dándole a conocer su "palabra" y su "voz" (1 Reyes 19:9, 12, 13, 15). Dios sabía que Elías necesitaba más que agua y pan; necesitaba la presencia de aquél a quien amaba por sobre todas las cosas. Así que Dios vino y Elías fue consolado.

Había otro aspecto del cuidado de Dios para con Elías, en referencia a su *vocación*. ¿Había Dios terminado con él? ¿Acaso su depresión significaba el final de su ministerio? ¿Podría volver a ejercer como profeta? Después de un tiempo de descanso y reparación, la palabra de Dios volvió a su siervo, "Ve, regresa...ungirás a Hazael como rey de Asiria. También a Jehú...como rey de Israel" (versículos 15-16). Su ministerio debería continuar a medida que sus fuerzas fueran recuperadas. Él seguía siendo de gran valor para el Altísimo. ¡Qué consuelo debe haber sido eso para Elías después de su amargo ataque de nervios!

¡Cuánto me anima ver el cuidado minucioso e individual de Dios para con uno de sus profetas fatigados! Sirvo a un amo que es infinito, tanto de *corazón* como de *mente,* y yo descanso en medio de su cuidado.

"Jehovah es mi fuerza y mi escudo; en él esperó mi corazón. Fui ayudado y se gozó mi corazón; con mi canción le alabaré" (Salmo 28:7).

Himno: **"A solas al huerto yo voy"** CSG # 485, VC 124, HB 223, LL 172, GD 41, GT 65

La fe débil y la fe de confianza

Si bien toda fe es igual en esencia, no es igual en *nivel*. El nivel de fe es como el nivel de un río; dependiendo de las circunstancias algunas veces es alto y otras bajo. El primer nivel de fe es la *fe débil*. Ese es el tipo de fe que los discípulos tenían con demasiada frecuencia. De allí, las palabras de Jesús "hombres de poca fe" (Mateo 8:26). Este tipo de fe es como un árbol joven que precisa de mucho cuidado y atención. Sólo se necesita de una *pequeña* tormenta para doblar o torcerlo. No es cronológica, por cuanto pueden padecerla tanto discípulos ancianos como discípulos jóvenes. Es causada por dos cosas: falta de comprensión de lo que Dios hace y falta de compromiso hacia lo que Dios está haciendo. Los discípulos no carecían de compromiso, pero carecieron de comprensión. De allí que su fe fue débil. Por otro lado, el hombre "débil en la fe", a quien Pablo se refiere en Romanos 14:1, tenía un compromiso inmaduro con Dios.

El segundo nivel de fe es la *fe de confianza confirmada*. Es el tipo de fe que Dios ha fortalecido. Por ejemplo, Dios le dijo a Abraham de manera específica, que a pesar de su falta de descendencia, él sería el padre de muchos pueblos. En el momento en que Dios fortaleció su "esperanza" su fe se tornó fuerte y asegurada. Ya no tenía una "fe débil" (Romanos 4:18-19). La fe asegurada significa que no se experimenta más duda porque Dios ha dicho que así será cumplida.

Si bien puedo hacer algo para mejorar la fe débil, no hay nada que yo pueda hacer para lograr una fe confirmada. Es verdaderamente un "don de Dios" (Efesios 2:8). Significa que Dios ha elegido soberanamente hacer algo y en su divina gracia ha escogido incluirme en la obra. Cuando lo hace, me regocijo.

Entonces, mi regocijo en la fe, como el de María, se hace contagioso y otros se regocijan también (Lucas 1:44-46). Señor, ¡condúcenos a poder disfrutar plenamente del regocijo que acompaña a una fe confirmada!

"El día en que tengo temor, yo en ti confío" (Salmo 56:3).

Himno: **"Confiado estoy"** CSG # 367

La fe que da autoridad

El tercer nivel de fe, después de la fe *débil* y la fe *confirmada* es la fe *que da autoridad*. Ese nivel de fe, fuertemente relacionada a la oración intercesora, es la fe por medio de la cual Dios se pone a nuestra disposición, por decirlo así. En las palabras de Rees Howells, fundador del Colegio Bíblico de Gales, es la clase de fe que entiende cuando el objetivo está "asegurado" y ya no se necesita ofrecer más oración. Al ganar esa posición, Dios nos da una especie de carta blanca en la que podemos pedirle cualquier cosa que deseemos dentro del área de nuestra victoria.

Ejemplo de ese tipo de fe es Moisés intercediendo por Israel (Éxodo 32:7- 14). Debido al pecado de Israel al hacer un becerro de oro, Dios determinó destruir al pueblo y formar una nueva nación utilizando solamente a Moisés. Pero Moisés oró angustiosamente por su pueblo y alcanzó el lugar en donde Dios, en un sentido, se puso a su disposición para hacer cualquier cosa que pidiese. La posición fue ganada, la autoridad fue alcanzada, y la llave fue dada. Entonces Moisés, utilizando su nueva autoridad, le pidió a Dios que restaurara a Israel en su favor y gracia, lo cual Dios hizo - por causa de Moisés.

Los ejemplos abundan - la autoridad de Pedro para con los gentiles, la autoridad de los discípulos sobre los demonios, la autoridad de Pablo para con los gobernantes y la autoridad de Elías sobre sus enemigos. Sólo hombres de confianza reciben tal autoridad, y esta es dada sólo en un área específica. Tales personas son los dedos y manos de Dios, extendidos en la tierra.

Encontramos en la base de la escalera de la fe las palabras "sube lo más alto que puedas". Dios me anima a llegar a ser un creyente de firme confianza en él, y a crecer tan fuerte en la disciplina, que él me podrá confiar con funciones de responsabilidad en su gran plan eterno. Ojalá que cuando lance una mirada a su ejército para encontrar gente responsable, me encuentre a mí como a Abraham, "fortalecido en su fe, dando gloria a Dios" (Romanos 4:20).

"¿Me pediréis señales acerca de mis hijos, o me daréis órdenes respecto a la obra de mis manos? Yo hice la tierra y creé al hombre sobre ella. Son mis propias manos las que han desplegado los cielos, y soy yo quien ha dado órdenes a todo su ejército" (Isaías 45:11).

Himno: **"Hazme un instrumento"** CSG # 423

La prudencia de Jesús

Debo estar consciente de que normalmente mi vida de discipulado oscilará entre la auto-expresión y la prudencia. Hay momentos en que la timidez es un pecado y debo saber expresarme desvergonzadamente por la causa de Dios; y otros en que debo emplear todo esfuerzo para ser prudente, so pena de pecar.

Jesús fue el más asombroso ejemplo de prudencia. Él fue "nacido de mujer y nacido bajo la ley" (Gálatas 4:4). Se limitó *físicamente* al ser "nacido de mujer". Al asumir una forma física, Jesucristo aprendió por primera vez lo que era el hambre, la sed, y el abatimiento. También aprendió lo que significaba estar limitado a un solo lugar a la vez, y tener que viajar paso a paso. Sería como si un adulto tuviera que volver a gatear como un bebé, para luego vivir su vida así. De cualquier modo que lo veamos, el resultado es limitación. En el caso de Jesús, fue motivado por su insondable amor por nosotros.

También se limitó *moralmente* al ser "nacido bajo la ley". La ley fue dada, dice Pablo, para hacernos conscientes de nuestros pecados (Romanos 7:7). Y sin embargo, Jesucristo, quien no tenía pecado, sobrellevó de buena gana las molestias de la naturaleza humana por causa de nosotros, quienes quebrantamos la ley repetidamente.

En el fondo del corazón de Jesucristo estaba su disposición a limitarse y a ser más que prudente en cuanto a *expresarse legítimamente* de sí mismo, a fin de poder salvarnos. Yo también debo aprender de la "mente" de Cristo y estar consciente de que si voy a "salvar" a otros, debo seguir el camino de Cristo. La vía del servicio es la vía de la prudencia. Jesucristo me lo ha mostrado así, y gracias a Dios, me ayudará a lograrlo.

"Venid, subamos al monte de Jehovah, a la casa del Dios de Jacob, para que él nos enseñe sus caminos, y nosotros caminemos por sus sendas" (Isaías 2:3).

Himno: **"Mirad al Salvador Jesús"** CSG # 197, FA 126, VC 50

Unido a la voluntad del Padre

Por todos lados se me recuerda que debo expresarme, que tengo que ser el verdadero *"yo"* que debo ser y utilizo los dones de Dios sin desaprovecharlos. Eso está bien. Sin embargo, veo un fuerte contraste con esa idea en la persona de Jesucristo, quien se limitó *espiritualmente* por mí. ¿Qué puedo decir de la cruz en la que murió, la cual fue *algo necesario* para él (Mateo 3:15; Lucas 12:50)? Él se colocó bajo las limitaciones de la voluntad de su Padre y de nuestra necesidad, y el saldo de esas dos limitaciones fue la cruz.

Yo también me encuentro obligado a la voluntad del Padre. Existen muchas cosas placenteras para mí que no puedo hacer, aun aquellas cosas que en sí mismas son aceptables según la ética. También tengo obligación con las necesidades de mi hermano. Debo ir más allá de la llamativa ideología del socialismo: "Si alguien está hambriento, también estoy hambriento; si alguien tiene frío, también tengo frío; si alguien está en prisión, no soy libre". Debo poner en práctica la ideología de Jesucristo, quien es la personificación de la prudencia y la auto-limitación para poder salvar a otros, ¡no simplemente de la privación económica, sino de la bancarrota espiritual!

¡Qué recompensa es la que le espera a la persona prudente! Fue debido a que Jesús estuvo dispuesto a encarnarse "en el mundo" que Dios mandó a todos los ángeles a "ADORARLE [hacerle reverencia]" (Hebreos 1:6), y por esa razón, tiene un nombre "mejor" que ellos. Las aclamaciones del cielo están reservadas para aquellos que entregan sus vidas a otros, que gastan sus vidas "imprimiéndose" en las almas de otros, y que no ganan nada excepto un alto costo y dolor en el proceso. Para ellos, el cielo tiene la máxima alabanza y por ellos los ángeles cantan sus canciones más dulces, glorificando al Salvador. ¡Dios, hazme digno de ser incluido como motivo de regocijo!

"Así que, no nos juzguemos más los unos a los otros; más bien, determinad no poner tropiezo, impedimento u obstáculo al hermano". (Romanos 14:13).

Himno: **"Es Jesús ¡Qué bella historia!"** CSG # 177

El defecto de la impaciencia

Debo estar alerta contra el pecado de la *impaciencia.* La gran falla del hijo pródigo no fue su petición de "dame", sino la impaciencia con la que buscó su herencia. No pudo esperar el tiempo del padre ni el plan del padre. Tenía que ser según *su* tiempo, **¡inmediatamente!**

¡Cuán a menudo repito el mismo error con mi Padre Celestial! Debo aprender que toda impaciencia es rechazar el tiempo del Padre, diciendo así, "No confío en tu tiempo; mi tiempo es mejor". Moisés pecó de impaciente cuando golpeó la roca en vez de hablarle (Números 20:10-13). Su impaciencia logró que desobedeciera a una orden directa del Señor, y por lo tanto, insultó a Dios públicamente ante la asamblea de Israel (versículo 12). Por ese arranque de impaciencia, Moisés no disfrutó del deseo de toda su vida - de llevar a Israel a la tierra prometida. ¡Cuán a menudo pierdo mis metas y ambiciones porque mi impaciencia hace que Dios aparezca como un tonto ante los ojos de las personas!

La impaciencia es tomar los *medios* de Dios y sustituirlos por los míos propios. Dios ha prometido su fuerza para toda tarea, lo cual significa que no puedo recibir esa ayuda hasta que llegue el tiempo que Dios ha escogido para actuar. Si me precipito a actuar solo y de manera impulsiva, significa que tendré que usar mis propios recursos en vez de los de Dios. Debido a mi impaciencia quedo completamente vulnerable ante mis enemigos.

La impaciencia es decirle a Dios lo que es importante, y eso es un lamentable error. Dios actuará cuando el propósito y el tiempo estén maduros y no antes. No puedo darme el gusto de tomar nuevas oportunidades, no sea que deshonre a Dios y frustre mis propias esperanzas. Sólo puedo permitirme el esperar y dejarle a él tener "piedad" para conmigo (Isaías 30:18). Que mi testimonio siempre sea, "Pacientemente esperé a Jehovah, y él...oyó mi clamor" (Salmo 40:1).

"Pero que la paciencia tenga su obra completa para que seáis completos y cabales, no quedando atrás en nada" (Santiago 1:4).

Himno: **"Pacientemente"** CSG # 398

El perfecto plan de Dios para nosotros

La vida cristiana, vivida apropiadamente, tiene el carácter de perfeccionista. David se refirió a eso cuando dijo, “Perfecto es el camino de Dios” (Salmo 18:30). Y culminó esa declaración con el corolario adecuado y necesario, “(él) hace perfecto *mi* camino” (versículo 32). Dios es perfecto, tanto en sí mismo como en todo lo que hace, y su perfección tiene relevancia sobre mí. Es perfecto no sólo por causa suya, sino por la mía. El plan que tiene en mente para mí es absolutamente perfecto, tanto para él como para mí. También el modo en que ejecuta el plan con sus muchos detalles tiene el sello de la perfección. El resultado es perfección en el cielo y perfección en la tierra.

La palabra *perfecto* tiene dos significados: culminar algo, y madurar. Dios acaba con cada fase, cada detalle de su plan para mí, ya sea algo doloroso o placentero. Confecciona su plan para mí; hace que me quede a la talla. Me conoce de manera tan completa y planea para mí con tanto cuidado que nadie en el universo podría mejorarlo. Cuando cada etapa es completada, Dios suena el silbato y la detiene. El tiempo se acabó; esa etapa está culminada, completa y perfecta.

Debido a que Dios está a cargo de mi vida, no debo fijar mi atención en las cosas, circunstancias, gente o eventos. Esos son sólo elementos pasajeros en el drama de mi vida. En cierto sentido, son en realidad ilusiones y no realidades, y por lo tanto resultan ser un pobre fundamento para la fe. Así como lo subraya la Biblia sólo Dios es mi “fortaleza constante”, el que es permanente en mí mientras que todo lo demás es “por un tiempo”. El vencedor descrito en la Biblia está atado a Dios, la roca, imperturbable ante toda corriente que pasa. Tiene la certeza de que cada vez que Dios lo toca es para perfección.

“Y me hizo subir del pozo de la desesperación, del lodo cenagoso. Puso mis pies sobre una roca y afirmó mis pasos” (Salmo 40:2).

Himno: **“Nuestra esperanza y protección”** CSG # 51, FA 55, VC 14, HB 219

Justificación de por vida

No me puedo dar el lujo de cortejar una visión miope de la justificación por fe. Debo también creer en la *justificación que resulta de mi manera de vivir.* A menudo he pensado que la justificación sólo tiene que ver con mis pecados, mientras que la Biblia dice muy claramente, "[el] justo vivirá por [su] fe" (Hebreos 10:38). Eso significa más que sólo el acto inicial de fe, en el que soy vivificado (vuelto a la vida) en Jesucristo y mis pecados son justificados a la vista de Dios. Gracias a Dios que eso es cierto. ¡Pero aún hay más! Dios me llama a la justificación de mis *pecados*, y también me llama a justificar mi forma de vida ante los hombres.

Para mí es relativamente fácil la justificación de mis pecados. Basta una mirada de fe hacia la cruz del Calvario para ello. Pero Dios me llama para seguir creyendo en él, del mismo modo como creí en el Calvario, para que pueda demostrar de manera efectiva en mí, que es capaz de manejar toda mi vida. Al confiar continuamente en su Palabra con una dependencia de todo corazón, proclamo la justificación divina ante los ojos del mundo. A menudo, sin darme cuenta, me he dejado atrapar en la tentación de confiar en Dios para que perdone mis pecados; pero después me niego a confiar en él en lo cotidiano y diario de mi vida - con quién casarme, dónde trabajar, qué comprar, cómo servir, y qué hacer con mi tiempo libre, y cientos de detalles similares. En pocas palabras, han sido justificados mis pecados, pero no justifico mi vida por fe.

La justificación que resulta de mi manera de vivir obra en ambas vías, hacia el hombre y hacia Dios. ¿Puedo justificar ante Dios mi preocupación, mi ansiedad en cuanto a asuntos de dinero, mi preocupación por el futuro, o mi frustración por mis hijos? ¿O acaso mi simple confianza en él y su Palabra hacen que mi vida sea "justificada", esto es, que Dios me diga que sí a cada actitud y punto de vista? "Justificado por fe", sí, pero no de una vez por todas, sino cada día y en cada situación. El resultado de la justificación de por vida es: "el Señor...se complacerá en su camino" (Salmo 37:23).

"Hermanos míos, si alguno dice que tiene fe y no tiene obras, ¿de qué sirve? ¿Puede acaso su fe salvarle?" (Santiago 2:14).

Himno: **"Yo te bendigo"** CSG # 343

Dios es lo opuesto a nosotros

Seré un mejor siervo de Dios si comprendo cuál es mi relación con él. Él es mi Hacedor, mi Señor y mi Libertador. Pero también es mi *opuesto*. Es mi opuesto tal y como lo son masculino y femenino, por supuesto en una escala asombrosamente mayor, imponente y glorioso. Ante mi calidad de finito está su calidad de infinito. Ante mi debilidad está su omnipotencia. Ante mi visión limitada está su omnisciencia. Ante mi confinación a un cuerpo está su omnipresencia. Aun si el hombre no hubiese pecado, Dios seguiría siendo su opuesto. Al añadir la dimensión del pecado Dios se hace aún más opuesto - por cuanto ante el pecado del hombre están su misericordia y perdón.

El mayor insulto que puedo hacerle a Dios es tratar de ser igual a él, así como lo hizo Satanás, y así como Adán y Eva lo hicieron cuando pecaron: "Seréis *como Dios*" (Génesis 3:5). Por otro lado, cuando soy verdaderamente humano es que más complazco a Dios. El gran pecado de la raza humana es tratar de eliminar u olvidar la diferencia que hay y lo opuesto que son el hombre y Dios. Como cristiano, soy culpable de ese pecado toda vez que usurpe el gobierno de Dios en mi vida tratando de tomar su lugar. Sólo una Persona vivió y tuvo derecho de profesar igualdad con Dios, y quien por lo tanto, pudo decir, "Yo y el Padre una cosa somos" (Juan 10:30).

Verdaderamente debo dejar a Dios ser Dios y que yo sea yo, lo que significa una dependencia en él como criatura, en todo tiempo. Cuando soy débil o estoy herido o adolorido o en pecado, debo venir a él en busca de sus cualidades opuestas: fortaleza, sanidad, gozo y misericordia. Fui hecho para él, y él es feliz cuando llena mis necesidades. "Jehovah es Dios;...pueblo suyo somos, y ovejas de su prado". (Sal no 100:3).

"¡De ninguna manera! Antes bien, sea Dios veraz, aunque todo hombre sea mentiroso, como está escrito: 'para que seas justificado en tus palabras y venzas cuando seas juzgado'" (Romanos 3:4).

Himno: **"Majestad"** CSG # 9

El lujo de la frustración

Como discípulo de Jesucristo no puedo permitirme el lujo de la frustración. Si me acuesto al final del día y siento que no sé qué hacer, no estoy cumpliendo con mi compromiso. ¿Por qué no vino esa carta? ¿Por qué no dije esto o aquello por teléfono? ¿Por qué omití algunas cosas en esa entrevista? ¿Por qué fracasó mi discurso ante el grupo? Y así sucesivamente. En tal estado me siento burlado, estafado e insatisfecho. Y no hay paz en absoluto.

Esa condición es tanto de *incredulidad* como de *rebelión*. Incredulidad, porque si todas las cosas son mías, como dijo Pablo, ¿por qué simplemente no lo creo y descanso en ello? (1 Corintios 3:21); y rebelión porque he estado en desacuerdo con Dios por la porción que tiene el día de hoy para mí. Debo aprender que no puedo conseguir más de lo que Dios ha planeado en un día dado. Todo el afán, esfuerzo y aun la oración no producirán ni un poquito más de la bendición que Dios ha destinado para mí. Mi actitud debe ser: tu voluntad, no la mía; que venga tu porción; y no, dame la porción que exijo o demando. Debo aprender a ceder en vez de resistir.

Nada en el cielo o en la tierra puede detener o demorar la bendición que Dios ha reservado hoy día para mí. No existe ninguna "Oficina de Bendiciones Demoradas (o aplazadas)" en la economía divina. La palabra *demorar* ni siquiera aparece en su vocabulario. Cualquier cosa que aparece ser demorada o diferida simplemente no es su voluntad para mí en ese momento. Por lo tanto, ¿por qué preocuparme? Puede que mis días no siempre se caractericen por un deleite lleno de placer, pero siempre se caracterizarán por la porción especialmente escogida de Dios, la cual nunca dejará de llegar. Así que ¿por qué debo de temer?

Y sin embargo, parece que siempre temo a Dios - temo que se niegue a darme lo que debo tener. ¿El resultado? Vivo miserablemente en vez de vivir con gozo. Dios, dame un corazón dispuesto a aceptar tu porción - ¡con gozo! Descanso en esto: "No privará del bien a los que andan en integridad" (Salmo 84:11).

"Estad quietos y reconoced que yo soy Dios. Exaltado he de ser entre las naciones; exaltado seré en la tierra" (Salmo 46:10).

Himno: **"Nuestro Dios y Padre eterno"** CSG # 60, HB 233

¿Es Dios duro?

Debo recordar que mi servicio a Dios depende de mi actitud hacía él. El hombre con un talento lo enterró porque, para él, su amo era "un hombre duro, que [cosechaba] donde no [sembró] y [recogía] donde no [esparció]" (Mateo 25:24). Siempre que vea a Dios como un "hombre duro", esto afectará mi servicio para él. Lo haré como algo infructuoso, una esclavitud sin gozo y un servicio sin compensación.

Simón Pedro, prácticamente insultó a Jesús cuando le dijo, "He aquí, nosotros lo hemos dejado todo y te hemos seguido. ¿Qué hay, pues, para nosotros?" (Mateo 19:27). Eso fue como llamar a Jesús "un hombre duro", porque la pregunta indicaba una duda en la mente de Pedro, de que si alguna vez recibiría recompensa por su trabajo. A menudo soy un cristiano contradictorio. Creo en el amor y la justicia de Dios; y sin embargo lo trato como a un "hombre duro" cuando dudo que cuidará de mí.

David estableció una ley en el código militar de Israel: los hombres que guardaban el equipaje debían de compartir también, y recibirían igual parte del botín que aquellos que luchaban en la batalla (1 Samuel 30:24-25). ¡Admiro la justicia y caridad de David! ¿Pero acaso es Dios menos justo y menos caritativo que él? ¿Acaso me tratará a mí, un soldado de su ejército, con menos consideración que la usada por David con sus hombres?

Leo, "Buscad primeramente el reino de Dios y su justicia, y todas estas cosas os serán añadidas" (Mateo 6:33). ¿Son esas las palabras de un "hombre duro" o son las de un Amo amoroso que nunca me privará de nada de lo que ha designado para mí? Cuando Dios me pregunte, "¿Acaso soy duro?" debo responder, "Nunca, Señor", y entonces dejar que la fe confirme ese "¡Nunca!" Digo junto con Abraham; "El juez de toda la tierra, ¿no ha de *hacer lo que es justo*?" (Génesis 18:25).

"Porque Dios no es injusto para olvidar vuestra obra y el amor que habéis demostrado por su nombre, porque habéis atendido a los santos y lo seguís haciendo" (Hebreos 6:10).

Himno: **"Con las nubes viene Cristo"** CSG # 550, VC 81

El secreto del crecimiento espiritual

Me ahorraré muchas decepciones en mi discipulado si aprendo el secreto del crecimiento cristiano que se resume en la palabra *madurar*. Todo crecimiento natural y orgánico sigue ese patrón; lo mismo sucede con el crecimiento espiritual. Ni siquiera la salvación es instantánea, excepto por el momento exacto de la decisión. Pero antes que llegue ese momento transformador, ha transcurrido una porción sustancial de tiempo, preparándome para la recepción de la nueva vida.

Sobra decir que si la preparación es larga y algunas veces difícil, los frutos de la salvación también pueden ser largamente esperados. Esto es debido a que la nueva vida opera dentro de mí sobre una base cronológica, como un niño en crecimiento. Cuando el organismo está listo, el niño caminará y hablará, no antes. Lo mismo sucede con el hijo recién nacido de Dios. Asumiendo que me rodeo de los medios apropiados de crecimiento, entonces debo esperar que la nueva vida dentro de mí se desarrolle hacia la imagen de Cristo, a través de una serie de etapas de maduración.

Se da mucho énfasis al papel que juegan las "crisis" en el crecimiento cristiano. Basta "tomar una decisión" y entonces, instantáneamente, manifestaré madurez. ¡Error! Esa forma de pensar sólo lleva a la frustración.

Cuando Jesús le dijo a Simón, "Tú serás llamado Cefas" (Juan 1:42), estaba proyectándose a una gran distancia hacia el futuro. Lo mismo sucede conmigo. Aceptar a Cristo pone el regalo dentro de mí, pero caminar con Cristo permite que la vida lo desenvuelva, trayendo los cambios que Dios quiere para mí.

¡Qué glorioso es tener a Dios como nuestro jardinero! "La viña hermosa...yo, Jehovah, la guardo. A cada momento la riego". (Isaías 27:2-3). Entonces, "[echaremos] raíces;...[echaremos] botones y [daremos] flores. Y llenarán la superficie del mundo con su fruto" (versículo 6).

"De manera semejante, hermanos míos...habéis muerto a la ley por medio del cuerpo de Cristo, para ser unidos con otro, el mismo que resucitó de entre los muertos, a fin de que llevemos fruto para Dios" (Romanos 7:4).

Himno: **"Sublime Gracia"** CSG # 300, FA 9, HB 183, LL 7, GD 40

Auto-engaño

Dicen que el más grande de todos los engaños es el auto-engaño, y es cierto. Pero Dios no permitirá que ninguno de sus discípulos sufra para siempre de la ilusión del auto-engaño. Tarde o temprano, nos arrancará la máscara y nos dejará vernos como realmente somos. Él es el gran destructor de máscaras.

Tengo bien grabada en mi mente la historia de Naamán y Eliseo. ¿Pero será que me acuerdo igual la parte que tenía que ver con Giezi? El papel que éste jugaba era casi tan importante como el de los otros dos (2 Reyes 5). Naamán, el sirio leproso, vino a Eliseo para ser curado. Eliseo le dijo que se sumergiera siete veces en el Río Jordán, lo cual hizo, y su carne se convirtió como en la de un niño. Él quiso recompensar a Eliseo por su curación, pero éste lo rechazó. Giezi, el siervo de Eliseo, corrió tras Naamán, y pidió la plata y las ropas que habían sido rechazadas. Eliseo lo censuró por su desobediencia, y éste se volvió leproso, tal y como Naamán lo había sido.

La tragedia de Giezi fue que nunca reconoció que primero era un leproso *de corazón*. Asumió que debido a que su *entorno* era correcto, también él estaba en lo correcto. Eliseo siempre estaba ante él, la escuela profética siempre alrededor suyo, y el servicio del Señor siempre a su lado. Con tales influencias, ¿quién tendría la posibilidad de ser impío? La verdad es que, con tales influencias ¡es más fácil auto-engañarse! El auto-engaño siempre trabaja sobre el principio de que Dios ve tan borroso como las personas. Pensamos que porque nosotros no vemos, él tampoco ve. Sin embargo, Giezi me recuerda que Dios lo ve todo demasiado bien, y que tarde o temprano, la gente verá lo que él ha estado viendo todo el tiempo.

¿Qué es lo que Dios me está diciendo con este ejemplo? Debo erradicar mi lepra interna, no sea que Dios la haga dolorosamente pública. Él me ayudará a hacerlo, por cuanto lo que le exponga voluntariamente, nunca lo expondrá al mundo (1 Juan 1:9).

"Pero sed hacedores de la palabra, y no solamente oidores, engañándoos a vosotros mismos" (Santiago 1:22).

Himno: **"Mi corazón, oh examina hoy"** CSG # 382, FA 302, HB 493

El pecado de crear "indispensables"

Dicen los científicos que la naturaleza aborrece el vacío. Según la Biblia lo mismo sucede con Dios. Cuando los invitados fallaron en acudir al banquete, el anfitrión le dijo a su siervo, "Vé por los caminos...y exígeles a que entren para que mi casa se llene" (Lucas 14:23). La *voluntad* de Dios es, "que mi casa se llene". La *manera* divina de hacer o lograr esto es, "Si la gente no responde, busquen a otros". Cuando Israel no respondió al mensaje de Cristo, Dios se volvió a los gentiles y les dio la "viña" que los israelitas violaron. Si Juan Pérez no responde a la invitación del evangelio, María Pérez lo hará. La casa de Dios debe estar "llena". Si Judas no se convierte en apóstol, Saulo de Tarso lo hará. Si la iglesia de Efeso se hace tibia y fría y deja su primer amor, Cristo le quitará su candelero y lo dará a otra iglesia que sí lo manifestará (Apocalipsis 2:5).

A menudo he sido culpable del pecado de crear "indispensables". He tratado a convertidos potenciales como a convertidos, a líderes de iglesia como a líderes indispensables, y a mis amigos como a amigos indispensables. A los ojos de Dios, no hay personas indispensables. Todos somos prescindibles. No puedo jactarme de tener una posición de tal privilegio que Dios no pueda darse el lujo de pasarme por alto en el proceso de su obra. En todo tiempo debo probarle que no soy material desechable (1 Corintios 9:27). Nunca debo abandonar las condiciones sobre las cuales se basa el servicio fructífero, y jamás debo sentir que la obra de Dios desaparecerá cuando yo muera. Dios aborrece ese tipo de vacío, y pronto lo llenará con otro. Mi gozo en todo esto es saber que el propósito de Dios nunca dejará de cumplirse: "No se desalentará ni desfallecerá hasta que haya establecido la justicia en la tierra" (Isaías 42:4); compárese con Mateo 12:20). Su victoria es mi descanso, y su propósito infalible, mi delicia.

"Si yo hablo en lenguas de hombres y de ángeles, pero no tengo amor, vengo a ser como bronce que resuena o un címbalo que retiñe" (1 Corintios 13:1).

Himno: **"Yo te sirvo"** CSG # 498, HB 421

Discipulado de crisis

En muchas ocasiones Dios trata con sus discípulos con base en una "crisis". Existe un cierto tipo de reacción rápida generada por una crisis que nunca se da durante un proceso largo y lento. Eso le sucedió a Nicodemo y a José de Arimatea. Ellos eran discípulos "secretos", quienes no formaban parte de los doce, ni los setenta, ni tampoco de los ciento veinte. Ellos seguían a Jesús desde las sombras y a la distancia.

De repente Dios envió una crisis, la crisis de la cruz, y los dos discípulos escondidos tuvieron que salir a la luz. Se identificaron públicamente como seguidores de Jesús y rogaron a los oficiales que se les entregara el cuerpo del Señor para que fuera enterrado (Juan 19:38-42). Así que Dios a menudo utiliza la crisis como una herramienta de "hazlo o mueres" para declarar, fortalecer o purificar a un discípulo.

Cuando estudio el viaje por el desierto de los israelitas, no dejo de maravillarme por el número de crisis que tuvieron que atravesar: sed, hambre, serpientes, enemigos, rebeliones. Y sin embargo, Dios declara que la razón por la cual los llevó a través de tales experiencias era para "[probarlos], para saber lo que estaba en [su] corazón" (Deuteronomio 8:2-6). Por lo tanto, el desierto fue pedagógico y catártico; fue diseñado para mostrarles las tendencias malas de sus corazones y purificarlos de las mismas. Para mí también, la vida será una serie de crisis en las que mi compromiso se hará fuerte y confiable, o si no, se atrofiará lentamente hasta ser consumido por la debilidad.

Sin embargo, el tema de Deuteronomio 8 no es la crisis, sino la *dirección divina*. Una y otra vez Dios le asegura a su pueblo que fue él quien los dirigió, alimentó y cuidó. Luchó por ellos y los guió hacia su meta escogida. ¡Debo recordar eso! No estoy viviendo al capricho del destino, sino como el hijo escogido de un Padre sabio y amoroso. El me lleva y me conduce así porque puso su amor sobre mí y me escogió (ver Deuteronomio 7:7).

"Conozco, oh Jehovah, que tus juicios son justos, y que conforme a tu fidelidad me has afligido" (Salmo 119:75).

Himno: **"Sea la paz"** CSG # 178, FA 86, GD 247

Conociendo a Cristo de segunda mano

Debo cuidarme de no "conocer" a Cristo de una manera natural o material. Fue Pablo quien dijo, "Aun si hemos conocido a Cristo según la carne, ahora ya no le conocemos así" (2 Corintios 5:16). Conocer a Cristo "según la carne" significa conocerlo de una manera natural, o conocerlo de segunda mano.

Conocer a Cristo, "según la carne", significa tener una relación puramente material o natural, tal y como los discípulos en un comienzo. A veces decimos, "Oh, si tan sólo hubiese estado allí", como si el estar físicamente en la presencia de Jesús de alguna manera creara la fe. Los discípulos habían estado con él por más de tres años; y sin embargo no creían en él; lo abandonaron y huyeron. Pero cuando les sobrevino el Espíritu Santo en el Pentecostés, de repente todo lo que Cristo les había enseñado se hizo sorprendentemente vivo y cierto. Entonces conocieron a Cristo "según el Espíritu". Debo negarme a conocer a Cristo según las leyes de la razón, la investigación o la historia. Debo verlo sólo a través de los ojos del Espíritu Santo. Existen demasiados "cristianos" que ven a Cristo de manera material o natural. Un Cristo natural no transformará a nadie.

Del mismo modo, no debo conformarme con conocer a Jesucristo de segunda mano. No debo ser un "parásito" viviendo a expensas de la fe de otros. Las personas cuya experiencia con el Señor no pasa de ser un simple "Yo también", se marchitarán y morirán cuando la fuente de su vida les sea quitada.

Si dejo que el Espíritu Santo me haga conocer a Jesucristo *de manera directa*, ese conocimiento será más rico y dulce a medida que el tiempo pasa. Pero si conozco a Cristo por cualquier otro medio, ese conocimiento se deteriorará, lo mismo que sucederá con mi cuerpo y mente. Nunca debo dejar que se me interprete a Jesucristo en forma que no sea la espiritual; esa es la única manera en que permanecerá conmigo para siempre. Me encanta la oración de Pablo: "Que...Dios...os dé espíritu de sabiduría y de revelación en el pleno conocimiento de [Cristo]" (Efesios 1:17). ¡Qué maravilloso cuando se nos responde!

"Mirad, pues...cómo os comportáis; no como imprudentes sino como prudentes, redimiendo el tiempo, porque los días son malos" (Efesios 5:15-16).

Himno: **"Yo quisiera hablarte"** CSG # 170, FA 191

La belleza natural de Jesucristo

Debo aprender a tener los "ojos de Dios" para todas las cosas, a ver las cosas como él las ve y apreciarlas como él las aprecia. Por ejemplo, Dios tiene una manera especial de mirar a su Hijo, Jesucristo. Lo ve como un "retoño", rico y hermoso, mientras que el mundo lo ve sólo como una "raíz [tocón] de tierra seca", sin "parecer" ni "hermosura" (Isaías 53:2).

¿Acaso veo a Jesucristo "completamente adorable" o como alguien con poco atractivo? Tenemos la tendencia de buscar a nuestros homólogos entre todas las personas. Es por eso que Dios ve a Jesús y se deleita grandemente en él. El se ve reflejado en su Hijo. La persona "natural" no encuentra atractivo en Jesús. La verdad es que ni piensa en él. En cambio cuando recibimos al Espíritu Santo, de repente Jesucristo adquiere todo un nuevo atractivo. Lo vemos bajo una nueva luz; todas sus glorias escondidas saltan explosivamente a la vista. Todo porque es el Espíritu quien está viendo a Jesús a través de nosotros.

Desde el otro punto de vista, Dios nos ve a nosotros, seres humanos, como a gajos secos, sin belleza natural, hasta que recibimos a su Hijo. Es entonces que nos convertimos en retoños para él, porque Jesucristo nos hace bellos ante Dios. Es así que nosotros los cristianos también nos deleitamos unos con otros, porque el Espíritu que está dentro de uno reconoce al Cristo que está en la otra persona y se regocija en lo que ve. Lo emocionante acerca de ser un cristiano es que no sólo Cristo está en nosotros, sino que por medio de su Espíritu *nos* está cambiando más y más a su imagen cada día (2 Corintios 3:18). En la medida que nos hagamos más y más parecidos al Cristo que está en nosotros, Dios se regocijará en nosotros. Poco a poco la belleza de Jesús se convierte en *nuestra* belleza y el corazón de Dios rebosará de gozo.

Con toda reverencia puedo decir que Jesucristo es mi embellecedor. Nadie más me hará más atractivo y bello para Dios que él.

"Y además, él es la cabeza del cuerpo, que es la iglesia. Él es el principio, el primogénito de entre los muertos, para que en todo él sea preeminente" (Colosenses 1:18).

Himno: **"Cristo, nombre glorioso"** CSG # 151

Reclamando nuestra herencia

Debo recordar que no es suficiente proclamar lo que Cristo ha hecho por mí. También debo *reclamarlo*. Las bendiciones de la vida cristiana no son automáticas. Estas deben ser demarcadas y poseídas, tal y como los israelitas tuvieron que reclamar su derecho sobre la tierra de Canaán. Una de las cosas más tristes que Josué dijo a Israel fue, "Queda todavía muchísima tierra por conquistar" (Josué 13:1). La tierra había sido conquistada como un todo. Ahora le correspondía a cada tribu por separado, tomar posesión del territorio que le correspondía paso a paso, y metro por metro. Debía echar a sus enemigos para luego establecer su propia autoridad.

Cometo un gran error cuando confundo el vivir por fe con el vivir en ociosidad. Dios nunca quiso que yo fuera "llevado a los cielos en un cómodo lecho de flores". Más bien debo ser firme y resuelto en hacer mío todo aquello por lo que Jesús murió. Si Satanás no pudo evitar que yo aceptara a Jesús, entonces se encargará de hacer todo lo que pueda para que yo no aproveche los beneficios de mi Salvador. Si no puede sacarme de la tierra de Canaán, hará todo lo posible para que no disfrute de ninguna de sus victorias. Satanás es el más grande "embaucador" de todos los tiempos; se hinchará de manera inmensamente desproporcionada, sólo para asustarme y alejarme de las bendiciones que Cristo ha comprado para mí. Puede que ahora mismo esté viviendo pobremente, no porque no sea rico, sino porque Satanás me ha convencido de que no lo soy.

Así como Dios le dio la tierra de Canaán a Israel, me ha dado "en Cristo...toda bendición espiritual" (Efesios 1:3). Por lo tanto, tengo la *autoridad* para reclamar todo lo que necesito de él. Pero Dios promete algo más: la *capacidad* para echar fuera al enemigo que me impide tomar posesión de lo que es mío. ¡Dios, hazme más que un vencedor! (Romanos 8:37).

"Bendito sea el Dios y Padre de nuestro Señor Jesucristo, quien nos ha bendecido en Cristo con toda bendición espiritual en los lugares celestiales" (Efesios 1:3).

Himno: **"Escogido fui de Dios"** CSG # 340, FA 242, HB 326

Trabajando para conquistar Canaán

Si un discípulo desea tener éxito debe entender la diferencia entre "descanso" y "obras". Cuando la Biblia dice, "Pero los que hemos creído sí entramos en el reposo" (Hebreos 4:3), se refiere al reposo de no tener que esforzarnos por nuestra *salvación*. En ningún momento quiere decir que podemos descansar o no esforzarnos por nuestra *victoria*. Al contrario, leemos, "Hagamos, pues, todo esfuerzo para entrar en aquel reposo" (versículo 11).

Nos confundimos, a veces, en cuanto a ese aspecto de nuestra vida cristiana. Debido a que somos salvos sólo por medio de la fe, pensamos que la victoria nos viene del mismo modo. Si bien es cierto que podemos confiar en Dios para que nos ayude a salir adelante, no estamos exentos del sufrimiento, la lucha y el esfuerzo que cuesta lograr la victoria. La tierra de Canaán le había sido prometida a los israelitas, pero éstos tuvieron que luchar por ella, mantenerla y labrarla antes que comenzara a producirles el fruto de su posesión. Lo mismo sucede conmigo. Cristo me ha dotado de todas las provisiones que necesitaré para mi vida cristiana (y más), pero dichas provisiones nunca se harán mías simplemente por el hecho de creer que están allí. Se harán mías en tanto que las necesite en la lucha, así como Canaán llegó a ser de Israel por medio de la guerra y el trabajo duro.

Conquisto mi Canaán labrándola arduamente. Con ese fin debo trabajar duro en la oración, en la auto-negación, en mi testimonio hacia un mundo hostil, en enfrentar la oposición, en vivir de acuerdo a la Biblia, en obedecer la Palabra de Dios no importa los obstáculos y en desafiar el derecho de Satanás a invadirla.

Ese tipo de vida es todo menos fácil. Pero cuando Canaán comienza a producir sus frutos, ¡qué bendición y qué gloria! La victoria no vendrá sin batalla, pero mi fe es como la de Caleb: "Dame, pues, ahora esta parte montañosa...¡Jehovah está conmigo, yo los echaré [al enemigo], como Jehovah ha dicho!" (Josué 14:12).

"Temamos, pues, mientras permanezca aún la promesa de entrar en su reposo, no sea que alguno de vosotros parezca quedarse atrás" (Hebreos 4:1).

Himno: **"Anhelo trabajar por el Señor"** CSG # 472, FA 322, VC 259, HB 362, GT 49

La necesidad de vacaciones

Debo velar por mi Canaán espiritual tan fielmente como los israelitas lo hicieron con su tierra física. Cuido de mi bendición en dos cosas: dándole reposo y redimiéndola. Los israelitas daban "reposo" a su tierra cada semana en el día sabático, cada séptimo año y cada quincuagésimo año, el año de jubileo (Levítico 25:1-12). El reposo de la tierra era necesario para su longevidad y para que fuera fructífera. Así también debo "reposar" ocasionalmente como Dios lo hizo en el séptimo día, y como Jesús lo hizo en varias ocasiones (Marcos 6:31). No debo incitarme hacia una actividad incesante solamente porque "Satanás nunca toma vacaciones". Todos toman vacaciones, incluso Dios, a pesar de que él es inagotable.

El descanso espiritual involucra descanso de mi enemigo y descanso para mi espíritu. Sólo Dios puede darme descanso de mi enemigo; por lo tanto, debo preocuparme por el descanso de mi espíritu, lo cual es mi responsabilidad. Ya que soy responsable del uso de mi tiempo, cuerpo y talentos, también soy responsable de mi reposo. Ni mi cuerpo ni mi espíritu pueden seguir con un continuo trabajo pesado, porque no fueron creados para tal propósito. El crecimiento espiritual es como el crecimiento físico; sucede por etapas. Siempre debo tener la mentalidad de Jesús quien, a pesar de la abrumadora cantidad de necesidades a su alrededor, tomaba sus descansos.

Cada bendición espiritual que llego a disfrutar en mi vida necesita su tiempo para madurar. No sólo debo aprender una lección; debo absorberla. Tal vez eso explique por qué hay tan pocos santos verdaderos hoy en día, y una sobreabundancia de administradores y promotores. Debo recordar que mi refrigerio espiritual está atado de manera vital a una Persona. "Mi presencia irá contigo, y te daré descanso" (Éxodo 33:14). No tomo vacaciones *de* Dios sino *en* Dios. Esto significa que mi ser está en él, aun cuando mis facultades puedan estar simplemente reposando.

"Él les dijo: 'Venid vosotros aparte a un lugar desierto, y descansad un poco'. Porque eran muchos los que iban y venían, y ni siquiera tenían oportunidad para comer" (Marcos 6:31).

Himno: **"Estoy bien"** CSG # 373, VC 110, HB 330, LL 46, GD 94

El pariente redentor

En mi búsqueda de victoria espiritual, debo reconocer que se puede ganar y también perder terreno. Es allí donde tiene que ver la *ley de la redención.* El israelita del Antiguo Testamento podía perder su herencia a través de la negligencia o de reveses infortunados, así que Dios lo proveyó de un derecho de redención, por el cual su propiedad perdida le podía ser restaurada en el quincuagésimo año (Levítico 25:23-34). Lo mismo sucede conmigo. Puedo perder mi bendición espiritual por negligencia (Mateo 25:26-30) o porque se me es arrebatada por el mundo o Satanás (Mateo 13:4). Sin embargo, Dios ha provisto de un medio por el cual la bendición me puede ser restituida por mi Pariente Redentor, Jesucristo.

La tarea del pariente redentor en el esquema levítico era la de librar de la pobreza, restaurar la tierra a su dueño original y asegurar la justicia para el pariente oprimido. Así también Jesucristo ahora actúa como el Restaurador de mi bendición y poder perdidos. Él intercede por mí con base en su obra redentora en el Calvario, garantizándome de esta manera una oportunidad ante el trono de Dios. Me da el derecho de ser escuchado, el derecho de confesarme, y el derecho de ser perdonado y restaurado (1 Juan 1:5-10). Si no fuera por la intercesión actual de Cristo por mí, cada pérdida en mi caminar cristiano sería *permanente*; pero un rápido llamado a mi Pariente Redentor en el momento en que me encuentro en angustia, activa inmediatamente la ley de la redención y elimina la posibilidad de pérdida.

Me regocijo en la provisión de redención continua que Dios ha hecho para mí, pero ésta debe ser pedida. El no pedirla es perder la bendición, lo mismo que Esaú perdió la suya, y con todo su dolor. Debo actuar y presentar mi súplica, entonces mi Pariente Redentor hará el resto. Él nos dice, "Buscaré a la perdida y haré volver a la descarriada. A la perniquebrada vendaré, y fortaleceré a la enferma" (Ezequiel 34:16). ¡Él es el Pariente Restaurador perfecto!

"Acerquémonos, pues, con confianza al trono de la gracia para que alcancemos misericordia y hallemos gracia para el oportuno socorro" (Hebreos 4:16).

Himno: **"Descanso en ti"** CSG # 377, FA 12

Ministrando con un nombre limpio

En todo tiempo debo "ministrar con un nombre limpio". Pero debe ser el nombre de Dios y no el mío. El ministrar con un nombre limpio es representar a Dios como realmente es. No debo malgastar mi tiempo en limpiar mi nombre por cuanto esa es responsabilidad de Dios.

El pecado de Moisés que no le permitió entrar a la tierra prometida fue el de deshonrar a Dios delante del pueblo (Números 20:10-13). Al golpear la roca en vez de hablarle solamente, demostró su propia incredulidad y le quitó santidad ante los ojos de los israelitas (versículo 12). El desobedecer a Dios deliberadamente es no creerle, y eso, especialmente en el caso de un *líder*, es humillar a Dios delante de su pueblo. Dios no tolerará la humillación por parte de ninguno de sus siervos porque esta es una sombra del pecado de Lucifer, de elevarse a sí mismo por encima de Dios (Isaías 14:14).

Mi deber es elevar, santificar, honrar y limpiar el nombre de Dios delante del pueblo en todo tiempo, tal y como Jesús lo hizo: "Yo te he glorificado en la tierra"(Juan 17:4). Ahora comprendo por qué Dios castigó a Moisés tan severamente: él era un líder, su pecado fue público, e hirió la gloria de Dios en extremo.

Si paso mi tiempo esclareciendo el nombre de Dios, no tendré tiempo para limpiar el mío. Nunca debo estar dispuesto a justificarme, tal y como lo hizo el joven maestro de la ley (Lucas 10:29). Por supuesto, hay un tiempo para "razonar juntos" con Dios (Isaías 1:18), durante el cual Dios está dispuesto a escuchar todos mis argumentos y razones para algo específico. Pero una vez que Dios ha dado su veredicto, la auto-justificación debe cesar y debo seguir justificando a Dios. Esta es la marca de un discípulo maduro: ¿Me ocupo en defender a Dios, o defiendo mi propia causa a los ojos de los hombres? Si "cumplo la ley real" conoceré "el buen nombre que ha sido invocado sobre [mí]" (Santiago 2:7-8). Si dejo que "alumbre [mi] luz delante de los hombres,...[glorificaré] a [mi] Padre que está en los cielos" (Mateo 5:16).

"Señor, abre mis labios, y proclamará mi boca tu alabanza" (Salmo 51:15).

Himno: **"Testifica"** CSG # 466, FA 326

El culto al éxito

Es necesario tener cuidado para evitar las tentaciones del "culto al éxito" en la obra de Dios. Cuando Jesús les anunció a sus discípulos que iría a Jerusalén para ser traicionado y entregado en manos de pecadores, para luego ser crucificado, Pedro exclamó: "Señor, ten compasión de ti mismo. ¡Jamás te suceda esto!" (Mateo 16:22 RVA). Satanás no puede soportar la cruz en ninguna forma, ya sea como instrumento de muerte o como un modo de vida, y hará cualquier cosa para mantener a Jesús -y a nosotros- lejos de ella.

El "culto al éxito" y no la cruz, es la religión favorita de Satanás. Cuando Pedro vio a Jesús transfigurado en el monte en compañía de Moisés y Elías, se sintió asombrado. ¡Qué escena! Con gran entusiasmo le dijo a Jesús: "Si quieres, yo levantaré aquí tres enramadas: una para ti, otra para Moisés y otra para Elías" (Mateo 17:4). Pedro era un gran promotor y sabía como llegar a las multitudes y motivarles. Sin darse cuenta, Pedro andaba equivocado. Jesús, así como Moisés y Elías, estaba pensando en la cruz. Y Dios, en aparente refutación al deseo maligno de Pedro dijo a los discípulos: "Este es mi Hijo amado...A él oíd" (vs. 5).

No debo construir tabernáculos; debo buscar mi cruz. No debo hacer planes para el éxito; diariamente debo obedecer a mi Padre Celestial. Jesús no hacía planes en función de las multitudes. Estas simplemente eran una manifestación física de la obediencia de Jesús a la voluntad de su Padre. El no buscaba gloria ni algún nicho en la historia, sino simplemente entregó los frutos a la disposición de su Padre. Debo resistirme a construir un imperio o luchar por preservar o conservar los frutos de mi ministerio. Es Dios quien obra por medio de nosotros (1 Samuel 14:6), lo que significa que él comienza con nuestra iniciativa y termina de acuerdo a su propósito perfecto. Que Dios me haga fiel en obediencia, y que yo pueda dejar los resultados a él.

"Olvidando lo que queda atrás y extendiéndome a lo que está por delante, prosigo a la meta hacia el premio del supremo llamamiento de Dios en Cristo Jesús" (Filipenses 3:13-14).

Himno: **"Que el sentir de Jesucristo"** CSG # 422

Las consecuencias de la victoria

Jamás debo permitir que una victoria sobre Satanás se me convierta en una debilidad, ya que su blanco principal no son las ***víctimas***, sino los ***victoriosos***. Pablo me recuerda esto cuando dice: "Y después de haberlo logrado todo, quedar firmes" (Efesios 6:13 RVA). En otras palabras, después de una gran victoria, debemos cuidarnos más que nunca. Satanás es el gran "despojador" y le encanta chupar la miel de una dulce victoria que hayamos tenido sobre él.

Piensa en Sanbalat y Nehemías. Después de fallar con sus amenazas, disparates y hostigamiento, Sanbalat le dijo a Nehemías: "Ven y reunámonos...en el valle de Ono" (Nehemías 6:2). Lo que quiso decir fue: "¿Para qué seguimos en pleito? Traté de impedir el levantamiento de los muros, pero fracasé. Ahora seamos buenos amigos, olvidemos el pasado, y hagamos planes para hacer algo armonioso en el futuro". Satanás nunca renuncia cuando pierde. Si Nehemías hubiese escuchado a Sanbalat, todos sus esfuerzos anteriores habrían sido echados a tierra.

Me encantan las palabras con que Nehemías respondió: "Estoy realizando una gran obra. No puedo ir" (Nehemías 6:3). Cuando Satanás venga a neutralizar mi victoria, debo ignorar, menospreciar y rechazarlo. Nunca debo desviarme del mandato de Dios (construir muros para su obra) y pensar en las sugerencias de Satanás. Más aun, nunca debo jactarme de mi victoria sobre Satanás, ya que representaría una preocupación anormal por la victoria en sí, más que por la obra que Dios me ha encomendado a hacer. La victoria es sólo un incidente, una batalla en la eterna guerra, y rápidamente debo armarme contra la siguiente embestida del maligno. Habiendo hecho esto, debo ***resistir***, no con mi propia fuerza, sino "en el poder de su fuerza" (Efesios 6:10), por cuanto mi Dios, Todo-vencedor y Todopoderoso, ha embotado los dardos de Satanás y ha aplastado su armadura para siempre.

"Al que venza, yo le daré que se siente conmigo en mi trono; así como yo también he vencido y me he sentado con mi Padre en su trono" (Apocalipsis 3:21).

Himno: **"Adelante con valor"** CSG # 534, FA 255, VC 206, HB 384, GT 81

El cristianismo de "maniquí"

Lo que más quiere Dios ver en mí y lo que él más valora, es la vida ***espiritual***. La valora dentro de mí de tal forma que hace de ella una condición para el servicio. Aarón fue escogido para ser el sumo sacerdote de Israel porque su vara "floreció" (Números 17:8 RVA); brotaron de ella flores y frutos porque Dios le había dado vida de manera milagrosa. La lección es obvia: a menos que posea vida espiritual, no tendré fruto.

El pueblo de Dios ha convertido en institución el servicio espiritual. Elegimos a un pastor, y por ese nombramiento, esperamos que sea un vocero de Dios. Pero no necesariamente es así. El título no es vida, y el puesto no es fruto. Dios no bendice el puesto ni el título; él bendice a la persona, y la bendice porque da abundante evidencia de la vida espiritual que fluye en su vida.

Jesucristo era Sacerdote según el orden de Melquisedec (Hebreos 5:6). ¿Por qué? Porque Melquisedec era un sacerdote por su función, y no por jerarquía. El no tenía templo, ni santuario, ni ritual; pero su vida era un continuo fluir de la vida de Dios en su corazón, lo cual bendecía a otros, incluyendo a Abraham.

La vida espiritual es lo que Dios demanda y lo que el mundo anhela. Nadie, ni siquiera el agnóstico más empedernido, puede refutar la vida y el fruto que Dios da a través de su Iglesia; pero todo el mundo rechaza enérgicamente el "cristianismo maniquí", cuando sólo hay fachada y forma, pero sin vida. Si voy a tener un ministerio para con el mundo, es indispensable tener vida, esa vida "más abundante" que Jesús vino a ofrecer. Los hombres no necesitan de "varas" o "bastones" que son bellos en apariencia, pero inútiles para dar nueva vida. Dios es el Resucitador de huesos secos y el Restaurador de desiertos áridos; él es el Dador de su Espíritu, por el cual yo llego a tener vida abundante y gloriosa (Ezequiel 37:14).

"El ladrón no viene sino para robar, matar y destruir. Yo he venido para que tengan vida, y para que la tengan en abundancia" (Juan 10:10).

Himno: **"Vida Abundante"** CSG # 176, HB 178

Talento Despreciado

Así como la vara de Aarón representaba vida, la vara de Moisés representaba poder y autoridad (Exodo 4:1-3). Cuando Moisés arrojó su vara al suelo, esta se convirtió en una serpiente viva. La lección fue muy poderosa para Moisés - Dios lo había llamado a librar a los israelitas de Egipto. Si él se negaba, si arrojaba su vara, su autoridad se convertiría en algo feo, despreciable y temible.

El Nuevo Testamento habla del talento "escondido en la tierra". Pero, ¿y qué del talento "despreciado?" El talento despreciado es la responsabilidad esquivada, el poder desaprovechado, la autoridad no utilizada. Es la maldición de Meroz, pueblo que se negó a ir "en ayuda de Jehová con los valientes" (Jueces 5:23 RVA). Es el pecado de Juan Marcos, quien se negó a entrar a Asia Menor con Pablo y Bernabé para regresar a casa (Hechos 13:13). Es el pecado de los hijos de Efraín, quienes "armados con excelentes arcos, volvieron las espaldas en el día de la batalla. No guardaron el pacto de Dios y rehusaron andar en su ley" (Salmos 78:9-10 RVA).

Les debo mi vida a aquellos que no desecharon el llamado de Dios. Pablo llevó el mensaje a Europa y (oportunamente) yo escuché la historia de Jesús. Lutero desafió a la oposición y libró el Evangelio de ataduras antibíblicas (para mí). ¿Y qué decir de Jesucristo, quien no desechó ni la copa ni el bautismo (por mí)? ¿Debo renegar de mi responsabilidad ante el llamado de Dios, lo cual podría significar vida para otros? ¿Me atrevo a arrojar la vara, o a esconder mi mano dentro de mi seno, en donde pueda estar a salvo y sin compromisos?

De los héroes que ***no*** desechan su talento, sino que cumplen con sus responsabilidades con valentía, Dios dice, "El mundo no era digno de ellos" (Hebreos 11:38). Esta es su meta para mí - y para todos sus discípulos - ¡hacer que el mundo no sea digno de nosotros! ¡Dios, hazme digno de tal elogio!

"Anhelo conocerle a él y el poder de su resurrección, y participar en sus padecimientos, para ser semejante a él en su muerte" (Filipenses 3:10).

Himno: **"Soy yo soldado de Jesús"** CSG # 538, FA 249, HB 393, GT 84

La presencia actual del Cielo

No debo dejar que mi visión del cielo y el infierno se empañe al creer que éstos sólo se encuentran en el ***futuro***. Siempre se me ha enseñado que el cielo y el infierno son lugares, lo cual es cierto, pero no del todo. También se trata de ***relaciones***, y es así que las cualidades de ambas existencias pueden ser experimentadas ahora.

Pablo dice,"pero la (viuda) que se entrega a los placeres, viviendo está muerta" (1 Timoteo 5:6 RVA). Eso significa que si mi voluntad no está en armonía con Dios, existe un pequeño infierno dentro de mi corazón. Horacio Fenton, ex-director de la Misión Latinoamericana, dice, "Hay infierno cuando Dios da a los hombres lo que siempre han querido durante toda la vida - el estar libres de él". Siendo así, cuánto se aleja una persona de Dios (aun un cristiano) en busca de su propio camino, en esa medida saboreará la miseria de aquél que estará separado de Dios completamente y para siempre.

Pero el cielo también puede ser mío ***ahora mismo***, al menos en parte, para saborearlo de antemano. El decir, "Señor, hágase tu voluntad" es procurar que el cielo se acerque a la tierra, no para traerlo desde algún lugar, sino para experimentar algo de su dicha. Es hacer que lo normal del cielo sea algo normal para mí en la tierra, poniendo así a mi alcance el sabor de sus deleites antes de tiempo. El cristiano que sólo anhela el cielo, que lo espera con ansiedad, está perdiendo la valiosa oportunidad de ahora. Puedo caminar disfrutando de la mayor atracción del cielo (Jesucristo), pensar los pensamientos del cielo, cumplir los mandatos del cielo y cantar alabanzas al Rey del cielo ***ahora mismo***. Los elementos que producen un ambiente celestial ya están a mi disposición; no necesito esperar hasta llegar allá para vivir.

Señor, enséñame cómo andar en esta vida, envuelto en el perfume del cielo aún mientras transite por este mundo contaminado, por cuanto tú me has prometido el poder disfrutar de antemano "del mundo venidero" (Hebreos 6:5 RVA).

"Pero si andamos en luz, como él está en luz, tenemos comunión unos con otros, y la sangre de su Hijo Jesús nos limpia de todo pecado" (1 Juan 1:7).

Himno: **"Es Señor de los cielos"** CSG # 561

Cristo significa suficiencia y paz

La paz es uno de los frutos del Espíritu que surge de un conjunto de condiciones previamente establecidas. Hay paz al poseer y aprovechar ciertos recursos definidos. Ahora bien, la obra de Jesucristo es **proveernos** de dichos recursos adecuados, y la obra del Espíritu Santo es **hacer que yo los aproveche**. Ya que Jesucristo ha hecho una obra perfecta para mi redención, el obstáculo para disfrutar la paz no es suyo, sino mío. Frustro al Espíritu Santo, se "entristece" (Efesios 4:30) y se "apaga" (1 Tesalonicenses 5:19)) cuando me resisto a su intento de que yo aproveche de todo lo que Cristo ha provisto para mí.

Sólo hay dos cosas que me pueden quitar la paz: no conocer lo que Cristo ha provisto para mí, y/o no aprovecharlo. "¡Todo lo puedo en Cristo que me fortalece!" (Filipenses 4:13 RVA). Esto es maravillosamente cierto, ¡pero sólo si aprovecho o me apropio de su fortaleza!

Llego a disfrutar plenamente de paz al conocer lo que Cristo ha hecho por mí, y eso significa saturarme de la Palabra. Vivir constantemente en la Palabra es recordar constantemente todo lo que Jesucristo ha puesto a mi disposición. Ese constante recordar es un estímulo a la fe, por cuanto "la fe es por el oír, y el oír por la palabra de Dios" (Romanos 10:17). Cuando leo de las maravillosas provisiones que Jesucristo ha "comprado" para mí, la fe entra en acción para hacer uso de estas provisiones. Pronto me encuentro "cobrando" mis bendiciones y disfrutando de un sentido de bienestar y suficiencia, lo cual conlleva a la paz.

Siempre experimentaré angustia y depresión cuando los recursos dentro (de mí) son inadecuados para resolver los problemas a mi alrededor. ¡Jesucristo vino para darme su suficiencia! Debo honrarle creyéndole y permitiendo que la paz sea la manifestación de ello.

"La paz os dejo, mi paz os doy. No como el mundo la da, yo os la doy. No se turbe vuestro corazón, ni tenga miedo" (Juan 14:27).

"Creéis en Dios, creed también en mí" (Juan 14:1).

Himno: **"Oh mi santo Dios"** CSG # 363

Desarrollando una sensibilidad hacia Dios

Una gran parte de mi vida cristiana no tendrá sentido a menos que me dé cuenta que Dios está tratando de desarrollar mi sensibilidad hacia él. Es cierto que quiere que yo sea un testigo más constante, que utilice mis dones, y que sea una imagen más fiel de su Hijo. Pero antes es necesario agudizar mi sensibilidad hacia su suave guía.

El quiere guiarme, no obligarme rudamente "con rienda y freno," sino con su suave mirada (Salmo 32:8-9 RVA). La dirección "con rienda y freno" significa que él necesita usar de la fuerza conmigo, tal y como lo hacemos con los caballos rebeldes; pero al guiarnos con su mirada significa que respondemos hasta al pestañeo de los ojos de Dios. Dios puede guiarme con sus ojos sólo cuando tengo los míos entrenados para que estén fijos en él en todo tiempo, a fin de captar de inmediato aun sus más mínimas indicaciones.

También necesito desarrollar un oído sensitivo. "Cada mañana despierta mi oído" (Isaías 50:4). Esto expresa bellamente la función del oído "abierto" y "limpio", para estar en sintonía con la voz de Dios. Mientras la novia de Salomón dormía, su "corazón estaba despierto" (Cantares 5:2), una característica que debe ser cierta para todos los que aman a Dios. Dios nos habla continuamente a través de la voz del Espíritu, y yo le escucharé si mi corazón está fuertemente unido a él.

Mi lengua también precisa de desarrollar una aguda sensibilidad hacia Dios. "El Señor Jehovah me ha dado una lengua adiestrada" [como los que aprenden con facilidad] (Isaías 50:4 RVA). La lengua espiritualmente sensitiva está condicionada para hablar sólo los pensamientos e ideas de Dios; se siente bien hablando de Dios, en cambio está incómoda hablando de sí mismo o del pecado. Dios quiere que yo sea un instrumento para su gloria tan sensible a él como lo es un violín en los manos de un músico. Entonces le cantaré un cántico nuevo, y le alabaré tocando con júbilo (Salmo 33:2-3).

"La boca del justo expresará sabiduría, y su lengua proferirá juicio. La ley de su Dios está en su corazón; por eso sus pasos no vacilarán" (Salmo 37:30-31).

Himno: **"Santo Espíritu, controla"** CSG # 263, FA 263, VC 93, LL 52, GD 196, GT 167

La aflicción santa

Jamás conoceré bien a Dios hasta conocer su "dolor". Leo: "Jehová quiso quebrantarlo [a Cristo], y le hirió" (Isaías 53:10 RVA). Pero la pena que Jesús sufrió fue ***mi*** aflicción, una pena que se hizo suya por mi pecado. La aflicción siempre me llega al momento del pecado, ya sea el mío o el de otra persona. Por esa razón Pablo pudo sufrir aflicción por los perdidos de su propia raza judía (Romanos 9:1-3).

El remordimiento que siento es la aflicción del pecado, que en realidad es el dolor de Dios por mi transgresión. La pesadumbre en mi corazón es simplemente el desbordamiento de la tristeza divina por mi pecado. En el momento mismo en que yo confieso mi rebeldía, Dios deja de estar triste y por lo tanto yo tampoco siento aflicción. Cristo nos prueba constantemente para averiguar nuestra sensibilidad al pecado. Le dijo a Pedro, "¿Me amas?" y Pedro "se entristeció" porque Cristo había llegado al mismísimo centro de su dolor (Juan 21:17 RVA). No ha habido discípulo que no haya sentido el dedo escudriñador de Jesucristo en su corazón. Esa es la "aflicción santa" citada por Pablo que es tan saludable para nosotros (2 Corintios 7:7). ¡Cuánto mejor es ser afligido por Dios que afligido por el mundo!

La vida del discipulado en sí es una vida de aflicción. ¿Cómo podría Dios tratar conmigo sin corregirme, y cómo podría él corregirme sin dolor? Ninguna disciplina es placentera; es "dolorosa", pero produce el gozo del discipulado maduro y digno de confianza (Hebreos 12:11 RVA). Mi aflicción es por lo tanto mi gozo y debo exclamar "¡Aleluya!" porque Dios está perfeccionándome.

A todo costo debo evitar la aflicción del mundo, una tristeza amarga sin promesa alguna de una mañana mejor. ¡Cuán dulce es la aflicción del Señor cuando se la acepta, y qué eternas son sus consecuencias! Mi esperanza está en él "Pues aunque él hiere (aflija), venda y vuelve a sanar" (Job 5:18 Al Día).

"Yo soy pobre y necesitado, y mi corazón está herido dentro de mí" (Salmos 109:22).

Himno: **"Límpiame, Señor"** CSG # 380

La gloria de ganarlo

Debo establecer de una vez por todas la diferencia entre mis ***derechos*** y ***privilegios***. Es mi derecho el ser llamado un "hijo de Dios" (Juan 1:12), pero la expresión de dicha condición de hijo es un privilegio que debo de ganar. Aun Jesús mismo, el eterno Hijo de Dios, tuvo que ***ganar*** un nombre mejor al de los ángeles (Hebreos 1:4). La condición de hijo de Dios es mía cuando expreso fe en Jesucristo, pero la gloria de mi condición de hijo es mía sólo cuando soy fiel a mi llamado.

¡Cómo me animan las "victorias" y los vencedores de Apocalipsis 2 y 3! "Al que venciere", dijo Jesús a sus seguidores, "Yo le daré..." Qué cosas tan maravillosas concede o confiere a sus siervos: el árbol de la vida, el maná escondido, autoridad sobre las naciones, alabanza, un nombre nuevo y un trono de gloria. Y sin embargo, ninguna de estas cosas es dada incondicionalmente; me son conferidas a medida que venzo o tengo la victoria. El vencedor gana el privilegio; y a menos que realmente lo gane, nada le será dado, aún cuando él sea un hijo de Dios.

Eso es lo que leo acerca de Jesús. "Por lo cual... Dios lo exaltó hasta lo sumo y le otorgó el nombre que es sobre todo nombre" (Filipenses 2:9). La gloria que Jesús ahora disfruta es una gloria ***ganada***, una gloria que el Padre le confirió a él sólo después de despojarse de sí mismo, tomando la forma de siervo, haciéndose hombre y obedeciendo hasta la cruz.

Así sucede conmigo. Mi condición de hijo de Dios es apenas la semilla, de la cual tengo que hacer madurar una cosecha de discipulado dedicado. El resultado será la recompensa, el reconocimiento, el honor y la alabanza. ¡Qué jamás se diga de mí: "¡No vivió a la altura de su llamado!" Más bien, con la ayuda de Dios, espero oírle decir: "Te he tenido por digno del Reino" (2 Tesalonicenses 1:5). Estoy ***dentro*** del Reino por gracia; soy ***digno*** del Reino por obediencia a mi condición de ser hijo de Dios.

"Aunque era Hijo, aprendió la obediencia por lo que padeció" (Hebreos 5:8).

Himno: **"Cuando andamos con Dios"** CSG # 394, FA 216, VA 291, HB 422, GB 231, GT 103

Manteniendo un corazón limpio

Me urge mantener una buena conciencia ante Dios. Tengo una buena conciencia cuando no hay nada dentro de mí que ofenda a Dios. Se cultiva caminando cerca de Dios. Cuánto más lejos viva de Dios, tanto más mi conciencia será débil, demasiado debilitada por el contacto excesivo con el mundo. Gracias a Dios, ningún discípulo tendrá jamás la conciencia muerta, encallecida o con la sensibilidad "perdida" (Efesios 4:19 RVA). Tampoco ningún discípulo sufrirá conciencia maligna, o torcida.

Una buena conciencia no se adquiere de manera automática. Es el resultado del hábito de llevar un "corazón reprendido" ante Dios, quien es mayor que mi conciencia. Por su poder él lleva gradualmente mi conciencia hacia el mismo estado de sensibilidad suya (1 Juan 3:19-21). Mi objetivo debe ser vivir delante de Dios con un corazón "que no me reprende" (una conciencia limpia). Así puedo "tener confianza delante de Dios" (v. 21). Nada debilita más mi conciencia y destruye mi efectividad en el servicio que algunas cosas en mi vida que no son de la aprobación de Dios. Debo vivir de manera que mi corazón no me reprenda.

Puedo soportar la crítica del mundo, y aun la de mis amigos cristianos, si mi corazón está limpio delante de Dios. Nunca debo vacilar ante la crítica a expensas de mi conciencia, porque eso significaría negar o ignorar mi conciencia. Tampoco debo jamás permitir que las conciencias de otros dicten lo que mi conciencia tiene la obligación de ser delante de Dios. Por esa razón, es preciso resistir la presión social al conformismo, sin olvidar mi responsabilidad personal ante Dios. El convertirse en barro moldeado por la sociedad es negar mi "buena conciencia" ante Dios. Siempre debo dejar que él sea mi moldeador y alfarero (Jeremías 18:6), para que no sólo llegue a ser un vaso útil, sino una persona hecha sensible al pecado, tal y como él mismo lo es.

"Por eso, los que sufren según la voluntad de Dios, que encomienden sus almas al fiel Creador, haciendo el bien" (1 Pedro 4:19).

Himno: **"Un vaso nuevo"** CSG # 419

Una puerta de esperanza en medio del valle

Si de circunstancias externas se trata, la verdad es que no existe diferencia alguna entre las mías y las de aquellos que no conocen al Señor. La diferencia no está por fuera, sino por dentro, por cuanto el discípulo de Jesucristo tiene lo que el mundo nunca puede ofrecer - la ***esperanza***. Pablo dice, "Porque fuimos salvos con esperanza" (Romanos 8:24 RVA), lo que significa que esperamos un mejor futuro ante nuestros sufrimientos y circunstancias; no así quien desconoce a Jesucristo. Si no fuera por esa esperanza santa de que Dios nos llevará con éxito hasta disfrutar plenamente de consuelo, seguridad y victoria, estaríamos tan desgraciados como los que no tienen al Señor.

Dios le dijo a Israel, "Yo la ... llevaré al desierto y hablaré (con ternura) a su corazón ... y el valle de Acor [que representaba el dolor] será como puerta de esperanza." (Oseas 2:14-15). Tarde o temprano, yo me encontraré en el "valle de Acor"; que es uno de los lugares predilectos que Dios tiene para probar a sus hijos. Pero cuando me encuentre en ese valle, debo confiar y perseverar en la esperanza y no caer en la desesperación. Ese mismo valle es el comienzo de una nueva y regocijante relación que me ayudará a deleitarme como nunca antes con Dios. El versículo 16 la asemeja a la intimidad de un matrimonio. Dios me lleva adrede al dolor y la angustia a fin de llevar mi esperanza hacia la madurez y la buena salud, porque sin una firme esperanza nunca disfrutaré de la consumación de mi salvación (Romanos 5:4).

¡Qué Dios tan maravilloso! Sus caminos son algunas veces amargos, pero siempre son ***correctos***. Me trata como a una persona muy amada por cuya felicidad y bienestar él cambiaría todo excepto su naturaleza. El me guiará al valle de Acor por causa de su nombre, pero por causa de su amor transformará ese valle en una puerta de esperanza. ¿Veo nubes negras en mi vida hoy? Entonces es tiempo para que Dios tome las riendas, y pronto descubriré lo mucho que él me ama -¡lo suficiente como para mover montañas y dejarme pasar a través de ellas! ¡Piensa en ello!

"Porque considero que los padecimientos del tiempo presente no son dignos de comparar con la gloria que pronto nos ha de ser revelada" (Romanos 8:18).

Himno: **"Vencedor"** CSG # 428

Manteniendo fortalecido mi interior

Debo desechar la idea, de una vez por todas, de que Satanás me quiere en la basura. ¡Todo lo contrario! El quiere que yo sea el mejor espécimen de rectitud y moralidad posible, con una sola excepción, que lo haga sin la vida de Dios dentro de mí. A Satanás le importa un bledo mi apariencia exterior, pero no tolerará la unión vital con Dios en mi interior.

Cuando Satanás tentó a Jesús, no trató de cambiarle lo exterior. El todavía lo quería popular, estimado, y aún que fuera un hacedor de milagros. Lo que realmente quería era rajarle, como por ondas ultrasónicas, hasta que su interior se desmoronara. Cometo un error si pienso que Satanás quiere que yo sea un alcohólico, un traficante de blancas, o un estafador en un carnaval. El quiere que yo sea socialmente aceptable, un pilar de la comunidad, un ciudadano respetado. Pero más que nada, quiere que yo esté muerto para Dios, cortado de la línea de comunicación con el Todopoderoso.

Satanás salta de alegría cuando mi comunicación con Dios se deteriora por falta de uso. Entra en un verdadero éxtasis cuando me ve aparentar ser piadoso, pero sin el poder de Dios. ¿Acaso no hace él algo parecido? ¿No se disfraza como un "ángel de luz?" ¿No es acaso el más consumado de los hipócritas que se presenta como uno de los más selectos mensajeros de Dios, y sin embargo no posee nada de la vida de Dios?

¿Qué es lo que eso me enseña en este momento? Creo que no importa cuán perfectamente tallado pueda ser mi exterior: en mi interior puedo estar lastimando gravemente a mi Padre Celestial. Después de todo, los pecados refinados (tales como el orgullo, la indiferencia, y la falta de amor) son pecados internos, y son los más mortales de todos. No debo darle pie a Satanás con relación a mi persona; debo mantener mi interior fuerte. Alabo a Aquél quien me enseña "la verdad en lo íntimo" [de mi corazón], porque desea "en lo secreto" [que yo comprenda] "sabiduría" (Salmo 51:6). ¡Un Dios así me ayudará a guardar el interior del vaso tan limpio y brillante como el exterior!

"También debe tener buen testimonio con los de afuera, para que no caiga en el reproche y la trampa del diablo" (1 Timoteo 3:7).

Himno: **"Hay un precioso manantial"** CSG # 524, FA 129, VC 55, HB 98, GD 277, GT 42

Un cristiano de sendas llanas

Debo evitar la tentación de ser un cristiano de sólo "sendas llanas". El salmista, rodeado de enemigos, pidió a Dios que lo guiara "por ***senda llana***" (Salmo 27:11 JER). Estoy seguro que Dios contestó su oración, pues hay momentos en que todos necesitamos ayuda y liberación, cuando es necesario ***ver*** hacia dónde el Señor nos está llevando. Pero la mayor parte del tiempo Dios nos conduce por un camino ***desconocido*** y no tenemos la más mínima idea del ***hacia dónde vamos***. De hecho, hay momentos en que desesperadamente necesitamos de su guía, pero no la sentimos. Escuchemos a Jeremías: "Ha bloqueado mis caminos con piedras labradas; ha torcido mis senderos" (Lamentaciones 3:9). ¡Qué declaración! En vez de ser el Dios que abre mi senda, la bloquea; en vez de llevarme por un camino llano, conocido o comprensible, más bien tuerce mis senderos. ¿Acaso ese es nuestro Dios?

Afortunadamente, sí lo es. El hecho de que bloquea nuestras sendas o que nos lleva a través de un camino enredado o sinuoso no significa que ya no ve, ni ama, ni se preocupa. Si "comprendiéramos" todo lo que Dios hiciera, entonces algo andaría mal. "Las cosas secretas pertenecen a Jehová nuestro Dios, pero las reveladas son para nosotros" (Deuteronomio 29:29). Dios no nos explica cómo nos va a tratar diariamente; él sólo promete llevarnos por la senda mejor y más sabia, y nos pide que confiemos en que él será fiel a su palabra.

No debo orar por un camino fácil o "llano"; sino por seguir la senda que traza el Señor, quien en todo me rodea y quien "ha considerado..mi caminar y mi acostarme" y para quien "todos mis caminos le son conocidos" (Salmo 139:3 RVA). Saber que él está allí, conmigo y a mi lado en la senda, es todo lo que necesito para tener paz en mi mente y corazón. No necesito verle ni sentirle, ya que su palabra me basta. Es cuando yo ***creo*** que "La senda de los justos es como la luz de la aurora que va en aumento hasta que es pleno día" (Proverbios 4:18). ¡Qué Dios me dé fe para los días oscuros y las sendas torcidas!

"Te haré entender y te enseñaré el camino en que debes andar. Sobre ti fijaré mis ojos" (Salmos 32:8).

Himno: **"Si dejas tú que Dios te guíe"** CSG # 406

La Biblia es un libro que da vida

Debo reconocer que la Biblia no es un libro ***mágico*** sino un libro ***milagroso***. Dios no sólo le habló ***a*** los autores de los 66 libros, sino que continúa hablándome a mí ***a través*** de ellos. Jesús calificó las palabras de la Biblia como "vida" (Juan 6:63), y Pedro las llamó "semilla" (1 Pedro 1:23-25). La Palabra de Dios es semilla que contiene el fundamento de la vida de Dios mismo y cuando esa Palabra es leída, digerida y obedecida, se manifiesta en una reproducción viviente de Dios mismo, tal y como una semilla se vuelve a manifestar en la nueva planta. La Biblia es más que historia, biografía o antología. Es la vida de Dios vertida en palabras que, al ser leídas y obedecidas, liberan esa vida para beneficio y bendición del lector.

La Biblia es alimento (Deuteronomio 8:3), y el alimento no es otra cosa que la continuación química de la vida. A menos que el Espíritu Santo tenga alimento para darme, no puede mantener en mí el nivel de vida espiritual que él desea. Es por eso que él me suplica no vivir una vida basada en experiencias, servicios, rituales, dogmas o compañerismo, sino vivir con base en la Palabra, la cual por sí sola tiene la capacidad de sostener mi vida espiritual.

¡La Biblia es un libro que vivifica (da vida)! Es una farmacia surtida de tónicos de toda descripción, disponibles para ser tomados. Existen suficientes recursos para cuidar de todas mis necesidades, tanto materiales como espirituales, hoy, mañana y siempre.

¿Habré descubierto que su Palabra sea una delicia para mi corazón? ¿La leo en busca de un mensaje de amor, y no simplemente como "una rutina diaria"? ¿Habré visto más allá de los datos de fechas, hechos, números y eventos para encontrar a Dios allí? ¿Habré hecho de la Biblia una cita con el infinito y la eternidad, y está mi alma satisfecha? ¡Alabado sea Dios por el "alimento de ángeles" que él provee para nosotros en su Palabra (Salmo 78:25 RVA) que alimenta y satisface al nuevo hombre!

"En ningún momento quites de mi boca la palabra de verdad, porque en tu juicio tengo puesta mi esperanza" (Salmo 119:43).

Himno: **"Padre, tu Palabra es"** CSG # 276, HB 142, LL 125, GD 320, GT 180

Viviendo una vida de amabilidad

Como discípulo de Jesucristo estoy comprometido a vivir de manera "amable". Las palabras del salmista, "Tu benevolencia me engrandece" (Salmo 18:35 BLA), no es una observación vana. Dios forma santos fuertes a través de la amabilidad. Jesucristo aclaró en su Sermón del Monte que esperaba la amabilidad por parte de sus seguidores; esto es, dar la otra mejilla, andar la segunda milla, y compartir la túnica como también el manto (Mateo 5:39-41). Jesús llegó a ser el mejor ejemplo de su propia enseñanza cuando fue condenado con base en calumnias. Sin embargo, él no ofreció resistencia y sometió su caso a Dios el Padre.

Jesús me enseña que el camino de la amabilidad es el camino de la victoria. No me corresponde empujar, buscar ventaja, ser ambicioso o agresivo. No utilizo la espada o el puño para lograr mis fines. Tampoco recurro a demandas legales, porque debo estar dispuesto a sufrir pérdidas, si es necesario, como Cristo lo hizo. Por supuesto, muchos se aprovecharán de mí, tal y como ha sucedido con el pueblo de Dios en todos los tiempos. "Por tu causa somos muertos todo el tiempo; fuimos estimados como ovejas para el matadero." (Romanos 8:36 RVA). Sin embargo, al ser amable, de hecho estoy defendiendo mi causa ante Dios. Al actuar de la manera que él quiere que actúe, estoy colocando la responsabilidad de mi bienestar sobre él. El puede ayudarme.

La vida amable es la más difícil de vivir porque no es natural. Más aun, se nos ha enseñado a "defender nuestros derechos", "hacernos oír", "ser el número uno", hasta que la vida amable parezca casi una herejía. A veces nosotros los cristianos, actuamos igual al mundo, de manera vergonzosa buscando "padrinos", siendo astutos y creando partidismo personal en busca del poder y usando otros medios carnales para alcanzar nuestros objetivos. ¿Cómo podemos ser tan diferentes a él quien "Cuando padecía, no amenazaba"? (1 Pedro 2:23 RVA). El siempre era el verdadero ***Caballero***, y quiere que yo sea como él para que pueda decir, "Tu benevolencia me engrandece" (Salmo 18:35 RVA).

"Con todo, yo siempre estuve contigo. Me tomaste de la mano derecha. Me has guiado según tu consejo, y después me recibirás en gloria" (Salmo 73:23-24).

Himno: **"Santa la noche"** CSG # 131

Amándonos a nosotros mismos

Debo en todo tiempo mantener el delicado equilibrio en mis actitudes hacia mi ***"yo"***. Debo respetarme y amarme sin llegar a ser egocéntrico, ya que el egocentrismo es pecado. ¿Por qué no amarme a mí mismo? No hay nada malo con el ***yo*** - como persona. Jesús murió por mí, mi persona, y lo hizo porque me amaba. El ***yo*** se convierte en un problema sólo cuando le permito convertirse en ***yo primero***, o sea cuando empiezo a preocuparme de mí mismo, cuando quiero la atención y la adoración que sólo se le debe a Dios.

No puedo estar realmente gozoso si no estoy en paz conmigo mismo. Le hago un daño incalculable a mi personalidad si me odio, me desprecio y me rechazo a mí mismo. El Evangelio que me capacita amar a otros también me da la capacidad para amarme y aceptarme a mí mismo. El ser crucificado con Cristo no significa que el yo muera ni desaparezca. Simplemente significa que siempre debo morir a mis propios deseos si estos están en conflicto con la voluntad de Cristo o van en contra del bienestar de otros. Lejos de lastimarme o afligirme, al rendir mi voluntad a Jesucristo estoy más bien liberándome para ser el tipo de persona que Dios quería que yo fuera.

No debo deleitarme en el auto-castigo, como si esto fuera una virtud. No es cierto que cuánto más sufra, tanto más será Dios glorificado. Por supuesto, debo estar consciente de que mi yo natural, con el que he nacido, está viciado por el pecado, un legado de Adán. Pero el propósito redentor de Dios para conmigo es rescatarme ***del*** pecado, y no destruirme ***con*** él. La victoria espiritual es la relación apropiada de estos tres aspectos: 1.) amar a Dios primero y buscar su gloria; 2.) amar a mi prójimo y buscar lo mejor para él; y 3.) amarme a mí mismo buscando con la ayuda divina la expresión máxima de mi persona.

"En el amor no hay temor, sino que el perfecto amor echa fuera el temor. Porque el temor conlleva castigo, y el que teme no ha sido perfeccionado en el amor" (1 Juan 4:18).

Himno: **"En Belén nació Jesús"** CSG # 135, HB 57

La responsabilidad de la oración

Si trato de vivir guiándome por la experiencia, más bien debo decirle adiós a mi vida de oración. Dios no está interesado en librarme de problemas si de todas maneras voy a intentar lograr ser librado por medios naturales. Sólo comenzaré a comprender el asombroso poder de la oración, cuando me atreva a soñar en algo sin precedentes y a confiar en Dios para lo increíble. "Clama a mí, y te responderé; y te revelaré cosas grandes e inaccesibles que tú no conoces" (Jeremías 33:3). ¿No es esa una invitación para volverse atrevido, espiritualmente hablando? ¿No es ese el tipo de gigante en la oración que a Dios le encanta bendecir?

La oración es la más impredecible e inexplicable de todas mis responsabilidades espirituales. Dios nunca promete responder a todas mis peticiones grandes a ***mi*** manera sino a ***su*** manera. Un padre oró para que sus hijos pudieran llegar a ser creyentes, y Dios pareció ignorar esa oración. Murió en medio de mucha agonía y sufrimiento, pero con paz y esperanza. Después sus hijos dijeron, "Si papá, quien era un creyente, murió de esa manera con la fortaleza interior de su fe, ¿cómo será con nosotros que no lo somos?" Eso los llevó a tomar la decisión por la que su padre tanto había orado. Damos prueba de nuestra ***confianza*** y ***buen sentido*** cuando dejamos la respuesta a nuestra oración enteramente en las manos de Dios.

Debo recordar que la oración no es una opción; es un mandamiento. Pero, ¿necesito de ese mandamiento para convencerme de su valor? Si mis lágrimas, mi debilidad, la desolación de mi tierra, el sufrimiento de mis seres queridos, el comportamiento de mis vecinos endurecidos, la indiferencia de mis hermanos cristianos, y el encallecimiento de mi mundo no son suficientes para ponerme de rodillas, hay muy poca esperanza para ellos, o para mí como discípulo. Debo "llamar" al Señor inmediatamente para que él pueda responderme con "cosas grandes e inaccesibles que [yo] no conozco" (Jeremías 33:3). ¡Dios, ayúdame a interceder en oración!

"Echa tu carga sobre Jehová, y él te sostendrá. Jamás dejará caído al justo" (Salmo 55:22).

Himno: **"Emanuel"** CSG # 112

La inversión espiritual

Dios nos hizo sus discípulos con el fin de que cambiáramos el orden natural de las cosas. Cuando Dios le dijo a Abraham que su primogénito Ismael, se comportaría locamente como un "asno montés", éste inmediatamente empezó a luchar contra el curso natural de la vida de Ismael. Por medio de la oración, buscó de alguna manera llevar a su hijo hacia un enfoque espiritual. Tuvo éxito; el "asno montés" (Génesis 16:12 RVA) llegó a ser "padre de príncipes" (17:20).

Ese es el ministerio de Dios para todos sus discípulos - ayudar a transformar a gente descabellada en príncipes, convertir lo natural en espiritual. Cuán a menudo se quejan los padres diciendo, "Mis hijos no son espirituales". Por supuesto. Es nuestra responsabilidad hacer lo posible para que lleguen a ser espirituales. Un pastor se lamentará, "Mi iglesia es tan carnal". ¿Y qué? ¿Acaso esa no es la dirección del hombre natural? Siempre que no encuentre cambio por medio de fuerzas espirituales, será carnal. No debemos ver a las personas naturales, con su desobediencia, perversidad e indiferencia, como desviados sin remedio sino como oportunidades para la gracia de Dios. No debemos condenar; debemos liberar.

Cuánto me alienta la acción de Ezequías: "abrió las puertas de la casa de Jehová y las reparó" (2 Crónicas 29:3). El reabrió lo que había sido cerrado por su padre, Acaz, y reparó lo que había sido roto. Volvió a encender las lámparas que Acaz había apagado, y limpió y volvió a utilizar el altar. Ese es mi ministerio - fomentar el cambio en la dirección natural de las cosas. Eso fue lo que hizo Jesús con lo que había hecho Adán. Y es lo que Jesús quiere hacer a través de mí para ayudar a todos los hijos e hijas de Adán. La historia de Jesucristo y su Evangelio es el rehacer: el renacimiento y la renovación de los hombres. Si Cristo está vivo dentro de mí, cambiaré el orden de las cosas por medio del Espíritu; lo viejo dará lugar a lo nuevo. ¡Cuánto necesita la iglesia de todo un ejército movilizado para hacer "cambios" en el Espíritu!

"De modo que si alguno está en Cristo, nueva criatura es; las cosas viejas pasaron; he aquí todas son hechas nuevas" (2 Corintios 5:17).

Himno: **"Suenen dulces himnos"** CSG # 114, FA 80, VC 29, HB 86, LL 208, GD 370, GT 207

Las obligaciones viejas y las nuevas

Siempre debo comprender lo que sucedió ***realmente*** en el Calvario y no conformarme simplemente con alguna idea vaga. Cuando Cristo murió, me liberó de la culpa de mis pecados, pero no me libró de mis obligaciones. Me libró del dominio de Satanás, pero no me liberó para que yo dirija mi vida. Sólo ***cambié*** de dueño en el Calvario, no dejé de tener uno. En la actualidad sigo siendo tan sujeto a la autoridad de mi nuevo Amo como lo estaba al dominio del antiguo. Debo someterme a él y sólo a él. Ya no estoy obligado a seguir sirviendo en el reino de las tinieblas, pero tampoco soy libre para decidir lo que haré, comeré o lo que vestiré. No puedo ir adónde quiero, decir lo que quiero, ni siquiera pensar en lo que quiero. El hecho de que me complazca ***a mí mismo*** tan a menudo no significa que tenga el derecho de hacerlo.

Sin embargo, existe una gran diferencia entre mi compromiso actual con Jesús y mi vieja obligación con Satanás. Cuando servía a Satanás no tenía opción, "caminaba conforme a la corriente de este mundo y al príncipe de la potestad del aire" (Efesios 2:2). Aun así, estaba contento porque no sabía de nada mejor. Era una persona carnal, desinhibida y egoísta y no trataba de ir contra la corriente. Así que no había conflicto, sólo una existencia carnal.

Pero ahora, bajo la autoridad de Jesús, aún cuando él tenga todos los derechos sobre mí, me deja ***elegir*** servirle: "Así que, hermanos, os ruego ...que presentéis vuestros cuerpos como sacrificio vivo" (Romanos 12:1). ¡Eso es sorprendente - asombroso! El es mi dueño, y sin embargo me ruega; me compró por completo, y sin embargo él espera mi decisión. ¿Por qué? Debe ser porque no quiere ningún amor legalista, ninguna obediencia rutinaria. El quiere que yo lo ame ***por él mismo***, no porque no tenga ninguna otra elección. Por lo tanto, la nuestra es una relación de amor, un tipo de relación que Satanás nunca podría ofrecer y que la carne nunca podría producir.

"Así que, hermanos, somos deudores, pero no a la carne para que vivamos conforme a la carne. Porque si vivís conforme a la carne, habéis de morir; pero si por el Espíritu hacéis morir las prácticas de la carne, viviréis" (Romanos 8: 12-13).

Himno: **"Oh, pueblecito de Belén"** CSG # 116, FA 68, VC 36, HB 74, GD 379

Cediendo nuestros derechos

Me asusta saber que puedo negar la posesión de mi vida a Jesucristo, aún cuando sé que no tengo ***derecho*** a rechazarlo. Si quiero, puedo rebajarme al nivel de los corintios y hacerme tan carnal y querelloso como ellos. Pero algo sucederá si lo hago. Mi rechazo a entregar a Jesús el control de mi vida le impedirá a él hacer conmigo lo que anhela. ¡El anhela dárnoslo todo, a nosotros que no tenemos ningún derecho a ello!

Pablo dijo, "Todo es vuestro" (1 Corintios 3:21 RVA). Dios nos hizo "co- herederos" con Cristo, y él debe controlarlo todo a fin de hacer esa herencia patente en nuestra vida diaria. Cuanto más le ceda a Cristo, tanto más seré un "conquistador". Y cuanto más conquiste, tanto más cederé, hasta que se forme una espiral ascendente continua de conquista y victoria. Una de las leyes extrañas del cielo es que si renuncio a todos mis derechos de posesión en favor de Jesucristo, en ese mismo momento comienzo a poseer y disfrutar en verdad de todo aquello que he entregado.

Así que no debo hacerle trampa a Jesucristo - ni a mí mismo. Nunca debo descender hasta tal punto que tenga que lamentar, "El compró mi corazón y no lo amé; compró mi cuerpo y no le serví; compró mi mente y no pensé en él; compró mi voluntad y no me rendí a él". Oswald Chambers dijo, "La pasión del cristianismo es que deliberadamente cedo mis derechos propios y me convierto en un esclavo cautivo de Jesucristo. No comenzaré a ser un santo hasta que lo haga". Esta es la razón por la que Jesús murió: "Para que los que viven ya no vivan más para sí, sino para Aquel que murió y resucitó por ellos" (2 Corintios 5:15 RVA). La cruz de Cristo - y su poder - se cumple en mí en el momento que le diga "sí" a la soberanía de Jesucristo sobre mi persona.

"Para que en el nombre de Jesús se doble toda rodilla de los que están en los cielos, en la tierra y debajo de la tierra; y toda lengua confiese para gloria de Dios Padre que Jesucristo es Señor" (Filipenses 2: 10-11).

Himno: **"Gloria a Dios en las alturas"** CSG # 119, VC 28, GT 211

La salvación no es barata

Mi discipulado por Jesucristo no tendrá ningún significado a menos que considere que mi vida ***no vale nada*** frente a él. Pablo dijo, "No estimo que mi vida sea de ningún valor ni preciosa para mí mismo" (Hechos 20:24 RVA). El estuvo dispuesto a menospreciarse a sí mismo por causa del Evangelio, y esa despreocupación en cuanto a su propio bienestar y seguridad dio como resultado el andar sin hogar y en peligro. Finalmente le significó la muerte. Si doy a mi vida un valor infinito y la protejo y la mimo, ciertamente estaré más cómodo, pero seré infructuoso.

Abraham Lincoln acertó cuando dijo, "El amor destruye". No puedo amar a Jesucristo sin destruir muchas cosas personales, y una de ellas es el precio que le he puesto a mi vida. "El amor de Cristo nos impulsa" (2 Corintios 5:14 RVA). Si todavía pienso en mi salvación como una frazada que me sobreprotege o un lugar de comodidad, me he perdido tristemente del significado del llanto de Cristo sobre Jerusalén, la agonía del Calvario, y la perdición humana.

Nuestro énfasis en el "Evangelio de la gracia" nos ha llevado a pensar que la salvación es algo barato y fácil, lo cual contradice las intenciones de Dios. Pensamos en términos de seguridad, conservación, y escape. A menudo nuestra fe no es más que un medio de evadir el castigo eterno. ¿Podemos decir que nos aferramos a Dios en un profundo deseo de conocerle y con el deseo irresistible de hacer su voluntad, sin importar el costo?

No puedo albergar la esperanza de llegar al final de mi vida llevando mucho fruto a menos que haya vertido lágrimas, y tal vez sangre, en el campo de batalla. Dios no me examinará con base en mi jovialidad o simpatía, sino con base en mis cicatrices, como prueba de un amor que estaba dispuesto a soportar hasta el sacrificio. Si no haya permitido que mi salvación me impulsara ***a tal entrega***, tendría de qué avergonzarme. Pero, gracias a Dios, él puede conducirme más allá de una salvación "salvavidas" y hacia el tipo de vida que llega a ser, a sus ojos, "Más preciosa que el oro que perece" (1 P. 1:7 RVA).

"Entonces Jesús les dijo: —No sabéis lo que pedís. ¿Podéis beber la copa que yo bebo, o ser bautizados con el bautismo con que yo soy bautizado?" (Marcos 10:38).

Himno: **"Tras hermoso lucero"** CSG # 138, FA 65

"Gloria" y "Aleluya"

A menudo he pensado en el gozo como uno de los obsequios especiales de Dios, uno que me deleita, pero que también me sorprende. No debo sorprenderme. Se me ***ordena*** estar gozoso: "¡Regocijaos en el Señor siempre! Otra vez lo digo: ¡Regocijaos!" (Filipenses 4:4 RVA). Los mandamientos de la Biblia siempre incluyen la capacitación divina para cumplirlos. Si me exige regocijarme puedo hacerlo, no importan las circunstancias.

Debo estar consciente de que puedo controlar mis sentimientos más allá de lo pensado. El niñito que dijo: "Prefiero seguir bravo", estaba admitiendo que sí ***podía*** controlar sus emociones. Exceptuando posiblemente las dificultades de orden orgánico, nuestros sentimientos pueden ser controlados si tomamos la actitud correcta. En otras palabras, Dios me hace responsable de mantener una actitud que permite regocijarme.

Jesús dijo, "Para que mi gozo esté en vosotros y vuestro gozo sea completo" (Juan 15:11). Jesucristo fue la persona más optimista, llena de confianza y radiante que el mundo jamás haya visto. ¿Podemos acaso imaginárnoslo ***ahora*** preocupado, afanado o deprimido? Si él tiene la libertad de moverse dentro de nosotros, el resultado de ello siempre será el gozo, por cuanto Jesús es la expresión personal del gozo. Me es imposible pensar en todo lo que Cristo ha hecho por mí, en todo lo que él es para mí, y en todo lo que ha prometido hacer por mí, sin sentir gozo.

Sólo dejo de sentir gozo cuando me dejo enfrascar en las circunstancias a mi alrededor y/o me centro en mí mismo y comienzo a auto-compadecerme. Lo opuesto a ello es mantener a Jesucristo vivo en mi mente. Billy Bray llamaba a su pie izquierdo, "gloria", y a su pie derecho, "aleluya" y así, cuando caminaba era una continua expresión de: "¡Gloria, Aleluya!" Yo también caminaré en gozo si mantengo a Cristo en el centro de mi corazón y mente.

"Oh justos, alegraos en Jehová y gozaos; cantad con júbilo, todos los rectos de corazón" (Salmos 32:11).

Himno: **"Angeles cantando están"** CSG # 130, FA 78, HB 67

Lo que espero de Dios

Es justo que me pregunte: ¿qué es lo que espero de Dios? La única respuesta satisfactoria sería: Que él sea fiel a su Palabra. Porque si Dios ha "engrandecido [su] nombre y [su] Palabra sobre todas las cosas" (Salmo 138:2 RVA), entonces tengo el derecho de depender de esa Palabra, y esperar que él haga conforme a lo que ha dicho. La Biblia claramente me recuerda que no fallará ninguna palabra que el Señor profiera (Josué 23:14). En donde Dios ha hablado con claridad, la respuesta será dada con claridad.

Pero, ¿y qué de las veces cuando Dios no habla con claridad? Obrar con base en principios generales de la Biblia no es igual de fácil como lo es seguir una instrucción específica. Muchas veces en nuestras vidas no hay palabra dada explícitamente por el Señor. ¿Qué hacer entonces? Encuentro una gran ayuda en la historia de aquellos tres jóvenes hebreos que enfrentaron la amenaza de muerte en un horno por no inclinarse ante la imagen de Nabucodonosor. Su respuesta al rey fue, "Nuestro Dios ... puede librarnos del horno de fuego ardiendo" (Daniel 3:17 RVA). Esa fue su ***esperanza***, pero aún fueron más allá de la confianza en una liberación milagrosa para afirmar su fe y obediencia en el Señor, fuera como fuera la prueba temporal, porque tenían confianza en Dios como Dios. Ellos dijeron, "Y si no, ... [aun así] no hemos de rendir culto a tu dios, ni tampoco hemos de dar homenaje a la estatua que has levantado" (Daniel 3:18 RVA). Ante la falta de una palabra dada explícitamente por Dios, los hebreos sólo podían apelar a la naturaleza, o carácter de Dios, y esperar en que él nunca fuera diferente a lo que es - santo, justo, amoroso, misericordioso. Ellos concordaron con el salmista, "Oh alma mía, reposa sólo en Dios, porque de él es mi esperanza" (Salmos 62:5 RVA).

Dios no siempre me da un mensaje en particular para cada circunstancia de mi vida, pero me ha dado su Persona. Eso es el saldo final, la base misma de mi relación con él. El hombre que se atiene a ese fundamento sólido, no puede ser destrozado por las tormentas de la vida.

"Porque el necesitado no será olvidado para siempre, ni la esperanza de los pobres perecerá eternamente" (Salmos 9:18).

Himno: **"Porque un niño"** CSG # 117

Lo que Dios espera de nosotros

Si lo que yo espero de Dios es su naturaleza inmutable y su Palabra confiable, entonces, ¿qué es lo que él espera de mí? Jesús dijo que él nos eligió para "llevar fruto" (Juan 15:16 RVA). Eso es lo que Dios siempre espera de su pueblo. Dios escogió a Israel para que fuese una vid fructífera (Isaías 5: 1- 2), y su propósito para su Iglesia es que no sea "ociosa ni estéril en el conocimiento de nuestro Señor Jesucristo" (2 Pedro 1:8 RVA).

Cuando Dios quiso reafirmar el sacerdocio de Aarón, instruyó a Moisés para que depositara doce varas, o palos, en el tabernáculo, una por cada tribu. Al día siguiente, la vara de Aarón fue la única que "había brotado, echado botones, dado flores y producido almendras maduras" (Números 17:8). El haber producido fruto era la señal de que Aarón seguía siendo el sacerdote elegido, seguía siendo el intercesor escogido por Dios.

Dios acepta mi servicio, pero no porque haya sido educado, ordenado, o haya adquirido algún título. El me acepta porque llevo fruto. Mi nombramiento para algún cargo no significa nada para Dios aparte de lo que él considera como la primera condición para el servicio cristiano - el llevar fruto. Debo evitar todo aquello que intente sustituir dicho fruto, y no pretender ser un cristiano genuino a menos que el fruto en sí me verifique. La vara de Aarón era un palo muerto, nada más, hasta que fuera activado por el Espíritu de Dios. Luego tuvo vida y por esa vida produjo el botón, la flor y el fruto. Por tanto, yo no soy la fuente de mi fruto, ni mi persona ni mi educación. La fuente es Dios. Sin esa vida que sólo Dios sopla en mi interior, jamás podría llevar fruto para él.

El hombre fructífero es un hombre espiritualmente vivo. Es un hombre que devuelve a Dios su propio fruto divino. El fruto producido por Dios mismo a través de una vida humana es la más digna ofrenda que esa persona puede dar para complacer al máximo al Señor.

"El que cultiva su tierra se saciará de pan, pero el que persigue cosas vanas se saciará de pobreza" (Proverbios 28:19).

Himno: **"Cristianos, hoy cantad a Dios"** CSG # 125, HB 66

La pobreza de la fe condicional

Debo cuidarme de tener una fe que depende de determinadas ***condiciones***. Cuando Jacob huyó de la casa de su padre por las amenazas de su hermano Esaú, Dios lo buscó en Betel y le prometió la tierra de Canaán a él y a sus descendientes, tal y cómo se lo había prometido a su abuelo Abraham (Génesis 28:10- 17). Al día siguiente, Jacob le hizo a Dios una promesa condicionada (vs 20- 22):

SI DIOS:
- está conmigo
- me guarda durante este viaje que realizo
- me da pan para comer
- me da vestido para vestir
- me regresa en paz a la casa de mi padre

ENTONCES:
- Jehová será mi Dios
- Esta piedra será una casa de Dios
- Apartaré el diezmo de todo lo que me dé

La debilidad de la fe de Jacob es todavía más evidente a la luz de la promesa ***incondicional*** que Dios le hiciera el día anterior. La fe condicional es cautelosa y tímida. Demanda evidencia antes de entregar su confianza. Pablo dice, "Porque los judíos piden señales [para creer]" (1 Corintios 1:22 RVA). Pero, ¿acaso soy mejor si le exijo a Dios mostrarse digno de mi confianza para creer en él?

Una de las declaraciones más tristes en el Nuevo Testamento debe ser la del padre del niño poseído por el demonio: "Pero si puedes hacer algo, ¡ten misericordia de nosotros y ayúdanos!" A lo que Jesús respondió, "¿Si puedes...? ¡Al que cree todo le es posible!" (Marcos 9:22-23). Jesús establece la fe como condición justamente a quien le corresponde - no a él, sino a nosotros. No puedo reprochar a Dios por los milagros que ***no hizo***; sólo puedo culparme a mí mismo por limitarle a él por mi falta de fe.

"¿Por qué he de arrancar mi carne con mis propios dientes? ¿O he de exponer mi vida en mi mano? He aquí, aunque él me mate, en él he de esperar. Ciertamente defenderé ante su presencia mis caminos" (Job 13: 14-15).

Himno: **"Oh ven, bendito Emanuel"** CSG # 111, FA 79, HB 54

Incomodidad Santificada

La confesión del pecado no sólo restaura mi comunión con Dios, sino que mantiene mi salud mental. Dios quiso hacernos tan ajenos al pecado, que si no nos hubiese dado la habilidad para confesar, el hombre viviría en un manicomio permanente. Como creyente en Jesucristo, si peco y no lo confieso, soy aun más miserable que el hombre no creyente que se encuentra en el mismo estado. "Mientras callé, [y no confesé mi pecado] se envejecieron mis huesos en mi gemir, todo el día" (Salmos 32:3); "estos huesos que has quebrantado" (Salmos 51:8 RVA). Mi triste estado espiritual contamina hasta mi cuerpo y lo afecta. ¿Con qué frecuencia habrá mi cuerpo tratado de decirme que mi espíritu no estaba bien con Dios?

Gracias a Dios por su santa ***incomodidad***! Un Dios santo me hará sentir incómodo por causa de su nombre. Un dios indiferente y sin amor me dejaría estar completamente cómodo con mis pecados, y esa comodidad, como la lepra, sería señal de peligro, no de salud. Desde luego que Dios quiere que esté cómodo, pero no a expensas del bienestar de mi alma. Por lo tanto, él me da el dolor de la culpa a fin de llevarme al arrepentimiento y confesión, los cuales por su parte conllevan a la comodidad que Dios realmente desea para mí.

Si me niego a reconocer mi pecado, si continúo reprimiendo mi culpa, podría sufrir de algún desorden en mi subconsciencia. Es posible que haya creyentes que sufren por eventos que se dieron hace mucho tiempo en sus vidas, y por lo tanto, podrían necesitar de la gracia sanadora de Dios para sus males subconscientes. El poder limpiador de la Palabra de Dios llega profundamente al "corazón" (Salmo 119:11); y si bien no podemos confesar conscientemente nada de lo que ocurre en nuestra subconsciencia, podemos confiar en que el Espíritu Santo lo limpiará con la Palabra.

"Bienaventurado aquel cuya transgresión ha sido perdonada, y ha sido cubierto su pecado" (Salmos 32:1). ¡Qué gran bendición es la confesión! Señor, ojalá nunca la trate con desprecio.

"Ahora pues, oh Dios nuestro, escucha la oración de tu siervo y sus ruegos, y por amor de ti mismo, oh Señor, haz que resplandezca tu rostro sobre tu santuario desolado" (Daniel 9:17).

Himno **"Al mundo paz"** CSG # 118, FA 70, VC 34, HB 76, LL 209, GD 377

La atracción de las riquezas terrenales

Debo tener cuidado de no permitir que el mundo me enriquezca. Abraham rechazó los despojos de Sodoma, respondiéndole a Bera, rey de Sodoma, "Para que no digas después: 'Yo enriquecí a Abram' " (Génesis 14:23). Abraham vio claramente que una vez que comenzara a aceptar los favores de Sodoma, no pasaría mucho tiempo hasta que aceptara su ambiente y tal vez sus pecados.

El mundo anhela enriquecerme. Jesús experimentó su atracción cuando el pueblo se arremolinó a su alrededor cerca del Mar de Galilea y le rogó que aceptara ser rey (Juan 6:15). Eso era algo muy halagüeño. Pero la gente no quería a Jesús por quien era; lo querían ***por causa de ellos mismos***. Ellos querían sus milagros, su pan, su popularidad. No querían su ***santidad***. Así que él no aceptó ser su rey terrenal.

La atracción del mundo puede ser sutil, no tiene que ser fantástica, grotesca ni rimbombante. Mucha gente que no cedería a las tentaciones obvias de la carne se ha rendido, sin embargo, a esa cosa intangible llamada mundanalidad - han vendido su esperanza celestial a cambio del disfrute de lo material, lo que se puede tocar y lo que está disponible ahora. Dios le dio riquezas a Abraham como parte de su bendición, pero riquezas recibidas de Sodoma le hubieran sido para perdición.

La Biblia me ordena no tener nada que ver con las riquezas que Sodoma pueda ofrecerme. Dios quiere que camine en quietud delante de él, quien es mi verdadero tesoro.

Las riquezas de Sodoma son ***inciertas***. Supongamos que Abraham las hubiese aceptado, ¿qué habría pasado entonces? Veinte años después, Sodoma se convirtió en un lago de fuego, y la inversión de Abraham se habría hecho humo. ¡No debo confiar mi destino al humo! Así que confiaré más bien en Dios quien "Nos provee todas las cosas en abundancia para que las disfrutemos" (1 Timoteo 6:17 RVA).

"Mejor es lo poco del justo que las riquezas de muchos impíos. Porque los brazos de los impíos serán quebrados; pero es Jehová quien sostiene al justo" (Salmo 37:16-17).

Himno: **"Venid, Pastorcillos"** CSG # 121, FA 59, HB 81, LL 206, GD 371, GT 206

El significado de permanecer en él

Todo discípulo pasará por tres niveles en su relación con Jesucristo, cada uno en respuesta a una invitación. "Venid a mí" (Mateo 11:28) es la primera invitación. Es la sencilla invitación de Cristo para encontrar descanso y alivio de la terrible carga que representa el pecado, el primer paso y el más necesario en la vida de toda persona. La segunda invitación es "Venid en pos de mí" (Mateo 4:19), una invitación para una relación más íntima, la relación de amo y siervo. Cristo necesita obreros para realizar sus propósitos en esta era, y pide ayuda. La tercera es "Permaneced en mí" (Juan 15:4), y se refiere a la relación más profunda que el ser humano puede llegar a tener con Jesús. Esta es la clave para una vida cristiana victoriosa, y es la mejor manera como podemos glorificar a Dios.

¿Qué significa permanecer en él? Creo que significa tres cosas: Primero, ***un conocimiento consciente de su presencia*** en todo momento. Eso no quiere decir una comunicación verbal directa con él, sino el reconocimiento de que él está allí, como un niño que juega tranquilo sabiendo que su madre está cerca. Segundo, significa también ***consultar cuidadosamente con él*** acerca de todo lo que nos afecta. Esa consulta puede ser a través de la oración directa, o el escudriñar la Biblia en busca del mensaje que él tiene allí para nosotros. Lo importante es mantener abiertas las líneas de comunicación para recibir en cualquier instante, mensajes necesarios provenientes de él. Tercero, significa ***un goce continuo con él como persona***. El es un gozo, una delicia para nosotros en todo tiempo; el sólo pensar en él nos llena de placer.

Señor, ayúdame a subir en la escala desde convertido, pasando por embajador, hasta confidente. El permanecer en ti es vivir en las alturas, como llegar hasta las cumbres de la tierra.

"El que habita al abrigo del Altísimo morará bajo la sombra del Todopoderoso" (Salmo 91:1).

Himno: **"Tú dejaste tu trono"** CSG # 139, FA 74, VC 40, HB 60, LL 207, GT 208, GD 369

Las semillas de una vida vencedora

Por sobre todas las cosas, debo cultivar la fe de "momento a momento". Mi cuerpo y mi alma viven un momento común en mi ser, por cuanto el mismo Dios los creó a ambos. Es demasiado fácil pensar en la obra salvadora de Cristo como algo hecho "de una vez por todas", algo estático y fijo: cuando en realidad, es algo que sucede momento a momento a medida que él sigue aplicando su obra del Calvario de manera continua. El intercede por nosotros sin cesar y continuará para siempre en ese ministerio.

Un hombre dijo en una reunión de testimonio, "Jesús me está salvando ahora". ¡Cierto! Jesús está salvando a todos sus seguidores ahora, por cuanto los efectos de su salvación se derraman continuamente desde arriba hacia todo su pueblo. Debo ver el poder salvador de Jesucristo trabajando en mí diariamente, aún cada hora, y ver cómo el Cristo que al principio me limpió, continúa limpiando, continúa curando, y continúa librando.

No debo estar preocupado en cuanto al pasado. Debería agradecerle a Dios por las lecciones aprendidas, las bendiciones recibidas y las oraciones contestadas, pero necesito de esa misma ayuda también ***hoy***. Tampoco debo preocuparme de manera indebida por el mañana. En efecto, Jesús dijo, "Así que, no os afanéis por el día de mañana, porque el día de mañana traerá su propia necesidad de ayuda y salvación" (Mateo 6:34 Trad. del autor). El poder salvador de Cristo está obrando a mi favor según el programa de hoy y no el de mañana. Al llegar mañana, ese poder estará allí, pero no antes.

Mi oración no sería, "Señor, haz mi vida así y asá", sino, "Señor, ayúdame ***ahora*** con el problema de hoy". Si tengo la victoria hoy, el mañana se cuidará solo. Las semillas de una vida victoriosa se encuentran en las victorias de hoy.

Señor, busco tu salvación presente para que supla mis necesidades de hoy. Te buscaré nuevamente para el día de mañana - ¡y para pasado mañana! - y ¡para cada uno de los demás días!

"¡Jehová, el Señor, es mi fortaleza! El hará mis pies como de venados y me hará andar sobre las alturas" (Habacuc 3:19).

Himno: **"Día en día"** CSG # 368, FA 238, VC 152, HB 364

Viviendo como si jamás se viera la muerte

El propósito de Dios para mí, su discípulo, es que nunca debo "ver" la muerte. Enoc es el gran ejemplo de una vida que dependía de Dios de tal manera que ni aun la muerte lo pudo tocar. "Por la fe Enoc fue trasladado para no ver la muerte" (Hebreos 11:5). Enoc no necesitó de "gracia para morir", por cuanto esa gracia es el último acto caritativo de Dios para con un creyente que necesita un poquito de ayuda adicional en su transición de la tierra al cielo. Debería vivir de tal manera que la "gracia para morir" nunca sea necesaria.

La victoria sobre la muerte no ocurre cuando la muerte me toca. Ocurre más bien en el continuo correr de la vida, cuando la muerte me asecha constantemente y busca atemorizarme, aún cuando no pueda llevarme. Debo vivir como lo hizo Enoc, por fe, algo que continuamente refrena a la muerte. Para cuando llegue el momento de mi verdadera transición, la muerte debe ser sólo un gigante asesinado a mi lado. Mi inmortalidad debe ser algo inmediato y continuo. No debo ***morir*** e ir al cielo, sino ***vivir*** e ir al cielo; de hecho, ni siquiera debo ir al cielo, sino vivir de manera que la transición sólo sea una continuación de mi andar ya celestial.

Tengo que ir más allá de entender que la fe "salvó mi alma". Gracias a Dios, lo hace, pero también hace infinitamente más; crea un modo de vida en el cual el cielo ya se experimenta y no sólo es una esperanza en la lejanía. Algunos creyentes suelen decir, "¡Oh, si tan sólo estuviera en el cielo!" Yo ***puedo*** estar en el cielo, aquí y ahora, por fe. Viviendo de acuerdo a las reglas de Dios, dejando que él me visite personalmente, teniendo pensamientos celestiales, ¡puedo estar viviendo en el cielo ***ahora mismo***! Después, cuando llegue el momento de la transición, sólo será experimentar acceso total a la gloria eterna.

"¿Dónde está, oh muerte, tu victoria? ¿Dónde está, oh muerte, tu aguijón? Pues el aguijón de la muerte es el pecado, y el poder del pecado es la ley. Pero gracias a Dios, quien nos da la victoria por medio de nuestro Señor Jesucristo" (1 Corintios 15:55-57).

Himno: **"Oíd un son en alta esfera"** CSG # 126, VC 33, HB 64, GD 376

La gloriosa mañana final de Dios

Me alienta recordar que una de las verdades implícitas en las Escrituras es que después de la noche llega la mañana. Cuando leo la primera página de la Biblia descubro las "tinieblas" que estuvieron "sobre la faz del abismo" (Génesis 1:2 RVR). Pero la última página me dice que Dios será mi luz por siempre (Apocalipsis 22:5). Había tinieblas cuando Jesús fue crucificado, pero él resucitó al alba glorioso del domingo de resurrección (Lucas 23:44; 24:1).

Era la "cuarta vigilia de la noche" cuando los discípulos de Cristo luchaban fuertemente para llevar su barca hasta las orillas del Mar de Galilea. De repente, en el momento más oscuro de la noche, vieron a Jesús caminar hacia ellos sobre las aguas y le escucharon exclamar, "¡Tened ánimo! ¡Yo soy! ¡No temáis!" (Mateo 14:25, 27). De inmediato el viento cesó, las aguas se calmaron, y nuevamente los discípulos adoraron a su Señor Todopoderoso. ¡Cuán a menudo como seguidores de Cristo hemos experimentado esto! Clemente de Alejandría dijo, "¡Cristo ha transformado todos nuestros ocasos en amaneceres!"

Si Jesús demora su regreso, hay un último ocaso que todos debemos enfrentar. Sin embargo podremos vislumbrar con toda confianza el amanecer a través de las tinieblas, afirmando las palabras, "No moriré, sino que viviré, y contaré las obras de Jehová" (Salmo 118:17 RVA). Por cuanto esa es la manera como Dios termina todo lo que comienza.

Te alabamos con nuestra matutina canción,
Te elevamos al ocaso nuestra oración;
Como humildes suplicantes adoramos tu Gloria
Para siempre y por siempre jamás.

AMBROSIO DE MILAN

"Tú haces cantar de júbilo a las salidas de la mañana y de la noche" (Salmos 65:8 RVA).

"Y del trono brotó una voz que decía: -¡Alaben al Dios nuestro los siervos del Señor que le temen, pequeños y grandes!" (Apocalipsis 19:5 VIV).

Himno: **"Eterno Padre celestial"** CSG # 79

Libros de la Biblia
Antiguo Testamento

Libro	Abrev.	Libro	Abrev.	Libro	Abrev.
Génesis	Gn.	2 Crónicas	2 C.	Daniel	Dn.
Exodo	Ex.	Esdras	Esd.	Oseas	Os.
Levítico	Lv.	Nehemías	Neh.	Joel	Jl.
Números	Nm.	Ester	Est.	Amos	Am.
Deuteronomio	Dt.	Job	Job	Abdías	Abd.
Josué	Jos.	Salmos	Sal.	Jonás	Jon.
Jueces	Jue.	Proverbios	Pr.	Miqueas	Mi.
Rut	Rt.	Eclesiastés	Ec.	Nahum	Nah.
1 Samuel	1 S.	Cantares	Cnt.	Habacuc	Hab.
2 Samuel	2 S.	Isaías	Is.	Sofonías	Sof.
1 Reyes	1 R.	Jeremías	Jer.	Hageo	Hag.
2 Reyes	2 R.	Lamentaciones	Lm.	Zacarías	Zac.
1 Crónicas	1 C.	Ezequiel	Ez.	Malaquías	Mal.

Nuevo Testamento

San Mateo	Mt.	Efesios	Ef.	Hebreos	He.
San Marcos	Mr.	Filipenses	Fil.	Santiago	Stg.
San Lucas	Lc.	Colosenses	Col.	1 San Pedro	1 P.
San Juan	Jn.	1 Tesalonicenses	1 Ts.	2 San Pedro	2 P.
Hechos	Hch.	2 Tesalonicenses	2 Ts.	1 San Juan	1 Jn.
Romanos	Ro.	1 Timoteo	1 Ti.	2 San Juan	2 Jn.
1 Corintios	1 Co.	2 Timoteo	2 Ti.	3 San Juan	3 Jn.
2 Corintios	2 Co.	Tito	Tit.	San Judas	Jud.
Gálatas	Gá.	Filemón	Flm.	Apocalipsis	Ap.

Los himnos que se han escogido como apropiados para la meditación de cada día aparecen en los siguientes himnarios:

(CSG) Celebremos su Gloria, © 1992 Libros Alianza
(FA) Himnos de Fe y Alabanza, © 1966 Singspiration, Inc.
(VC) Himnos de la Vida Cristiana, © 1967 La Alianza Cristiana y Misionera
(HB) Himnario Bautista, © 1978 Casa Bautista de Publicaciones
(LL) Lluvias de Bendición, © 1947 Lillenas Publishing Co.
(GD) Gracia y Devoción, © 1962 Lillenas Publishing Co.
(GT) Himnos de Gloria y Triunfo, © 1921 H.C. Ball / Editorial Vida

Indice de citas bíblicas

SALMOS

23:2-3 - 24 may, 6 oct
23: 4 - 28 ago, 7 oct
23: 5-6 - 14 ago, 7 oct
24: 1 - 7 sep
24:3-4 - 27 feb, 11 mar
25:1-2 - 26 sep
25: 3 - 22 oct
25:12 - 22 mar
25:16-17 - 8 jun
26:3-4 - 21 mar
26:11-12 - 31 ago
27: 5 - 15 jun
27:11 - 13 dic
28: 7 - 9 nov
32: 1-5 - 28 mar, 26 dic
32: 8 - 17 sep, 13 dic
32:8-9 - 5 mar, 7 dic
32:11 - 22 dic
33:2-3 - 7 dic
34: 7 - 3 oct
34: 8 - 16 oct
34:15 - 3 abr
34:22 - 9 abr
35:28 - 8 oct
37: 4 - 2 jun, 21 oct
37: 7 - 1 ene, 7 ene
37: 9 - 17 mar
37:16-17 - 27 dic
37:23-24 - 19 may, 16 nov
37:30-31 - 7 dic
37:37 - 23 ene
40: 1 - 14 nov
40: 2 - 15 nov
40: 4 - 14 jun
40: 6 - 28 may
40: 7-8 - 9 ene, 14 abr, 27 jun, 8 sep
42: 5 - 8 feb
42: 9 - 21 may, 14 oct
43: 2 - 14 oct
43: 5 - 3 nov
46: 1 - 5 oct
46: 2-3 - 26 sep
46:10 - 31 ene, 29 may, 26 sep, 18 nov
48:13-14 - 24 may
49:7-8 - 2 mar
50:15 - 11 sep
51: 4 - 12 may
51: 6 - 23 feb, 12 dic
51: 8 - 26 dic
51:10 - 11 oct

SALMOS

51:12-17 - 8 ene, 24 jul, 26 oct, 30 nov
51:19 - 27 mar
54: 6 - 23 oct
55:22 - 17 dic
56: 3 - 28 ago, 27 sep, 10 nov
56: 4 - 29 ago
56: 8 - 12 oct
56:9-11 - 27 sep
57:1 - 5 jun
57:7-8 - 12 jun
62: 5 - 23 dic
63:4-5 - 13 sep
65: 8 - 31 dic
66:8-9 - 9 oct
66:28 - 20 feb
68:19 - 4 feb
71: - 30 ene
73:23-24 - 15 dic
73:25-26 - 6 abr
76:11 - 10 ago
78:9-10 - 4 dic
78:25 - 14 dic
78:72 - 5 oct
83: 1 - 27 oct
84: 3 - 3 jul
84:11 - 18 nov
85: 3 - 9 may
85:4-7 - 3 jun
85: 9 - 29 oct
86:1-2 - 9 may
86: 5 - 23 mar
86:11-12 - 26 jun
90:12 - 11 feb
90:14 - 14 mar
90:17 - 20 ene, 16 feb
91: 1 - 28 dic
91: 4 - 19 abr
91:11,12 - 17 abr, 3 oct
91:13 - 24 jun
91:15 - 24 mar
91:16 - 4 ene, 8 oct
95:8-11 - 12 jun, 13 sep
96: 4 - 7 oct
96: 8 - 14 feb
100: 3 - 30 jul, 7 sep, 17 nov
103: 4 - 25 feb
103: 7 - 20 mar
103: 8-9 - 9 may
103:13-14 - 6 oct
103:17-18 - 12 ago
105:4-5 - 13 ago

JONAS
4: 2 - 7 oct

MIQUEAS
6: 3 - 11 jul
6: 8 - 16 jun
7:18-19 - 28 mar, 26 may

NAHUM
1: 7 - 16 abr, 26 sep
1:13 - 2 oct

HABACUC
2: 1 - 15 feb, 7 nov
2: 4 - 16 abr
3:18 - 16 abr
3:19 - 29 dic

SOFONIAS
3:17 - 9 oct, 12 oct

HAGEO
1:6 - 16 ene

ZACARIAS
8:23 - 1 jun
14: 3 - 10 sep
14:21 - 29 jun

MALAQUIAS
1: 7 - 26 jun
2: 9 - 26 jun
3: 8 - 27 jul
3:10 - 14 feb, 15 mar
3:16 - 23 jul

MATEO
1:21 - 8 oct
3:15 - 13 nov
3:16 - 10 jun
3:17 - 17 ene, 9 jul, 10 oct
4:1-11 - 3 sep
4:3-4 - 16 ene, 24 jun, 12 sep
4: 7 - 15 mar
4: 9 - 4 jun
4:19 -- 1 sep, 28 dic
5:1-11 - 16 jun, 21 jun, 3 nov
5:15-16 - 24 oct, 30 nov
5:20 - 7 mar
5:21 - 19 jul
5:39-41 - 15 dic
5:44-45 - 20 jun, 23 ago
5:48 - 19 jul
6: 2 - 29 mar
6:24 - 5 ene
6:30 - 4 may

MATEO
6:33 - 14 ene, 16 ene, 15 may, 19 nov
6:34 - 21 feb, 29 dic
7: 7 - 20 feb
7:11 - 15 may
7:29 - 3 mar
8:5-13 - 6 may
8:26 - 3 nov, 10 nov
9:9 - 31 may
10:9-10 - 14 ene
10:16 - 14 may
10:32 - 6 ago
10:34,35 - 25 oct
10:38 - 23 ene
11: 3 - 16 feb, 2 nov
11:11 - 5 may
11:26 - 4 may
11:28-30 - 24 ene, 1 sep, 1 oct, 28 dic
12:20 - 22 nov
12:43-45 - 15 jun, 26 jul
12:48-50 - 21 mar
13: 4 - 29 nov
13:22 - 15 may
13:23 - 8 mar
13:45-46 - 12 jul
13:57 - 25 oct
13:58 - 31 ago
14:16 - 1 ene
14:25-27 - 31 dic
15:21-28 - 21 may
16: 9 - 18 jun
16:16 - 12 sep
16:21 - 12 sep
16:22 - 7 feb, 1 dic
16:23 - 6 ene, 22 ene, 7 feb, 2 mar, 12 mar
16:24 - 10 feb
17:4-5 - 1 dic
17:22 - 8 ene
18:7-9 - 14 may, 12 sep
18:19 - 17 mar
19:27 - 19 nov
19:28 - 1 abr
20:20-22 - 1 abr
20:28 - 1 enero
21: 9 - 15 ago
22:37 - 18 oct
23:23 - 27 jul
23:27 - 3 mar, 10 may
24:36 - 27 ago

ROMANOS

1 CORINTIOS

1 CORINTIOS

2 CORINTIOS

SANTIAGO

1: 2 - 9 feb
1: 4 - 14 nov
1: 5 - 18 mar, 15 may
1: 6-7 - 20 feb, 17 oct
1:17 - 4 may
1:22 - 21 nov
1:27 - 15 abr
2:7-8 - 30 nov
2:14 - 16 nov
2:17 - 13 oct
2:23-26 - 29 sep
4: 2-3 - 20 feb, 17 mar
4: 4 - 11 jun, 5 nov
4: 5 - 5 nov
4: 7 - 24 jun, 11 sep
4: 8 - 4 nov
4:10 - 13 jul
5:16 - 9 jun

1 PEDRO

1: 2 - 22 mar
1: 3 - 2 nov
1: 7 - 21 dic
1: 8 - 17 ene
1:13 - 22 ene
1:20 - 10 ago
1:21 - 6 sep
1:23-25 - 14 dic
2: 9 - 16 oct
2:19 - 22 ago
2:21 - 19 ago, 22 ago
2:23 - 14 may, 17 may, 15 dic
3:15 - 30 sep
3:16 - 17 may, 22 ago
4:12 - 24 mar
4:14 - 25 oct
4:19 - 10 dic
5:6-7 - 14 abr, 15 may, 3 jul
5: 8 - 3 sep
5:10 - 3 abr, 8 jun

2 PEDRO

1:3-4 - 16 jul, 31 jul
1:1-9 - 18 jul, 24 dic
1:11 - 13 mar
2:22 - 5 mar
3:8 - 26 ene
3:9 - 16 abr
3:17 - 23 jul
3:18 - 18 mar
5:10 - 3 abr

1 JUAN

1:5-10 - 28 mar, 22 abr, 21 nov 29 nov, 5 dic
2: 1 - 2 may, 15 jul
2: 2 - 1 ago
2:12 - 11 sep
2:15 - 25 ago
2:16-17 - 8 mar, 11 abr, 16 jul, 31 oct
2:28 - 30 ene, 19 feb, 12 may
3: 2 - 4 ago
3: 9 - 18 jul
3:16 - 15 abr, 8 jul
3:19-21 - 10 dic
3:22 - 20 feb
3:23 - 3 may
4: 4 - 13 jul
4:11-19 - 3 may, 11 ago
4:16 - 11 ago, 18 oct
4:17 - 15 abr, 19 ago
4:18 - 6 feb, 16 dic
5: 4 - 11 jun
5:10,19 - 11 sep

3 JUAN

vs.4 - 4 jul

JUDAS

vs.9 - 29 ago
vs.11 - 2 sep
vs. 21-24 - 28 ene, 15 ago

APOCALIPSIS

1:5 - 5 may
2: - 23 jun, 10 sep, 9 dic
2:4-5 - 1 jul, 22 nov
2: 7 - 16 jul
3: - 23 jun, 10 sep, 9 dic
3:17 - 26 mar
3:21 - 28 sep, 2 dic
4:11 - 25 sep
5: 9 - 19 may
5:12 - 3 feb
7:15 - 13 mar
12:10 - 11 sep
12:11 - 4 sep, 11 sep
14: 4 - 27 feb
14:12-13 - 31 oct
19: 5 - 31 dic
21:4 - 8 jun, 12 oct
22: 5 - 31 dic
22:11 - 11 oct
22:12 - 15 oct

Indice de Himnos